医学推动者译丛
PROMOTER OF MEDICAL SCIENCE
i Hope

跨越巅峰

显微神经外科之父亚萨吉尔

M. Gazi Yasargil: Father of Modern Neurosurgery

[美] 拉里·罗杰斯 (Larry Rogers) 原著
毛 颖 陈 亮 主审
岳 琪 陈峻叡 陈嘉伟 主译

科学普及出版社
·北 京·

图书在版编目（CIP）数据

跨越巅峰：显微神经外科之父亚萨吉尔 /（美）拉里·罗杰斯 (Larry Rogers) 原著；岳琪，陈峻叡，陈嘉伟主译．— 北京：科学普及出版社，2024.4

书名原文：M. Gazi Yasargil: Father of Modern Neurosurgery

ISBN 978-7-110-10684-6

Ⅰ．①跨… Ⅱ．①拉… ②岳… ③陈… ④陈… Ⅲ．①亚萨吉尔—传记 Ⅳ．① K837.462

中国国家版本馆 CIP 数据核字 (2024) 第 040334 号

著作权合同登记号：01-2023-2286

策划编辑 宗俊琳 郭仕薪
责任编辑 孙 超
文字编辑 张 龙
装帧设计 佳木水轩
责任印制 李晓霖

出 版 科学普及出版社
发 行 中国科学技术出版社有限公司发行部
地 址 北京市海淀区中关村南大街 16 号
邮 编 100081
发行电话 010-62173865
传 真 010-62179148
网 址 http://www.cspbooks.com.cn

开 本 880mm×1230mm 1/32
字 数 421 千字
印 张 13.75
版 次 2024 年 4 月第 1 版
印 次 2024 年 4 月第 1 次印刷
印 刷 北京盛通印刷股份有限公司
书 号 ISBN 978-7-110-10684-6/K · 217
定 价 98.00 元

（凡购买本社图书，如有缺页、倒页、脱页者，本社发行部负责调换）

医学推动者译丛委员会

译者名单

主　审　毛　颖　复旦大学附属华山医院
　　　　陈　亮　复旦大学附属华山医院
主　译　岳　琪　复旦大学附属华山医院
　　　　陈峻叡　复旦大学附属华山医院
　　　　陈嘉伟　复旦大学附属华山医院

主审简介

毛　颖　中华医学会神经外科学分会第八届委员会候任主任委员，复旦大学附属华山医院院长，长江学者，国家杰出青年基金获得者。

陈　亮　复旦大学神经外科研究所副所长，上海市脑功能重塑和神经再生重点实验室副主任，上海市曙光学者。

主译简介

岳　琪　医学博士，复旦大学附属华山医院神经外科主治医师，上海市“医苑新星”，师从毛颖教授。

陈峻叡　复旦大学在读医学博士，复旦大学附属华山医院神经外科主治医师。

陈嘉伟　复旦大学在读医学博士，获国家公派留学项目前往瑞士苏黎世大学医院神经科学中心联合培养。

内容提要

本书是有关显微神经外科之父亚萨吉尔教授（Mahmut Gazi Yasargil）的个人传记，记述了亚萨吉尔教授由一名土耳其年轻学子成长为全球神经外科大师的传奇经历，全景式描绘了亚萨吉尔教授的个人特质、学科贡献、手术哲学和家庭生活，尤其着墨于筚路蓝缕的显微神经外科开创之路。全书精彩纷呈、人物众多，时间跨度近一个世纪，真实再现了以亚萨吉尔教授为首的一代神经外科医生推动学科发展的历史。本书文笔平实，医学人士及非专业背景读者均可借此了解大师生平，获得启发。

有关本书的赞誉

“这一部逸趣横生的传记，讲述一位声誉卓著的人物。”

——Duke Samson

得克萨斯大学达拉斯西南医学中心神经外科名誉主任

“历史上有许多医学英雄，但拉里·罗杰斯写了一部我们这个时代的医学英雄的传记。过去，加兹·亚萨吉尔医生只在神经外科界享有盛誉。如今，得益于这部融合了科学和人文的杰出传记，公众将了解到亚萨吉尔非凡的职业生涯、源自土耳其农村的出身、在显微外科领域的革命性创新、对后辈的慷慨提携，以及作为一名师者的人性光彩。这部传记研究扎实、文笔中肯，堪称一部现代神经外科的发展史。我们感佩亚萨吉尔医生为挽救生命做出的诸多创新，也感谢罗杰斯医生如此精彩的记录。”

——Robert Morgan

《西部雄狮》（*Lions of the West*）作者

“这是一部有关我们这个时代最受尊崇的神经外科医生的杰作，全面客观地记述了亚萨吉尔教授人生旅程中的点点滴滴，有阳光，也有阴翳。”

——Clark Watts

Neurosurgery 前编辑

“亚萨吉尔教授教会了来自世界各地的神经外科医生如何在保护每位患者脑组织的同时，处理重要的血管和神经结构——从无例外，也没有任何借口。但在他与疾病的斗争中，如果患者未曾全力以赴，那马上就会沦为他的敌人。他在工作时无法容忍傻瓜，以及看似礼貌、实则愚蠢的问题或评论！遵守规则的年轻人将得到超出想象的极致回报，他们的患者也同样为此获益。本书讲述了他的故事，而且没有任何禁忌。”

—— Vinko V. Dolenc

斯洛文尼亚卢布尔雅那大学医院神经外科前主任

“神经外科医生和作家拉里·罗杰斯承担了一项难以置信的重任，研究和撰写我们这个时代最伟大神经外科医生的传记。他毫不妥协，诚实描述了加兹·亚萨吉尔出生和成长的历史背景，生动再现了这位神经外科革命者对追求卓越的一意孤行，并精准刻画了亚萨吉尔复杂的个性——极度的手术耐心伴随偶尔的情绪暴发。亚萨吉尔一生慷慨，但却无法容忍神经外科手术有任何不完美之处。我多年观摩他的手术技艺并潜心效仿，很高兴本书捕捉到了这位神经外科巨擘的精髓。相信广大读者将通过这些鼓舞人心的故事了解他。”

——Robert F. Spetzler

巴罗神经学研究所前主席

神经外科 J. N. Harber 讲席教授

神经学研究主任

“亚萨吉尔教授的教诲将持续影响几代神经外科医生，时光流逝更加见证了他优雅技艺的不朽。他的光芒将恒久照耀一代又一代显微外科从业者和神经外科患者。”

——Ketan. R. Bulsara

耶鲁神经外科脑血管和颅底主任

“拉里·罗杰斯曾于 1973 年受训于加兹·亚萨吉尔，后来成为一名神经外科医生，同时著有一部广受好评的小说和一部在越南战争中担任军医的回忆录。通过 20 世纪 90 年代一系列的访谈，他撰写了这部传记，以记录老师亚萨吉尔的一生波澜。亚萨吉尔教授是我们这个时代最著名的神经外科医生之一，在他的竭力推动下，才有了今日众所周知的显微神经解剖和显微神经外科。雄心勃勃、永不止步，时而又难以相处，罗杰斯精准抓住了亚萨吉尔教授的性格精髓。本书文笔极佳、易于阅读，不仅是一部神经外科的历史记录，而且对任何一位想要了解伟人生涯的读者都会富有吸引力。”

——Robert L. Grubb, Jr.

圣路易斯华盛顿大学神经外科和放射学名誉教授

“亚萨吉尔教授引领神经外科进入现代纪元，如今拉里·罗杰斯为我们带来了有关他的第一部传记。亚萨吉尔教授独具匠心，凭借无与伦比的手术技艺革新了复杂的神经外科治疗方法，更难能可贵的是，他不遗余力地在全球范围内进行推广应用。这部传记生动刻画了这位外科巨匠身上的复杂性。”

——Richard Hodosh

美国心脏协会前主席

“亚萨吉尔教授推广的手术显微镜极大改善了中枢神经系统手术的疗效。本书生动、准确地回顾了这位巨匠的生活和时代。很显然，他彻底变革了我们的学科。”

——Charles Sternbergh

田纳西州查塔努加

“这位传奇外科医生为革新推动他所在学科的发展做出了巨大努力，而本书的著者也尽可能从多维度平衡展现了他的人生。每一则轶事、观察和细节都散发着人性的妙趣，叙述的范围已远超神经外科领域。本书因包罗万象而出彩，不仅对神经外科新人，乃至所有医学界人士都很重要，而且普通读者也很容易接受。”

——William F. Pharr

盖辛格医疗中心（宾夕法尼亚州丹维尔）

心胸外科和血管外科前主任

“希罗多德著成《历史》(*Histories*)，记录了希腊波斯战争，‘为了保存人类所取得的伟大成就，使之不致因年代久远而湮没不彰，也使那些丰功伟绩不致失去其应有的光彩’。与之相同，罗杰斯医生记录了亚萨吉尔教授的伟大事迹。亚萨吉尔教授是一位传奇的神经外科医生，他永葆好奇，酷爱文化研究，自有一套个人处世哲学，这都促使其工作臻于卓越。他也是一位慷慨的老师，对少数由他亲手培养的幸运儿的职业生涯产生了深刻影响，并改变了所有阅读他著作的神经外科医生的临床实践。在罗杰斯笔下，亚萨吉尔教授作为一名神经外科医生光芒万丈，而作为一个独自的个体也与众不同。”

——Allan H. Friedman

杜克大学医学中心神经外科 Guy L. Odom 讲席教授

神经外科主任

献　词

谨以本书纪念 Agnes 和 Larry，感谢他们赋予我生命，教会我辨明是非、关爱邻人；感谢 William Kemp Clark 医学博士给予我机会，促使我成长为最好的自己；感谢 Leonard I. Malis 医学博士，一位内敛、优雅的天才，在本书的成书过程中给予我适时的鼓励。

谨以本书献给我一生的挚爱，我的妻子 Betty，因为她，一切都迥然不同。

题　词

这是人类最熟悉的规律：

用葡萄酿酒

用石头取火

用亲吻孕育新生

——Can Yücel (1926—1999)

（根据 Ruth Christie 英译本）

中文版序

亚萨吉尔教授是举世公认的显微神经外科之父，自 20 世纪 60 年代起将显微镜及显微解剖理念引入神经外科，至今已成蔚然大观。如果说库欣教授（Harvey Cushing）引领了神经外科疾病从“不可治”到“可治”的跃迁，为整个学科奠基，那么亚萨吉尔教授则跨越了由“可治”到“治好”的鸿沟，显著提高了神经外科手术的疗效，彻底改观了学科面貌。他首创的脑血管搭桥技术堪称整个外科手术史上科学与艺术完美融合的典范，设计的翼点入路目前仍是脑部病灶最常用的显露手段，创立的选择性海马杏仁核切除术体现了对临床解剖的终极理解，研制的各式动脉瘤夹成为脑血管外科医生的必备武器，提出的蛛网膜及脑池解剖理念革新了神经外科医生的手术操作维度。这些贡献已深刻影响了神经外科日常工作的各个方面，直接造福于广大患者。此外，亚萨吉尔教授提携后辈，在世界范围内培养了大批显微神经外科医生，其中佼佼者日后都成长为各擅胜场的领军人物，继续推动学科发展。

本书由曾师从于亚萨吉尔教授的罗杰斯医生撰写，记录了亚萨吉尔教授的成长历程、求学经过、职业生涯及个人生活，是目前唯一一部有关亚萨吉尔教授的个人传记。全书精彩纷呈，生动再现了大师跌宕起伏的人生旅程。第二次世界大战时求学于炮火纷飞的德国，相关章节读起来使人如临其境、心惊肉跳；面对诸多质疑乃至责难仍坚定推进显微神经外科，终成燎原之势，读来令人心潮澎湃、恨不能躬逢其盛；还有对其复杂性格特质、人际交往中诸多龃龉的描绘，也让我们认识到大师的另一面。此外，本书也可以称为半部现代神经外科发展史，以亚萨吉尔教授为引线，各位巨擘名流均有登场，展现了这个年轻的学科如何在一群有识之士的推动下迎来蓬勃发展。站在当下显微镜与内镜并举的十字路口，面对层见迭出的新技术、新理念，重温这段历史，鉴往知来，我

们当可获得一些智慧与启迪。

本书中文版由复旦大学附属华山医院神经外科的三位青年医生翻译完成，他们利用个人宝贵的业余时间，将佳作引介到国内，彰显了新一代神经外科医生的人文关怀，值得称道。希望每一位学科同道都能翻一翻这部“祖师爷”的创业史，抚古思今，以启未来。本书通俗易懂，力避专业门槛，相信非医学领域的读者也能跟随大师的脚步撷英拾萃、学以润身。

是为序。

毛　颖

原书序

"让我们颂扬那些伟人和历代先祖。"

——传道书 44 章 1 节（钦定英译本圣经）

与许多外科一样，神经外科短暂的发展历史由少数先驱的传奇故事组成。他们富有智慧、才华和毅力，对医学的贡献远超个人精湛的技艺，是我们学科真正的奠基人。而自哈维·库欣（Harvey Cushing）时代以后，没有人像马哈茂德·加兹·亚萨吉尔（Mahmud Gazi Yasargil）那样，凭借一己之力主导了整个神经外科的发展。

从 20 世纪 60 年代后期开始，亚萨吉尔教授直接影响了每一位临床神经外科医生的职业生涯，并借此造福了数以百万计的手术患者。对于任何来自神圣象牙塔的欧美年轻医生来说，这都是一项了不起的壮举，而令人难以置信的是，这是由一位起于微末的土耳其年轻人完成的，而他在第二次世界大战末期抵达满目疮痍的德国后才开始学医之路。本书讲述的正是这个传奇故事。

拉里·罗杰斯博士不仅是一位退休的神经外科医生，还是一位著述颇丰的作家。他于 1973 年在苏黎世跟随亚萨吉尔短暂学习，当时即折服于亚萨吉尔在日常工作中为神经外科手术带来的理念性和技术性革新，更是目睹了这场革新席卷各大学术中心和私人诊所，最终成为全球神经外科的实践标准。在不到十年的时间里，一个过去以渐进式改良为主的学科，在这位卓识和勇气兼备的外科医生单枪匹马的推动下，从根本上发生了巨大的跃迁。罗杰斯博士兼具亚萨吉尔曾经的学生和私交好友等多重身份，又是一名外科从业者，因此视角独特，是记录这位开创

性人物的生活、时代和影响力的不二人选。

马哈茂德·加兹·亚萨吉尔多面且有趣，在戏剧性地崛起成为世界上最著名的神经外科医生后，其个性亦引起了广泛讨论，这对于深刻理解这位伟人及其外科天赋不可或缺。正是缘于这种复杂性，我们所尊崇的“现代神经外科之父”的形象方才呈现出深入人心的纹理、色彩和对比度。

这是一部逸趣横生的传记，讲述了一位声誉卓著的人物。

Duke Samson

得克萨斯大学达拉斯西南医学中心神经外科名誉教授

译者前言

亚萨吉尔教授是公认的显微神经外科之父，在神经外科医生群体中几乎无人不晓，但关于他详细的成长、工作经历恐怕知之者甚寥。我也是偶然看到本书，通读之下，大为感佩。作为一名已从业多年的神经外科医生，我至此才对这位学科泰斗，以及围绕他近半个世纪波澜壮阔的学科发展史有了一定了解。机缘巧合下，我科陈嘉伟博士恰要赴苏黎世大学医院神经外科深造，那里正是亚萨吉尔教授掀起显微神经外科革命的圣地。我遂嘱托嘉伟寻求将本书译介到国内的机会，希望广大国内同道乃至非医学领域人士也能一睹亚萨吉尔教授跌宕起伏的传奇人生。嘉伟一番辛劳，终于玉成此事。是为这部译著的缘起。

亚萨吉尔教授生于土耳其，求学于德国、瑞士，最初从事神经放射及立体定向工作，1965 年赴美国伯灵顿研习显微外科技术，随后在国际范围内首倡将显微镜引入神经外科手术，几乎凭一己之力彻底革新了学科面貌，显微神经外科时代就此开启并蓬勃发展。如今，显微镜已成为神经外科医生不可或缺的“双眼”，而围绕显微镜的一系列外科技术也极大提升了手术效果。可以毫不夸张地说，当下绝大多数神经外科患者都或多或少受惠于亚萨吉尔教授。而亚萨吉尔教授的贡献绝不止于此，他研制了各式动脉瘤夹，提出了蛛网膜脑池解剖，开创了翼点入路、脑血管搭桥术、选择性海马杏仁核切除术，均堪称学科发展的里程碑，并已深刻浸润至神经外科医生日常手术的一招一式。此外，他的六卷本皇皇巨著《显微神经外科学》也是一代又一代神经外科医生必读的“圣经”。

在翻译本书的过程中，有两个问题常常萦绕在我脑中：第一，如果没有亚萨吉尔教授，神经外科是否还可以进入显微时代？我想答案应是肯定的。书中也有记述，20 世纪 60 年代有数位不同中心的神经外

科医生都在手术中尝试使用显微镜，鉴于神经系统结构精细、病灶位置深、暴露范围有限等客观因素，借助光学技术放大人眼所见几乎是必由之路，这些有识之士的“星星之火”迟早可以“燎原”。但若没有亚萨吉尔教授，这场革新则绝非以如此的速度和面貌发生。如此便引出了第二个问题：为什么历史选择了他，或者说为什么是他改变了历史？全书实则都在为此作注解，简要归纳，便是天赋、努力、性格、机缘、家境缺一不可。过人的天赋和努力自无须赘言，近乎偏执、面对困难确乎不拔、“虽千万人吾往矣”的性格特质，是他与同时代其他先驱的显著区别，也因此能够在巨大的质疑声中仍坚持己见、决绝地推广显微神经外科。他经历传奇、机缘颇丰，本已有志于癫痫外科，若非会诊 1 例偶然的脑梗死患者，也不会远赴美国求取脑血管外科“真经”，更遑论对显微外科技术的修习。此外，亚萨吉尔教授并非出身寒微，幼时家中名流云集，耳濡目染各类西方哲学、文化艺术，这也是构成他此后人生哲思和意趣的重要基石。在第二次世界大战期间能奔赴德国求学，也离不开家庭支持，非当时土耳其普通学生所能奢求。

神经外科大师的传记，并不多见。相较于职业作家布利斯（Michael Bliss）撰写的库欣传记“*Harvey Cushing: A Life in Surgery*”，本书著者罗杰斯医生作为神经外科从业者，能以平白晓畅的文笔将颇具门槛的医学典故娓娓道来，殊为不易。更难能可贵的是，罗杰斯医生虽曾师从亚萨吉尔教授，但在书中并没有为尊者讳，对其复杂莫测的脾性、纠葛的家庭及师徒关系均有着墨，让我们可以真实感受到一位活生生的外科巨擘，而非人造的“神”。遗憾的是，在本书接洽过程中，我们得知罗杰斯医生已遽归道山，令人唏嘘。但文字可以跨越时间，有如此佳作藏诸名山、传之后世，当足以告慰斯人。

本书由三人合译，陈峻叡医生负责第 1～9 章，陈嘉伟博士负责第 10～17 章，我负责其他章节和全书润色。感佩两位兄弟在繁重的临床和科研工作之余，欣然允我邀约，通力完成这件“无用”之事，由医者到译者，诸般艰辛，冷暖自知。限于中外语言表达差异，书中恐遗有偏颇及欠妥之处，请责于我一人。

感谢家人的理解和支持，尤其是妻子于洋的默默付出使我能够安心编书、不问世事。感谢导师毛颖教授和陈亮教授的包容，放任我在业余时间追随自己的兴趣“舞文弄墨”。感谢科学普及出版社（暨中国科学技术出版社）引进本书中文版权，感谢编辑团队在本书翻译过程中给予的支持，使本书有机会以最好的面貌与读者见面。

如今近百岁高龄的亚萨吉尔教授仍活跃在学术舞台，一如既往关心着神经外科的发展。受 COVID-19 的影响，线上会议方兴未艾，常在云端一睹大师风采，亦堪称后学之幸。衷心祝愿亚萨吉尔教授身体健康，祈盼他继续指引我们前行。

岳　琪

目　录

开篇

Surgeon of the Century

第 1 章　神经外科世纪人物

1967 年，加兹·亚萨吉尔完成世界第一例“颅内外血管搭桥手术”[①]，震撼了当时整个医学界。他透过手术显微镜，可以在患者的脑壳里，用比眼睫毛还细的缝线（那缝线持在手上时肉眼几乎看不见！）将头皮与脑内 2 根直径仅 1 毫米的血管吻合在一起，从而使头皮血管通过“搭桥”重建脑内血流。这一理念被用于预防高危患者脑卒中发作。

这个手术彻底彰显了外科技术的优雅。对于那整整一代的脑外科医生来说，它定义了终极的外科技艺——极致精细的手眼协调，并成为无数医生与患者希望的象征。

多年以来，显微手术已经被有效应用于眼科及耳科，这些器官的血管相对较少，因此手术中出血的风险也较低。然而，大脑是人体中血管分布最多的器官之一，对神经外科医生而言，如何妥善处理术中出血及对保护重要血管经常充满挑战。脑部手术往往需要在重要神经结构的周围、下方甚至当中，穿梭相较于眼科及耳科手术好几倍的距离，才能到达肿瘤或血管的病灶。而且眼科及耳科手术只需要在较为局限的术野里进行操作，对视野及器械进行调整摆动的幅度很小。

为了让显微手术更好地满足神经外科医生的操作需求，且眼科及耳科医师在手术中使用的显微镜活动起来沉重如铅，需要设计一款可以在三维空间中自由活动的显微镜。而且，术中对于出血的控制，除了仰赖迥异的操作手法及设备以外，也离不开精通显微外科的解剖知识，甚至需要一种全新的在脑内导航的思维模式。

亚萨吉尔向一代外科医生展示了“显微外科技术”如何让手术操作变得无限的精细和准确。而在开展这项技术之前，他已经 40 岁了，是

一名享誉盛名的放射及立体定向神经外科专家。

脑血流重建仅仅是这场变革的发轫。颅内动脉瘤通常在毫无预警的情况下破裂造成脑出血，短短数分钟内便可导致患者死亡。对于幸存者来说，再次出血无疑是致命性的，而开颅手术在那时是唯一有望预防再出血的治疗方式。然而在 20 世纪 60 年代，手术疗效总是很不理想，2/3 的患者在术后几天死亡[②]。即便在少数技术顶尖的医疗中心，每 8 例动脉瘤患者中就有 1 例在术后死亡，这其中有些人在术前神志完全清楚，理应获得更好的存活机会[③~⑤]。

1972 年，亚萨吉尔报道了他主刀的 124 例术前神志清楚的动脉瘤患者，没有一例死亡[⑥]。而在 74 例术前出现意识障碍的患者中，只有 3 例在术后过世，总死亡率仅 1.5%，手术成功率提高了 8 倍，这样的数据即使放之胆囊手术也并不逊色！他的手术案例很快被诸多同行相继效仿。

如同 20 世纪初的哈维・库欣（Harvey Cushing）和沃尔特・丹迪（Walter Dandy）一样，亚萨吉尔在他的时代引领了神经外科的变革浪潮。为什么显微外科对于动脉瘤手术有着如此深刻的影响？其中一个重要原因便在于，透过显微镜能放大局部视野，提高术区亮度，从而使术者清晰辨别动脉瘤周围细小的血管，而这些血管的重要性以往常被手术医师所忽视。完整保留这些细小的血管所带来的获益超乎想象，堪称动脉瘤手术保命的灵丹妙药！显微外科同时也改善了脑肿瘤的手术治疗，通过提高脑神经及脑功能区的保护，减少了手术后患者出现卒中及神经障碍的概率。

显微镜下的一举一动都被放大，这赋予亚萨吉尔对手术操作更精准的控制。亚萨吉尔固然天赋异禀，然而他的手术操作理念依然能被其他同行所学习。可以说 1967—1972 年，神经外科手术发生了天翻地覆的变化。

很快地，世界各地的神经外科医师便蜂拥至亚萨吉尔所在的苏黎世朝圣。在接下来的 10 年，那些前往学习亚萨吉尔手术方法的医师们，逐步成功将脑动脉瘤手术死亡率降了 80%。诚然，每个医师的天赋不尽相同，但显微外科着实帮助了许多想提升自己成长曲线的医师。

显微外科手术不止改善了脑动脉瘤、肿瘤及血管畸形的手术疗效，也提高了脊髓病变的手术预后，甚至被应用于治疗常造成背部及腿部疼痛的椎间盘破裂上。不仅如此，通过显微镜上安装的微型摄影机，可以连接闭路电视及视频录像，这些珍贵的影像对年轻神经外科医师的教学也产生了颠覆性的影响。而后的 21 世纪，这些技术也被用在内镜手术上，引领神经外科手术正式进入“微创时代”。

1999 年，一个由 170 名神经外科专家组成的国际组织，通过投票推举哈维 · 库欣（1869—1939）为 20 世纪上半叶对神经外科发展最具影响力的医生[7]。在 20 世纪 20—30 年代，他被全世界公认为“神经外科之父”。

对于 20 世纪下半叶，他们也给予亚萨吉尔同样的殊荣。国际知名神经外科杂志 *Neurosurgery* 以“世纪人物”的称号将哈维 · 库欣和亚萨吉尔的照片刊载在 2019 年 12 月份的封面上。

到底谁是亚萨吉尔？脾性如何？来自哪里？怎么取得如此成就的呢？

加兹 · 亚萨吉尔出生在一个山洞里，他的父母在 1923 年土耳其发生革命后被不法武装分子劫持。幼年的他亲历了家乡的历史性重建，并很幸运地在土耳其的新式公立学校接受良好的教育。所处的动荡不安的环境，反倒滋养了他后来的成长。第二次世界大战期间，19 岁的亚萨吉尔在德国的特别核心区域开始了医学生的求学生涯，许多同侪及朋友被英美轰炸机所投下的炸弹夺走了性命。最终，他逃亡到瑞士，并在那里完成了医学学业及住院医师培训。1966 年，他横渡大西洋，到位于美国佛蒙特州伯灵顿的一个小实验室里，每天耗费 12 小时辛勤钻研新的解剖知识，开发了那些日后注定要改变脑外科的显微技术。他在不断砥砺自己的同时，提升并重塑了神经外科这门艺术，逐渐臻于卓越，影响了数以百万计的生命。

他的事迹值得被传颂。

注　释

① 将供应头皮的动脉分支连接到大脑动脉主干狭窄或阻塞之外的动脉，无论是在大脑内部还是下方，从而使新鲜的含氧血液“绕过”梗阻，保护重要的脑组织。

② Drake: discussing Hunt and Hess: *J Neurosurg*, 1968 (28), 14–20.

③ French et al: *Clin Neurosurg*, 1968(15), 117–132.

④ Maspes and Marini: *Prog in Brain Research*, 1968 (30), 317–321.

⑤ Hunt and Hess: *J Neurosurg*, 1968(28), 14–20.

⑥ Krayenbühl et al: *J Neurosurg*, 1972(37), 678–686.

⑦ Apuzzo: *Neurosurg*, 1999(45), 975.

启蒙时期

Out of Political Turmoil and Revolution—the Birth of a Surgeon

第 2 章　在动荡和革命中诞生

尽管在古代已经有许多关于人类颅骨手术的研究以及文献记载，20 世纪的神经外科仍然处于起步阶段。神经外科发源和欧洲息息相关，1870 年的战争时期法国的外科医师曾对脑部枪伤的治疗过程有过描述[①]，而在 1884 年的罗马，弗朗西斯科・杜兰特（Francesco Durant）医师曾主刀了一台脑肿瘤切除手术[②]，这被认为是史上首例。1894 年，维克多・霍斯利（Victor Horsley）医师已经在伦敦开展脑部手术 8 年，希波（Chipault）医师出版了两卷教科书《神经系统手术学》[③]，彼时哈维・库欣即将从哈佛大学医学院毕业[④]。然而，在 19 世纪，神经外科手术的疗效依然很难尽如人意。1886—1896 年，美国有超过 500 名外科医师参与脑部手术，然而在往后的数十年里，这个数字却逐步减少[⑤]。

不久之后，库欣便将用前所未有的方式推动这项学科的发展，但这个时期欧洲仍处于领先地位。对于美国的医师来说，如果缺乏欧洲学习的经验，便不能称作受过完整的医学教育，至少要有在维也纳或柏林进修的经历。1900 年，库欣在完成了哈佛的学业及麻省总医院和约翰斯・霍普金斯大学附属医院的外科培训后，远道重洋前往瑞士。他在瑞士的伯尔尼待了将近一年，分别在著名的外科医师特奥多尔・科赫尔（Theodor Kocher）的诊所以及雨果・克罗内克（Hugo Kronecker）主持的生理学实验室里研习。在返回巴尔的摩以前，他还在利物浦向当时十分杰出的神经生物学先驱查尔斯・谢灵顿（Charles Sherrington）请益了整整一个月。谢灵顿的实验室及欧洲的临床手术并未给库欣留下深刻印象，但他在科赫尔启发下开展的研究却让他登上美国新闻的头版，从而

获得约翰斯·霍普金斯大学的学术任命[6]。库欣是世界上第一位专攻脑部及脊髓手术的外科医师。10 年之后，他杰出的实验室研究以及种种动人的临床事迹，使他成为世界上第一位神经外科巨擘。1939 年库欣去世以后，学生们继承了他的手术方法及理念，在此后数代学界中占据统治地位。

虽然库欣的理念对后代的影响如此深远，但 20 世纪后期主导神经外科的那位巨匠的思想和经历根植于欧洲，却不足为奇。毕竟，从 19 世纪起，欧洲文化便培育了卓越的科学和医学研究传统。而令人讶异的是，这位巨匠是在 20 世纪 30 年代被称作“欧洲病夫”的土耳其长大并且接受教育。一个科学落后的国家能将医学学科推向无与伦比的高度？这在史上非常罕见。但是当加兹·亚萨吉尔对医学和神经科学的热情和土耳其的新型公共教育体系发生碰撞时，新世界的大门打开了，进而塑造了影响他一生的从医态度和习惯。

第一次世界大战过后，世界经济从严重的通货膨胀，发展到 20 世纪 20 年代短暂的繁荣，而后又自由落体般陷入了经济大萧条。欧洲首当其冲，深陷在战争债务中的德国，面临着《凡尔赛条约》(全称《协约国和参战各国对德和约》) 中的巨额赔款，甚至连盟军中许多国家都认为这些赔偿有多么不切实际。这也促使了无数犹太人背井离乡。

相对来说，土耳其的经济及政治力量较邻国及西方国家薄弱许多，政府便重点关注国内，重振及改善民生。500 年来，土耳其奥斯曼帝国庞大而冷酷。最终，奥斯曼帝国的统治逐渐衰落，在由战争英雄转变为政治强人的穆斯塔法·凯末尔（Mustapha Kemal）主导的革命之后，土耳其最终成为共和体制。凯末尔领导下的土耳其政权誓言不惜一切代价避免卷入欧洲的动荡。随着刚签署的国家宪法及新成立的国会，国内经济也在奥特曼帝国的衰落下逐步受到拖累。此外，这个国家也在第一次世界大战战败后苦苦挣扎，面临着难以想象的历史变化。凯末尔总统承诺当务之急是弥补割让给欧洲邻国的领土，他的计划就像一个外科医师尝试在相同的麻醉剂量下对一个患者同时进行面部整形和心脏移植手术。

凯末尔将国家经济停滞不前和社会发展落后归咎于伊斯兰教的影响，于是他便着力于将土耳其重塑为世俗社会。一夜之间，政府和政

治中伊斯兰教有关的一切被抹除殆尽，通俗的法律取代了《古兰经》（*Koran*）成为社会维持秩序及解决纷争的标准，学校不允许开展宗教方面的教学，象征着奥斯曼的土耳其帽被勒令禁止。西装西服甚至软呢帽，开始成为主流服饰。凯末尔赋予了女性投票权，女性的地位得到提高，这些在他们母亲的时代是不能想象的。他倡导了新的字母，甚至是一种新的语言，能在表达和书写上都更为实用。新的语言促使土耳其人的国际观得到提升，也让他们和西方社会有更多的交流，学习其商业经营及工业建设的模式。

教育方面，全国性的中小学校开始兴办。新政府将操办教育视为第一要务，这也是土耳其能重新屹立于世界的关键。每一个土耳其孩童都有资格接受免费的教育，一些新的课程，如古典研究或是最前沿的西方思想学，开始出现在课堂的黑板上。他们需要不同以往的教师，可以致力于教导土耳其人如何独立思考，跳脱他们身处的环境，以及过去穆斯林文化根深蒂固的传统。凯末尔的政策保证了人民受教育没有任何拦阻。他投注了最多的资源在教育问题上，确保没有任何细节被遗漏。

然而，土耳其需要的不只是新的面孔和新的内在，他们需要对自我有更新的认识。为了灌输土耳其人民新的民族自豪感，政府甚至冒着模糊现实和神话界限的风险，修订部分土耳其历史，重新诠释一些过往事件和运动。经过修订的历史很快在学生中引起广泛回响⑦，孩童们了解到他们的祖先起源于中亚大草原，然后迁徙到了世界各地，甚至达到西半球。有人甚至提出土耳其的祖先可能是美国印第安人的前辈。在凯末尔临终以前，他那赞同“土耳其人是孕育全人类的种族”的理论，可能已经接近于病态及放荡的妄想了。

亚萨吉尔在土耳其国内强调民族主义的环境中成长，但同时也受到国内以及西方社会动荡的影响。独裁者不仅要统治自己国内的人民，还要应付周围国家舆论喧嚣，以及凯末尔政府在民政及独裁政权之间摇摆不定带来的讽刺及不安定感。也许在大部分的时间里，亚萨吉尔也受到当时国内加速学习模仿西方现代化工业及科学方法的影响。与此同时，他也信奉土耳其人所自豪的文化遗产，因为他深知脚下的土地是孕育了1万年前文明的诞生地。这片土地曾是亚述人、赫梯人，乃至几个世纪

后希腊人及罗马人的家园。

早些年亚萨吉尔便把自己视为这段历史的延伸。从孩童时期便明白他将要对自己的人民做出杰出的贡献。经过了 5 个世纪的奥斯曼帝国统治，历史上的伟人都来自于军人，然而亚萨吉尔的英雄事迹不在战场上，而是在手术室和实验室里。

在亚萨吉尔 14 岁那年，希特勒举兵入侵波兰。而在他 17 岁的时候，俄罗斯人在斯大林格勒（现俄罗斯伏尔加格勒）击退了德国人，同时列宁格勒（现俄罗斯圣彼得堡）的围攻也宣告结束。18 岁那年，他在纳粹德国核心区域中一家饱受战争蹂躏的医院里工作，那时来自盟军轰炸机的空袭不断，而美、英、俄的地面部队正准备着最后的进攻。而后亚萨吉尔历尽艰辛逃到瑞士的安全地带，在日本被投放第一颗原子弹后的一个月，度过了自己 20 岁的生日。在瑞士他完成了自己的医学学业，并为日后变革神经外科手术技术打下基础。

年轻的亚萨吉尔接触到许多有关自己家族的伟大事迹。他以自己的奥斯曼血统及巴尔干出生地为荣，并认为自己的家族延续了 500 年来从安纳托利亚中部到君士坦丁堡（即 20 世纪的伊斯坦布尔）的辉煌。1453 年，君士坦丁堡和拜占庭帝国陷落，苏丹穆罕默德二世指挥奥斯曼帝国的铁骑击溃巴尔干国家。亚萨吉尔以“穆罕默德二世曾经让我的曾曾曾祖父统治一整个部落和军队”感到光荣。他的祖先离开了小亚细亚的荒漠，前去巴尼亚卡卢[⑧]为苏丹治理该区域。19 世纪后期，苏丹阿卜杜勒·哈米特二世命令亚萨吉尔的另一位“曾祖父”返回安纳托利亚。亚萨吉尔在年轻的时候便热衷于钻研历史，他能体会到先人收拾行囊、离乡背井、告别波斯尼亚绿荫环绕和涓流潺潺的人间仙境，是有多么痛苦。他将回到干旱的土地和温度极端的安纳托利亚，土耳其大多数都是这样的气候。

亚萨吉尔的父亲阿苏姆（Asum）当年是个热情的年轻人，金发碧眼，皮肤白皙，鼻子突出，五官轮廓分明。他的性格和气质源自于他的巴尔干民族的血统——一个战斗了几个世纪的民族，一群性格暴躁、厌恶欺压及不公的人民。除了阿苏姆的父亲担任奥斯曼帝国宪兵队的一员，20 世纪初，亚萨吉尔家族和邻居们一样，以务农为生，家族中从没

有过一位医师。在土耳其，医师一般是希腊人、犹太人或亚美尼亚人，而亚萨吉尔家族里总是充斥着暴力、死亡、战争及社会动荡的故事。身为三四个孩子的父亲，亚萨吉尔的祖父据说曾为了躲避强盗而躲在树上，无助地目睹自己的家族成员被屠杀，年幼的他只能投靠叔叔。阿苏姆这样的中产阶级对于教育和生活的选择基本有三种：军校、他父亲就读过的警务学校或公务员培训机构，他选择了第三种，毕竟一份在政府机关的工作对于老百姓的接受度和尊重程度都高很多。50 多年来，几乎每一名接受过中学教育的土耳其男性的梦想，就是能有一份每天可以穿西装打领带、穿着体面的工作。在土耳其的希腊人和犹太人多从事商业经营，而亚美尼亚人则多为技工和工匠。

随着时代的变迁，阿苏姆这一代人反对苏丹守旧统治的程度甚至超越了他们的上一辈。没有人知道未来会发生什么事，阿苏姆 · 亚萨吉尔已经感觉到他们所处的社会即将迎来天翻地覆的变化。种种不安分的迹象随处可见，人们也都在彼此谈论可能迎来的变化。他知道必须要有所准备了。然而，他早已目睹过社会巨变带来的代价是多么沉重。当他还是个孩子的时候，联盟进步委员会（一群被国际媒体称为“土耳其青年”的初级军官）起义反对苏丹阿卜杜勒哈米特，并要求制定新宪法，随之而来的是人民举国狂欢。穆斯林圣徒、东正教牧师和犹太拉比互相拥抱，挽着彼此上街游行，监狱的大门被打开，政治犯们被释放，年轻的女性撤下她们的面纱，群众聚集在开放的场所聆听政治演说，人们在街上奔跑、扬声大喊“民主”及“宪法”，却不知道这两个词的真正含义。

随后，宪法着实颁布了，“土耳其青年”也确实削弱了苏丹政权，但最根本的问题没有解决，动荡依然延续着。1911 年在的黎波里与意大利人开始的战争仍在继续，最终冲突在巴尔干半岛爆发了。在俄罗斯人的怂恿下，塞尔维亚、保加利亚和希腊史上第一次也是最后一次联合起来，向他们曾经的奥斯曼帝国霸主土耳其人宣战。阿苏姆 · 亚萨吉尔那时候还是个 20 岁的学生，虽然战争主要发生在巴尔干半岛上，但资源匮乏、家园受创、失去深爱亲人的痛苦和对于战争的恐惧围绕着他。1913 年中期，数十万名伊斯兰难民逃离巴尔干半岛，流亡到安纳托利亚，许多人涌入伊斯坦布尔。

阿苏姆在1914年亲历了这场战争。作为学生，他被授予预备役军官军衔，并在第一次世界大战中加入土耳其军队，任职于东部战线的电报员，

战争中他参与土耳其第三军团，驻守高加索山脉抵御俄军来犯。在战争打响的最初几个月里，战争部长恩维尔·帕夏（Pasha Enver）不顾德国联络官冯·桑德斯（von Sanders）将军的建议，亲自领导了一场针对俄军的包围行动，结果是以惨败收场。土耳其军队在1916年的春天发起了一次短暂的反攻，但战事依然陷入僵局。由于上级的领导不力及好高骛远，阿苏姆只能逐步适应在一只疲惫不堪、士气低落的部队里的生活。土耳其军队实质上可以说是被无良的军官和腐败的条款所利用，沦为子弹和步枪的牺牲品[9]，几个月来部队里只能靠着一半甚至更少的口粮为生，对他们来说，活下来似乎遥不可及。他们整个冬天都在准备应对春天即将到来的血战，然而，后来俄罗斯人从未来过。一场政治事件动摇了全世界并且影响深远：俄国革命。尼古拉斯二世在那年的2月被推翻，俄罗斯也退出了战争。

随着第一次世界大战接近尾声，阿苏姆是第一批离开岗位的军人，他将在君士坦丁堡追逐自己的事业。更重要的是，他遇见了萨哈维（Sahavet）并结为连理。萨哈维的父亲是一位著名律师，同时也是虔诚的穆斯林，家境富裕，与奥斯曼政府往来密切。17世纪时，他的家人自安纳托利亚中部来到伊斯坦布尔，大多是艺术家和手工匠。萨哈维拥有遗传自意大利祖先的黝黑而动人的美貌。她是个聪明、开朗的孩子，自幼便受到父亲的宠爱，享有材料上乘的衣服、名贵的首饰及最好的学校。在国家经济困乏时，她仍过着贵族般的生活。当老百姓还在努力维持日常生活，她们一家有马匹、马车和许多侍从，其中还包括专门从博斯普鲁斯海峡捕捞鲭鱼和鲱鱼的私人渔夫。

尽管信教虔诚，萨哈维的父亲却比周围人更加开明，对儿女的教育一视同仁，虽然他自己的妻子都没有接受过正规教育。他还是一名热衷体育的运动员。当萨哈维只有8岁时，她在足球开幕式上高高挥舞着俱乐部的旗帜，穿着一条比当时世俗礼仪规定要短得多的裙子，显露出了她结实的双腿。对于穆斯林来说，她的那种行为是不能被接受的。那是

一个所有女性必须在公开场合穿戴面纱和及踝长袍的时代，世俗规定女性在家外不能与男人交谈，在街上不能与男人并肩行走，即使和丈夫之间，也必须保持适当的距离。

然而她的父亲选择无视这些流言蜚语。他坚持家族成员们昂首阔步、以自己的方式面对外在世界。他的思想领先于那个时代，同时也是女儿的榜样。

在某些方面，阿苏姆·亚萨吉尔在战争期间在安纳托利亚山区所经历的艰辛，和他与妻子在新婚第一年被迫忍受的相比显得微不足道。作为曾经德国的盟军，土耳其属于战败国的行列。盟军只承认土耳其是一个曾经被占领和控制的国家而忽视它其实被无情地剥削。阿苏姆为了保全公务员职位，依然忠于苏丹，接受留在君士坦丁堡的人事命令。还有什么更好的选择呢？那时候的奥斯曼政府可以说是一片混乱，首都的经济也一团糟：没有工作，没有工业体系，没有贸易往来，这个国家正在濒临崩溃边缘。在街上有趾高气扬的希腊人，他们和战胜的盟军们一起幸灾乐祸，同时，英国的军舰从马尔马拉海驶入博斯普鲁斯海峡，更突显国运凄凉。

依据《凡尔赛条约》，盟军占领土耳其的每一个战略要地，除了维持社会秩序的部分军队外，其余的土耳其军队都将被解散，其驻军也被迫投降。外国势力统治了整个国家。法国人和意大利人在南部海岸登陆，而英国人则占领了君士坦丁堡，并让指挥官逐步接管安纳托利亚各地。在巴黎，各国代表团为了如何瓜分土耳其而争论不休，希腊人、英国人、阿拉伯人、美国人、意大利人和法国人，每个国家都想趁机分一杯羹。苏丹被削弱得体无完肤，却也束手无策，然而他最关心的依然是自己的面子问题。

君士坦丁堡的经济由于连年战火已经被蹂躏不堪，而许多俄罗斯贵族因逃避布尔什维克政府而流亡至此，更是雪上加霜。他们将带来的黄金和传家宝物流入市面，面对原本就供应紧缺的资金，那些宝物价格飙涨。在种种无奈下，无数的土耳其人只好上街行乞。亚萨吉尔和萨哈维两家被迫变卖自己的珠宝首饰、家具、黄金，最后连在君士坦丁堡和和博斯普鲁斯沿海的别墅都卖掉了。可以说他们一切有形的资产灰飞烟

灭，相反，黑市商品的价格因为奸商的哄抬而屡屡攀升，似乎只有巨富和小偷能在那种世界存活。

1919年君士坦丁堡（东罗马帝国历史城市）的冬天极为寒冷，而这对年轻夫妻连取暖的煤炭都没有。夜间除了城市几条主要的街道外，大多数的地区都是一片漆黑。街上的电车停运，博斯普鲁斯海上的汽船也寥寥无几。城里的警察人数很少，分布稀疏，群众也认为他们腐败、不值得信任，天黑之后若没有随身携带防身武器，根本不敢出门。阿苏姆和兄弟们只能躲在家中，偶尔冒险上街，希冀能以低于5美元的价格（约等同于现在的100美元）买到一条面包。有一天，阿苏姆和一个兄弟拿出所剩无几的存款在街上开了一个卖汉堡的小摊，毕竟总得想个办法喂饱家人。但是那时候谁有钱去买汉堡呢？大家都赤贫如洗。阿苏姆打听到有些人隐藏自己的身份，混入英国占领的区域找工作，这也许是个值得尝试的方法。

希腊商贩和生意人在公开场合昂首阔步、招摇过市，让土耳其人靠墙让道给他们，土耳其人还被要求向飘扬在一些商务场所上头那蓝白相间的希腊国旗敬礼。很多人深以为耻，宁可躲进巷子。

危难之时，穆斯塔法·凯末尔——人民眼中的传奇英雄站了出来，勇敢地抵抗苏丹政权，试图为人民夺回他们的自由和尊严。他分别在埃尔祖鲁姆和锡瓦斯召集代表，集会举办投票以获得政治上的支持及合法性，接着在安纳托利亚内陆组织反对势力。一场革命在悄然酝酿。盟军瓦解了苏丹的势力，但凯末尔的愿景是土耳其人民能拥有他们应得的自主权，他认为苏丹已经不愿顾及土耳其人民的利益，并正式辞去在奥斯曼军队中的职务。

苏丹虽然没有军队能镇压凯末尔的革命，但是身为伊斯兰教的领袖，他仍有办法控制群众的行为。他煽动整个安纳托利亚的穆斯林，试图通过发起内战来对抗凯末尔发起的民族主义运动。恐怖组织、独立帮派上街行抢甚至谋杀的事件逐日攀升，就连驻守的盟军都察觉到他们所惧怕的事可能将要发生——无政府主义的崛起。盟军部队其实早已元气大伤，驻军无心恋战，更不可能参与镇压国内的暴乱。他们倒是乐意为苏丹的伊斯兰军队提供武器，不是平息而是助长骚乱。

希腊人认为土耳其的内战反而对自己有利，他们希望借此重建从西元前 4 世纪罗马时代在小亚细亚的辉煌。客观上来讲，土耳其也是许多希腊人的故土。1919 年 5 月，希腊军队从士麦那登陆，接连与苏丹的军队发生冲突。凯末尔领导自己的非正规军民族主义阵营（装备老旧且数量不足）转而迎击希腊军队的侵犯，此举更加巩固了他在土耳其人心目中民族英雄的地位。凯末尔成为同胞眼里唯一的希望，土耳其人寄望于他能击退希腊人，就像 4 年前他在加里波利对抗英国人一样。

纵使厌倦了战争，土耳其人民（包括阿苏姆和兄弟们），并没有打算对希腊军队的入侵视而不见，他们也加入了民族主义阵营，一起在两条战线上奋力迎战。他们的敌人是盟军支持的苏丹军队以及爱琴海沿岸入侵的希腊人。

这时候一项外交政策将土耳其人团结在一起。经过巴黎会议的长期审议，1920 年 6 月 10 日，盟军向苏丹政府宣布了有关土耳其的制约条款：割让所有的阿拉伯领土、爱琴海中的 8 个岛屿给希腊人，达达尼尔海峡和博斯普鲁斯海峡归为国际管理，同时国家财政完全由盟军掌控。这些蛮横无理的要求，促使土耳其人前所未有地团结。巴黎会议的商议结果，也象征了奥斯曼帝国的完结。

几乎一夜之间，曾经效忠于苏丹的百姓如潮水般转而投靠民族主义阵营，土耳其人在凯末尔的领导下真正团结一致了。1922 年夏天，阿苏姆的最后一个兄弟加入了凯末尔的军队，继续向希腊人进军，他共有 4 个兄弟加入到这场战役中。在君士坦丁堡，阿苏姆意识到他有 5 个家庭需要照料和保护。

最终，凯末尔将希腊人逐出土耳其，废除苏丹王朝，并流放苏丹・穆罕默德六世。战争年代，无论依凭耐心等待、天赋异禀或是单纯的运气，把握最佳时机才能获胜，显然，一切都得恰到好处。

穆斯塔法・凯末尔让土耳其重回独立，建立了一个被世界重新认可的政权。战争结束后，他将重心转向国内。1923 年春天，仅仅 1 个月内，他便发表了 34 场演说，有些甚至长达 7 小时。他不断向群众传达自己对国家的愿景和未来的展望，百姓们成群结队地聆听他的演说并提出自己的困惑。凯末尔亲自和群众见面、眼神真诚地和他们一个个握手

并热情地拥抱，从没有一个土耳其领导人如此直接地和自己的国民面对面交流。一时之间，穆斯塔法·凯末尔成了土耳其史上最受欢迎的国家领导人。

新的法律条文规定所有公民要取新的名字，也是第一次每个人被要求同时有姓和名。国民议会也带头更改了凯末尔的名字，将总统凯末尔称为阿塔图尔克（Atatürk，意为“土耳其之父”）。自从第一次世界大战期间他在加里波利英勇击退英军，便在朝野和民间均被尊称为“加兹”（意为“伟大的穆斯林战士”）[10]。城市的名称也变了：君士坦丁堡改为伊斯坦布尔，士麦那成为伊兹密尔；安哥拉更名为安卡拉，也是新的国家首都。这是自 16 世纪以来当权政府首次没有设立在君士坦丁堡，也象征了变革的决心。

随着 1923 年共和国成立，公务员的需求重又彰显。33 岁的阿苏姆·亚萨吉尔得到机会被派往靠近保加利亚边境的色雷斯的一个哨所，总算有了工作可以养家，而且还是份公职。6 个月后他重新被派回土耳其东部的莱斯镇，在那个有 5000 人口的地方任职首席地方官。

1924 年 3 月，新总统阿塔图尔克（Atatürk）在首都安卡拉举行的大国民议会上提出了三项国家议程：第一，维护并稳定新共和国；第二，建立新国民教育体系；第三，“净化并提升”伊斯兰信仰，从而将数百年来“沦为政治工具”的伊斯兰教“解放”出来[11]（双引号内文字意在表现阿塔图尔克精巧操控的用词——作者按）。这些措施无疑是要先发制人，打击政府里的伊斯兰势力，果不其然，48 小时后，曾经的伊斯国王办公室被撤除，前任苏丹阿卜杜勒米切特（Abdülmecit）携家带眷在寒冷的黎明，登上了东方特快列车。

这些举动在一个以伊斯兰教国家无疑是十分激进的。很快便有许多不满的声音出现，尤其来自受教育文化较低的阶层。早些时候阿塔图尔克对于兴起的反对势力依然有所包容，但是当东部省份在 2 月爆发了库尔德武装起义时，他迅速且无情地镇压了他们。库尔德人是一个坚韧的无国籍民族，3000 年来在安纳托利亚山区过着封建的生活，以部落的形式统治大约 100 个小村庄，历来令土耳其统治者头痛不已。

新政府镇压库尔德人的力度很大。当年 5 月 10 日，库尔德人多个

首领被逮捕并被押送至附近的迪亚巴克尔候审，短短 17 天内就有 47 人被公开处以绞刑。就在两个月前，年轻的亚萨吉尔一家在莱斯被一群库尔德人持枪绑架。

阿塔图尔克政府在赖斯的首席长官阿苏姆被捆绑并堵住嘴巴，在绑匪的胁迫下将他们带至家中。

当时怀胎 5 个月的萨哈维看到自己的丈夫被一群手持来复枪的肮脏匪徒欺凌，体内的愤怒顿时暴发[12]，她脱下外套，挺起胸膛、径自走到歹徒面前："来啊！开枪打我吧！有胆就只冲我开枪啊！"阿苏姆知道妻子不是绝望，而是气愤、前所未有的愤怒，她的勇气无人可匹，面对危机毫无胆怯。随后，这对夫妇带着他们的两个小孩—— 一个 3 岁的女儿和一个 18 个月大的儿子，作为人质被押到距离伊拉克边境约 100 英里的山区。

在怀孕后的第一个月，萨哈维曾在骑马时从马背上跌落，从那时候她便十分担心是否影响了肚子里的胎儿。如今住在潮湿、寒冷的洞穴里，卫生条件很差，缺乏足够的食物，糟糕的环境让一切雪上加霜。到怀孕第六个月时，她感觉到子宫内的胎儿停止活动，这使她认为胎儿很可能已经夭折了。所幸那时冬去春来，天气逐渐回暖，但是他们所居住的山洞依然阴暗潮湿。她们一家已经 3 个月没有换过衣服。萨哈维每天不止为自己腹中孩子的安危祷告，也祈求他的未来不同凡响，希望他能致力于为人类服务，对自己国家的人民有所贡献。她渴望自己的孩子能成为终结人民苦难、为他们带来和平的"国之重器"。亚萨吉尔小时候，常常一遍遍地听父母述说他出生之前几个月的故事。

7 月初的时候，他们 18 个月大的儿子生病了，主诉腹痛，不肯进食，短时间内变得面色苍白、两眼无神、眼球凹陷，前一天还身强体壮、双眼有神，金色的头发也充满光泽，但很快就因生病变得无精打采。他开始出现呕吐的症状，伴随因感染斑疹伤寒而腹泻不止，阿苏姆和萨哈维都十分害怕，对他们来说，年幼的儿子就是一切。有一晚孩子挣扎着从地上爬起来，在黑暗中摇摇晃晃地找到一个有水的瓶子想喝水，萨哈维却本能地阻止了他。喝水难道不会让呕吐和腹泻加重吗？当时没有医师告诉他们，这时候补充水分才是最重要的。

两天之后，孩子便过世了，全家悲痛万分，萨哈维承受了不可磨灭的心理创伤。她反复问自己一个残酷的问题：如果当时我让那口渴难耐的孩子喝水，他会不会就能活下来了？多年之后，她依然自责不已。

后来过了一段时间，7 月 6 日，她第三个孩子早产了，是一名男孩。她当时并不知道，当地的新生儿死亡率极高，当时的记录是每 1000 个新生儿里就有 165 个死亡，萨哈维的妈妈同时也是一名助产士，当婴儿似乎在产道中呼吸困难时，她迅速用手指松开了像套索一样套在婴儿脖子上的脐带。孩子出生的时候很安静，身体有点发紫，体重不到 1.8 千克，他在出生后整整一分钟都没有动静，即使用力拍打他的臀部甚至在身上泼冷水，他也没有反应。最后他们只好在孩子身上淋了一些热水，孩子总算有了哭声，开始呼吸，然而他依然没有脱离险境，即使在当时最好的医院，他能活下来的概率依然很低。

对他们来说，之前 18 个月大的儿子过世，依然是沉重的伤痛，阿苏姆期盼新生儿子能为他们带来不一样的美好人生。他发誓一定要让他活下来，甚至已经看到了孩子的未来：他或许会成为一名伟人，也许是一位将军，甚至像凯末尔那样，成为土耳其的总统。他理应拥有一个特别的名字。何不就用“加兹”呢？

时隔 73 年后，亚萨吉尔认为，他因在母腹中奋斗的最后几个月而得此嘉名，在全家遭逢库尔德人不法之徒绑架时，他仍努力活了下来。出生后的环境艰难依旧，相比哥哥过世时并无改善。冥冥中似乎预示着，他生来就是一名坚韧不拔的斗士。

注 释

① Fulton: *Harvey Cushing—A Biography*, 256.
② Cushing and Eisenhardt: *Bull Los Angeles Neurol Soc*, 1938(3), 95–98.
③ Fulton: *Harvey Cushing—A Biography*, 256.
④ Fulton: *Harvey Cushing—A Biography*, 256.
⑤ Bliss: *Harvey Cushing: A Life in Surgery*, 170.
⑥ Bliss: *Harvey Cushing: A Life in Surgery*, 131–163.
⑦ Pope and Pope: *Turkey Unveiled—A History of Modern Turkey*, 8.
⑧ 巴尼亚卢卡目前是波斯尼亚第二大城市，位于首都萨拉热窝西北部。

⑨ Kinross: Atatürk: *A Biography of Mustafa Kemal*, 116.

⑩ “Gazis”或“信仰的圣战士”是从9世纪新近皈依伊斯兰教的塞尔柱土耳其人的流浪者、逃亡者、反叛者和失业者中招募的（Kinross: *The Ottoman Centuries*, 15–18.）。

⑪ Lewis: *The Emergence of Modern Turkey*, 264. 5.

⑫ Yasargil: *Beyin ve Evrim Hakkinda Düşünceler*.

Childhood: Stories and Play

第 3 章　童年轶趣

在战争结束的前几年，阿苏姆·亚萨吉尔带着家眷搬到了共和国的新首都安卡拉——从前的安哥拉。这里不过是个光秃秃的平原，有 2 个裸露的山丘。其他数百名公务员也鱼贯而入。尽管这座城市的历史可以追溯到公元前 3 世纪，并曾是罗马人及后来的拜占庭人重要的文化、贸易和艺术中心，但在 19 世纪奥斯曼帝国的统治下，已经衰落多时了。与 1925 年的伊斯坦布尔和其他较为西化的土耳其城市相比，它的城市建设相对简陋，常住人口也仅有 3 万人。由于长年战乱和疾病肆虐，土耳其总人口不到 1300 万人。当时新首都安卡拉的许多道路都尚未铺平修整，现代化的政府机构和纪念新共和国成立的纪念碑也都还未建设。在过去的几个世纪里，国家不重视开发这片充满葡萄园和森林的土地，使这座城市犹如夏天的沙漠和冬天的泥沼地般荒芜。现存的房屋大多都还是泥砖建造的原始建筑。连商务酒店都十分罕见，来此地经商的生意人们常常十余人挤在一间房间里，国外的外交官和代表来这里出差时，家属都拒绝同行①。

第一次世界大战的条约中有条款强制希腊和土耳其两国之间保持人口流动。于是希腊将超过约 100 万的东正教教徒送往土耳其，其中许多人世代住在土耳其境内，后代被驱逐至希腊，而土耳其大约 40 万名曾经居住在马其顿和克里特岛的穆斯林则移居到希腊。传统的奥斯曼土耳其人、穆斯林没有任何市场经商的能力，在失去了希腊人的商业和经营能力之后，土耳其的经济和文化交流便显得愈发困难。此外，年轻的土耳其政府在 1916 年曾遣返了许多亚美尼亚人，第一次世界大战后也有许多人逃离了那里。其中许多人是工匠并经营多数居家用品门店，他们的离开导致新首都缺乏家庭用品和家具。

但阿塔图尔克已经下定决心要将安卡拉改造成为这个伟大国家的首都，这个地方将成为土耳其人的骄傲，一个能吸引国外观光客的地标，尤其是西方的游客。政府开始大兴土木，建造公共广场和居民区，从而容纳国民议会代表及日渐增加的公务员。除了政府机构，还兴建了表演展厅和博物纪念馆，展览土耳其的历史及艺术文物。这堪称孩童成长的理想环境。在加兹·亚萨吉尔 8 岁的时候，整个城市的基础建设已基本完善。

阿苏姆的新工作主要负责当地经济及管理新的教育体系。和其他的公务员一样，他对于新政府带来的机遇充满热情。阿塔图尔克的身影偶尔会在政府建筑或街道上穿梭，助推着民众的激情。对 20 世纪 30 年代的土耳其人来说，遍地生机，中产阶级从未能如此掌控自己的未来。

然而亚萨吉尔的家中依然愁云密布，这是他最早的记忆之一，尤其是关于母亲。他 4 岁时，家里新添了 2 个男孩。2 年后，也就是 1936 年，妈妈又生了个女孩，然而每一个孩子的出生，都会唤起她曾经失去孩子的悲惨回忆。她好像永远都摆脱不了曾经的噩梦，一遍遍地告诉孩子们，曾经他们的一个兄弟在靠近莱斯的山洞里过世了。妈妈说的故事让他在自己心里塑造了一个男孩，包括他的长相、声音、喜好，甚至最喜欢的食物、调皮的样子，甚至他第一次走路时，脸上那得意的表情。在母亲怀孕期间，这个和他从未谋面的男孩对亚萨吉尔来说，好像变得真实，他甚至仿佛可以看见当时哥哥过世时周围的环境是多么的艰难困苦。他的兄弟姐妹们发现，母亲时常独自一人心事重重，对着那一张已经褪色泛黄的已逝去孩子的照片流泪。她默默地抚摸着他留下来的几绺头发，然后把它们搂在胸前。萨哈维抑郁的症状总是反复，而且似乎每一次都比以往严重。她不断责备自己，如果当时能给孩子喝一点水，也许他就能撑到有医疗援助的时候，如果当时她知道该怎么做就好了。她的每一个孩子都知道这个往事。

为此，似乎亚萨吉尔和他的 2 个兄弟在很小的时候就确定了未来的志向，他们专心学习生物学，日后成为外科医师和内科医师，这在家族史上从未有过。

萨哈维 9 岁时，她的世界曾有一度陷入混乱和黑暗之中，当时战争

带来的恐惧和突如其来的贫困席卷了她的生活。安德鲁·曼戈（Andrew Mango）在 1999 年出版的那本精彩的阿塔图尔克传记中指出，土耳其人的“伟大战争”始于 1911 年的北非，并延伸到巴尔干半岛的两次战争，然后是第一次世界大战，最后以 1923 年独立战争作为句点，当时萨哈维 21 岁。

随着父亲过世（44 岁），她的美好世界再度幻灭。父亲一直代表着财富和特权的存在，她那无忧无虑的童年顿时化作往日云烟，取而代之的是对高等教育的压力、对知识的渴望以及对生活的追求。她甚至有过学医的想法，她认为自己长大后会不同于自己的母亲以及那个时代其他女性。然后，萨哈维的一生，与她从小想象的样子大相径庭，她沦陷在身为母亲的责任感和曾经失去孩子的悲伤中。在 30 岁那年，她整个人发生了很大的变化，陷入沉默寡言，这其中混杂了遗憾、内疚、坚定的决心和来之不易的尊严等复杂的情感。

每个相识的人都知道萨哈维天资聪颖，记忆能力超群，就像照相机一样。时事和历史一直是她的强项，她能犀利地抨击那些忘记自己曾经政见的政客，并且也鼓励其他人提出自己的意见。她的朋友劝她出来竞选国民议会代表。那时候也有不少女性投身政治，她为什么不参与其中呢？土耳其第一位女性踏入政坛，是在亚萨吉尔 10 岁的时候，毫无疑问这是萨哈维心目中的偶像，她不仅记得各种法律的细节，还记得它们制定的确切日期和法律制定的背景，提出法律的代表及有关的辩论的公开报道，等等。妈妈对政治和实事的评论也伴随着亚萨吉尔的成长，同时，她的数学天赋也异于常人，她能够在脑子里记住很多长串的数字，并且在短时间内进行准确的运算。

但是迁就于家庭因素，她没有办法参与公众活动，甚至想做个老师也没有时间。算上丈夫的兄弟姐妹和他们的家人，以及自己的 5 个孩子，他们家族一共加起来有 20 个孩子。新的衣服常常不够穿，她的缝纫机总是在工作着。身为一个女裁缝师，她不认识任何同行。每一件衣服都出自于她的想象，美丽的图案、巧妙的设计，压根没有重样的。她先确定孩子们的身型，然后找到合适的布料，再用纤细的双手剪裁，缝纫一块块布匹，最后调整尺寸，将成品穿戴在孩子身上。几天完成一件

衣服后，她很快就要制作下一件。朋友们会请求她帮忙制作一些在特殊场合可以穿着的衣裳，她也不好意思拒绝。为此她长时间地坐在昂贵的缝纫机前工作，几乎一生如此。随着侄子、侄女们的成长，她先后织就他们幼时的衣裳、结婚的礼服乃至孩子的新衣，她的双手是如此稳定且灵巧，这项特长也遗传给了 2 个儿子。

家里许多的往事伴随着学龄前的亚萨吉尔、兄弟姐妹和表亲们的孩子长大。对他们来说，人物的死去和战争的破坏常常是故事主旋律。故事的主角常常是为了奥斯曼人民利益和苏丹政权抗争的土耳其人，当然也少不了库尔德人，一群杀人如麻的野蛮民族，所到之处烧杀掳掠。无数的时候，他聚精会神盘腿坐在外祖母的膝畔，任凭自己的想象力和故事遨游奔腾。萨哈维的母亲在 13 岁时结婚，17 岁时怀胎生子。在她那个年代，女性一般不识字也不会书写，即使是一位受人尊敬的律师的妻子，她也没有资格接受正规教育。伊斯兰的教义很明确：身为女性的义务无非是服侍家中的丈夫及孩子，仅此而已。然而，外祖母依然是个思路清晰、充满历练的女性。她讲述的故事总是带着生动的画面、丰富的细节，每个故事总能对自己的孙辈起到教育意义。

外祖母讲述的一个故事，让亚萨吉尔终生难忘。它是关于一对被战火摧残、蹂躏的男女。为寻找一个安全的住所，他们前往波斯（如今的伊朗），这是土耳其儿童们的幻想国度，当他们来到一个没有墓地的村庄时，便决定住下来。一个地方若没有墓地，也许代表那里没有死亡。这时女人生病了，没有胃口，并开始出现头痛。她那虚弱苍白的外表吓坏了邻居，他们觉得女人一定是受到了诅咒，有一天丈夫回到家里，女人已经不见了。男人到处都找不到他，询问换来的只是冰冷的目光。后来才知道发生什么，邻居们杀害了那个女人并吃了她，那里的厨房就是坟场。

亚萨吉尔从外祖母的故事中，学习到了许多道德观念，这些价值观也伴随他一生。许多事情不能只看表象，万物皆遵循自然法则。人生不可能完美，有得有失。没有人能拥有完美的一辈子。这些故事与他往后在医院的工作环境也引起共鸣。医院很多时候也像是个墓地。一个医师必须时刻提醒自己，随时保持最好的状态，能医治患者是一个莫大的责

任，绝对不能掉以轻心，他所面对的责任是不可想象的。

作为一家之主，亚萨吉尔的父亲希望儿子日后能成为老师或是宗教领袖。这些也是伊斯兰的律例所认同的。毫无疑问，阿苏姆也面临一定程度的矛盾和困惑，毕竟在新总统阿塔图尔克看来，穆斯林教义正是国家衰败倒退的根源，伊斯兰教在许多方面都阻碍了土耳其的进步，而目前土耳其的当务之急正是不断地发展。然而，阿苏姆整个家族几个世纪以来都是虔诚的穆斯林。据说亚萨吉尔的祖父能记住整部《古兰经》，阿苏姆也因此有责任将这个传统在自己的家族中延续。新政府并没有明令禁止宗教集会，但是宗教思想必须严格地和法律及民事划清界限。在阿尔图尔克的治理下，宗教从集体活动变成了土耳其的个人行为。总统认为政府不能干涉人民的精神生活。

亚萨吉尔的家中依然将《古兰经》放在最神圣的地方，用布包被，以免沾染灰尘。每天阿苏姆在读经前会先将手洗干净，然后恭敬地翻开、研读。没有其他人能碰触这本“圣书”。

然而阿苏姆依然避免在公开场合讨论经文或参加有关宗教的研讨会，他在家中也不会讨论这些宗教有关的议题。不过他存有许多的疑问和怀疑，以至于在内心上不支持任何宗教。他一直是个心口如一的典范。虽然经常会大声且虔诚地朗诵《古兰经》，他认为应该这么做，但是他避免去表达有关对造物主的看法，他认为这么做不过是浪费口舌。“我们没有能力去揣摩造物主的形象，”他反反复复这么说：“人类的思维不可能了解造物主的本质，现代的语言也无法描述造物主高深莫测的逻辑。”面对他孩子的提问，他总是如此简短地回答：“仰望大自然的一切吧！”他告诉孩子们，仿佛自己是个自然神论者。在大自然里，你可以体会到造物主的存在，从万物及他们周遭环境，体会到他的美好特质。话虽如此，他依然每天朗读《古兰经》，他觉得以此可以教导孩子们内在精神的重要。同时他似乎需要自己的精神寄托。对他来说，宗教是非常私人的，也没有必要将自己的信仰强加在孩子身上。“你们可以有自己的信仰，”他这样教导自己的孩子：“也可以相信没有造物主，这个完全由你自己去思考。”

但不愿讨论造物主，并不代表他觉得造物主不存在。虽然他希望孩

子们对信仰有自己的追求，却依然不能容忍任何人对宗教的诋毁，或是所谓无神论的思想。阿苏姆·亚萨吉尔很坚持这个信念。

他还教导孩子必须坚持自己的个人操守，自己也在言行上躬身实践价值观。他对于故事中道德层面的讨论是毫不吝啬的。亚萨吉尔对爸爸讲述的一个故事印象尤为深刻：一个满脸胡须的男子独自走在森林里，感叹自己年事已高，高不成、低不就，也管不住自己那任性的儿子。忽然旁边一个巨大的石头被推开，一个巨人从山洞洞口走出来。在听完那个满脸胡须的男人的故事后，巨人提出和他的孩子同住一段时间，他觉得能帮上忙。过了一段时间，巨人要出一躺远门，他告诉男孩可以在家中随处活动，但是楼上有一个禁忌的房间，他不能进去，如有违反，会他将一生被毁。可想而知，巨人才没走了没多久，男孩就进入了那个禁忌的房间。他立刻被房间墙上的艺术作品所吸引，那是一些描绘裸露人体的绘画，他被作品中传达对肉体的欢愉所征服。他隐隐约约感觉到，这种欢愉最终只会导致痛苦和折磨，那是他第一次感受到对肉体的渴望。当巨人归来之时，一切已经太迟，男孩的思绪已经被侵蚀，彻底堕落。

虽然人物和背景都不相同，但这则故事取自《圣经·创世纪》（*Genesis*）第三章，述说的是诱惑，以及分别善恶的智慧。阿苏姆·亚萨吉尔尝试着淡化他们历代和伊斯兰教的牵绊，这不光是他自己的想法，也是总统阿塔图尔克世俗化土耳其社会的理念。然而他讲述的这些道德观念，似乎是建立在三大宗教的基础上，包括犹太教和基督教的教义。这些故事也象征了人类道德的底线。人一生的所作所为都有限，对知识的获取以及周遭的感知也不是无止境的。最重要的，这是一个强调自律的故事，也是阿苏姆给孩子们上的人生课的一大主题。

他深知腐败对一个人的影响，也知道努力坚守正直的困难。当亚萨吉尔 12 岁的时候，父亲被调到财政部门工作。这对职称和薪水都有很大程度地提升，审批和记录政府的多项资金支出是他的责任之一。这段时间里，亚萨吉尔注意到父亲面临的冲突和压力。

阿苏姆从来没有表达出类似喜悦或其他任何情绪。他总是表现得很矜持，甚至有时候显得有些孤僻。他天生拥有一副浑厚的中低音，但亚萨吉尔从没有听过父亲歌唱。阿苏姆在办公室放了一把小提琴，孩子

们都以为他会拉小提琴，却从未听他演奏过，更不要说想象父亲跳舞的样子。

虽然没有父亲的参与，孩子们依然热衷于音乐和舞蹈。亚萨吉尔从小就有很好的节奏感，他对此也毫不掩饰，他不止喜欢跳舞，也学习演奏乐器，先是口琴，然后是手风琴。他仅通过自己鼓捣把玩、聆听乐器的音色特性以及观察其他人如何演奏，就能自学成才。音乐带给了他很多的乐趣，他多年之后方才意识到这一点。

亚萨吉尔意识到父亲的生活气氛常常十分紧绷，一开始父亲表现不明显，渐渐变得容易心烦意乱，和孩子们的互动和玩乐的时间也减少了，也不像从前那般对他们有耐心。他开始抱怨有失眠和胃痛的症状，医师诊断他患有胃溃疡。后来随着父亲工作变得愈加繁重，父母间毫不掩饰地对话常常被在一旁的孩子听见。一天晚上，他们无意中听到，父亲被要求虚报政府购买飞机的发票，但是很显然，清单上列为飞机运输的公司并不存在，他所负责的相关文书无非只是一笔贿赂的幌子。如果签字核准这份公文，他就成了共犯。

这件事也让家里的气氛紧张了好几天。阿苏姆也征求了许多好友的意见。其中一个和他从小就相识的老友，同时也在政府机构工作，他不赞同阿苏姆拒绝签署这份文件的想法，在这个时候选择反抗不是一个明智的选择。“腐败终究存在，你阻止不了的，”他的朋友说道：“你这么做只会伤害自己和你的家人，如果你坚决不签字审批，你在政府中的职位也会不保。自然会有其他人取代你。我觉得你别无选择，总归要保护自己的家人吧。”

亚萨吉尔确信父亲是多么厌恶自己的工作。一份公职也许能提供社会地位和稳定的收入，却也付出了很大的牺牲。父亲曾反复说到，无论拥有多少财富，诚信被剥夺的人，终究心灵上是贫穷的。阿苏姆不断和自己的孩子强调为政府工作存在诸多的危险，他希望自己的孩子往后能承担更多的责任，而不是同其他白领一样。他会督促孩子们去学习些实用的事物，最好能亲手去掌握一些技能。千万不要受制于周遭所给你的，反而要塑造适合自己的生活环境。

亚萨吉尔看到父亲处于痛苦之中，也目睹父亲全身心投入到阅读和

学习当中，他理解父亲之所以对书本中的内容如此痴迷，也许是因为通过阅读可以脱离现实，在自己的世界里遨游。

阿苏姆十分热衷于研读哲学、生物学和史学的内容，他和孩子们提过几次自己童年时期一场巨大的悲剧。小时候他在一次课堂上，老师让他起来和全班同学分享，以后长大想成为怎样的一个人。在他之前发言的同学，多半说的都是想成为当时强盛的苏丹政权下的要职，如军事领袖、将军等。阿苏姆的回答和大家类似，日后他为此懊悔不已。为什么当时不选择往生物学或医学方面发展呢？他不断问自己，他肯定会活得比现在快乐。即使在父亲过世后许久，亚萨吉尔仍常常提及这件往事。

父亲后来有了一群志同道合的朋友，这些人都在努力学习、理解他们感兴趣的知识，渴望提高自己对学术的认知。阿苏姆的家里开始变成知识分子的聚集场所。甚至在亚萨吉尔五六岁的时候，他就常常接触到大人们深奥的话题。他的父亲不仅读遍了伊斯兰哲学家的著作，也阅读了各类西方学者的著作，包括查尔斯・达尔文（Charles Darwin）、歌德（Goethe）、伯纳德・巴鲁克（Bernard Baruch）、斯宾诺莎（Spinoza）、路易斯・巴斯德（Louis Pasteur）、阿尔伯特・爱因斯坦（Albert Einstein）、安德鲁・卡内基（Andrew Carnegie）、居里夫人（Madame Curie）、亨利・福特（Henry Ford）和罗伯特・科赫（Robert Koch）等。

随着亚萨吉尔日渐长大，达尔文和爱因斯坦的科学理论深深地影响着他的思维，特别是爱因斯坦构建的“新世界”。相对论的内容拓展了他的思维，激发了他的想象力。如果一个光子需要几个光年才能从 A 点到达 B 点，那么一个理论上与光子结合的时钟怎么可能记录不到任何时间的流逝呢？他被父亲“今天我们感受到的光是从数十亿光年外的星球发出的，而那时候恐龙还在地球上行走”的论调所震慑。即使想去计算“光年”，似乎也只能得到一串无意义的天文数字。相对论的观点深深开阔了 14 岁亚萨吉尔的眼界，不仅是智慧的提升，更让他思考自己今后为人处世的态度，在追求科学真理的同时，也要仔细考察那些伟大的哲学理论。

那时候亚萨吉尔也意识到了父亲的精神生活受到荷兰哲学家巴鲁

赫·斯宾诺莎的影响很深。在所有西方哲学家中，这位 17 世纪的荷兰犹太异议者，似乎是阿苏姆最喜爱也最常谈论的人物。对亚萨吉尔来说，斯宾诺莎对于造物主的看法和父亲一致。像斯宾诺莎所说的，阿苏姆认为造物主不是创造万物，而是存在于万物本身。斯宾诺莎的论点是，人类应该追求与造物主（自然万物）合而为一，理想状态是达到在情感上的契合，并且融入造物主永恒的宏伟计划中。斯宾诺莎觉得民众没有办法对造物主产生如此理性的感情，所以社会需要宗教的存在。不过他厌恶宗教中单纯宣扬迷信的教义，尤其那些否定今生的理论，因为这些论点认为人生在世不过是为来世做预备。亚萨吉尔认为父亲传承了家族的思想和传统，能让孩子选择不同的信仰和精神生活。谁能真的知晓那未知之事呢？然而，父亲依然渴求真理。

阿苏姆在智慧上的追求在那时候也算得上是爱国的表现。新政府当时也致力于学习西方的科技与方法学，但亟须一门新的语言用于交流。阿苏姆对派生词和单词发音很感兴趣，使他在帮助政府创造新的语言中变得十分重要。当时，新的字母表已经被采纳，政府也开始召集能编写新词汇的公民前来。阿塔图尔克坚持要创造属于土耳其自己的文字，他在安纳托利亚农村来回奔波，走进村庄、市政厅、教室甚至咖啡馆，宣扬纯正地道的土耳其语的存在价值。几个世纪以来，土耳其的交流主要以口语为主，并且人民的识字率从来不超过 20%。假如要写一封信，土耳其人必须找个希腊人来把他的信息翻译成希腊语，收件人也得找一个懂希腊语的人来读他的这封信。因此，改善国民教育及提升文化程度，是国家的当务之急。

古老的土耳其语虽然在声音和节奏上具有独特性和韵律，但却与世界其他地方格格不入。它的书面形式是阿拉伯语，与现代语言（如法语、德语、西班牙语和英语等）几乎没有相似之处，也使得翻译工作十分烦琐，给那些致力于西方社会贸易往来和学习西方科技及著作的人带来极大的不便。在奥斯曼帝国最辉煌的时候，土耳其主要以武器和战争与其他国家打交道。而新政权成立后，他们则需要邻国的帮助，尤其是西方国家。若想在国际事务及商业往来中取得进展，势必需要新的语言才能成功。

为此，阿苏姆对参与创立新语言充满热情，相信自己能为此做点贡献。他不断挖掘内心对语言及现代词汇的兴趣，了解它们的起源及内在含义，甚至在晚上还参加相关的学术研讨会，还常常亲自授课。

然而说来有些讽刺，多年以来阿苏姆收集了 8 世纪时一位默默无闻的伊斯兰哲学家的笔记，并计划有朝一日编写成册。尽管他专注于语言学，但多年以后他的家人其实看不懂他在写些什么。阿苏姆习惯用阿拉伯符号和书写体来撰写自己早年的手稿和笔记，他觉得这样写起来方便，而且效率很高。却导致在他过世之后，子嗣们没法继承他所积累的学问。那时的孩子们正处在现代化运动中的浪潮中，他们对学习阿拉伯语并不感兴趣，毕竟，其意义何在呢？

亚萨吉尔家里的访客不乏各个领域的专家学者。阿塔图尔克在 1923 年将首都从伊斯坦布尔迁至安卡拉，这让受过教育的土耳其人大多集中在此，随之而来的是大量涌入的外国人。西方人对这个国家的转变不单只是好奇而已。从一开始拒绝接受战败国的角色，到着手遣返曾经入侵国家的希腊人，土耳其人用自己胆识和智慧，展现了民族的强大和独立自主的能力。仅仅是土耳其的地理位置，对于西方来说就具有十分重要的战略意义：达达尼尔海峡是俄罗斯经过黑海、博斯普鲁斯海峡和马尔马拉海，然后进入地中海的必经之路。欧美一直试图让土耳其脱离俄罗斯的势力掌控范围，因为他们急于在土耳其国内建立自己的影响力，以获取一些重要的资讯。而正好西方国家可以派遣土耳其需要的技术指导和科技专业人士，这非常契合阿塔图尔克对国家的规划——学习西方的理念和精神。土耳其政府试图招募西方学者来访的计划很快就被实现。

20 世纪 30 年代，大批知识分子离开德国，犹太人为逃离纳粹的迫害而背井离乡。此外，1917 年后的许多俄国人也来到土耳其，亚萨吉尔的家中不乏各国的知识分子。亚萨吉尔家中的孩子从小和新来的移民们一起长大。他们一起上学，一起接触成人的世界，一起体会到周遭流行的文化和思想。

许多个夜晚，亚萨吉尔和他的兄弟姐妹们挤在客厅角落，静静地听着家中大人们科学和学术的讨论和互动，大人们也没有冷落兴致勃勃的孩子们，他们知道孩子们也应该受到一些启发。孩子们时不时会提出一

些问题，他们的父亲也得避免自己的回答刺激到孩子们年幼的心智。他们不希望错过任何可以起到教育意义的机会，那是一个可以大家交流和辩论的时代，而那时候大多数的土耳其家庭还没有收音机和电视机。

亚萨吉尔住在一个离街道不远的小宅，后院毗邻铁轨。由于父亲对生物学和园艺学的热衷，院子里种满各类花草树木。父亲会自己实验不同品种直接嫁接，后来家里有超过 200 种的植物。阿苏姆尤其喜欢玫瑰，白天他会仔细照看自己的花儿，以免路人采摘。

随着家里树木枝芽茂盛，萨哈维抱怨这些植物快把家里包围了，会带来一些潜在的危险②，还可能让邻居或是政府误以为家里有什么见不得人的东西（那时候间谍和阴谋论者散布在土耳其人中）。阿苏姆决定砍下家中所有树木的下半部树枝，很快给所有的植物做了修整，这种方式持续了好多年，家里的植物看起来都很奇怪。萨哈维对此只能摇摇头："真希望我当初什么也没说。"

亚萨吉尔居住的社区倒是不缺少让孩子们增广见闻的地方。街上有个绘图师的工作室，亚萨吉尔对他们绘制地图很感兴趣；街角还有一家面包店，烘焙师站在膝盖深的面粉和牛奶的混合物中，用脚去搅拌均匀成面团，他还在附近的肉店看到如何屠宰羊，一个魁梧的男人用铁丝先让动物断气倒地，然后通过脚踝上的小切口放入一个吹管，往管子里打气，靠压力将皮肤和下面的肌肉分开，接下来就是熟练地从脖子切开，将羊皮剥下。整个过程精确简练，毫不见血。

不远处还有一所"军士学校"，土耳其军队的士官在这里接受培训。阿苏姆的一个兄弟是他们当中的一名教官，同时也是一名军需官。亚萨吉尔有时陪他的叔叔用马车采购食物，他们在车上装满李子、无花果、葡萄等水果。亚萨吉尔会迫不及待将口袋塞得满满的，水果也成了他一生钟爱的食物。几十年后他还会开玩笑说，自己是以水果为生的。他吃西瓜的时候，甚至连西瓜籽都吃下肚，他觉得口感类似坚果。

亚萨吉尔的第一堂解剖和生理课是祖母教的，老太太还传授了一些当时的民间医学。她会抓住一只鸡的脖子，扒开双腿，切开喉咙，确保每条颈动脉都被完全切断，再将鸡浸入水中除毛，最后用火烧掉剩下的羽毛。接着她一手握住食道，用刀利落地将整个消化道一起切下来。然

后她会细心地讲述每一个气管的特征和作用，通常祖母的课以“为什么不杀母鸡”作为结尾，祖母说母鸡可不仅是餐桌上的美味，还能繁衍后代。好奇心强的孩子也许就会问：“鸡能下蛋，而鸡又是从鸡蛋孵化出来的，那是先有鸡还是先有蛋呢？”

祖母擅长处理各样的皮肤伤口感染，先用蜂蜜涂抹覆盖伤口，再用经火消毒过的刀切开化脓的地方。她还精通所谓的“药食同源”，知道什么草药可以分别治疗头痛、发热和咽痛。亚萨吉尔的姐姐对蜜蜂的蛰咬非常敏感，在6岁时还因此引发严重的过敏性休克，因此祖母对蚊虫叮咬的用药非常在行。祖母常反复述说一个她认为起自神话英雄吉尔伽美什（Gilgamesh）的轶事。这个英雄曾经杀了一条蛇并用火焚烧，从燃烧后的灰烬中幻化出了一些螨虫，这些螨虫要向人类复仇直到他们灭绝。祖母喜欢用豆类植物的叶子来治疗被蚊虫叮咬的皮肤，她还会在床角放水罐子，觉得这样可以防止睡觉时被蚊虫骚扰。

不过祖母可不会直接从树上或花的茎上取叶子，尤其是自己种的那更是碰不得，假如亚萨吉尔不小心采摘了或折断了祖母种的花儿，他肯定会充满内疚地躲在围栏后面屏气颤抖，然后祖母会毫不客气地把他从藏身处拽出来，并毫不留情地用力拧他的耳朵。

家中最常来的客人是住在隔壁的医生、神经科学家以及安卡拉医学院的教师苏克鲁·尤瑟夫·萨里巴斯（Sükrü Yusuf Saribaş）。他于1918—1921年在柏林师从卡尔·邦霍弗（Karl Bonhoeffer），日后成为土耳其第一位神经学教授。和亚萨吉尔的父亲一样，萨里巴斯也是波斯尼亚人，很自然地拥有许多相同的爱好。例如，他们都醉心于园艺，反复试验嫁接各类品种，力图种殖出具有地方风情的蔬果。萨里巴斯还是个养蜂人。他们一晚上可以聚在一起花数小时讨论生物学理论，尤其是达尔文的进化论、孟德尔遗传学、恩斯特·海克尔（Ernst Haeckel）的著作，甚至其他天马行空的哲学思想也是他们的话题内容。除了这些可以实验和论证的内容以外，政治和宗教倒是绝口不提。超出理性思维范畴的观点可以说是禁忌。

到了青少年的时候，亚萨吉尔对萨里巴斯翻译的一本德国著作十分感兴趣，书名是《掌管灵魂的器官》（*The Organ of the Soul*），由一名退

休的德国外科医生奥古斯特·比尔（August Bier）所著。书的原稿常常往来于亚萨吉尔和萨里巴斯的家中，因为亚萨吉尔的父亲也曾致力于学习德语，可以和萨里巴斯合作翻译一些章节。萨里巴斯还翻译过比尔的《吉尔伽美什》（*Gilgamesh*）德语译本，据说比尔为此还在 60 多岁时开始学习希腊语。萨里巴斯说比尔在阅读之前的德语译本时还指出了几处前后不符合的地方，这也引起了亚萨吉尔的注意。

萨里巴斯记得比尔应该已经退休住在维也纳了，先前他是柏林夏利特医学院的教授。1898 年，他开展了世界上第一例经脊椎椎管内麻醉，并且观察到脊椎穿刺后引起的头痛等并发症。过了十年，在他来到柏林之后，率先使用静脉注射普鲁卡因达到局部镇痛的效果。甚至在 20 世纪 70 年代，麻醉医师还在使用“比尔阻滞”来进行局部麻醉（一种局部静脉注射麻醉剂，然后用止血带将药物控制在局部的方法）。比尔还是德语版《外科手术学》（*Chirurgische Operationslehre*）的合著者，在职业生涯初期，他曾因涉足“顺势疗法”而引起争议，这可能源于他对希波克拉底（Hippocrates）和赫拉克利特（Heraclitus）的哲学理论的兴趣。

比尔在 71 岁时退休，投身于哲学追求，并准备撰写《掌管灵魂的器官》一书，该书反思了自己作为外科医生的生活、救治的患者及所接触到的种种遭遇，并探讨这一切究竟意味着什么。亚萨吉尔对这书的内容很感兴趣，尤其想了解为何比尔对赫拉克利特如此热衷。这位古希腊哲学家大约在公元前 530 年出生在以弗所，这里在 2000 年后成为土耳其的西海岸。亚萨吉尔十几岁的时候就开始接触赫拉克利特的思想，对这些理论有些自己的见解，也有些疑问。

赫拉克利特思想的核心之一是万物的变化无处不在，且持续不断，“一切都不再是过去式，而是未来式”，正如著名的比喻所说明的那样，“一个人无法踏入同一条河流 2 次”，因为河流的每一处都在变化。亚萨吉尔对这些理论十分着迷，如赫拉克利特认为变化皆有原因，且往往是一种积极现象，许多冲突和对立反而使事情变得和谐（让男人得到他们想要的一切并不是更好的事情——疾病使健康变得愉快；恶与善；等等[3]）。这类思想很好地补充了父亲之前对他的教导。

比尔对赫拉克利特的兴趣也刺激和启发了亚萨吉尔，他开始计划要和比尔见面，在他门下学习。也许冥冥之中他会去到维也纳。

亚萨吉尔在自己年轻的时候便对医学心理学有所认识。14 岁时曾患上严重的肺炎[4]，几周来萨里巴斯每晚都会到家里帮他在胸口涂抹上去热的药膏。这是亚萨吉尔第一次体会到患者对医师那种特殊的依赖感。2 年后，他得了急性面神经瘫痪，萨里巴斯用电刺激疗法为他治疗了 6 个月。这是亚萨吉尔第一次到医院，也体会到面对不知道病情如何时，医师的鼓励和安慰是多么的重要。

萨里巴斯仿佛成为亚萨吉尔和兄弟们的另一个父亲，也是他们的榜样。在他们眼里，萨里巴斯总是衣冠楚楚，肃穆安静，用字遣词讲究、精确且不浮夸，除了花时间在书籍和思考外，他很少有其他的社交活动，他还有持续阅读的习惯。同时对孩子很温柔有耐心，即使在医院工作了 12 小时，还是很愿意倾听孩子们说话，和他们解释一些孩子比较难理解的想法。阿苏姆的孩子们知道，萨里巴斯无时无刻不在为患者服务，他的使命就是去服侍那些需要帮助的人。

亚萨吉尔对于聆听发生在医院的故事总是乐此不疲，如用什么方法、什么药物治疗疾病，神经系统多么复杂等。等他再长大一些，他开始陪萨里巴斯去医院查房。许多患者不远千里涌向医院看病的景象令他震惊，他们在医院耐心等待着医师来急诊。亚萨吉尔被患者难过绝望的表情所触动。

亚萨吉尔的弟兄都是很优秀的学生，和他一样富有抱负和企图心。埃德姆（Erdem）比亚萨吉尔小 2 岁，特别勤奋，后来成为一位技艺高超的普外科医师。他有关创伤的研究对医学有很大贡献，之后编写的一本有关休克的图书，在学界也颇具分量。同时埃德姆内心对艺术也十分热爱，喜欢制造和修理乐器，特别是小提琴。专业的音乐家也会带着自己的古董小提琴来请他保养修缮，甚至有人带来的是斯特拉迪瓦里小提琴（一种小提琴的类别，由意大利制琴师斯特拉迪瓦里制作）。他从 25 岁开始每年能生产出一把小提琴，这些乐器随着时间越久而越加珍贵。据说小提琴在出厂后 100 年才会达到最美的音色，亚萨吉尔相信埃德姆的小提琴也许要到 20 世纪中叶才会被人所追捧。

最小的弟弟叫古纳伊（Günay），性格比哥哥们内向，偏向文静。和埃德姆一样，他在安卡拉学习医学，不过对生理学更感兴趣，此后的工作也与此有关。职业生涯初期，他在英国艾伦·劳埃德·霍奇金爵士（Alan Lloyd Hodgkin）和安德鲁·菲尔丁·赫胥黎爵士（Andrew Fielding Huxley）的实验室中度过，这 2 位有关神经细胞的研究曾在 1963 年获得诺贝尔生理学或医学奖。古纳伊后来前往加拿大的安大略省西部工作，在那里专门从事构建用于研究脊髓神经元的微型记录及采样设备。最后去了苏黎世，加入 1949 年诺贝尔生理学或医学奖获得者瓦尔特·鲁道夫·赫斯（Walter Rudoph Hess）的研究团队。彼时，这位伟大的生理学家已经从全职研究岗位退休，但仍然在部门里相当活跃，古纳伊也深受他启发。苏黎世的工作是他生涯的巅峰，他设计的精细微管和各种尺寸的微电极对神经生理学研究至关重要。他还和同事一起发明了一种无创捕鱼的装置，接下来的 3 年内，他们能对活鱼的脊髓进行神经生理学的观察和研究。

托姆里斯（Tomris Gökönül）是一个妹妹，在亚萨吉尔 10 岁时出生，青少年时期选择主修生物和化学。亚萨吉尔在苏黎世安定下来后，邀请妹妹去那里一起工作。她虽然去了，但是没待多长时间，毕竟她还是渴望回到安卡拉，结婚成家。

亚萨吉尔一家住的地方靠近一块空地，空地的一边毗邻新成立的音乐学院，另一边则靠近军士学校。整个区域是农民们买卖的地方，也是军队编队和操练的地方。亚萨吉尔 13 岁时，目睹了阿塔图尔克的国葬，戴着羽毛头饰的士兵神情悲哀地演奏着肖邦的“葬礼进行曲”（降 B 小调第二钢琴奏鸣曲第三乐章，35 号作品）。这首在西方耳濡目染的名曲，在土耳其却鲜有人听过，但对当时年轻的亚萨吉尔来说却是毕生难忘。

琳琅满目的市集在春夏之际开张，亚萨吉尔在多年后将其戏称为“安卡拉交响曲”[5]，他们既有趣也令人增广见闻。农民们每周四用马车带着水果和蔬菜来到这里。亚萨吉尔被农夫们的生活所吸引，尤其是他们活泼奔放的庆祝方式、民歌、富有张力的舞蹈和独特的服饰风格。他还学会了他们的舞蹈方式，用以表达自由和愉悦。后来的亚萨吉尔，众所皆知是个十分严肃的人，但是当他 70 岁的时候，依然喜欢跳舞来逗

同事、朋友及孙辈开心，好像跳舞已经是他人生重要的一部分。

家里附近那块空地也可以当作足球场，是他和他朋友绝佳的游乐场。年轻的亚萨吉尔好斗、喜欢竞技，他跑步速度很快，形容自己拥有“舞者的双腿”。他酷爱足球，称自己是一名称职的中场，说到这里时目光炯炯有神：“我的天赋是眼观四面，看到场上每一个队友的位置。我可以把球精准传到位，让他们进攻、得分。”

政府会在市中心定期举办文化活动，也鼓励市民们参与。小时候，亚萨吉尔曾看到阿塔图尔克和他的大使、内阁成员和其他部长们，聚集在安卡拉展览馆欣赏歌剧或音乐会。他们穿着光鲜亮丽的衣服及光彩夺目的珠宝首饰。在达官显贵们进入大门的入口后，亚萨吉尔及他的朋友也从后门入席，被安排在阳台上的学生区。

他被音乐学院的演出深深吸引，在那里接触到各种风格的音乐。欧洲一些伟大的当代表演家和作曲家在德国时常要躲避对政府对犹太人的迫害，其中包括伟大的作曲家、指挥家、中提琴家、小提琴家和音乐理论家、教师及作家——保罗·欣德米特（Paul Hindemith）。著名的德国演员和戏剧导演卡尔·艾伯特（Karl Ebert）是音乐学院的联合创始人，他因执导莫扎特和普契尼的歌剧而广受好评[6]。

亚萨吉尔不仅能欣赏到他喜爱的莫扎特和贝多芬的作品，在安卡拉还能接触各类文化的音乐，包括他祖母喜欢的东方土耳其乐曲、当地的民谣，印度、中国甚至俄罗斯和美国的作品。阿塔图尔克认为年轻人应该只接触西方的音乐，他觉得这才是“文明社会的音乐”。亚萨吉尔倒是从小就很喜欢各类美式音乐，流行音乐、乡村音乐、爵士乐和蓝调，等等。甚至他 70 多岁的时候，还热衷摇滚乐和黑人灵歌。从幼时起，他就意识到音乐超越所有种族和政治的隔阂，可以吸引全人类。“没有一个独裁者能将其他文化的音乐拒之国门以外。”他常常这么说。

他在年轻时还曾经思考过音乐是否能对患者产生疗效，这也是受公元前 6 世纪另一位希腊哲学家毕达哥拉斯及其追随者的理论启发。毕达哥拉斯学派推断，一些声音和其他声音组合（和弦）的物理特征能使人感到和谐，而另一些则会让人感到不适。和谐的声音能让人感到平静，进而让人感到喜乐，滋养灵魂。古希腊的牧师和医生奉行毕达哥拉斯学

派的理论，使用音乐来治疗神经系统疾病[7]。音乐可以治愈疾病的想法引起了亚萨吉尔的共鸣，以至于后来他曾研究过类似的观点，并且发表文章在刊物上[8]。

他和兄弟们平时都很顽皮，但对学习知识时却显得认真及严肃，他们对地理、物理、化学和艺术都有着浓厚的兴趣，会花很多时间来挑战对方的思维，如聚在一起玩有关各类学科理论和当代实事的游戏，从识别当时已知的 93 种化学元素的特征，到伟大的绘画和雕塑的欣赏。

亚萨吉尔一家的孩子们喜欢在家里嬉戏，享受彼此互动的时光，很少离开他们熟悉的社区。他们每个人都充满想象力和好奇心，助长彼此脑海里新奇的点子。男孩们的共同爱好是探索太空，幻想从这个世界飞出，发现外太空的文明，甚至还畅想制造火箭到达其他人都到不了的星球。埃德姆还真的在家里手工制作了几个玩具火箭。

他们对动物的内部器官结构十分着迷，一直想搜集一些鸟类或脊椎动物标本进行分离解剖，然而实际上用的是昆虫标本做实验。住在隔壁的萨里巴斯教授正好还是养蜂人，有现成的材料可以供他们尝试。萨里巴斯感觉到了孩子们的好奇心和求知欲，一个春天他让孩子们照顾一个共有 24 只蜜蜂的大家庭，供他们观察蜜蜂的活动。但是在后来的一个周末，蜜蜂们全死了。男孩们采摘了太多蜂蜜，蜜蜂因为太过虚弱被凶猛的蚂蚁入侵咬死了。大自然的弱肉强食让孩子们铭记一生。

亚萨吉尔被挂在他家一堵墙上的 20 英寸 ×20 英寸的画框所吸引，它总结了路易斯·巴斯德（Louis Pasteur）的生活和成就[9]。他小时候能记得共 16 幅画中每一幅的内容，其中包括巴斯德利用加热杀死牛奶中的细菌来保证牛奶能安全饮用的插图，以及他用免疫学的概念治疗鸡霍乱、炭疽和狂犬病。亚萨吉尔在几十年后依然能记得这些图里的内容，他认为这些画作是促使他选择生物学和医学作为职业的重要原因。

安卡拉的律师埃明·居罗（Emin Gürol）还记得亚萨吉尔童年时的事迹。居罗一家住在离他们不到 200 米远的地方，从 2 岁起就和亚萨吉尔成了玩伴，后来成为安卡拉（Atatürk Lisesi）高中的同学。居罗的母亲曾在语法学校教过他们两个。“亚萨吉尔很聪明，在学校成绩非常好，”古罗尔说道：“我无时无刻不被拿来和他比较。‘你怎么就不能学

学亚萨吉尔呢？’我妈妈总是这么念叨，‘好好看看他是怎么学习的。’我很长一段时间都很嫉妒他。”居罗还记得有时候亚萨吉尔会带一些用肥皂制作的复杂雕刻作品来学校，雕刻的都是他们同学的模样，而且十分逼真。

亚萨吉尔的另一个童年玩伴是坎·宇杰尔（Can Yücel），是教育部长哈桑·阿里·宇杰尔（Hasan Ali Yücel）的儿子。宇杰尔的职位是阿塔图尔克参观当地的一所学校后决定任命给他的[10]。故事是这样的：阿塔图尔克总是会去学习检查老师们是如何教导学生的，他会大步走进教室，他的存在常会使老师们陷入沉默，他会在课堂上闲逛，问学生问题，或者仔细检查他们的课本。其中一篇课文是哈桑·阿里·宇杰尔写的，他当时是教育部的一名年轻官员，阿塔图尔克发现课文中的一些阿拉伯语单词，他便想请课文的作者共进晚餐，讨论了语言改革方面的议题。他偶然提出了几个有关数学方面的问题，宇杰尔便小心翼翼地回答。

“什么是点？什么是线？”阿塔图尔克问他。接下来一个问题是：“什么是零？”

哈桑·阿里·宇杰尔机智地回答道：“领导，我觉得可以这样比喻，点和线，就如我和您之间的空间关系。”

“那零呢？”阿塔图尔克继续追问：“这个也很重要的！”

“领导，如果我真的站在您面前，我就是那个‘零’啊！”阿塔图尔克在宇杰尔的杯里斟满土耳其白酒，在其余的客人面前大声宣布：“你通过考试了！”后来他任职教育部长长达数年。

亚萨吉尔是宇杰尔家中的常客，他们家中那庞大的图书馆给他留下了特别深刻的印象，其中有100多卷来自世界各地的古典文学作品，作者包括希腊人、罗马人、法国人、俄罗斯人、中国人，甚至还有莎士比亚等。在阿塔图尔克的继任者伊斯麦特·伊诺努（Ismet Inönü）的鼓励和支持下，宇杰尔将这些作品出版成平装本以便让老百姓们阅读。亚萨吉尔自己以每本20分的价钱购买了好多册。不过宇杰尔的私人藏书则装订得非常华丽——白色的仿皮书芯和大理石板的封面。亚萨吉尔很喜欢把这些书捧在手上，感受它们的分量。

60 年后亚萨吉尔回想起那些富丽堂皇的书籍，觉得它们就仿佛横亘在社会和个体之间的冲突。从某种意义上说，它们既令人沮丧，却也能启人心智。即使年逾古稀，他觉得自己在许多方面的知识依然缺乏，甚至可以说是无知。他将一般群众（特别是土耳其人民）比喻为“羽翼上没有羽毛的鸟儿”[11]，他们或许有潜能轻松优雅地探索整个世界，但他们却不知如何展翅翱翔[12]。

他在宇杰尔家中曾遇到两位令人印象深刻的英国年轻教师，后来才明白他们肯定是间谍。他们与宇杰尔交涉，打算在安卡拉建立一所免费学校来宣扬英国文化，让英国人在新共和国获得立足点，从而阻止俄罗斯势力向巴尔干地区扩张。毕竟，奥斯曼帝国再也不是土耳其的天然庇护了。

注　释

① Kinross. *Atatürk: A Biography of Mustapha Kemal*, 441–442.
② 有关成年亚萨吉尔偏执狂个人特质的起源，历来猜测颇多。他妈妈也是偏执狂吗？或者，由于在 20 世纪 20 年代和 30 年代的境遇，偏执狂只是土耳其人根深蒂固的特质？不管是什么原因，应该没有人认为亚萨吉尔的偏执狂是病态的。
③ Durant: *The Story of Civilization, Vol Ⅱ*, 145.
④ Yasargil: *Neurosurg*, 1999(45), 1026.
⑤ Yasargil: *Beyin ve Evrim Hakkinda Düşünceler*, 6.
⑥ Yasargil: *Beyin ve Evrim Hakkinda Düşünceler*, 7.
⑦ Durant: *The Story of Civilization, Vol Ⅱ*, 161–166.
⑧ Yasargil: *Schweiz Arch Neurol Neurochir Psychiatr*, 1962(90), 301–326.
⑨ Yasargil: *Beyin ve Evrim Hakkinda Düşüncele*, 9.
⑩ Kinross: *Atatürk: A Biography of Mustafa Kemal*, 515–516.
⑪ Yasargil: Beyin ve Evrim Hakkinda Düşüncele, 8.
⑫ Louis de Bernières 将这一比喻作为他那本精彩的描写 20 世纪初土耳其历史的小说（*Birds without Wings*）的主题（亚萨吉尔是在该书出版前 4 年发表的评论）。

High School and Rumors of War

第4章　战云密布的中学时代

亚萨吉尔和他的同学们没有让个人追求被中欧日益严重的喧嚣和动荡所压制。土耳其的新生代依然生机勃勃、充满活力，老师们每天都谈到如何让年轻的土耳其人准备好在未来世界中扮演属于自己的角色。他们试图达成自己的成就和影响力。父辈几乎都生活在持续不断的战争中，已经目睹了太多血腥事件和家国凌辱，满怀失望和心碎。最终，和奥斯曼前辈们想去征服其他国家的想法不同，亚萨吉尔和他的朋友们越来越多地去西方国家交流，学习新的知识和理念，这是满足自我和实现国家繁荣的手段，也正是他们和国家所需要的。

但是不能否认的，世界正在逐渐地两极分化。法西斯的火花在德国和意大利燃烧，还有一场战争的狂风正在席卷整个欧洲。但是土耳其政府打算保持中立，阿塔图尔克的国家仍需要建设。西方列强则不断向土耳其示好，即使不能成为盟友，至少不要像第一次世界大战时，加盟到敌军的阵营里。这场辩论还曾在安卡拉新建的艺术博物馆中演出。

亚萨吉尔一家的孩子是安卡尔展览馆的常客，在放学后及周末常常光顾，距离他们家也就步行可及的距离。希特勒“国家社会主义”（National Socialism）的精髓[①]在纳粹先驱建筑师作品的黑白照片中得到展现，其中以沃尔特·格罗皮乌斯（Walter Gropius）和阿尔伯特·斯佩尔（Albert Speer）为代表。他们设计的建筑大多以砖石、玻璃为材料，凸显金属框架和强烈的轮廓，整体丝毫感觉不到人性和欢乐。这些作品让亚萨吉尔感到冰冷、有点匪夷所思，完全无法认同这种风格。

而附近的国家图书馆展出的18世纪英国画家的作品，则表达出了完全不同的风格。亚萨吉尔目睹了托马斯·庚斯伯勒（Thomas

Gainsborough）和约书亚·雷诺兹（Joshua Reynolds）的作品，还有此后的约瑟夫·M. W. 特纳(Joseph M. W. Turner)的作品，他们对表达光、颜色和空间等抽象概念的勾画，影响了法国的印象派画家。那些作品展现出来的壮丽和眼界震惊了他，尤其画作中描绘的风景叹为观止。作品反映出来的优雅和宏伟对他来说是前所未见的，他由此着迷于英国的贵族文化。这些画作让人感觉到了不同的社会面貌和生活方式。

亚萨吉尔的姐姐塞尔玛（Selma）也深受感动，从而对安卡拉的新办英国学校十分向往。英国文学成为她毕生的爱好，她也因此大部分时间都在英国伯明翰度过。塞尔玛对文学的热情倒是让亚萨吉尔很好奇，于是当宇杰尔家里的英国青年教师邀请他去参观那所英国学校时，他很快就答应了。他在 16 岁时参加了他们的英语讲座，在那里第一次品尝到英式下午茶及松饼，惊叹于英国人那田园诗人般的生活方式。

图书馆隔壁是安纳托利亚文明博物馆，这里是首都安卡拉为对比伊斯坦布尔著名的古代东方博物馆所建的。在博物馆里亚萨吉尔和兄弟姐妹们一起认识了自己家园 5000 年来记载的历史文物、手稿和遗物，包括古埃及人、苏美尔人、巴比伦人、赫梯人和塞尔柱人等土耳其人的祖先。这些文物反映了当时各个民族居民的生活方式以及居住环境。几十年后，亚萨吉尔有机会作为嘉宾访问地球上几乎每个有人居住的地方。参观当地的博物馆是他毕生的爱好，透过博物馆能很快地了解到一个地方人民的生活方式和历史轨迹，他乐此不疲。他对一个地方的地域起源和政治情况的掌握，常常让当地接待的人们感到惊讶，也因此催生更深入的交流。

历史文物展览对亚萨吉尔家的孩子颇有启发作用。他们逐渐认识到自己的国家孕育出了许多文明，几乎没有一个国家可以像它一样历久不衰。一探土耳其过去的辉煌让他们对现代世界所处的地位感到自豪。土耳其实际上正是中西方流汇之处，象征着过去和未来的十字路口。亚萨吉尔家的孩子每天都可以感受到他们东方祖先流传下来的文化遗产正受到西方现代社会的强烈冲击，他们都迫切想要对自己的国家有所贡献。

年轻的亚萨吉尔在他周遭看到了一个新的土耳其社会从奥斯曼帝国的废墟中冉冉升起，以前的文明已经衰败，在几千年中被逐渐取代。当

地历史可以追溯到青铜时代的哈提王国。弗里吉亚人在公元前10世纪生活在这个地区，后来是吕底亚人和波斯人，然后是加拉太人，在公元前3世纪是凯尔特人。这段历史让亚萨吉尔了解到一个群体的迁徙和适应能力对人民的影响，同时也是新社会及其文化的根基。这也促使他努力去探索20世纪社会的起源、运作方式以及未来走向。他日后对社会各个层面产生浓厚的兴趣，包括艺术层面、宗教信仰、竞技运动乃至人们对闲暇时间的支配方式，也激发他思考社会文明如何在前人的成就上不断延续。很长一段时间他投身于考古学研究，虽然最终没有继续这份职业，但考古学助长了他对哲学的终身嗜好。

在亚萨吉尔的童年里，阿塔图尔克既没有复制共产主义，也没有迎合资本主义，他努力从每个社会模式中找到适合自己国家的部分，为土耳其社会创造一个合适的框架。这个大胆的想法对一个以穆斯林为主的国家来说确实罕见，好比一个操作十分困难的实验。

在亚萨吉尔高中的时候，学校的课程编排开始有些不同。文学老师如往常一样，按部就班地讲解着世界各国的故事、诗词及散文，细细介绍每一种文学和文化风格。但是每周有2天会有一个兼职的老师来班里上课，他是当地知名的作家和文学评论家，每次现身都令学生们大受鼓舞。他不以传统形式授课，而是选择先布置许多写作任务给学生，这占据了大部分的课堂时间，随后进行彼此交流讨论。同时老师也有时间为报章杂志撰写文章。

一天下午，亚萨吉尔和他的同学们正在用心完成一篇有关土耳其在1453年征服君士坦丁堡的文章，那时候土耳其人在拜占庭人的统治结束后，掌管了小亚细亚数个世纪。这可以说是土耳其历史中最为重要的一段。他们在30分钟的时间里，努力对那关键的历史做出最合适且原创的注解。快下课时，老师在课堂巡视浏览每个人的作业进度，他在亚萨吉尔的课桌旁驻足，拿起亚萨吉尔的作业看了几页，然后继续看下一个学生的，直到看完最后一个同学的习作。

突然他停下脚步，“你们应该为自己感到丢脸！”他大吼：“你们都念到高中了，怎么还能写出来这些胡说八道的东西？你们只把土耳其人描写地既聪明又勇敢，那么希腊人呢？拜占庭人统治这里数千年，怎么

在你们笔下变得软弱而无良？如果真是这样，土耳其人又怎么变成英雄的？战胜一帮软弱无能的人能配称为胜利吗？如果我们的对手真的如此窝囊，那战胜他们有什么价值？”

亚萨吉尔觉得这番论调很有趣。那堂课不仅在探索历史故事中所发生的冲突，同时也强调尊重事实。这位老师的课程也反映了赫拉克利特的哲学理念。而确实如此，在任何比赛中，输家和赢家同样重要。没有败者就没有赢家。若不是为了崇高、有价值的艰苦目标而战，便不可能达到真正意义上的胜利。只有高瞻远瞩，人生才可能真正发挥他固有的价值。

亚萨吉尔即将进入中学的最后 3 年。安卡拉的公立学校系统包括 5 年的文法学校和 6 年在 Atatürk Lisesi 中学的教育[②]，后者分为两个阶段。在第一阶段不及格的学生，便只能在职业学校或是重体力工作之间做出选择。

亚萨吉尔 15 岁的时候，校长在学校新建设的花园里，向大家宣布了即将颁布的新课程。过去，学生可以选择在最后 3 年专攻数学和物理，或者文学和哲学，亚萨吉尔曾打算主修数学和物理。虽然他觉得自己的分析能力不如其他兄弟们，更别说和母亲相提并论，但他相信勤能补拙，要证明自己能克服万难。

而那天上午，校长宣布了全新的课程安排，除了之前的选项，新增了“古典学”（classics）这门课程。这是有史以来第一次，土耳其学生有机会在欧洲最好的学校学习拉丁语和希腊语的基础课程。多年来，亚萨吉尔一直希望有一天去西方和奥古斯特·比尔见面，学习医学。他毫不犹豫立即报名了这门课程，能掌握拉丁语势必会提高他进入欧洲一流大学的机会。

一开始古典学课堂中只有 16 个学生，而其他课程则有 60 个人。文学和哲学课要求学生学习英语、法语或德语，而古典学课程除了上述 3 种外，还要加上拉丁语和希腊语。学生的任务十分繁重（只有在希腊语老师碰巧生病请假时才会稍事休息），导致完成希腊语课程几乎不能实现。

只有几个最努力的学生才勉强跟得上课程进度，数周后班上只剩下

9个人。但是学校依然致力于推进这个教学项目，并给予充足的经费及资源。这对继续留在课堂上的学生来说是个大好的机会。班上所有人都参加拉丁语的练习和讲座，而法语和德语班只有3名学生参加。亚萨吉尔和另一位同学还一起自发学习英语。老师们都很特别，不仅在语言方面极具天赋及热情，还广泛涉猎生物学、物理、化学和心理学等。其中一位老师还是哲学课的正式教师。

许多老师对亚萨吉尔的求学生涯帮助很大。心理学老师是一位年轻的女士，让他写一篇关于伟大的德国心理学家和生理学家——威廉·温特（Wilhelm Wundt）的论文。1941年的夏天，16岁的亚萨吉尔在图书馆里钻研温特有关人类大脑的论文时，似乎开始发现自己未来的志向。后来老师在论文中见识到他的才华和热情，便鼓励他考虑从事神经生理学的工作。多年之后，亚萨吉尔形容这位女教师对他的职业生涯启蒙作用媲美萨里巴斯医师③。

亚萨吉尔在很年轻的时候，就已经理解人类的大脑是进化的杰作，堪比基因调控及社会演变机制。他的法语老师在当地颇有名气，强调语言本身是一个动态、不断发展的过程。他说到，虽然数千种语言幸存到现代，但更多的语言已经灭绝。他指出语言的复杂程度不亚于基因④，这些理论影响了亚萨吉尔对自己人生的看法。社会、建筑、语言甚至各个方面的进步，都仰赖于自身的调节及变通能力。等他成年以后，便观察到人类的大脑是如何表现出对各种文化的适应能力，不同文化的人是如何行走和说话的，以及他们是如何与彼此以及局外人互动的。这种观察对他来说是某种形式上的娱乐，以至于后来他还提出了一套详细的理论，来解释人类大脑的进化是如何与国家文明的发展相呼应的。进化论，最初只是他在父亲会客厅听到的只言片语，此后却逐渐成为一项毕生的智识探求，他自己的系统思想和个人哲学都根植于此。尽管他很少将自己的想法用文字写下或出版，但从他的公开对话以及往后60多年的演讲中，依然能体会到进化论的深刻影响。

在大多数方面，亚萨吉尔的同学在日常习惯和生活方式上都非常保守，甚至有点偏执，他们知道勤奋且持续的学习是多么重要，如同父辈和师长一样，每个人都活在社会的既定框架里。然而有一位同学妙吉

（Mejid）却十分另类，他拒绝上课时和大家一样打领带，还要留长发。他坚持在各方面要与众不同，渴望成为一名音乐家。

有一天妙吉突然消失不见，1 周都没有出现，同学们对他究竟去做了什么充满好奇，迫切期待他回来。大家知道他肯定又去干了什么疯狂的事。其实他们多少有些嫉妒妙吉这种敢于做自己、不顾及后果的胆识。

“没什么大不了的，”妙吉耸耸肩，“我就是有些想做的事而已。”几天下来，不管人家怎么问他，他都这么回答。

后来实在禁不起身边的人好奇，他才松口。原来他大胆地乘坐土耳其复杂的铁路交通，前往伊斯坦布尔参加了当时著名的抒情女高音艾尔玛·萨克斯（Irma Sachs）的音乐会。为了凑钱完成这次长途跋涉，他卖了自己的大衣、衬衫和一双鞋。

亚萨吉尔和其他同学听了都惊讶得不能自已。妙吉就是这样一个有企图心、有决心、为了达到目的愿意有所牺牲的人。他的朋友们根本都不敢有这种大胆的想法，毕竟害怕家长和学校的惩处。没有人会忘记妙吉那一次伊斯坦布尔之旅。

妙吉那时候一心想师从伟大的阿尔弗雷德·科尔托（Alfred Cortot），他曾是肖邦的学生，后来成为巴黎著名的钢琴家和指挥家。据说那时候科尔托居住在维也纳。妙吉总是告诉朋友们，他在音乐方面有过人的天赋，并且每晚在家刻苦训练。然而朋友们都半信半疑，因为没人真的听过他演奏，而且他平常做事也不太可靠，所以大家都对他说的话有所保留。

不过妙吉仍坚持他要去维也纳的想法。

“你打算怎么去？”亚萨吉尔质问他，“你哪里来的钱？”

“我正在存钱，我一定会去的，我说到做到！”虽然妙吉的性格有点不可靠，大家也习惯了他的天花乱坠，不过他的自信确实很有感染力。

随着这个想法的萌芽，很快亚萨吉尔和另外 3 个人也决定加入这个计划，其中包括亚萨吉尔的好朋友坎·宇杰尔。他们都要去维也纳，发

誓一定要同行。他们也都相信，西方国家是未来发展的关键，它们代表了经济繁荣和科技进步，也正是土耳其所追求的目标。他们的老师，甚至政府也都同意这个观点。但是去英国或美国实在是天方夜谭，因为费用实在太高。相比之下，去维也纳的火车票要便宜得多，真的有可能实现。感觉一夜之间，去拜访奥古斯特·比尔不再只是纸上谈兵。亚萨吉尔已经可以想象到自己成为外科医师，对腹腔的脏器血管进行手术，甚至是心脏外科的手术。

他们5个人相互承诺要节俭生活，一起省钱、共享彼此的物质：有人今天带些钱来，有人则带点吃的，一起吃饭、一起打工，绝不把钱浪费在不相干的事物上。对其他人，他们也绝口不提毕业后去维也纳的计划。

亚萨吉尔自告奋勇为大家准备吃的。一开始他每天把家里的面包偷带出来一两块，再后来是一些汤品和起司，再后来就是半条面包甚至更多。为了不让家里人发现，他吃饭的时候故意吃得少一些。

很快祖母便发现不对劲，因为亚萨吉尔以前食量很大，近来却明显下降。

不过他还是守住了自己的秘密。3年来他们努力集资，主要靠在节假日打工赚的钱，一个人每年夏天赚不超过20～30里拉（10～15美元）。他们已经决定对这项计划毫无保留地付出，每个人都是如此。

有一年夏天的工作日，亚萨吉尔在图书馆为各方捐赠的书籍和期刊编排条目。成千上万的书籍源自各个地方的馈赠，很多来自国外。大多数的书籍已经残破不堪：一些已经受潮或沾满污渍，有些则被老鼠啃过。他和同事们尽力让这些书籍变得稍微整齐一些。他们的工作能得到一些报酬，不过图书馆的这些工作永远做不完。

整个学期的周末，他都在足球场开始前售票和取票，然后在赛后清理看台。每周拿1～2里拉当零用钱，其他的都存起来。

其他的钱有来自和人打赌的、弹珠子比赛赢来的。一个未来会成为世界级神经外科的男孩，能在小时候灵巧地运用自己的双手倒是不足为奇。小时候他很热衷于趴在泥土地上弹珠子，且尤其擅长，即使距离4～6英尺，他也可以让打出的钢珠保持长时间的旋转，一次打中十二

个珠子对他来说也稀松平常。一个夏天他赢下了近1000颗钢珠，兑现了10里拉（约5美元）。

在高中的最后一个春天，他们5个人共凑齐了将近600美元，足够支撑他们的旅费了。不过此时却发生了意想不到的事，其中两个人没能通过结业考试，需要重读一年，他们最终没能同行。妙吉拿了两人份的钱，亚萨吉尔和坎·宇杰尔则保管剩下的。

而一周过后，妙吉穿着一套时髦的新西装出现在市中心的一个广场上，手里还提着一个昂贵的公文包。亚萨吉尔和坎·宇杰尔看傻了，他们心里觉得大事不妙。“你把钱拿去做什么了？”亚萨吉尔质问。

“哦，我有些需要的东西，所以就买了。”

“你用哪里来的钱？不会是我们的存款吧？”

“当然是啊！不然呢？”妙吉没有一丝觉得难为情。

“那我们去维也纳的计划呢？你不会是现在退出了吧？我们当初说好的计划怎么办？”

“你不是认真的吧？现在正在打仗呢！去维也纳太疯狂了吧！”妙吉理直气壮，但却目光闪烁游离。

“你到底在胡说八道什么？”亚萨吉尔简直不敢相信，“盟军已经进入意大利，列宁格勒（如今的圣彼得堡）的德军防线已经失守了！战争都要结束了！”这是当时安卡拉年轻人的普遍想法。欧洲各地的战报都报道盟军正在取得优势，也让年轻人们对战争抱持着乐观态度。

“我们不是去维也纳参与政治活动的，我们是去进修学业的，”坎·宇杰尔义愤填膺，“奥地利很快就会解放了，现在正是去那里的大好时机！”

“你们可是大错特错！”妙吉回答道，“你们真的太天真了，现在去那里太危险了。”

那次是亚萨吉尔最后一次见到妙吉。不久后他去了法国，几年后还写了信给亚萨吉尔，但是亚萨吉尔从未回信。他显然已经不想浪费时间在一个愚蠢的骗子身上。

土耳其政府资助了一项奖学金计划用来鼓励学业优异的高中生，每

年会奖励班级里前三名的学生，获得殊荣的学生可以免除一年大学学费。亚萨吉尔要毕业的时候已经获奖 9 次。

教育部将举行正式的表彰大会，奖学金获得者可以受到总理接见。他们会从全国各地来到首都安卡拉住上几天，对亚萨吉尔来说，这是一个好机会，可以接触到来自土耳其国内其他地方的学生。他当时没有意识到，与这些人相识对日后发展有多么重要。他和其中一名青年相处得很投机。来自伊斯帕尔塔省的苏莱曼・德米雷尔（Süleyman Demirel）曾经是一位牧羊人，在未来将成为 20 世纪下半叶土耳其最有权势的政治家。他在土耳其 40 年的政治生涯十分辉煌，1964 年首次被任命为总理，而后在 1993 年当选为总统。另一位奖学金获得者，在后来成为土耳其全军最高指挥官。

1943 年 7 月，在亚萨吉尔刚过完 18 岁生日时，他和父亲之间的关系变得有些紧张。两人在观念上有些分歧，父亲发现他在看一本叫《真理》（*Truth*）的书，出自备受争议的法国小说家爱弥尔・左拉（Emile Zola）。1898 年，左拉在当时不起眼的巴黎日报 *L'Aurore* 上发表了一封致法国总统的公开信，为法国军队的犹太炮兵上尉阿尔弗雷德・德雷福斯（Alfred Dreyfus）辩护。德雷福斯在不公正的情况下被定为叛国罪，随后被流放到法属圭亚那，在环境条件恶劣的地方监禁。1899 年，左拉因反对政府的偏见和不公正而受到审判，并被判处诽谤罪。但是他的言论仍然激起了群众的强烈反响，要求重审德雷福斯上尉的案子。最终，德雷福斯上尉于 1906 年获释，彼时左拉已经过世。德雷福斯事件分裂了法国人民，使社会中保守派和自由派之间的对立加深，这可能使亚萨吉尔的父亲对左拉和他的书产生了偏见。这场争议在一个反犹太人的欧洲延续了 40 年，影响遍及世界各地。在亚萨吉尔 12 岁时，一部讲述德雷福斯事件的美国电影获得了奥斯卡最佳影片奖。

但是，左拉的最后一本书《真理》在他死后的 1902 年出版，书中反映了作者对德雷福斯事件的看法。它描述了一个孩子被性虐待然后被一名牧师谋杀，然后凶手利用另一名犹太教师作为替罪羊。亚萨吉尔被书中的人类悲剧和道德问题所吸引，但他的父亲似乎对故事中的宗教元素有些反感。阿塔图尔克在 20 世纪 20 年代将土耳其人从宗教霸权中解

放出来，但穆斯林在政府中的影响潜力仍然存在，必须小心提防。比较开明的土耳其人，尤其是共和体制的拥护者绝不希望土耳其人走回之前守旧、落后的老路。亚萨吉尔的父亲对有关宗教的争议很敏感，尤其是来自天主教和犹太教之间狂热分子的争论，他认为这些言论会影响他的孩子。

“别浪费时间读那些有的没的，”他说道，“毫无意义。”

“老爸，别这样！”亚萨吉尔双手抱胸，直挺挺地看着父亲，“这本书的故事写得很有张力，我觉得还是很值得一读的，里面蕴含一些很重要的真理。”

阿苏姆·亚萨吉尔，看着自己即将成年的儿子，摊了摊手，便不再说什么了。他并不想争论有关宗教的话题。

这是亚萨吉尔第一次以成年人的口吻称呼自己的父亲，尽管事后他产生了一些畏惧。其实他心中十分敬重父亲，并无意去挑战或反对父亲的权威。他当时不知道，一周之后，就将和父亲永别了。

而那时候他打算将自己的一个想法告诉父亲。为此他盘算了 3 年，一直在等待合适的时机。他觉得是时候了。

亚萨吉尔伸直了身子，肩膀后仰，双手颤抖着说：“爸爸，我下周就要动身去维也纳了。”

阿苏姆惊讶地盯着自己的儿子，脸上的胡子似乎有些抽动，双眼有些呆滞。亚萨吉尔并没有打算得到父亲的允许或祝福，他只是单纯地说出自己的意图。父亲也知道，自己的儿子心意已决。

母亲和祖母则吓坏了，甚至有些气急败坏，屋里各种质问此起彼伏。“为什么要去那里？你一个人怎么生活？你做不到的！哦，那里还在打仗呢！你现在离开家里容易受到外人的影响！你现在心智还没成熟，现在出国可能从此走上不归路！你会错过人生中许多很重要的时刻的！”

然而，阿苏姆·亚萨吉尔，他的父亲，静默不语。

接下来的几天，父亲的态度有所转变。“你不能坐火车去，”他说道，“我会想办法送你到维也纳的，但是你绝不能坐火车去。”在南斯拉夫，

马歇尔·铁托（Marshall Tito）竭力反抗德国人和当地的法西斯分子和保皇党人（乌斯塔沙和切特尼克人）。整个巴尔干地区都陷在战火之中。从安卡拉到维也纳坐火车大约耗时一周，途中需要穿过巴尔干半岛。

此后 2～3 天，不断有父亲的朋友来和他争辩，其中也包括萨里巴斯教授。许多人接触过纳粹，有些刚从德国回来，几乎没什么人赞同亚萨吉尔的计划。“这个时候去那里真的很愚蠢，也没有意义。德国还处在战火中，”他们说道，“的确，他们也快要投降了，但现在去奥地利真的没什么获益。我觉得你到时候会失望的。真的别去了，不值得你冒这么大的风险。”

但是萨里巴斯教授并没有直接反对亚萨吉尔的计划，也没有和亚萨吉尔一起与父亲唱反调，他似乎认为也许这场冒险可以让亚萨吉尔学习到许多宝贵的经验。他知道亚萨吉尔能够规划好，也足够聪明应对突发的情况。“你应该去试试，”萨里巴斯神情严肃地说，“但如果真的行不通，你也不要鲁莽前行，一定要想办法立刻回来。”

讨论的风向竟然变了，亚萨吉尔心跳忽然加快。他的初衷本来就不是要违背家里的意愿，虽然笃定了要去维也纳，但心中其实很渴望得到家里人的祝福。

“你去了以后会不会没东西吃啊？”他一个兄弟问到，“你在那里会挨饿的。”

“我们的亚萨吉尔不可能饿到自己的，他肯定每一顿都不会错过的。总归会自己想办法的，亚萨吉尔自己会找到吃的。”祖母总算露出笑容，家里的气氛总算缓和了一些。

父亲仍然对他能不能生活自理感到怀疑。亚萨吉尔回答他会找份工作，自己养活自己。他注意到家人们希望他几周后就回来，但他很明确打算在那里待上一段时间。他的口袋里有相当于 300 德国马克的资金，这是他和朋友们一起打工存下来的钱。他能在那里坚持下去的，任何阻碍，他都能想办法克服。

一个数学老师倒是很乐观：“亚萨吉尔，你不用担心，大胆地去吧！这次旅程肯定不同凡响！”他还提供了一份在维也纳的联系人名单。

然而兴奋之余，却发生了一件令他十分错愕的事——坎·宇杰尔不能和他同去了。他们一直很要好，相互欣赏并尊敬对方。接下来的日子他们依然保持联系，即使后来都成为各自领域的翘楚。坎·宇杰尔后来成为一位地位崇高的诗人，甚至许多人认为他是 20 世纪最杰出的土耳其诗人。

哈桑·阿里·宇杰尔和亚萨吉尔进行了一次长谈。身为教育部长，让自己的儿子去国外留学无疑是断送了自己的政治生涯。这个举动肯定会让政府里的有心人误会，坎可不能因此成为人家的把柄。宇杰尔在国内的政治资源能保证自己儿子受到最好的教育。不过，他鼓励亚萨吉尔去维也纳，甚至认为这是一个千载难逢的机会。他觉得为了自己的国家，更应该要争取出国学习。每个土耳其人都应该善用西方社会提供的学习机会。全国 1500 万人中，只有不到千分之一的人有机会到欧洲国家留学，这些人全是国内权贵的孩子们。亚萨吉尔是少数能有机会出国留学的中产阶级。也许有一天，他能成为名医，或者是著名的外科医师，然后学成归国。

亚萨吉尔对于宇杰尔不能同行感到难过，但是他也因此多了些意外之财。妙吉拿走了其中一位没通过考试的同学的钱，这钱也要不回来了。亚萨吉尔和宇杰尔本来打算带着剩下三人的钱去求学，而现在宇杰尔也不能去了，只身出发的亚萨吉尔，原本拮据的资金顿时得到缓解。离开土耳其也意味着他得放弃高中三年获得的奖学金，但他认为这个牺牲是值得的。好像原本遥不可及的目标，顿时就在眼前了。

到了周末，亚萨吉尔的父亲和政府里的几个朋友已经有过几番讨论。他从总理苏克鲁·萨尔科卢（Sükrü Sarcoglu）的办公室得到消息，德国大使弗朗茨·冯·帕彭（Franz von Papen）正计划乘坐私人飞机返回柏林。飞机可能会途经维也纳，或许可以顺道带上亚萨吉尔。第一次世界大战后，冯·帕彭曾短期担任德意志民主共和国总理，他策划并发展了纳粹庞大的监控网络，对扶持希特勒政权上台的贡献可以说是无人能匹⑤。

阿塔图尔克于 1938 年逝世，继任者萧规曹随，继续避免国家参与第二次世界大战之中。土耳其的经济和人民的意志早已被战争摧残不

堪。当务之急是避免战争，并打造工业基础设施。长期以来土耳其致力于保持中立，但在纳粹迫切需要帮助的时候，他们仍然将土耳其人视为潜在的盟友。协助一名优秀的土耳其学生出国留学显然不是什么难事，无伤大雅。

注 释

① 在多数采访中，亚萨吉尔坚决反对使用“纳粹”一词。这可能是为了精确，避免使用混合术语，但更可能的是，他的术语选择反映了对德国政治的尊重，尽管个人深受其害，他仍将其视为一项国家权利。毫无疑问，他对希特勒的性格和行为感到遗憾。总的来说，他在谈论或回答笔者抛出的关于现代土耳其政治的问题时特别不适，而更愿意将个人意见保密。极少有例外。

② Atatürk Lisesi，严格来说是一所“高中”，提供五年“小学”之后的六年课程，并不完全等同于美国高中水平。其在亚萨吉尔于 1993 年准备的简历中被列为“学院”。毕业一年后，他就读于耶拿·弗里德里希·席勒大学的医学院。

③ Yasargil, M G: *Beyin ve Evrim Hakkinda Düşünceler*, 9.

④ Yasargil, M G: *Beyin ve Evrim Hakkinda Düşünceler*, 9.

⑤ Shirer: *The Rise and Fall of the Third Reich—A History of Nazi Germany*, 1142.

第二次世界大战期间

Nazi Germany

第5章　德国往事

1943 年 10 月 13 日，亚萨吉尔坐在一架小型单引擎飞机后座上，透过旁边又小又暗的窗户，可以瞥到左舷机翼上的纳粹党徽。他小心翼翼地把手提包放在前面的座位下面，里面装了两套换洗衣服、两本书［一本是 17 世纪德国理性主义哲学家戈特弗里德·威廉·莱布尼茨（Gottfried Wilhelm Leibniz）的著作，另一本是沃尔特·鲁本（Walter Ruben）关于当代印度哲学的著作］和一罐母亲前一晚烘焙好的饼干。机上还有其他八九个乘客，男女各半，大家也都就座了。亚萨吉尔在报纸上看过冯·帕彭的长相，但看起来他似乎不在飞机上，而且每个座位都坐满了。反倒是机长引起了他的注意。那是一位 25 岁的青年，穿着一件后领的深色皮夹克，戴着一顶有耳瓣的帽子，橡胶框的护目镜被推到头顶，亚萨吉尔从没有见过这种衣着打扮。

最后飞机引擎发出震耳欲聋的轰鸣，机身逐渐前倾，左右晃动后驶向机位，沿着跑道迎风起飞。随着机翼迅速下降，飞机倾斜飞行，亚萨吉尔紧握着扶手的双手才缓慢放松，映入眼帘的是蔚蓝的大海，恰好是金角湾平静的淡水与博斯普鲁斯海峡的水流交汇的峡湾。随着飞机逐渐平稳飞行，城市繁华的街道和庭院尽收眼底，无数古老清真寺的圆顶和宣礼塔点缀着眼前的美景，他从没想过能见到这番景象。海拔继续升高，亚萨吉尔觉得自己可以辨认出博斯普鲁斯海峡向北数英里处连接黑海。飞机再次向左飞行时受到一股气流的冲击。最终沿西北方向飞往巴尔干半岛，穿过保加利亚、罗马尼亚和匈牙利，前往维也纳。飞机在云海中穿梭，亚萨吉尔可以看到湛蓝的马尔马拉海，犹如从他们飞机身后流过，向南而去。西欧的世界就在前方了。

不到 1 小时，飞机开始降落。机舱里没有飞行员的广播，只有嘈杂的引擎声。他注意到前排座位上的乘客正露出惊讶的表情和摆着看不懂的手势。前两排的一个女人转身对面前的男人说了些亚萨吉尔听不懂的话。虽然他学习过德语，但是对于各种口音他依然听不懂。不过他感觉到不对劲了，既定航向被更改了。维也纳离伊斯坦布尔至少 8 小时的航行时间，他推测他们已经降落在保加利亚南部海岸。两名配有武器的军人走向他们的飞机，透过驾驶室的窗户和飞行员进行交谈。没有人离开机舱。他们只敢安静地坐在自己的位子上。德国人控制了马尔马拉和维也纳之间的每一英尺土地——1938 年控制了奥匈帝国，1940 年控制了罗马尼亚和保加利亚。亚萨吉尔越来越焦虑，他环顾周围的乘客，看起来大多是希特勒政府的要员、秘书等。他趁机瞄了一眼每个人的样子，冯·帕彭肯定不在飞机上。

过了将近 2 小时，大约中午的时候他们才允许下机，坐上一辆停在停机坪的公车。亚萨吉尔仔细地观察每一个人，他们都比他年长，脸上也透露出一丝忧虑。他完全不认识这些人。他们被带到市中心的一家旅馆，每 2 个人住一间房，亚萨吉尔和飞行员被分配到一个房间。到了晚上，他和大家一起离开酒店，浏览旧城区的街道。街道十分干净，装饰得五彩缤纷，当地的居民皮肤黝黑、体格强壮。他专心看着身旁路人和商贩在讨价还价。当地人正兜售烟草制品。和亚萨吉尔同行的几个人买了大量的香烟，塞满了几个行李箱。他注意到一些人从伊斯坦布尔带了很多咖啡。他知道这些东西在黑市可以牟取暴利，但他没有钱可以去做这些事。不到迫不得已，他绝不轻易花钱。

晚上他们还去了电影院，其他人彼此之间有些交谈，但是亚萨吉尔只能听懂一点。假如有人知道航线更改的原因可能也不会告诉他。过了一会，他听到影院外头有两个人用土耳其语在交谈。他赶紧上去和他们打招呼，自我介绍了一下。那两个人是渔民，正在讨论他们一天下来的生意和收获。他们告诉他这里是布尔加斯镇。

隔天上午，52 年后亚萨吉尔的记忆里那天是个阳光明媚的周日（实际上那一年的 10 月 14 日是周四），他们一行人被载回到机场，重新登上飞机，很快飞机在 9 点钟左右起飞了。他们在接下来的 9 小时飞越

了几十个城镇和村庄，海拔维持在3000英尺左右的高度。他看到了无数的教堂和保存完好的建筑，街上人们的衣着五颜六色，修剪整齐的花园，精心照料的田野和蜿蜒的溪流。美丽的乡村景色让亚萨吉尔难以忘怀。他没有看到坦克、军车、士兵，也没有被战争摧毁的建筑，只有纯朴自然的农民生活。他心中的希望油然而生。

他们在天黑以后才到达维也纳。降落以后，乘客们很快被送到市区放行，但仍然没有解释为什么在保加利亚中途停留。直到后来亚萨吉尔才知道当时发生了什么。他从报纸上得知，美军的飞机在白天袭击了普洛耶什蒂，对罗马尼亚广阔的油田进行大规模轰炸。1943年，普洛耶什蒂炼油厂和匈牙利的炼油厂生产了约1/4德国军队所需的液体燃料。在亚萨吉尔离开伊斯坦布尔的2个月前，美国第8和第9空军的178架B-24“解放者”轰炸机于8月1日（周日）轰炸了普洛耶什蒂①~③（在过了50年后，具体的日期可能有点误差了）。可能那时候他们飞机的发动机有些故障，而德国人也不愿多做解释。不管当时发生了什么，亚萨吉尔好像觉得是命运的安排，让他躲过了那一次美军的轰炸。

土耳其领事馆的外观看起来有些破旧单调，然而内饰却十分豪华，包含全套的高级家具。但是有个很奇怪的地方，就是那个穿着制服的门卫讲的是一种难以理解的古老奥地利方言。他说话时脸涨得通红，越来越激动，许久才能说出几个简短的词。他对亚萨吉尔听不懂他说话感到沮丧。Gold？是黄金的意思吗？他到底在反复念叨什么？他是在和我要钱吗？为什么和我要钱？和我要钱做什么？亚萨吉尔意识到，对于一个不懂德语Gold是什么意思的土耳其人来说，未来的几天和几周将会很艰难！

他要求想要见一见总领事。“你可不能就这样进来！”门卫严厉地说道，他还伸出手要拦阻。亚萨吉尔那时候既不懂如何行贿，也没打算那么做，尤其在土耳其领事馆。他拿出父亲写的介绍信，才总算被带到楼上，然后有个中年男子急急忙忙地接待他。他满头通红，大汗淋漓。他看了介绍信后态度立马改变。“嗯，我知道了，”他解释着，“亚萨吉尔先生，您是部长的儿子，欢迎欢迎！我会派人送你到酒店的！”亚萨吉

尔没打算纠正这个人对父亲在安卡拉职务的误解，他既疲倦又烦躁，当下他很需要其他人的帮助。

“您明天一定要回到这里，”这个男人继续说道，“今晚请容我先离开，今天实在不方便接待您，我正在主持一个招待会。”那个满脸通红的男子搂了一下他，拍了拍他的肩膀：“别担心，一切都会安排好的，我的司机明天会去接您的。”

酒店的夜班服务员给他安排了一套套房，可能是为外国政府的客人准备的。房间里的卧室和隔壁的起居室，每一间都铺着华丽的地毯，精致的家具，华丽飘逸的窗帘，然而这些都让他感到不自在，住这种房间肯定要花不少钱。但是他真的太累，也懒得想这么多了。更糟糕的是，他已经饿得受不了了。

他没有换衣服，而是询问哪里有地方吃饭，最好是咖啡厅。他很快就被领进了一间餐厅，里面有巨大的科林斯式的壁柱和红色和金色相间的墙壁，男人穿燕尾服，女人则穿着亮丽的长袍，身上珠光宝气，他们在被精美的亚麻布包裹的桌上交谈，桌上有闪闪发光的水晶和古董银器。

他进去后立刻迎来人们异样的眼光：“这个人是谁啊？”他的头发剪得很短，基本都快看到头皮了，德国人只有囚犯留这种发型。不过他选择忽略这些人的惊讶表情，他已经饿得管不了那么多了。

然而当拿到上面满是意大利语及法语的餐单时，他深深地叹了一口气，上面写的字完全看不懂。最后服务生来点餐的时候，他只能随便指了指菜单上那些菜名。他不在乎自己点了什么，只希望餐点能快点上来，而他坐在那里只能苦等。但是当他点的菜上桌时，他的手动也没动，真的没有勇气咽下那些食物，因为根本看不出来那是用什么东西做的。他沮丧到了极点，只能上楼逃回自己的房间，打开行李袋里找出妈妈帮他准备的饼干充饥。他从没感到过如此孤独，恐慌的泪水从眼角流下。他知道今晚的消费可能远远超出他所有的旅费，他该怎么办呢？接下来的日子该怎么活？早知道就留在家里了！

隔天上午他回到了领事馆。在等待会见总领事的时候，他遇到了一个与他年龄相仿的学生，也是土耳其人。这名年轻人似乎很了解亚萨吉

尔的处境。“你是新来的吧？”他说道，“跟我来，别待在这里，我可以帮你，我知道哪里的东西便宜。”他的提议似乎很难拒绝。

新朋友领他到一个办事处，那里有很多食物折价券，他只要注册一下就好。那些折价券可以让他在当地餐馆领取一些基本必需品，如面包、起司和黄油等。

当他等在那里的时候，一位女性靠过来攀谈，她十分有魅力，人也非常友好，顿时亚萨吉尔觉得自己好像有种雨过天晴的感觉。那位漂亮的女性面带笑容和亚萨吉尔以及他的新朋友打招呼。她说话的语速很快，有点难以跟上。当他转身去领折价券时，他的朋友和那个女性一起消失了。不过几分钟后，那位年轻人回来了。“你刚刚去哪里啦？”亚萨吉尔质问。“哦，我和那位女士聊了一会。”他回答道，手指了指门口，她站在那里微笑着。“你先回你的旅馆，”那位年轻人说道，“我一会儿去你的酒店找你，我会带你一起走的。”

那是周一上午，还不到 10 点钟。一直到下午，亚萨吉尔的新朋友都没有过来。周二一整天他也没出现（假设亚萨吉尔没有记错日期的话，10 月 14 日其实是周日）。直到周三上午，那位年轻人才出现。但是到那天，亚萨吉尔的酒店账单加起来已经差不多快 180 马克了。

“你前几天怎么不来？”亚萨吉尔难掩自己的愤怒。“哦，这个嘛，你知道的，”他回答，“女人嘛，和她待在一起就忘了时间。”他边说边窃笑。他的新朋友以为亚萨吉尔这个住在高级酒店、还和领事馆里的人有点关系的有钱人，肯定理解他在说什么。

亚萨吉尔既生气又困惑，几乎在崩溃边缘。这三天他的开销等于花了他几年才存下来的钱。他绝望地寻找是否有专门收留土耳其学生的住所，但是一无所获。他在朋友房间里一张又小又硬的沙发上过夜。他们 3 个学生共用一个房间，有时候还要加上朋友的女伴。这个居住环境让亚萨吉尔实在无法忍受，他没想到一切竟然会这么糟糕。其他人会不会觉得他是个愚蠢的有钱人，进而打算偷他的钱呢？他希望他能住到其他地方，任何地方都行。

第二天早上，女房东发现他一个人正含着泪吃着早餐。她十分同情亚萨吉尔的遭遇，并让他睡在客厅的沙发上。几天之后，有一间小房

间空了出来，房租是每周 4 马克，那时候绝对很划算了，包括每天两顿饭。亚萨吉尔至少能生活一段时间了。他暂时不用被迫回到安卡拉了。不过这仅仅是开始。

其他挫折接踵而来。他不知道奥古斯特·比尔（August Bier）住在哪里。那些少数认识他的人，听说他在维也纳之后反而很惊讶，但是最近一次萨里巴斯教授联系比尔的时候，他确实住在这里。虽然亚萨吉尔很失望，但是显然找不到比尔教授并不能成为回去安卡拉的理由。

1943 年的维也纳和他所期待的相差甚远。奥地利环城大道中气势磅礴、不拘一格的建筑已令他叹为观止，新市政厅、国家歌剧院、城堡剧院，尤其是浩瀚的霍夫堡宫殿（Hofburg），其高耸的尖顶、绿色的炮塔圆顶，由巨大的石马和古希腊战士石雕构成错综复杂的雕像，700 年来，它一直是哈布斯堡（Habsburgs）家族最喜欢的住所。虽然他只从外面参观这些著名建筑，但也不难想象里面的壁画和陈设会是多么雍容华贵。维也纳的城市文化和艺术历史令他着迷，尤其那里对音乐的热情。这曾经是古典音乐大师海顿、莫扎特、贝多芬、舒伯特、勃拉姆斯和马勒所居住过的城市。

那里著名且古老的皇家医院，如今已年久失修、残破不堪，甚至可以用危楼来形容。反而在安卡拉的设施更加现代，对于两边社会的反差，亚萨吉尔十分惊讶。贫民窟随处可见，甚至就在离环城大道不远的地方，并且大部分的人看起来营养不良、衣衫褴褛，尤其是住在医院里的患者更是如此。他不禁怀疑，自己长途跋涉来到这里是为了什么。

他来到了维也纳大学，这里是在欧洲仅次于布拉格的最古老的德语大学。安东·布鲁克纳（Anton Bruckner）、特奥多尔·冯·比尔罗斯（Theodor von Billroth）、西格蒙德·弗洛伊德（Sigmund Freud）、卡尔·兰德施泰纳（Karl Landsteiner），这些亚萨吉尔耳熟能详的名字，都曾是这里的著名教授。他在教务处完善一些表格等注册流程，然后在走廊中一个类似等候区的地方找了个座位。其他准备入学的学生也在座位上默默地填写申请表。有 2 名士兵身穿制服，分别站在房间的前后，还有 1 名士兵则坐在房间前面靠窗的地方。

亚萨吉尔拿着自己填写完的申请文件走向靠窗的角落，连同自己的

护照一起交给士兵。他仔细打量这位正在批准他入学申请的士兵。这位男人很瘦，五官棱角分明，左眼上有一块黑色的斑块。当看到文件第一页时，这名士兵的脸色一沉，“你不是雅利安人！”他瞪着亚萨吉尔厉声说道。

“这不行！”他没有再去看文件其他部分。他既不是犹太人也不是雅利安人。

士兵的脸上露出笑容，眼睛里闪烁着狡猾光芒：“你是犹太人！”

亚萨吉尔这时候注意到另一名士兵正向他靠近。“我不是！”亚萨吉尔试着辩解。

“那么你是哪里人？”一名戴着眼罩的男子双手伸向亚萨吉尔的文件，下巴的肌肉微微一颤。

“我是土耳其人。”亚萨吉尔自豪地说道，反而让那些士兵扬起眉毛，露出不怀好意的笑容。

“你就是犹太裔的丧家犬。”

“我不是！”亚萨吉尔满脸通红。虽然很害怕，但这句肮脏的话让他更多感到的是恶心。

士兵笑了，他的眼神表明他还想得到更多证据。他眯着眼看了看亚萨吉尔，然后低头看着他的护照。他在笔记上扩展了一段文字。他是谁？他的当地住址在哪？对他长相的描述？士兵很快地翻阅了剩下的文件，然后把它扔到两摞纸中的一摞上。他回过头重新看着亚萨吉尔，目光空洞，面无表情，缓缓地将护照推回亚萨吉尔那边。

亚萨吉尔的胃里翻腾，转身离开，差点就拔腿狂奔。显然他的申请没有通过，竟然连让他注册都不肯！但是他也没地方申诉。雅利安人？犹太人？白种人？这跟我注册有什么关系？他气得颤抖。这些根本不是人！但无论他们多么粗鲁，他们依然严肃行事。

接下来的一周，他遇到了一位土耳其医生，那名医生与大学的一位解剖学教授协商，允许亚萨吉尔参加自己的课程和解剖演示。但是要能听懂这些讲座内容绝非易事，语言障碍是个大问题。点菜和乘坐大众交通工具是一回事，但是要在课堂上听懂外语的科学概念可就没那么简单

了。如果他想继续学习医学，他的德语需要显著提高。那位解剖学教授打电话给亚萨吉尔，让他参加额外的德语课程，以及病理学的操作示范及讲座。他对于能在 Rokitansky 和 Virchow 的学系工作感到振奋，他们是 19 世纪病理学方面的巨擘。

12 月的某个晚上，在 20 多个土耳其学生的聚会上，他认识了一位住在德雷斯顿的年轻工程师。他刚好来拜访朋友。亚萨吉尔依稀记得以前在安卡拉的高中见过这个人，他只比亚萨吉尔大几岁。

当被问及来维也纳做什么时，亚萨吉尔告诉他，他来这所大学学习医学，但没有注册成功。“不过我参加这里的解剖课程，边看边听边理解，德语很难懂，我同时也在学习病理学。”他知道战争应该会在几个月内结束，届时进入大学的政治屏障也将不复存在。最终他的德语也会进步的。他只要多听听当地人讲话，听力一定会进步的，他有信心一切都会有所好转。

不过这位来自德雷斯顿的土耳其人就没那么乐观了。在维也纳讲的德语是一种令人轻松的方言，有些音乐成分在里面，但它与“进阶版德语”，如舞台剧及科学用语相去甚远。他建议亚萨吉尔若真的想要提升德语能力，应该直接去德国学习。同时，作为在战争中宣布为中立国的公民，土耳其人有权在德国旅行。战争中的国家也需要外国人来工作，他的新朋友也知道具体去什么地方。他会写信给一对老夫妇，他们住在德雷斯顿西边的瑙姆堡。他们是以前的老师，能说一口完美的汉诺威德语，这是德语发音中的最高水平，并且他们也很同情土耳其人的遭遇。他们应该会很高兴亚萨吉尔成为他们的房客。

亚萨吉尔只能靠着自己剩下的钱勉强度日，被迫与其他学生共用一个小房间。他怎么可能拒绝他们呢？没有人比他更了解留学在外的困境。他也没法对同胞的需要坐视不管，不仅是其他土耳其人，还有处于与他类似困境中的希腊人、亚美尼亚人和斯拉夫人。虽然如此，他仍希望保有一些个人空间。然而，一切都逃不开战争所造成的冲击。与汉堡、科隆和其他城市一样，德雷斯顿在前一个冬天遭到了英国人的轰炸，只不过这位年轻的工程师向他保证，近期没有发生袭击事件。他表示在那里会非常安全。他认为联军有远比德雷斯顿更具有军事意义的目

标。而瑙姆堡甚至更为安全。那地方不过是个平静的田园，毫无战略价值。亚萨吉尔觉得他的分析听起来挺有道理的。他当时只有 18 岁，似乎也没有意识到，那时候的德国，每个人其实都处在危险之中。

第二天晚上他就动身离开了。根据他的工程师友人描述，到瑙姆堡的路程似乎并不远，2～3 小时就能到达。他匆忙地离开，并没有仔细看过地图。但是到买票的时候方才发现，去到那里没有朋友形容的那么容易。他只剩下 100 马克，而旅途票价将花掉近一半的钱。

5 小时后，接近午夜，火车经过布拉格。他吓了一跳。捷克斯洛伐克？他想找张地图看看，心里觉得最坏的事情可能发生了。突然间他心头一凉。他究竟要往哪里去？他自己到底要做什么？他才意识到，他自己正在一辆开往德国的火车上！ 2 个月前，他还认为父亲的担忧有点小题大做，现在他知道父亲担心的原因了。

去往德国的通道都受到严格管制。而亚萨吉尔又再一次被德国警察询问，他又再次要面对那些无礼、傲慢和冰冷的面孔。一名矮胖的德国人看了他的护照许久后厉声问道："你为什么要去瑙姆堡？" 那人直挺挺地站着，不耐烦地看着亚萨吉尔。另一名警察更高更壮。高个子警察上下打量着亚萨吉尔，他的手在手枪的枪套上摆弄着。

亚萨吉尔能怎么回答？此次旅行的目的是为了学习医学，但是瑙姆堡并没有大学。他焦虑地用他那蹩脚的德语，结结巴巴地说他来德国只是简单拜访朋友，而后就要返回维也纳完成医学学业。

但是当他说完便立即觉得情况不对。他是一个外国人，在德国正在输掉战争的时候前来旅行。他们听了会怎么想？那时候到处都在谈论有关间谍的传闻。他早上才刚在报纸上看到一则新闻，一名英国男性为此被行刑队处刑。当时警察在火车上巡逻的时候，指认他们为间谍并逮捕了他们。亚萨吉尔越想解释清楚，场面就越糟，说什么都没用，他的德语说得不好，并且他实在太紧张了。

其中一名警察留下来看着他，另一个人则去其他车厢看看是否有人能说流利的土耳其语。最终，他带着一个穿着西装、又矮又瘦的男人回来了，他是一位曾在安卡拉大使馆工作过的德国官员。他答应帮警察询问这位怪异的土耳其人。

这位长相矮小的男子看起来十分和善。“别担心，”他微笑着拍了拍亚萨吉尔的肩膀说道，“告诉我发生了什么事吧！”

亚萨吉尔一边听着男子向警察解释自己的情况，一边注视着窗外黑暗中穿行而过的矮房。浓烟从高大的烟囱中倾泻而出。火车在 1 小时前已经离开了德雷斯顿，一位同行的旅客说他们即将经过工业园区。首先是 Leuna Werke 工厂，这是一家大型化工厂，据说那里有 2 万多名工人为德国空军和装甲师生产合成汽油。他们夜以继日地工作着。再往西是 Krumpa Werke 工厂，也是类似的地方。这些工厂毫无疑问是盟军轰炸机的主要目标。亚萨吉尔能感觉到他的处境究竟有多糟糕，这里的警察还认定他是个间谍！

不过这名翻译正试图帮助他脱离险境。翻译人员花了 15 分钟，总算说服了警察，证明亚萨吉尔是个单纯的孩子，如此天真的孩子怎么可能是个间谍。再说，怎么可能会派一名连德语都说不好的间谍，潜入德国的核心区域？

与亚萨吉尔同行的乘客基本都是平民百姓，看起来大多是商人。没有像是来自军队或是政府机构的。目前也没有什么纷争的迹象或是肢体冲突的发生。他换了几次火车，而且每次都在车站等了很长时间。每次换车他都感到很害怕，因为每次对他来说就像面临一次新的考验，又要向不同警察重新解释自己的来意。他在晚上八点离开维也纳，到了次日上午才抵达瑙姆堡。这是一座古老的城市，以教堂为中心，位于图林根盆地的西北郊区，莱比锡西南 50 公里处，昂斯特鲁特河与萨勒河的交汇处以西。萨勒河从巴伐利亚纽伦堡附近的高地向北流经过图林根省，最终流入柏林以西的易北河和波茨坦。瑙姆堡的战时人口还不到 3 万，主要是退休人员例如德国的上层中产阶级。那里看不到一座工厂，只有美丽、绵延起伏的田园风光和茂密的森林及田野，据说有许多罕见的鸟类在此栖息。

接待亚萨吉尔的老夫妇，和之前朋友描述的一样，不仅学识渊博而且和蔼可亲。他们仿佛一眼就看穿了亚萨吉尔的内心—— 一个热情高昂、志向远大的外国人，一个目标坚定的年轻人，一个努力尝试不去思念故土的异乡人。他的情感从他的眼神及声音中流露。好像一夜之间，

那对老夫妇就对他视如己出，而亚萨吉尔也将他们当作养父母般看待。亚萨吉尔只需要支付很低的房费，而他们会为他整理衣物。他们也不担心亚萨吉尔的现金所剩无几，毕竟亚萨吉尔有安卡拉的家人为他准备的咖啡和香烟，这些物资在那时候的德国比黄金还珍贵。

“不过你下一步的打算是什么？”老先生有些好奇：“总归有个长远的计划吧？”学好德语不过是其中一部分而已。

亚萨吉尔解释他打算等战争结束后，在维也纳学习医学。那里有很好的医学背景——著名的大学，19 世纪最著名的教授在那里任教，他很渴望在那里学习。

不过老夫妇倒是提供了一个更好的建议，为什么不去离这里只有 30 公里的耶拿呢？那里有一所非常好的大学。它在科学和哲学方面都有卓越的贡献，里面也有欧洲最古老的医学院之一，其历史可以追溯到 1558 年，那时候学校叫作耶拿大学。1934 年它更名为弗里德里希·席勒（Friedrich Schiller）大学。黑格尔曾在耶拿大学完成大学学业，席勒和歌德都曾在那里任教。亚萨吉尔自高中时期就很熟悉席勒和歌德以及他们创作的大量文学作品。继承达尔文进化论的学者恩斯特·冯·海克尔那时候已逝世 20 年，也曾在耶拿的生物系工作。仅仅是这些学者的名字就足够吸引亚萨吉尔。他曾经听过父亲和萨里巴斯教授彻夜长谈海克尔的论著。亚萨吉尔认为“海克尔主义”与“达尔文主义”同等重要。自从他被警察从维也纳大学拒之门外的那一刻起，这些事就已经在他的脑海中萦绕了数周。希特勒打算用进化论的概念作为他建立一个只有雅利安人社会的理论依据，这种残酷的做法令亚萨吉尔感到震惊。他们可以毫无根据地将犹太人视为毒瘤一般对待。

去耶拿读书的主意确实很吸引人，同时那里的入学注册可能不需要和维也纳一样经过严格审查。由于战争的缘故，德国外来人口减少，因此官员也不用这么排斥外国学生。亚萨吉尔的房东也深知几乎所有的德国医院都面临着劳动力短缺的问题，这是否也会进而增加医学生的录取名额呢？这可能正好是外国学生申请入学的好时机。教学医院这时候不正好需要医学生来帮他们照顾患者吗？

过几天他就去到耶拿，乘坐火车只需要 30 分钟车程。弗里德里

希·席勒大学的外观十分壮丽，尤其是它巨大的棕色行政大楼，以古典德国风格建造，有巨大的柱子耸立其中和精心维护的广场。在浏览了亚萨吉尔的个人背景以及他在安卡拉高中时的成绩后，教务秘书对他非常赞赏。他们决定录取亚萨吉尔成为医学生，前提他必须在医院任职护士助理的工作。他们的医院面临严重的人力短缺。不管他们的技术如何，这时候正需要壮丁来帮忙，而那时候身强体壮的男性都在前线战场上。许多医院都挤满了正在康复的伤兵，作为 6 个月护士助理的回报，大学将为亚萨吉尔提供包含三餐在内的 6 个月的全日制课程。这对亚萨吉尔来说真是个天大的好消息，但是他更想立刻开始参与学习课程，然而却不知道从何做起。

他径自走向了医学院招生主任办公室，要求能立即报名参加基础的科学课程，如物理、化学和数学等。他提出可以在每天稍晚的时候，甚至晚上到医院帮忙。

招生办主任虽然拒绝了他，但是给出了另一个折中方案。亚萨吉尔可以先在医院工作 3 个月，而后参加 3 个月的学习课程。他询问是否可以在瑙姆堡医院工作，他十分喜欢那对老夫妇，也怀念和他们如同家人般相处的时光。她同意了他的请求，瑙姆堡的医院也确实需要人手。虽然是无薪工作，但是医院会为他提供伙食。在医院工作 3 个月后，他将到耶拿待上 3 个月，正好赶上四月份春季开学，然后七月份回到瑙姆堡工作，九月份下旬返回耶拿参加秋季课程。但她强调，他必须携带证明在医院工作足够时长的文件。

当他回到瑙姆堡时，房东夫妇和他一样兴奋。他们与当地医院的外科主任私交不错，老先生和医生是同一个狩猎俱乐部的成员。

这是打从离开安卡拉以来，亚萨吉尔第一次觉得到能稍微放松一下紧张的神经，感受到自己的处境些许好转。至少，他现在有了真正的家，学业和工作也有了保证，他还有了自己的房间，虽然很小，但已经是难得的私人空间。同时家里的老夫妇也对他十分照顾。他终于可以在给家里的书信中带给他们一些好消息：他被耶拿的大学录取，很快就能开始医学生涯了！然而后来兄弟们的回信告诉他，当父亲知道亚萨吉尔在德国时有多么难过，德国的核心区域远不如维也纳安全，英军和美军

的轰炸机正蓄势待发。

亚萨吉尔工作的医院有200张床位，其中内科及外科占多数，同时也有妇产科的床位。2名外科医生主要主刀一些常规手术：腹股沟疝修补和胆囊切除，有时会有胃溃疡出血的患者需要行胃部分切除，但除了偶尔会有些骨折患者以外，外伤的病例很少见。那里没有比较复杂的手术，如血管外科或神经外科。3间手术室位于医院的二楼，旁边就是X线检查室。

那里的护士和善且乐于助人。亚萨吉尔仔细地观察医师是如何与患者沟通、体检及查房，不过他主要还是跟着护士们学习。在20世纪40年代，护理主要以关怀为主，而不是治疗。那时候一般社会对护士的印象还不是通晓各种医学知识及临床技能的白衣天使。静脉抗生素、新的外科奇迹以及先进的医疗技术尚未井喷，医院并不普及。人们不喜欢去医院，几十年来一般人对医院的印象，还停留在第一次世界大战时里面全是伤亡患者的景象，医疗则以私人服务居多。

而在德国，护士行业正面临转型，开始逐渐将科学理论应用在临床实践和培训中。从前的护士隶属于教会，许多人曾经是修女。现在她们主要对医院和患者们负责，这个职业已经逐步专业化，致力为患者提供最好的临床服务。瑙姆堡医院中雇有50～60名护士，她们每天致力于为患者减轻痛苦，都是既聪明又训练有素的专业人员。她们工作刻苦，并且严格遵照临床流程行事。对致力于服务社会的一个18岁少年来说，这样的工作显得稍有些无趣。

护士们教会了亚萨吉尔如何清理病房（包括墙壁和地板），以及如何铺床。他逐渐了解患者的需要，以及如何去帮助他们。帮助患者也成为日后他在学校和实验室中努力的动力。

他每天早上5点钟起床，以便在6点钟以前能到医院协助患者洗澡。他将肥皂和水盆分发给能够自理的人，然后去帮那些不方便的人洗澡。大多数时候，他都有个同伴一起工作，他很快就学会了如何照料患者洗漱、扶他们站立及坐上轮椅和床边椅等。洗完澡之后，便该吃早餐了。他将一盘盘食物装到推车上，然后挨个房间分送给每个患者，有时候还要帮助不能自理的患者进食。早饭结束，他就要把盘子和弄脏的毛巾收

起来，送还给厨房和医院的洗衣房。

到 8 点钟开始铺床，打扫房间，倒垃圾。他会用看起来像曲棍球棒的东西拍打清除晾在窗台床垫上的灰尘，再把走廊上的杂物打扫干净，然后拖地，最后把椅子和桌子擦干净。这些事一般是在转运患者到 X 线检查室或手术室的间隙里完成的。他还要带新患者到他们的床位，协助他们完成入院的表格。当然，他的工作还包括每天测量患者的生命体征，包括血压、体温、脉搏和呼吸频率等，早晚各一次。11 点钟开始供应午餐，下午有咖啡时间。下了班他回到养父母家里都晚上 10 点钟了，此时感到极度的疲倦，虽然觉得有些不好意思，但还是常常倒头就睡。他想和养父母多些机会相处，不过医院忙碌的工作让他没有什么时间能待在家里。虽然疲倦，但亚萨吉尔没有因此抱怨。他觉得自己的工作很有价值。很多人需要他的照顾，同时他也学习到很多。

他对学习的渴望和不知疲倦的热情很快传为整个医院的佳话。几周之内他就掌握了如何照料看护这些患者，并开始接受新的任务和挑战。他准备迎来人生第一次在手术室工作的经历。由于战争的缘故，他很快就有机会进到手术室。

石油可以说是所有坦克部队的命脉，德国装甲师一直都需要大量的石油。由于 1942 年在俄罗斯获取新石油资源的行动失败，再加上 1943 年秋天盟军对罗马尼亚施加的压力越来越大，德国越来越依赖合成汽油。然而在联军眼皮底下要隐瞒这些合成汽油的工厂点并不太现实。

在 1943 年之前，英国和美国都没有足够数量的轰炸机能够将重型炸药带入德国的核心地带。英国在 1941 年年初便对德国石油生产中心发动攻击，在 1 年之内，攻势扩展到工业城市和铁路中心，特别是在鲁尔、汉堡、不来梅、汉诺威、法兰克福和斯图加特等地区，然而收到的效果甚微。最后，在 1943 年，足够数量的重型轰炸机和远程护航战斗机（“雷电”“闪电”“野马”）从盟军装配线上驶出，以便能在白天对德国进行有效打击。同时，新的雷达技术也让夜间轰炸更加精确。到了 1944 年，联军已经掌握空中战斗的主导权④。

亚萨吉尔已经见识到瑙姆堡以东巨大的 Leuna 工厂和 Krumpa 工厂，几个月前，他认为他从伊斯坦布尔起飞的航班延误，是因联军空袭德国

人在战争初期控制的罗马尼亚油田的缘故。德国最高司令部已经了解到，1944 年以后，随着时间推移，Leuna 工厂和 Krumpa 工厂将成为美国和英国皇家空军的主要目标。5 月 12 日晚上，瑙姆堡的居民第一次听到了轰炸机攻击时那骇人的爆炸声。联军的轰炸重创了汽油产业，在一段时间内完全中断了汽油生产，但在 10 天内，一支由数千名工人组成的部队，将工厂重新投入运营[⑤]。亚萨吉尔在耶拿听闻了这次袭击，那时候他开始上课才不到一个月。在他回到瑙姆堡后，Leuna 工厂在一周内再次被空袭，7 月 7 日晚上，飞机引擎声划过上空，接着是炸弹爆炸的隆隆声。亚萨吉尔和其他人一样害怕，但他明白这样的攻击是不可避免的。房屋受到爆炸的剧烈摇晃，家里的餐具嘎嘎作响，距离 70 公里都能感觉到动静，这场空袭持续了数小时。

即使数百架飞机的攻势也很难摧毁如此巨大的工业基地，不过能扰乱汽油生产确实是个合理的目标。一次成功的进攻能中断汽油供应数周之久，而事实证明，联军瘫痪 Leuna 工厂的计划收到不错的效果。他们这次轰炸的时机掌控得恰到好处。当 7 月 19 日工厂成功维修后恢复运营时，联军的轰炸机第二天又来了。而在 7 月 28—29 日，工厂又再次开始运营[⑥]。

德国人知道肯定有间谍透露了工厂复工的信号。亚萨吉尔在 20 多年以后，才从报纸上了解到当时的事情经过。当时一名来自牛津的年轻英国学生晚上空降到该地区附近，身上仅携带无线电发射器。他与当地人接触、建立感情，然后在 Leuna 工业区里工作，并把自己的无线电设备藏在自己居住的房屋的地下室内。每次一旦工厂恢复运作，他就和伦敦方面联系。如果联军的袭击时间不那么准确，间谍可能不会被抓住，也可以继续潜伏在那里提供有用的情报，然而德国人还是在几周内抓到了他。他被软禁在郊区无法脱身，最后在夏末秋初时被处决。

每次空袭轰炸之后，便有大量的伤员涌入瑙姆堡医院，然而该医院没有能力治疗大规模伤亡和处理严重创伤。在爆炸声响后的 30 分钟内，伤员便开始被送入医院。亚萨吉尔和其他护士都可以准确预料到他们送到医院的时间。医院很快就人满为患，数十名伤员涌向地板、花园及医院的门前台阶，伤者浑身是血，不断发出呻吟、痛苦地叫喊着，无数的

胸部和腹部伤口、各种怪异的手脚创伤以及面部和头皮出血。

外科主任年事已高，此前从自己的私人诊所退休。他只有一位年轻的妇科医生和护士长能协助他。护士长是一位杰出的女性，能力出众、意志坚定、效率极高，她在手术室里的地位举足轻重。她能明确知道外科医师的需求，确保他们得到适当的协助。当外科医师忙不过来、不堪重负时，她甚至能自己操刀截肢手术、结扎血流如注的血管及缝合处理撕裂伤。亚萨吉尔总是紧紧地跟在她身边。他被这满目疮痍的景象吓坏了，但是依然对如何处理这些伤患十分感兴趣，甚至有些兴奋。

他永远不会忘却第一次在手术室里的经历。一个年轻男性的下肢遭到非常严重的外伤。他的膝盖被弹片砸得血肉模糊，骨头暴露在外，他的腿从大腿下方几乎游离。当护士长完成截肢手术时，他完全清醒并痛苦地尖叫。亚萨吉尔帮忙按住男人的腿，他那沉重的长靴和血淋淋、脏兮兮的裤子都还没脱下，而护士长正将血管结扎、用锯子锯断股骨。然而，当他感觉到手中捧着那被离断、已经没有活力的肢体，他目瞪口呆地站着，抓着它颤抖着，惊恐到有些瘫软，不知所措地看着护士长，不知道接下来该怎么办。他甚至已经说不出话来。

“快去！笨蛋！把它放到那边去！”护士长对他大吼，她这时候依然表现得十分专业，并指了指旁边的污物桶。

这一连串发生的事已经超越亚萨吉尔能理解的范围了。他瞪大的眼睛盯着那条已经失去生机的下肢。手术本身没什么，但是将那男人仿佛还有灵性的肢体犹如垃圾一般丢掉，亚萨吉尔一时之间接受不了。他踉踉跄跄地向后退了几步，逐渐感到天旋地转，眼前的手术室逐渐模糊。

整整一天一夜他都吃不下东西，晚上睡觉好几次惊醒。但到了第二天上午，他依然回到手术室，做好准备，仿佛昨天一切都没发生。他能有什么选择呢？这是他要一生侍奉的职业。

他的坚忍不拔都被大家看在眼里。那天，他成为一名全职的手术室助理，井然有序地清理房间、器械消毒、为杂事跑腿等，他总是快速地在手术之间来回，完成所有他可以帮上忙的事。

急诊手术的一切令他着迷——处理战伤和危重患者，时间就是一

切，不仅要求术者具备熟练的技术，同时要有超然的意志。外科医生和助手为了挽救一个人的性命而热火朝天，并且知道还有其他患者在走廊里等待手术，如果延误治疗后果不堪设想，而还有一些患者不管医生做什么都已无济于事。这里发生的一切占据了亚萨吉尔的思绪。外科医师应该尽其所能，同时得接受他们许多时候也束手无策，不管如何，他们总是在和逆境搏斗。因大量出血而休克的伤员最后注定要死亡，无一幸免。战时的德国没有足够的输血条件。

汽油工厂中的伤员并不全是德国人，有些是俄罗斯人、法国人、鞑靼人，甚至还有一些来自土耳其广阔的亚洲地区安纳托利亚。他们多是战争中的俘虏，在 Leuna 工厂和 Krumpa 工厂中是阶级最低的工人。工厂供给他们吃住，让他们为第三帝国提供没有什么技术性的服务。亚萨吉尔本能反应是先救治受伤的德国人，但是也不确定这样的做法是否妥当，他不清楚转运伤患者这件事由谁做主。

瑙姆堡医院的工作经历，是亚萨吉尔锻炼哲学思维的一个很好机会，能让他思考一些哲学问题。他将战争视为大自然在人类社会的投影，就像在最平稳的生态系中也有无止境的战争，无数的掠食者在食物链上下相互吞噬以达到自然界的平衡：老鼠捕食昆虫种群，然后蛇和野猫则捕食老鼠，而猛禽则猎捕吞食蛇和夜猫，所有的动物都为了生存而不断奋斗。他认为这场战争是那些手无寸铁的人坚决对抗纳粹无情的政治迫害，不愿被轻易吞噬。尤其是犹太民族，对他们来说只要能活下来，在某种程度上就是打了胜仗。春季来临，总是青草翠绿、百花盛开。每当轰炸机呼啸而过，鸟儿们消失无踪，然而隔天黎明，它们却又能在树木间飞翔穿梭、尽情歌唱。

短时间内，医院又会恢复原本正常的工作节奏，手术室内和之前一样，以腹股沟疝修补手术和阑尾炎切除术为主。亚萨吉尔工作于瑙姆堡的 6 个月内，共发生过 3 次轰炸导致的大规模伤亡。

一天早上，外科主任替一位 75 岁的朋友动了手术，他是当地狩猎俱乐部的成员，也是亚萨吉尔房东的熟人。这个狩猎俱乐部的入会门槛很高，基本来自社会精英及高端人士。这个年长的绅士因前列腺增生导致排尿困难，医院为他安排手术切除肥大的前列腺组织。这是亚萨吉尔第

一次见到腰麻手术。手术一开始相当顺利，但后来前列腺开始出血，并且出血量越来越大。主任医师一言不发，虽然到处渗血不止，他依然在血泊中稳妥地进行手术操作，不断寻找出血点，用生理盐水反复冲洗，但是血就是止不住。亚萨吉尔看着主任的额头开始不停冒汗，在之前的手术中从没有看他出过汗。手术台上的老先生已经出了太多的血。外科主任也反复询问麻醉医师患者的血压及心率。逐渐地，患者血压下降、心率上升。75 岁老人的冠状动脉是无法承受长时间的供血不足的。

亚萨吉尔曾经眼睁睁地看着患者因失血过多而死亡。一名被炮弹碎片炸伤的年轻人，已经没什么机会活下来了，不可能替他输 10～15 品脱的血，这么大的用血量基本是天方夜谭。兰德斯坦纳（Landsteiner）在 1901 年发现了 A、B、O 血型，提出枸橼酸钠可以预防凝血。理论上来说，输血在当时的医疗环境是可行的，但实际只有在先进的医疗中心才能有相应的无菌条件及储存血液的仪器。假如德国的医疗供应站有血液分配给医院的计划，瑙姆堡的这家医院肯定不在这个名单之上。但是他们这里正有一个因失血过多而濒临死亡的患者，也许只要 1～2 品脱就能救他一命。亚萨吉尔和外科主任对视一眼，那一刻，他们知道彼此心中的想法是一样的。

亚萨吉尔躺在手术室里的患者旁边，将自己的静脉用一根短的无菌导管与患者的静脉连接，甚至不管自己什么血型，亚萨吉尔就这样有了第一次输血的经验，不过他是那个献血的人。输血前既不知道血型，也没有交叉配血，更不要说相容性的问题，亚萨吉尔的血也没经过抗凝处理，就这样直接把自己的血输注到老人体内。当时的情况他们也真的只能死马当活马医了。亚萨吉尔当时年轻力壮，而患者已经奄奄一息。也许能成功呢？当时甚至不知道一共输了多少量的血，只知道亚萨吉尔肯定捐了足够的量，外科医师觉得这些量应该没问题了，便夹闭了输血的管子。直到后来，亚萨吉尔才知道自己是 O 型血。他的血型正是所谓“万能输血者”的血型，能给所有血型的人献血。

那位患者最后活了下来。从那天开始，亚萨吉尔在瑙姆堡结交了一个非常特别的朋友。那天晚上，他没有和护士们一起吃马铃薯喝汤，他的晚餐竟然是牛排！

那年夏天，一些创伤还未恢复的患者从科隆的医院转诊过来。1942年5月，英国人向科隆派出了1000架轰炸机，而后断断续续地持续了2年。但现在盟军又再次轰炸科隆，并且战果丰硕。那些病情尚未稳定的患者从科隆被撤往周边地区，甚至远至以东300公里的瑙姆堡。大多数人都有开放性伤口（四肢被截肢），许多人因残端切口感染和骨髓炎而发热。每个患者都有可能感染其他医务人员。医院里没有抗生素，只有染成紫色的高锰酸钾和利凡诺（Rivanol）溶液[⑦]。

一天上午9点钟，亚萨吉尔和一名年轻女护士为一名新来的患者洗澡，同时清洗他的伤口。那番景象看起来近乎绝望。患者是个成年人，身高将近6英尺，但体重却不到100磅。他脸颊、眼窝凹陷，额头上的皮肤菲薄，就连头发也仿佛枯萎了一般，稀疏、纤细，都快盖不住头皮。亚萨吉尔的同事在帮患者洗澡时还需要特别小心，因为她前一天在厨房削马铃薯的时候把拇指弄破皮了。他们和那名患者说些好玩的事，让他能稍微转移注意力，也希望他心里感觉温暖些。过程中他们相互开对方玩笑、发出爽朗的笑声。但是不到1小时，那名女护士就生病了，先是发热，不到2小时就陷入昏迷。所有人都束手无策。

晌午刚过，亚萨吉尔抬着她冰冷的身体，经过狭窄的地窖，进了太平间，眼泪从眼角不断滑落。他悲痛欲绝，将她的尸体放在冰冷的桌子上进行尸检。她的身体在死后变得苍白，严重肿胀，完全认不出曾经美丽的容颜。“睁开眼睛吧！”他哭着，哭声在地窖中回荡，“你醒一醒啊，怎么可能就这么死了呢！”他每天都读到数百甚至数千人死亡的消息，已经目睹了无数次的死亡，那些被轰炸而来的伤患，几乎没有活下来的希望。但这次不同以往。她是亚萨吉尔每天近距离相处的人，彼此熟识彼此关心的朋友。他曾听她说起她在魏森费尔斯的父母，以及两个在前线的兄弟。他曾经见证她在世时那独特的魅力和朝气蓬勃的模样。亚萨吉尔甚至感叹为什么死的不是他自己。

通往地下室的台阶，亚萨吉尔再熟悉不过了。除一楼外，还有2层楼和一个地下室，共4层。医院只有一部电梯，然而有超过150名患者，每次空袭警报鸣笛时，都不能保证大家可以快速进到地窖里。一般来说警报响起后，他们有30分钟做准备，通常总有5～6名患者是无法走动

的。亚萨吉尔作为护士中唯一的男性，便负责将这些行动不便的患者转运到安全的地方。医院里另外一位非医务的男性负责开救护车。亚萨吉尔已经有了几次这样的经历，马不停蹄、气喘吁吁地背着患者在楼梯间跑上跑下，那瞬间他犹如英雄一般。有时甚至在最后一个患者安全地进入地窖之前，"警报解除"的信号响起，也告诉他可以开始将患者转运回病房，那可比背他们下来困难许多，也更费时间。

总的来说，亚萨吉尔蛮享受他在瑙姆堡的时光。几十年后回想起来，他觉得那段经历是他从事医学以后最宝贵的回忆，那时候他还没有担起外科医师的重任，工作时感受到的最真实、最纯粹的人性。他从护士们那里学到许多技能，同时德语也有显著的进步。他开始学习一些治疗操作，一些实用的操作技能：如何进行药物肌内注射和静脉输液，以及如何置入导尿管和胃管。他现场参与多次手术，也见到了许多外科医师、护士及麻醉医师会面临到的问题。他看到了吸入麻醉给予面罩诱导、乙醚或氯仿的局限性。静脉注射麻醉药物硫喷妥钠（Pentothal）和气管插管在当时还未问世，麻醉的工作基本由护士完成。

瑙姆堡的医院工作对他来说比支付医学院第一学期的费用要重要得多，在那里他才真的见识到现实中社会的医学是什么样子。他没有主刀过一台手术，但是曾协助许多专注手术、经验丰富的医师。他能在现场观看经典的外科技术和原则。他熟悉了基本的外科手术器械，以及在没有抗生素的时代，无菌技术的重要性、术中如何止血、对于组织器官操作要轻柔，以及如何精确缝合手术切口。他也理解到患者对外科医师的信任，也逐渐了解如何面对随之而来的责任感。更重要的是，他亲身接触到伤患，体会到他们的脆弱，同时还有护士及助手工作时所面临的问题，这是大多数医生一辈子不会有的经历。这些历练让他认为医学不仅仅是一门学科，它不仅建立在科学的基础上，同时还以诚实待人和人文关怀为根基，这些与他小时候曾接触的哲学思想不谋而合，这些思想也与他的性格和价值观相符。这些种种的经历对他往后的医学生涯有很大帮助，而他对医学各类知识的兴趣也逐渐被唤醒，数以百计的问题在他脑海中形成，等待着他去找寻答案。那些解剖、生理学及生物化学的知识他尚未接触，而正因为有过临床工作的经历，再进入医学院学习这些

课程时，获得的体会远比单纯在学校的学术环境学习来得深刻许多，也给他往后在课堂及实验室里的学习带来巨大的优势。

瑙姆堡工作经历的重要性还体现在其他方面。那个村庄坐落在圣彼得和保罗大教堂周围，那是一座罗马晚期和早期哥特式风格的建筑，是欧洲最大的教堂之一。建筑始于1213年，到19世纪期间曾进行多次改建。它是那个地区的地标，艺术文化的宝库，聚集了从美学到实用主义的精髓，承载了从古至今的淬炼，也述说了世代变迁人类的悲欢离合。那里有一尊真人大小的石灰岩雕像吸引了亚萨吉尔的注意力，雕刻的是美丽的尤塔（Uta）——村庄创始人埃克哈德（Ekkhard）的妻子。亚萨吉尔对这尊雕像表现出近乎奇怪的爱慕，着迷于那美好的面貌和完美的身型。这座雕刻已经有700年之久，对他来说，这仿佛象征着人类对美无止境的追求和创意。

然而，并不是所有的文化游览都能如此美好，有时候甚至带来危险。19世纪的哲学家弗里德里希·尼采（Friedrich Nietzsche）在瑙姆堡度过了他的童年。亚萨吉尔知道尼采的故事：他小时候在严格的路德教家庭中长大，长大后开始质疑任何宗教的价值。这不免让人想起阿塔图尔克对土耳其的“世俗化运动”，尽管亚萨吉尔从小被教导，尊重伊斯兰教和其他宗教是基本原则。尼采受达尔文进化论的影响深远，他抨击现代文明的各项社会制度。他认为追求人人平等和自由民主违背自然生存法则和物竞天择的理论。他认为能决定国家命运的是权力，而不是正义。尼采的哲学理论曾经被俾斯麦（Bismarck）所倡导，现在则是希特勒的中心思想。亚萨吉尔亲见诸多暴行的印证，深知这其中尼采的影响不容忽视，此类问题也吸引他不断反思尼采的哲学思想。

尼采儿时的家以及曾经就读的学校好像就在附近，亚萨吉尔曾想去参观，据说学校里还有一所博物馆，收藏了哲学家的相关文物。那是一个美丽的校园，精美的建筑坐落在树木繁茂的地区。那里给亚萨吉尔的印象就像是一所给知识分子及富家子女建造的大学，或者是高中校园的样子。他还见到许多青年学生，穿着统一的制服，看起来都很积极热心，但没有一名女学生。他只能从外面看了一会，而无法进去参观。

那里的保安似乎对外人充满敌意。“你来这里做什么？”他们质问

亚萨吉尔，“你有什么目的？”他们认为一位年轻的土耳其学生，不可能单纯只是为了感兴趣而想参观德国的地标建筑。

“尼采曾经在这里生活，”亚萨吉尔回答道，“我就想进去参观一下就好。”单纯对这里感兴趣确实没什么好奇怪的。

“他不在这里！里面没有你想看的！”他们语气强硬，有些吓人。

后来他才知道，那所学校里面根本没有所谓尼采的博物馆。那其实是一所训练党卫军军官的学校，由海因里希·希姆莱（Heinrich Himmler）训练精英部队，他们负责保护希特勒的日常安全，以及对平民和战俘执行希特勒的命令。

后来，在1944年圣诞节，他回耶拿度假时拜访了还住在瑙姆堡的那对老夫妇，并和朋友们参加了多姆西部合唱团的演唱会。他的朋友是参与演出的铜管乐队中的一员。亚萨吉尔爬上了一座拥有几百年历史的古塔，他被眼前的古城和在远处山谷流淌的萨尔河所震撼，不禁有种身处幽静时空的错觉，然而现实是这一切正被可怕的战争所破坏。

注　释

① *Time*. August 9, 1943.

② Levine: *The Strategic Bombing of Germany*, 1940–1945, 89–108 and 143–150.

③ Zubrin: National Review(Online), August 3, 2013.

④ Churchill: *The Second World War*, vol 5, 517–531.

⑤ The United States Bombing Survey, Summary Report (European War).

⑥ The United States Bombing Survey, Summary Report (European War).

⑦ 利凡诺（Rivanol）是一种粗制黄色防腐溶液，由德国药理学家格哈德·多马克（Gerhard Domagk）调制而成。他后来还发现染料百浪多息（Prontosil rubrum）对链球菌感染具有活性，进而促近了磺胺类药物的发现。

Medical School at Last

第6章　初入医学院

总算捱到4月份，这次亚萨吉尔回到耶拿，是时候开始大学生活了。火车穿过萨勒河沿岸古老的城堡，穿过图林根森林的东边，在森林覆盖的山丘和深谷交错，沿途风景秀丽。在耶拿河的北部，山谷变得狭窄，陡峭的石灰岩悬崖从河流旁凸出，与一个树木茂密的高原接壤。充满氦气的气球被绳索牵引着在河道上盘旋，一个个长20～30英尺，形成连绵的景象。看起来很像巨大鱼儿，飞在天空中的鱼儿，场面十分壮观。

这4个月来，亚萨吉尔也学习到可以和旁人聊任何与战争有关的话题，来减少别人对他身份的疑虑，不过气球应该和战争扯不上关系吧。人家告诉他这些气球是防御系统的一部分，他们只有在军事情报警告空袭迫在眉睫时才会出现。他知道自己最好别再多问，不过气球还能起到保卫城市的作用？这是怎么做到的？气球里面难道设置了电磁场来偏转或干扰盟军的雷达设备？他也没听到有人讨论过。

战争过后，他偶然看到一些相关的资讯，说当年罗斯福和丘吉尔在战争中曾明确几个潜在的地区，告知盟军不能去轰炸这些地方。其中包括古色古香的大学城海德堡和维也纳那些无价的建筑及艺术珍品。作为世界上最大的顶尖光学设备供应商，位于耶拿的卡尔·蔡司（Carl Zeiss）公司①也在名单上。在战争期间，它为德国人生产监视摄像机、双筒望远镜和炸弹瞄准器，但后来这家公司为全世界生产工业用和个人用的光学设备。很可能当年那些像飞鱼一样的气球只是提醒盟军飞行员的标志而已。

如果说1944年蔡司公司的存在间接保证了亚萨吉尔的安全，他在以后将会数十倍地偿还这份恩情。25年后他作为显微神经外科的引领者，

向蔡司公司的工程师提出自己的设想，他们进而生产出符合神经外科医生需求的手术显微镜。后来随着显微外科技术在全世界发扬光大，神经外科医生蜂拥购买蔡司显微镜，可以说，亚萨吉尔帮蔡司拉拢到数百万美元的生意！

对这些“充气鱼”的一个更合理的解释是，它们是战争早期英国使用的“弹幕气球”的改良版。这种气球由绞车控制的钢缆拴在大约 2000 英尺的高度，作为俯冲轰炸机和其他飞机在低空飞行时的障碍物。由于对德国飞行员的安全存在威胁，这种电缆也导致德国空军在纳粹飞机的机翼前缘安装了电线切割装置，也有可能德国只是想利用英国人的发明反过来对付他们。到达目的地的第一天，亚萨吉尔首先要做的是找个安身之处。耶拿和瑙姆堡完全不同。作为一个十万人口的城市，那里是盟军不容忽视的轰炸目标，而那些充气鱼估计也起不了什么作用。他在城里搭乘一辆有轨电车，在洛伯达站下车，离大学不到 10 公里路，坐电车 30 分钟。亚萨吉尔预估步行大约要 1 小时。

耶拿的洛伯达是一个新兴区，建筑物都十分现代化，和耶拿的其他区域不同，亚萨吉尔看了十分喜欢。那天早上他花了好几小时挨家挨户地询问是否有房间出租，这也引来了人家异样的眼光。最后，他找到一位女士意愿出租房间，她是施纳弗特（Schnaufert）夫人，一位蔡司公司工程师的妻子。和瑙姆堡的老夫妇一样，施纳弗特夫妇没有孩子。他们好像一眼就能明白亚萨吉尔内心的需要——对家庭、友谊的渴望，也明白他是一个心思单纯、目标明确的男孩。和瑙姆堡的夫妇一样，他们对他犹如自己的孩子一般。不到一周的时间，施纳弗特先生就在蔡司工厂找到了一个旧的显微镜，亚萨吉尔可以用那台显微镜完成组织学的学习。亚萨吉尔在自己的卧室有了专属的小实验室。

他的大多数同学都是德国士兵，他们许多人正处在从战场上遗留下来的眼伤、胸伤、腹部和四肢创伤的恢复期。大约有 200 名军人兼职的学生。但也有例外，如女学生看起来就相对健康一些。受过伤的军人在学校里可以优先录取，同时还迫切需要接受过医学培训的人，尤其是医生助理、护士和护理助理。那些通过定期考试合格且身体条件不适合前线的人会被分配到野战医院。亚萨吉尔是全班唯一毫发无损的男性。他

的一些同学甚至因为身体太虚弱而无法来上课，尤其是在冬天，因为教室和实验室会漏风进来，也没有暖气。

尽管许多德国学生不愿与他有太多往来，但亚萨吉尔还是结交了一些朋友。其中一位曾是 U 形潜艇的指挥官，他曾被英国人俘虏。在囚禁期间，他被允许在牛津学习，这段经历似乎让他在心理层面上与其他德国人不同。最终作为交换英国间谍的筹码，他得以回到德国。他用布挡住自己半边的脸。弹片摧毁了他的整个脸颊，他的上颌窦、嘴内侧、牙齿和舌头全露在外面。他只能用布挡住那边，勉强有张完整脸的错觉。即使对当今最权威的整形外科医生来说，重建他的面部也将是一项艰难挑战，更不用说在战时的德国，整形外科手术那是闻所未闻的。这个人不到 27 岁，却十分沉稳正直，举止庄重。他在皇家海军有过丰功伟业，并被授予骑士十字勋章（Ritterkreuz），这是国家颁发的最高英勇勋章，他是德国人心目中的英雄。但是对他来说，战争已经结束了，他被彻底摧毁，现在不过是个毁容的怪胎，幸运的是，他遇到一名真心爱他的年轻女孩，他们最近刚完婚。亚萨吉尔对这名潜水艇指挥官十分钦佩，他是个温柔、有爱心的人，并且崇尚自由，同时他认为纳粹的所作所为令人不齿。他面部的伤口使得他对寒冷异常敏感，所以不能在实验室或演讲大厅这种比较通风的场所待太久。他会和同学们分享自己的课堂笔记，也和同学们一起完成解剖课的操作。

一天晚上，亚萨吉尔陪指挥官去拜访一位化学教授的家。他曾拜访过瑙姆堡的一些护士的家人，并经常与施纳弗特夫妇互动，但此前他从未与学校教职人员有什么往来。那天晚上亚萨吉尔主要在听他们之间的对话，有些细节他并不太能理解，毕竟他的德语能力还是稍有局限。他们倒是讨论到了抗生素。亚历山大·弗莱明（Alexander Fleming）在 15 年前发明了青霉素，而霍华德·弗洛里（Howard Florey）和他在牛津的团队在战前就能分离出相当纯度的青霉素。亚萨吉尔的房东认为盟军应该很快就有能力生产出抗生素，但是德国方面目前还做不到。

化学教授和亚萨吉尔的朋友都认为战争即将结束。指挥官最近还获悉，美国人快要制造出一种非常特殊的炸弹，只要一枚就能轻易摧毁整座城市。这是一条令人难以置信同时又令人感到讽刺的消息。这个项

目不光靠美国人自己完成，同时还有许多逃离纳粹的物理学家共同研发的。德国那时候已经油尽灯枯了，他们人员匮乏到需要训练伤员成为医护兵来弥补人手不足，这也让那个“纳粹正在集结准备夏天大举进攻”的流言显得十分可笑。

亚萨吉尔之前尽量避免和德国人谈论有关武器的话题，但那天晚上的气氛让他感到自在，顺便提及听到德国正在制造火箭和燃烧弹的谣言。而这时他的朋友和化学教授忽然停止了刚刚的话题。盟军的眼线无处不在，每个外国人都有可能是他们的内线。

亚萨吉尔与他的解剖学老师冯·伏克曼（von Volkmann）教授频繁往来，他的曾祖父是 19 世纪著名的解剖学家，对密质骨显微结构的解剖对现在的医学生来说是耳熟能详。伏克曼教授是个有魅力又健谈的人，他很愿意花时间和认真的学生交流，同时他是个狂热的纳粹分子。当他的儿子们被征召入伍送往前线时，他们都还是医学生。而当那天他接到 3 个儿子在前线阵亡的消息时，亚萨吉尔正好在一旁。从那天开始，亚萨吉尔的存在或多或少弥补了伏克曼教授心中失去儿子的伤痛，但亚萨吉尔依然无法认同他的政治立场。儿子们的死让他更加铁石心肠，政治观点反而变得更加僵化到令人无法理解，他如今是一名彻头彻尾的狂热分子，满脑子都是要复仇的想法。每天早上，他穿着棕色制服走进教室，用僵硬的纳粹礼炮向全班同学行礼，大喊“希特勒万岁”！他的讲课会以 10 分钟的战争新闻简报来开场，目前德军的战线推进情况，再到赞扬英勇的纳粹士兵、第三帝国胜利在望，最后帝国将长存并占据世界的统治地位。

那些对战争心生同情的人对伏克曼的演讲充耳不闻。他的学生知道他们的教授无法理解关于战争的真相——战争带来的恐惧、痛苦和徒劳。学生甚至私底下祷告希望他能快点结束自己的政治演讲，开始讲课。倒是没有人有勇气抱怨。

亚萨吉尔认为伏克曼的言论，尤其是他对犹太人的看法十分粗鲁、无情，甚至愚蠢，他无法忍受教授在课堂上毫不掩饰表明自己的反犹太主义。他父亲的许多朋友都是犹太人，他们多在 20 世纪 30 年代离开德国，以逃离希特勒的迫害。这些人都非常谦和、有才华且善良。对少数

族群的迫害不免令亚萨吉尔担心。他自己是个亚洲人，目前却生活在一个痴迷于纯正雅利安血统的国家。

他的动物学教授哈姆斯（Harmes）则截然不同。哈姆斯矮小精壮，肚子露在腰带外面好大一截。他精力充沛，表情严肃，很少露出笑容，就是典型的德国人面孔。他走到哪里都跟着一只棕色的小腊肠犬，甚至当他在讲厅上课时，它就躺在主人的脚边。哈姆斯绝口不提政治，他是纯粹学术派的院士，不愿与战争沾边，尽量去忽略它。相对于伏克曼的处世观，哈姆斯的较为自在释放。有段时间他发现亚萨吉尔对解剖学及生物演变带有浓烈的兴趣，好像随时都热情高涨。哈姆斯让他有机会进入动物研究所，能到里面能参观海克尔和歌德收集有关动物解剖的重要展品。

进化论一直是年轻的亚萨吉尔脑海中的主旋律，他从小便在家里听到大人们谈论有关达尔文的理论。与达尔文同时代的恩斯特·海克尔（Ernst Haeckel）对达尔文的学术工作十分推崇，他在 20 世纪初让进化论在德国变得流行起来。他在耶拿期间对动物和海洋生物的研究造就了他的重要理论，即“动物个体发展代表了整体物种的演变”。在他于 1919 年去世后的数十年里，他的理论依然饱受争议。有机体的生物发育（个体发育）与其物种的整个进化发育（系统发育）是相互平行的，这样的观点激发了亚萨吉尔的想象力。他小心翼翼地翻阅着海克尔在该研究所展出的各类生物体和胚胎的画作。他真希望此时父亲也在场。

随着年龄的增长，亚萨吉尔生活中的另一爱好开始高涨，即对人体解剖学的精密细节和千般变化的痴迷。歌德的动物骨骼标本也在该研究所中展出，附有大量详细的笔记和图画，尤其有关脊柱的进化，特别是低等动物的头面部骨头是如何进化而来的。歌德在动物解剖中对功能栩栩如生的描述令亚萨吉尔获益良多。他也很崇拜歌德既是一位科学家，又是一位文学家、画家和政治家。歌德成年后的日子都在耶拿以西的魏玛度过。

魏玛不仅是歌德的故乡，也是席勒、18 世纪早期的巴赫和 140 年后的弗朗茨·李斯特（Franz Liszt）的故乡。亚萨吉尔挑了一个周日的中午去参观那个城市。他陶醉在发源于魏玛的德式浪漫主义，这项运动

最终通过英国人传到了土耳其。浪漫主义可以说主导了他在安卡拉年轻时的生活。

当他第一次去歌德故居时，身处战争的现实已经远远地抛在了脑后。他想象自己跨越时空去拜访一位伟人。他走上蜿蜒的楼梯，看到了几幅绘画和雕塑，然后是一个简陋的图书馆，里面没有书籍，但收藏了一些矿石标本。靠近图书馆的歌德工作室也非常简朴，光秃秃的地板，配上蓝色的墙壁和简单的木制家具。一张小书桌放置在整个工作室唯一的窗户前，可能 150 年来都没有改变过。窗外望出去是一座精心布置的花园。在花园的后面，不远处有一座独立的小屋，亚萨吉尔听说歌德在那里完成了他著名的植物学著作《植物的蜕变》(*Metamorphose der Pflanzen*)—— 一部试图解释植物在生长中形态变化的著作。与书房相邻的是一间卧室，装饰同样单调沉闷，只有 2 张简陋的桌子和 1 张小床，上面盖着已褪色的被子。房间光秃秃的地板中央铺着一块小地毯。鉴于歌德在年老时拥有的财富和名望，亚萨吉尔很诧异他能容忍自己是在那么朴素、不舒服的环境下工作，原来名人也能过得如此简朴。几天后，他开始阅读歌德著名的悲剧《浮士德》(*Faust*)。

弗朗茨·李斯特（Franz Liszt）的家就距离大约 300 米，亚萨吉尔边走边将这条街道及路旁边的花园、房屋的样子印在脑海里，想象当年发生的景象。那天他还参观了席勒的家，让他沉浸在文物所传达的印象中和他脑中对这位大师的神话里。在魏玛，席勒创作了他的著名诗作《欢乐颂》(*Ode to Joy*)，贝多芬后来将其改编为音乐，作为他伟大的第九交响曲的合唱乐章。亚萨吉尔能接触到海克尔、歌德和席勒的过往和他们的作品，毫无疑问促进了他对临床医学和研究的兴趣，也增加了他对文学及艺术的向往。

不管伏克曼的政治立场多么荒谬，他依然是一名出色的解剖学家。亚萨吉尔也意识到若能在他门下学习是一个很好的机会。亚萨吉尔沉迷于有关大体解剖的研究，也因而减少学习生理学及化学的时间。他几乎是班上唯一还算健康、身体健全的学生，也自然成为伏克曼的全职学生助理。他的职责之一是为教授每一天的课程准备好演示的解剖标本，他会在前一天自己亲手逐层解剖，常常会工作到深夜。伏克曼经常

会特地去解剖实验室看看亚萨吉尔，告诉他一些解剖的建议和窍门。那年春秋季，亚萨吉尔竟然完成了 3 具大体解剖！几个月过去，亚萨吉尔已经精通人体各个部位的解剖，除了脑部及脊髓，毕竟那需要特殊的器械准备，也不是伏克曼课堂上的重点，不过对于各类的肌肉、关节、四肢、胸腔及腹腔的解剖，亚萨吉尔已经了然于心。他对各个脏器结构有精确的认识，每块肌肉的起止点、由哪些神经支配，还有每一块骨头的形状、大小、重量等，甚至全身每根动静脉的走行，还包括各类的解剖变异。

但有一次，亚萨吉尔还是忍不住提出了自己不同的政治见解。“德国势必会输掉这场战争的。”亚萨吉尔曾经这么说道。短短几句话就让伏克曼十分困扰。“你说这话的时候一定要小心，”他表情严肃地回答，“别让任何人知道你是这么想的，可能会让你有危险。”

1944 年 7 月 20 日下午，在亚萨吉尔回到瑙姆堡担任第二次为期 3 个月护士助理后几周，一枚炸弹在希特勒召开的员工会议上爆炸，造成 4 人死亡和 20 多人受伤。据说这个暗杀计划酝酿了 2 年之久，这次差一点就成功了。希特勒成功逃跑了，只受了些轻伤，然而他的报复行动却迅速且严厉。筹划暗杀的人不仅在 2 周内遭到酷刑并处决，他们的亲友也被抓捕送往集中营，许多人死在那里。

那年夏末秋初，希特勒遭到人身威胁因而震怒的消息传遍了整个德国。安全人员一而再、再而三地对每个外国人进行安检，他们被帝国视为潜在的严重威胁。盖世太保逮捕了 7000 人，随后有接近 5000 人死亡[②]。

10 月份亚萨吉尔回到耶拿时，施纳弗特夫人不断提醒亚萨吉尔要谨慎，她十分担心他的安危。

一天晚上，他们家的前面传来急促的敲门声，警察就在门外，施纳弗特夫人吓坏了。她以为纳粹发现他们窝藏了一名外国人，亚萨吉尔当时也非常害怕。施纳弗特先生开门前叮嘱亚萨吉尔一定不能出声，也不要和任何人交谈，无论发生什么都别出来。警察粗鲁无礼地带走了施纳弗特，倒是没有提到亚萨吉尔。

第二天，施纳弗特先生被放回来的时候已经傍晚，天色向晚，他不

愿多透露昨晚发生了什么，毕竟亚萨吉尔知道的越少越好。警察曾盘问施纳弗特先生是否曾接触过魏玛和耶拿之间森林那一带的人。纳粹扫荡了政治异己的总部，即犹太地下组织。一名共和党领导人越狱，并与地下组织取得了联系。一场大规模的搜捕正铺天盖地地进行。后来警察们抓到犯人并将他处死。某种程度上，亚萨吉尔总算能松一口气了。虽然没有对他个人造成危险，然而这次经历依然发人深省。

施纳弗特夫妇依然很担心他的人身安全。每天都要叮嘱他："在外面注意自己的言行，别在公共场合表明自己的立场，把你认为德国会战败的想法埋藏于心。"他们担心他随时会被警方传唤讯问。

然而，他们的担心还是来临了。不过这一次警察十分友好，与在施纳弗特家、在去瑙姆堡的火车上或在维也纳大学注册时的警察都截然不同。"告诉我们你来德国做什么吧！"他们讯问的时候倒是面带微笑，希望亚萨吉尔能稍微放松一些。"我正在这里学习解剖学，每天都要进行解剖实验，在这里学习的经历真的很好，我很喜欢这里的教授们，我很想在战争结束后继续留在这里。"

然后尖锐的问题来了："你觉得谁会打赢这场战争？"除了他的制服和高高的黑色靴子，这个男人看起来很人畜无害，就像父亲一样。这样的人显然不会把一个 19 岁的学生送进集中营。亚萨吉尔也微笑着小声说道："我觉得你们赢不了。"那名军官神色黯然地看着他，摇了摇头。后来他联系了施纳弗特先生，并特别警告他，让亚萨吉尔不要随便发表他自己的观点。

几周后，大学里的学生们被邀请到学校的大花园参加一个大型聚会。所有学生都到齐了，有德国人，还有大约 200 名外国人（包括来自埃及和阿拉伯国家，以及来自希腊和土耳其的学生）。花园中央有个搭建好的木制讲台，纳粹旗帜在风中飘扬；号角、长号及小号齐声演奏军乐，音乐在夜色中回荡。讲台上站着身穿制服的高俊青年和美丽的金发女孩。学校的校长是那天的主讲人，他身材矮小，头上披着乌黑的细发。他的鼻子又大又圆，看起来很奇怪，那不是典型德国人的样子，校长看起来好像有法国或是意大利人的血统。他以前是遗传学教授，后来成为一名忠诚的纳粹。一位来自魏玛的高官也在讲台上，也是个矮小的

壮汉，身着硬挺的棕色黑边制服。全体教员都坐在他身后。

校长发表了一席很有魅力的演讲。他高声疾呼有关战争的消息。祖国正遭到盟军入侵，但元首的军队将在战争中占上风。尽管有反对势力，包括间谍和政治异己，希特勒仍将统治世界。俄罗斯的军队目前在波兰准备最后大举进攻。德国人正在设计建造防御工事，但俄罗斯人正在逼近。人民必须做好准备，保护德国人的家园，拯救儿童和女性免遭凌虐！

亚萨吉尔十分厌恶欧洲人对土耳其人的刻板印象，形容他们是战士，是野蛮部落的成员，无论他们走到哪里都会带来强暴和毁坏。土耳其人很难摆脱他们祖先遗传下来的印象，他们是中亚广阔大草原的后裔，包括阿提拉和匈奴人、成吉思汗和蒙古人、塔梅尔兰和金帐汗国，以及近代的奥斯曼军队。

亚萨吉尔生平第一次不仅对纳粹，而且对欧洲国家感到反感。但当时他也没办法，偷走他们的国旗？还是和他们争吵？他之前一直很想参加这次集会，因为他十分好奇究竟会发生什么事。他坐在前排的座位上，而接下来宣布的事让他大为震惊——鼓励外国人加入军队，并奖励公民身份、大学免学费，以及在未来的社会地位。他们鼓励在场的人加入军队，甚至是党卫军，帮助国家击退野蛮人。

亚萨吉尔总算忍不住了。他的眼睛盯着他的老师伏克曼教授，他身穿华丽的纳粹制服坐在讲台前排。

忽然亚萨吉尔站起身来，一只手高举过头，“教授！”他高声问道：“那我呢？我不是欧洲人，我是亚洲人，你们会把我怎么样？”

他的声音仿佛让空气停滞。先是有人窃窃私语，然后有人发出不满的声音，最后迎接他的是震耳欲聋的怒吼及来自讲台上愤怒的目光。他真希望地上有个洞能钻进去。

那天晚上哈姆斯教授忧心忡忡地把他叫到自己家里，难掩愤怒地说道：“你发疯了吗？你脑子里到底在想什么？你在这里一点权利都没有，也没有发表观点的自由！这些人可以把你抓去枪毙！看在上帝的份上拜托你醒醒吧！”

哈姆斯一番话把亚萨吉尔带回现实。接下来一周亚萨吉尔都待在解剖实验室，几乎没有和任何人说话。哈姆斯教授确实让他的情绪平静下来。最终这件事也就过去了。会议筹办的人也意识到他们那天的错误和麻木不仁，一些叙利亚和埃及学生也提出抗议，可以说德国人搞砸了那场集会。外国学生并没有做错什么，他们只是单纯来留学。对他们来说，德国是他们受教育的地方，仅此而已。怎么能指望他们还要承担德国的政治理念呢？

1944 年夏天，耶拿最终没有逃过联军的轰炸，空袭变得越加频繁。每当低沉的防空警报声响起，所有人都纷纷避难，没人敢怠慢。没有人相信那些气球飞鱼能起到什么保护他们的作用。盟军第一次空袭是在夜晚。亚萨吉尔和大家一起逃到建在城市底下的大型防空洞，那是一次可怕的经历。上千人聚集在一起，大家摩肩接踵，十分拥挤。虽然里面通风良好，可是一片漆黑。在里面当然不可能看书，也不能做什么打发时间。轰炸持续了 2 小时，仍没有接到警报解除的指示。亚萨吉尔长这么大以来第一次体会到什么叫幽闭恐惧症。对他来说，被迫在漆黑的环境中安静地坐那么长的时间实在太痛苦了。后来空袭警报鸣笛时，亚萨吉尔再也不躲到防空洞里了，他宁可躲到城市周边，或者干脆靠着解剖研究所一楼的内墙趴着。

作为学生，能做的也只是尽可能地熬过战争的岁月。这对他们当中的士兵来说尤其痛苦，因为他们随时可能被召回前线。除了空袭警报和伏克曼的日常政治长篇大论之外，亚萨吉尔在耶拿的日子还算平静。学生们也鲜少谈论有关战争的事，大多还是专注在他们的课程上，关于解剖和生理学的议题，毕竟他们共同的目标还是学业有成。

一个步兵结识了亚萨吉尔。他名叫埃里克（Erich），在俄罗斯的战役中胸部受到创伤。他是个文静而富有同情心的年轻人，和亚萨吉尔一起上课学习，分享各自童年的故事。埃里克很少谈到战争的事，偶尔会提到他所目睹到各种残酷的事，以及对战事的恐惧。一天下午考试结束后，他邀请亚萨吉尔和其他几个人一起在市中心一家古色古香的小餐馆共进晚餐。

虽然亚萨吉尔很想去，但最后还是拒绝了这次邀约。在那次大学聚

会发生不愉快的事以后，他比以往警惕各种集体社交活动。反正和朋友聚会也没什么意思，喝酒聊天好像不过是浪费时间。他也不想花时间在这些活动上。他还是喜欢独处，这比较符合他的个性。虽然他是个体力充沛的年轻人，但总的来说还是比较严肃的。对他来说，热衷的社交方式还是和人一对一的交谈。

他没有和埃里克及朋友们出去，而是回到解剖学研究所待了几小时，然后沿着萨勒河漫无目的地在大学校园里闲逛。他没见到一个可以聊天的人，于是决定回家了。施纳弗特夫人不愿意亚萨吉尔天黑后才回家，不过那天是个晴朗的夜晚，亚萨吉尔想在外面游荡一会。他觉得今天不会发生什么危险的事。

然而，盟军的轰炸机在大约 7 点钟左右驶来。亚萨吉尔刚刚出城，第一轮轰炸便席卷而来，他赶紧手抱头蹲在地上，接着炸弹的威力让耶拿的地面震动、爆炸的火焰点亮了夜空。他全身颤抖、心脏在胸口剧烈跳动！那能毁灭一切的力量让他彷徨无助！那些气球呢？那些气球飞鱼呢？这时候这些东西到哪去了？它们根本一点用没有！那些气球在黑夜中 5000 英尺的高空显然是起不到什么威吓作用。

过几天他回到耶拿时，他发现朋友聚会的那间餐厅已经化为废墟，只剩下一堵墙和一面门框。埃里克和其他人都丧生了，无一幸免。前一天晚上他所处的解剖学研究所也损坏严重，附近的教堂也遭殃。

解剖研究所的顶楼一片混乱，玻璃碎片满地都是，石膏标本和家具也都东倒西歪。大学的镇馆之宝——歌德的骨骼收藏也变得一团糟，150 年前的骨头散落在破碎的展柜中。人群在外面聚集，议论纷纷。建筑物没有遭到直接攻击，但是爆炸的冲击波震碎了每一扇窗户，每个房间都布满各种碎片，建筑灰尘和石膏粉尘覆盖了室内每一处。楼下的图书馆也惨不忍睹，里面的图书被从窗户扔到外头的草坪和街道上。

图书馆馆长和亚萨吉尔那天早上就开始着手收拾这些残局。他们将先清除满地的残骸，打扫地面的灰尘还有清洗墙面，最后将散落一地的书籍重新装订然后放回书架归位。他们还试图修复歌德的展览品，它们看起来满目疮痍似乎很难恢复到原本的面貌，但是耗时 5 周，终于重新安置好那些解剖收藏品，并让图书馆重新投入使用。亚萨吉尔也因为这

些修缮工作而被授予德国汉堡荣誉，附赠 500 马克的现金，同时只要他喜欢，可以加上免费的医疗教育！他不再需要每隔一段时间去瑙姆堡的医院工作了。他从小到大第一次感觉自己如此富有。

1944 年的 12 月非常寒冷，每天的气温从 –40℃到 10℃。虽然和加拿大的纬度相同，德国的冬天每天却很难见到 8 小时的阳光。解剖研究所的窗子依然千疮百孔，而他们没有材料进行修缮。研究人员一般在一张长达 100 英尺的大理石桌上进行解剖工作，上面有 12 个操作台面，由于天气太冷，亚萨吉尔必须在他的实验室外套下面穿了一件厚夹克，鞋子外面套着羊毛手套和橡胶套鞋。恶劣的条件让身体虚弱的同学，也可以说几乎全班的同学，无法在那里坚持超过 2 小时。亚萨吉尔只好代劳替同学们进行操作，共解剖了 10 次以上的人体的上肢和下肢，以及 2 次脊髓。自 10 月以来，他基本天天待在实验室里，没有一天例外。这段经历可说是上帝给他的恩典，他在这些工作中收获巨大，也乐此不疲。他也借这段时间精进了自己的解剖技巧，掌握各种类型的解剖变异。

1 月份的时候，哈姆斯教授带来了一个坏消息。在他宣布开始操作实验课程的时候，他告知亚萨吉尔不能参加这个项目。实验室只有 50 台显微镜，显然不够所有人用。受伤的士兵当然有优先权。亚萨吉尔意识到假如他不能修完显微课程，他将拿不到解剖学的学分。哈姆斯教授只能保证他在接下来的学期尽其所能帮亚萨吉尔争取一台显微镜。亚萨吉尔虽然在家里可以用施纳弗特先生的显微镜，但是这台显微镜不能带到医学院里，即使获得了在实验室使用它的许可，哈姆斯也必须将其分配给其中他能优先使用的士兵。缺少这次显微镜的“实际操作”机会，也为往后带来了一定程度的影响。

近 6 年来，土耳其总统伊斯梅特 · 伊诺努（Ismet Inönü）一直在努力让共和国保持中立。阿塔图尔克在 1925 年与俄罗斯人签署的互不侵犯条约仍然有效，但伊诺努很难承担与柏林断绝关系的代价。土耳其人从共和国成立之初就非常依赖与德国人之间的贸易，而安卡拉媒体呼吁土耳其与希特勒联手的压力也越来越大。1942 年，土耳其冒着有损“中立”信誉的风险，同意向德国的克鲁普斯（Krupps）军备工厂运送 4.5

万吨的铬合金。

在安卡拉，没人相信苏联政府是国家的盟友。土耳其人一直对俄罗斯人的动机表示怀疑。但在 1943 年 11 月，当罗斯福在德黑兰向丘吉尔建议，像苏联这样的“大片土地”“应该拥有进入温水港的权限”时，土耳其意识到他们最终必须站在盟军一边。如果他们不尽快为战争做出实际贡献，那么当盟军瓜分战利品时，俄罗斯在将会获得博斯普鲁斯海峡和达达尼尔海峡的管辖权，从而对土耳其造成威胁[③]。土耳其方面势必不能将这个权力落到俄罗斯手上。到 1944 年 4 月，第三帝国的战事日落西山，让土耳其别无选择，决定停止向德国出口铬合金。但 6 周过去了，土耳其还没有明确自己的立场。那年 6 月，盟军对伊诺努允许德国军舰通过土耳其海峡表达不满，这使得总统别无选择，只能解雇外交部部长谢罪。几个月来，外交部部长努曼・麦内门肖格鲁（Numan Menemencioğlu）一直被认为是亲德派[④]，但仅仅牺牲他还不够。土耳其必须在其他国家的质疑中澄清自己的立场。战争已经进入尾声，德国战败也是不争的事实。如果土耳其要成为联合国的创始成员之一，它就必须加入联军阵营。伊诺努政府在 1945 年 2 月 21 日向德国宣战。

几周前，亚萨吉尔收到了土耳其驻汉堡领事馆发来的电报，短短 4 行字，宣布土耳其打算参战，建议包括近 300 名学生在内的所有土耳其国民立即离开德国。亚萨吉尔十分震惊，还检查了一下电报的信封，竟然是由德国邮政交付的，这实在是太粗心了！那时候德国方面还不知道土耳其的立场已经改变了。

亚萨吉尔当下面临两个选择。他可以尝试乘火车北上，穿过汉堡到基尔和北海，然后乘船前往土耳其，或者他可以趁这个机会通过德国南部到达瑞士，这时已经不可能选择直达路线（穿过维也纳、巴尔干半岛，重复一次他 15 个月前的空中路线）。现在俄罗斯人占领了罗马尼亚和匈牙利，乘船离开也伴随很高的风险，可能不得不绕丹麦航行，然后穿过英吉利海峡，几个月前那里的战事还打得热火朝天。他得快点做决定。很快他就将失去土耳其作为中立国的庇护了。

然而目前也不能保证瑞士会接受他，而且在那里生活成本很高。由于土耳其在整个战争期间与柏林保持着良好的关系，土耳其里拉一直与

德国马克 1∶1 兑换。而瑞士就不同了，瑞士法郎和土耳其里拉的汇率超过 1∶4，是美元的 5 倍，而英镑的价格甚至更高。去瑞士这个选项似乎不太实际。亚萨吉尔那时候也不知道在安卡拉的家人经济情况如何，不过他知道自己不能寻求他们的帮助。

最后，内心的声音告诉他，去瑞士吧！他认为自己应该继续留在西方学习，不管如何，必须完成学业，他相信自己。

注　释

① 19 世纪 70 年代初期，时任耶拿大学机械师的卡尔·蔡司正在他的私人工作室中完善光学设备的构造。他给 30 出头的副教授恩斯特·艾贝（Ernst Abbe）提出了难题，后者正在开发显微镜设计理论，引领显微镜生产告别不断试错的过程，进入有条不紊的设计阶段。艾贝又敦促刚刚获得耶拿博士学位的奥托·肖特（Otto Schott）组建一个“玻璃技术实验室”，用于生产蔡司显微镜和光学设备的高纯度特殊镜头。到 19 世纪 80 年代中期，这 3 个人已经建立了一个主要产业，并注定成为德国最大的产业之一。

② Shirer: *The Rise and Fall of the Third Reich: A History of Nazi Germany*, 1014–1082.

③ Pope and Pope: *Turkey Unveiled—A History of Modern Turkey*, 76.

④ Pope and Pope: *Turkey Unveiled—A History of Modern Turkey*, 77.

Escape to Switzerland

第 7 章　流亡瑞士

1945 年 2 月，乔治・巴顿（George Patton）的第三军团整装待发，要抢在俄军前面进入柏林，他们迅速穿过萨尔到达耶拿，比预期的时间提前了，然而一切都是徒然，因为罗斯福、丘吉尔和斯大林在雅尔塔已经决定由苏联占领柏林。

而加兹・亚萨吉尔也面临着巨大的危机。俄罗斯人和美国人在魏玛 – 莱比锡 – 耶拿三角地带会合，而该地区的德国军队正在努力重整军队到防御阵地准备迎战。德国东部可说是陷入一片混乱当中。为了躲避即将到来的战事，数以千计穷困潦倒和无家可归的德国人步行走上了高速公路。亚萨吉尔已经不受土耳其中立国立场的保护了。为了去到相对安全的瑞士，他有 240 英里的路程，因此他的时间十分宝贵。

他的潜艇指挥官朋友，穿着全副军装送他到火车站，脖子上骑士十字勋章的钻石，在阳光下熠熠发光。他的妻子也一同前来。亚萨吉尔若乘坐民用列车离开，将会伴随很大的风险，因为民用火车上的座位很少，通常是人脉很广或出价最高的人才能有座位。随着盟军的逼近，当地的家庭尽其所能逃离那里，他能乘坐军用列车实在是再好不过了。他的朋友（潜艇指挥官）在关键时刻救了他一命。

他的朋友在与军队的高级军官交谈后，指挥官为他安排坐在一列开往纽伦堡的军用火车上，亚萨吉尔将前往位于瑞士边境温加滕的军队训练营地。

他穿着一双木鞋，把施纳弗特夫妇给他的旧手提箱放在头车的座位上方。他与 4 个德国军官共用一个隔间，他们身上的制服好像刚熨烫过，脚上的皮鞋也擦得发亮。他不禁注意外面那些粗犷、面容严厉的男

人正在监督着后方的车厢士兵。他们的制服没有显示军阶或国籍。亚萨吉尔后来发现他们是俄罗斯人，是臭名昭著的幽灵部队“俄罗斯解放军”的成员，其领袖安德烈·弗拉索夫（Andrei Vlasov）将军在列宁格勒面临德国人的屠杀威胁时投降。弗拉索夫的军队由超过 50 万俄罗斯叛逃士兵组成，其中许多人选择在 1942 年之后以各种身份效忠德国，参与德国的战事[①~②]。俄罗斯人被安排守卫部队列车，基本一个人对应一列车厢，因此没有德国士兵敢从列车上逃跑。

距离发车前的几分钟，一个脖子上挂着少校军衔，看起来有些好战的德国人过来与亚萨吉尔交谈。那名军官很快发出哈哈大笑！“那个阿塔图尔克，你的领袖，你的前总统，”他说话的时候嘴唇嘲讽地咆哮着，“我现在才知道他之前发表的那个声明有多么愚蠢！”亚萨吉尔颤抖地听着这位德国人大放厥词，他竟然告诉自己的国民说：“我们要为身为土耳其人自豪！”这时候亚萨吉尔能怎么回答呢？一个如此傲慢的纳粹，怎么能明白阿塔图尔克用心良苦、试图点燃新成立共和国人民心中的民族主义的心理呢？亚萨吉尔遇到的许多德国士兵，都非常自豪感却丧失理智。“但现在我完全明白了！”军官继续说道。他露出脏兮兮的牙齿，发出讽刺的笑声：“我是一个要上前线战斗的军人！而你，你这个土耳其人，竟然要去瑞士读书！你们从人种就和我们德国人不一样。”其他人也跟着这个咆哮的男人一起大声嘲笑。笑声在空中回荡了好几秒。

到了纽伦堡后，火车向西行驶，亚萨吉尔被安置在一列南下的火车上。由于携带着他的指挥官友人的亲笔信，纽伦堡的官员很快便让他通行，不过他不能再坐在头等车厢了。他被安排进通常用来运输货物和牲畜的厢式车厢中，四周都有士兵看守。地板和墙壁粗糙肮脏，弥漫着地一种潮湿地下仓库的气味，夹杂着牛、汗水和人类排泄物的臭味，还有残留的干草散落在地板上。许多满脸胡碴儿的士兵，他们的制服又皱又脏，许多人饿着肚子，蜷缩在地板上，有些人在睡觉。负责的中士奉命确保亚萨吉尔能顺利到达温加滕，但亚萨吉尔严重怀疑身边这些士兵是否会遵守纪律。

果然火车驶出几英里后，一名熟睡的士兵忽然惊醒，愤怒地瞪着他：“你谁啊？你在这做什么？”士兵抄起亚萨吉尔仓促收拾的行囊，

把它砸在墙上，脆弱的闩扣裂开，与行李中珍贵的解剖书籍一起散落在地。德国人们爆出哄堂大笑！“你带书干什么？你用书打仗吗？”

“你们住手，别欺负他了！”那名中士厉声呵斥，“我可是接到命令要护送他到温加滕！”虽然中士站出来替他解围，但亚萨吉尔依然很害怕。他们也许不会伤害亚萨吉尔，但这毕竟是一群缺乏理性、人性同时脾气又暴躁的人，而亚萨吉尔要和他们待在一起好几小时。他赶忙收起散落在地的书本，并看看能不能补救一下被摔坏的行李箱。

火车缓缓向南行驶，每 20～30 分钟就要停下来 1 次，前 15 英里的路程花了 2 小时以上。午夜时分，他们到达了新乌尔姆（Neu-Ulm，始建于 1811 年），这是一座小镇，隔着多瑙河对面就是乌尔姆的中心城区。若要继续向南行驶，需要再次换乘火车，前往温加滕的乘客需要从旧城的另一个车站“Hauptbahnhoff”（即中央火车站）下车。

那天天气很冷，唯有月亮照亮了那狭窄、曲折且空无一人的街道。跟随着其中一名士兵，亚萨吉尔离开了“新”火车站（当地人这么称呼），打算前往乌尔姆车站的主站台，他们把自己的行李装备放在铁轨旁边，无人看守。每个人都面临着相同的困境。假如他们中间有小偷，那他的目标也不过是找个安全的地方活下来。他们破旧的行李箱里装着廉价的衣服，而亚萨吉尔的行李里装着的是那些他宝贵的书籍，它们很安全。

几乎所有的建筑物都被炸弹摧毁了。只有那座古老的乌尔姆敏斯特大教堂（建于 1392 年）似乎完好无损地屹立在那里。那是德国最大的哥特式教堂，这 500 多英尺高的尖顶雄伟地伫立在冰冷的夜晚，在 1880 年完工后，它曾是欧洲最高的教堂尖塔。从数英里外就能看见这宏伟的建筑，它仿佛巨大的神灵在城市顶上盘旋，是前人远见和奋斗的结晶。然而亚萨吉尔在这次旅途中没有注意到，还有一个历史地标就在距离火车总站几百码的范围内。那是坐落在班霍夫大街 20 号、一栋 4 层楼高的建筑。布劳河的一条支流在街道旁边流过，在到大教堂之前改变了方向，流入多瑙河 ③。这座建筑近期被盟军炸毁了。64 年前这里曾经诞生了一位可能是人类历史最重要的数学家及物理学家——阿尔伯特 · 爱因斯坦，他的成就也许让人类文明前进了 300 年。那时候亚萨吉尔还不知

道，他和爱因斯坦的道路会如此相似：离开德国去到苏黎世。39 年前爱因斯坦在苏黎世完成相对论并向全世界展示。

亚萨吉尔和德国士兵在废墟中找到了主站古老的站台，站台的屋顶塌陷了。难民们围在铁轨附近的小火堆旁，其中一位难民用土耳其语向亚萨吉尔打招呼。其他人衣冠不整、蓬头垢面，在他回应时向他点头微笑。他们大概有 20 多人，主要都是学生，大部分是土耳其人，也有一些希腊人，男女都有。战争抹去他们之间种族的隔阂。土耳其人和希腊人在土耳其的大街上可能不会相互交谈，但在一群德国人中间，他们犹如朋友一般亲近。

当亚萨吉尔和自己的同胞们谈论彼此的处境时，德国人则站在他们身后。其他人来自不同的地方。乌尔姆是他们出发前往南方目的地之前的最后一个交汇点。当一名难民将他们带到倒塌的航站楼附近的两辆行李车上时，亚萨吉尔和德国士兵相互露出了紧张的笑容。其中一台已经彻底坏了，它的后轴断了；另一台好像还勉强能用，至少它的轮子完好，两边对称。亚萨吉尔和那名德国人一起沿着蜿蜒的路线，步行大约 2 英里，返回“新”车站取回他们的随身行李。1 小时后，他们带着行李再次回到车站的主站，尽管天气寒冷，亚萨吉尔还是筋疲力尽、汗流浃背。他的衬衫被汗水浸湿，紧紧地贴在他的胸膛和背部，这段路程他来回走了 3 趟。

小时候祖母警告他运动后不要着凉，不然会得感冒甚至肺炎，但现在他也没办法，他们生的火堆很小，却有众多难民围在旁边。他也没有能换的衣服，他面无表情地拿出包里的一本教科书，仔细小心地撕下里面的纸张，一页一页地滑到衬衫下面、裤子里面，衬在他的身体和四肢上。他很怕自己会着凉感冒。

幸运的是当他早上醒来，衣服已经干了，除了感觉有点冷，没有什么不舒服。然后他把那些受潮变皱的纸页从身上慢慢撕下来，找东西把它们压平，重新一张张放回书本里。

两天半后（正常行程其实不到 6 小时），他总算到达了温加滕的军营，德军在那里的训练设施包括可容纳 3000 人的兵营。大约有 150 名外国学生在那里作实习生，直到他们获批瑞士政府的通行证。亚萨吉尔

和另外 20 个人被分配到其中一栋建筑二楼的一个狭长的房间里，他记得那叫“隆美尔（Rommel）房间”。他们有一日三餐供给，也允许在早上离开营地到外头稍微活动。每天早上，德国工兵都在山上挖掘战壕，以应对法国人的袭击，他们的炮火声在远处不断回荡。距离黄昏还有 1 小时，大约下午 5 点钟以后施行宵禁。

拉文斯堡古城就在附近，步行可以到的距离，亚萨吉尔和他的同伴很快便决定去那里一探究竟。距离他们的营地大约不到 10 英里路，那座幽静美丽的古城约有 3 万人口居住，战争前曾是热门的观光景点。古城的市政厅是一栋 14 世纪的哥特式建筑，位于市中心，在马里恩广场的更远处是旧科恩豪斯，1700 年前这里曾经是谷物贸易主要场所，并持续了 100 多年。街道对面是一巨大的巴洛克式教堂，据说这里曾经是一座加尔默罗会修道院。

让亚萨吉尔感到不可思议的，是那里的市民，大多是年长、退休的德国人，大家正在餐馆享用午餐，仿佛置身于战争之外。那里好像没有受到战争的摧残。亚萨吉尔和他的朋友受到当地人热烈地邀请，在街边一间古色古香的餐厅一同用餐，那里还有小型的弦乐乐团正在演奏。

隔天，3 名来自瑞士的官员与营地的代表们会面，讨论移民相关程序。学生群体可以允许入境，但每个人都必须提供有效的身份证明和财务证明。审核是按名字字母排序，亚萨吉尔可能要等上一周左右。

大多数的时间，他都悠闲地在吃饭和阅读之间度过，或者认识一些新的朋友。其中有些比较年长的人：有几位大学教授，几位医生，以及看起来十分机灵的商人。每个人都带上了毕生的积蓄。有时，几个人用自己的物资与当地农民交换火鸡或一些新鲜的鸡蛋。他们常常一起聚会用餐，餐点由他们中间专业的厨师来预备。一天晚上，他们邀请了集中营的指挥官、一名将军和其他德国军官参加他们的聚会。而军官们竟然出乎意料地接受他们的邀请。那天的聚餐盛况空前，德国人似乎也很享受和他们相处。很多德国士兵很羡慕他们要去瑞士了。

亚萨吉尔结识了一位在美因茨执业的普外科医生，他也是土耳其人。他们一起在周边的乡下走了一上午，穿梭在农田和田中牲畜间，医生总在寻找新鲜又便宜的食物。他们有军用口粮的优惠券，但军队很少

供应肉和奶酪。医生最后竟然用他的冬衣换了一只鹅！虽然春天快要来了，但是那时候天气依然很冷，然而医师可没觉得自己亏了。那农夫还附赠了一整条面包。虽然亚萨吉尔觉得医师的行为有些怪异，但似乎也不差，总比乞讨来得好。

下午他们遇到了一位农民，是名年轻人，他们用德语向他打招呼，但这位 20 多岁的青年用土耳其语回应他们。亚萨吉尔和医师对于能在这里见到同胞又惊又喜，随后他们热情地拥抱和亲吻脸颊。这位年轻农民说自己是亚美尼亚人。亚美尼亚人和土耳其人世代不和（附录 A），但他们此时已愿意忘却先人之间的争执。而且和亚萨吉尔在乌尔姆火车站遇到那一群希腊难民不同，这位青年一直是独身一人。亚萨吉尔和他一样，他们两个都是独自闯荡。对他们两个来说，他乡遇故知真的十分难能可贵。

亚美尼亚人、希腊人与土耳其人有着相似的文化背景，他们民族流传着相同的神话故事，也喜欢类似的食物和音乐，他们之间有很多共同的话题。那位农民一家人在 1920 年逃离土耳其，那时候他的父亲已经认识到，第一次世界大战后，盟军不可能承诺建立一个独立的亚美尼亚国家，他甚至感觉到只会有更多的麻烦接踵而来。这位农民在 1920 年时还只是个蹒跚学步的孩子，对安纳托利亚东部的冲突一无所知，只有从他父母口中的耳闻一些。这和亚萨吉尔一样。不仅如此，他们发现彼此还有更多类似的地方。农民一家人搬到了法国，定居在马赛，他的父亲在那里经营一家汽车修理店，在 1943 年被德国人俘虏，成为反抗军的一员。而年轻人离开了他的家人，想用自己的方式生活，他一路向北漂流，最终在拉文斯堡郊外的一个农场定居。后来农场的主人和他们一家都走了，留下这名青年独自管理农场。他邀请亚萨吉尔和医师共进午餐。

他们一直聊到下午，彼此交换了童年的经历和对未来的梦想。对亚萨吉尔来说，那真是一段美好的时光。当相互道别时，亚萨吉尔记下了他们家人在马赛的住址，相约在战争结束后要去法国拜访他。

他们回到营地很晚了，远远超出了宵禁的时间，还有那头鹅也是个问题，个头太大了，没地方藏。但是医师最后成功说服守卫让他们进

去。尽管医师能言善道，但亚萨吉尔觉得他可能还是靠贿赂成功的。

他们当中还有一名女性，是来自伊斯坦布尔的生化学家。一周之后她生病了，虽然是真是假并不清楚。不管如何，她被准许入住拉文斯堡的一家旅馆，不用住在拥挤的军营里，毕竟军营中德国人发生流行病是德国人最不愿意见到的。医师和她一同前往酒店，负责照料她。多年后，亚萨吉尔向来苏黎世的土耳其学生询问有关他在拉文斯堡遇到的那名生物化学家的情况，她回到伊斯坦布尔之后，重新开始职业生涯，在医学院任职教学工作，主要负责教导一年级的学生。

军营里许多人是工程师，大多来自法兰克福－美因茨地区，其中一些相当富有，随身携带大量现金。有天晚上大家在打牌赌博，五六十人围着一张桌子，房间里香烟烟雾弥漫。亚萨吉尔从没见过扑克牌游戏，他专心地注视着他们，桌子中央对着大量现金。有许多德国人也来凑一脚。几个军警加入赌局，另外的军官则兴致勃勃地在一旁观看，也许是想弄清楚游戏的排列组合和哪边的胜率大一些。亚萨吉尔目测台面上有几十万马克，不过对赌上自己家当这件事丝毫不感兴趣。当他离开耶拿时，施纳弗特夫妇给了他 100 马克，虽然积蓄增加了，不过他知道这些钱得坚持很长一段时间。赌局进行得很快，参与者好像都很熟悉怎么玩。他很惊讶几个同胞也参加了赌局，他们看起来也像是学生。他们真的要把好不容易在黑市倒卖香烟和咖啡的钱拿来赌博吗？他们赌钱的方式就好像那些钱不是钱一样。

其中一个土耳其人是个高级商贩，他是商务集团代表的首席，能言善道。当他们准备过境时，他坚持拒绝让德国官员打开他的行李检查。他不屈不挠、不断狡辩，没打算屈服于他们。其他人当下都替他感到不安，甚至有些担心他的安全，同时他的无理取闹还可能影响到同行的其他人。他们所有人在那里被耽搁了将近 1 小时。

最后德国官员懒得浪费口舌，才让那个人通过了。当他到了瑞士这边，海关人员打开他的行李时，竟然发现他将一整件防空武器拆解后携带在行李箱内！

4 月初，他们一共 150 人安全进入瑞士边境，被安排在苏黎世的酒店里，5～6 个人住在一间房间里。他们将在第二天前往领事馆，着手

办理一系列签证的繁文缛节。同样，顺序还是按照名字首字母的排序，要等几天才会轮到亚萨吉尔。

亚萨吉尔决定好好利用这几天等待的时间，他立即前往苏黎世大学的招生办公室，向学校说明他已经在耶拿学习了两个学期，并希望申请成为苏黎世大学医学院的二年级学生。起初教学秘书什么也没说，只是翻了翻亚萨吉尔给他的成绩单档案。当他看完亚萨吉尔的文件，扬起眉毛问亚萨吉尔："你真的在耶拿读书吗？不过那里正在打仗，你在那里能学到东西吗？"亚萨吉尔无言以对，他站起身来离开。他要怎么证明文件上没有的东西呢？不过秘书也看得出来，这是一个非常认真严肃的年轻人。他重新浏览递上来的简历，又让亚萨吉尔觉得被录取的希望大增。伏克曼和哈姆斯都写了推荐信，里面还有汉堡奖的奖状。总算，秘书又抬起头看着他："你的拉丁语什么水平？学过拉丁语和希腊语吗？"亚萨吉尔表明他在 Atatürk Lisesi 高中学习了 3 年的拉丁语，并解释了为什么没有学习希腊语。他倒没有强调在安卡拉时年年都是第一名，毕竟档案上写得很清楚了。

"对不起，我的朋友，"秘书最后说道，再次合上亚萨吉尔的档案，并还给了他："你没达到录取资格，还需要再学习两个学期的拉丁语，我们才有可能录取你。即使如此，你还是要重新开始，从医学院一年级开始学习。"

亚萨吉尔十分沮丧，但是他知道没有什么可以争辩的。"好吧，我知道了。"他简单回答道，转身离开。他从来不会示弱去争辩什么。

在看过地图决定目的地以后，他预定了去往 50 英里外巴塞尔的火车。他当时对那座城市并不了解。那是一座拥有十万以上人口的地方，并且后来他才知道，那里是 Hoffman LaRoche、Sandos、Geigy 和 Ciba 四大国际制药巨头的总部，并且是欧洲最古老的知识分子社区之一，同时还是人文主义者的聚集地。巴塞尔大学成立于 1459 年，早于伊拉斯谟（Erasmus）生活的时代，在艺术、神学、法律和医学方面都相当杰出，最近在组建一个科学院系以补足学科短板。巴塞尔还有非常著名的艺术博物馆。

第二天早上，亚萨吉尔来到了医学院院长尚拜恩（Schonbein）的

办公室，他是法医病理学教授。他的秘书看起来和蔼，但那天却面容严肃。“院长今天不在，”他告诉亚萨吉尔，“他的妻子两天前过世了，他正在参加追悼会，你今天是见不到他了。”

亚萨吉尔一时之间不知道如何应对。他该怎么办呢？他没有钱再买一次来回的车票。他忍不住询问秘书，院长下午会不会回来。

“他下午会回来，但是已经取消所有的会面了，你今天没法与他会面的。”她看了看亚萨吉尔，露出不敢置信的表情，她确信这个年轻的土耳其人应该能理解她老板的悲伤。

“能让我留在这里等他吗？”亚萨吉尔当然不想在这种时候去打扰院长，但他真的没有其他办法。最后秘书拗不过他，摊了摊手。她觉得亚萨吉尔的坚持只会让他自取其辱，不过她也不想再说什么了。

接近中午的时候，尚拜恩回来了。他穿着一身黑色的衣服，神色哀伤。亚萨吉尔等在办公室门口，秘书还没来得及向他介绍亚萨吉尔的来意。“先生您好，我是来自土耳其的学生，在德国待了一段时间。”

尚拜恩瞪大眼睛看着亚萨吉尔，似乎有些感兴趣：“你之前住在德国吗？在德国的哪里？”可能院长意识到与陌生人交谈可以稍微转移自己的注意力，毕竟对方可能不知道他内心的哀痛。与人交谈可以给自己的思绪一点喘息的空间，又或者只因为他是一个温和的绅士，不愿冒犯他人。

当亚萨吉尔告诉他自己已经在耶拿的席勒大学待了 6 个月时，尚拜恩似乎对他越来越感兴趣。他想知道耶拿那个地方怎么样，战争期间发生了什么，亚萨吉尔目睹了什么，以及他在那里学到什么。他也发现亚萨吉尔是一个诚恳务实的年轻人，对纳粹没有任何正面或是负面的倾向，对政治也不感兴趣。最后他的问题来到亚萨吉尔的简历上。“你的学科成绩都很不错，”他看了一会后说道，“看来我找不到拒绝让你在这里与其他人竞争的理由，前提是你得通过初试，考试定在下个月。不过你当时没有完成动物解剖的课程，那些课程挺重要的。”

亚萨吉尔解释当时在耶拿因为显微镜不够，只有德国学生才有资格使用显微镜。

尚拜恩听了以后，沉默了好长一段时间。显然院长很认真地在考虑亚萨吉尔入学的事，他内心的希望再次被点燃。目前的学期将在几周后结束，他也许能录取进入下一个学期就读。“好吧！”尚拜恩总算点头，“我看看我能做什么吧！我会想办法帮你的。”然后他便拿起电话。

院长打给解剖学教授阿道夫·波特曼（Adolph Portmann）[4]：“我办公室里现在坐着一名土耳其学生，他想在我们这里学习，他在耶拿读过一个学期，不过没参加动物实验，你能让他这学期在你的实验室学习吗？也许他能帮你做些事？”波特曼教授沉默许久才回应。

院长笑着挂了电话：“你应该亲自和波特曼教授谈谈，如果你准备好下个月的物理、化学、动物学考试，并且他能安排你在今年夏天补齐所有的实验，我们就收你进医学院二年级。”

亚萨吉尔立刻从座位上起来，心怦怦跳：“我准备好了！我一定会通过考试的！无论波特曼教授什么要求，我都会去执行！”

“不过你还是得去和他见个面，他现在就在等你了。快去吧！”

一个意想不到的惊喜正在等着他。1 小时后，当他在学校餐厅和波特曼教授见面时，亚萨吉尔才知道原来波特曼教授和伏克曼教授在多年前是挚友。波特曼问了他好多有关伏克曼教授的事，他过得好不好？身体健康吧？现在工作顺利吗？在耶拿的战事对他有没有什么影响？虽然亚萨吉尔对伏克曼的私事并不太了解，不过他提了伏克曼 3 个儿子在战争中丧生的惨剧。波特曼的表情转为悲恸。伏克曼的儿子还小的时候他就认识他们。慢慢地波特曼说起他和伏克曼之间的往事，波特曼在巴塞尔求学，并且在毕业取得学位后留校任职。然而他是一个公开的反犹太分子，这让其他教职员工感到不安，最终导致他离开了巴塞尔。随着希特勒在 1930 年掌权后，伏克曼对国家社会党的热爱接近痴狂。他的想法根深蒂固，身边的亲朋好友没有人能说服他改变那错误且不道德的观念。伏克曼打从心里认为犹太人是社会的病源。1941 年，鲁道夫·赫斯（Rudolph Hess；德意志帝国的副元首）向英国政府提出与德国人和俄罗斯人结盟的要求，希望借此迫使犹太人离开欧洲，遭到拒绝，伏克曼便公开批评英国人是多么愚蠢。伏克曼在巴塞尔没有找到志同道合的人，最终离开那里，加入德国成了纳粹分子。波特曼教授对老朋友后来

的经历非常感兴趣。

他们边喝茶边聊了快 2 小时，同时他们也谈及其他事情。波特曼主要研究物种进化，著述广泛，已经出版了超过 20 本书籍。他对达尔文和海克尔的工作充满热情，这也让亚萨吉尔倍感兴奋。这是他从小就接触的理论。波特曼也很想给他一次机会："如果你通过了 5 月份的考试，夏天的时候来就可以在我这里工作。"入学的事就这么尘埃落定了。

然而，签证处那里倒是没什么进展。幸运的是，一个老朋友来帮忙了。亚萨吉尔听说坎的父亲、土耳其教育部长哈桑·阿里·宇杰尔正在苏黎世执行公务，便去下榻酒店找到他，说明自身处境。部长自然很高兴地帮他和瑞士移民局联系，解决了所有相关的手续，同时也答应亚萨吉尔替他向在安卡拉的父亲问好。亚萨吉尔开始觉得自己的人生好像慢慢变得顺遂了。

注　释

① Solzhenitsyn: *The Gulag Archipelago, Vol Ⅰ*, 251–263.

② 亚萨吉尔对弗拉索夫的事迹很感兴趣。第一次世界大战结束时，俄罗斯将军弗拉索夫和阿塔图尔克之间存在一种扭曲的平行关系。两人都是军事英雄，受政治环境的影响，不得不考虑叛国的选择。两者都领导了革命行动。阿塔图尔克成功了（在辞去奥斯曼帝国委员会的职务从而对抗苏丹军队后）并成为新共和国的创始人，而弗拉索夫在第二次世界大战后受制于罗斯福，罗斯福在马耳他与斯大林达成协议将他遣返到俄罗斯，作为叛徒，他最终难逃绞刑。弗拉索夫和他的手下不得不在效忠斯大林还是希特勒之间做出选择，没有中间立场。

③ Clark: *Einstein: the Life and Times*, 23.

④ 阿道夫·波特曼（Adolph Portman，1897—1968），后来被认为是与巴塞尔大学有关的最伟大的十几个人之一，他的名字与帕拉塞尔苏斯、尼采、伯努利和卡尔·巴特一起列出（www.unibas.ch/index.cfm?5B5B41A8CE21586DE695748EFAE10E77）。

Sick Brains:Beginnings in Psychiatry

第 8 章　错乱的大脑：初涉精神病学

亚萨吉尔以优异的成绩通过考试，并于 6 月份开始在波特曼的实验室里工作，那时候是德国向盟军投降后的 1 个月。他工作的实验室位于莱茵河畔一座建造于 15 世纪的建筑中，是欧洲最古老的大学建筑。它正在被改造成专门用于动物学研究的实验室，虽然空间不算大，但做的都是最尖端、前沿的研究。

由于 Hoffman LaRoche 赞助波特曼研究药物对垂体分泌激素的影响，亚萨吉尔的第一个任务是要切除青蛙的部分垂体。为了抵御捕食者，青蛙具有随着环境改变肤色的能力。亚萨吉尔小时候曾听过爸爸和客人在家聊过这种特殊的适应能力，其他低等生命形式在某种程度上也具有这种特征，特别是鱼类和其他爬行动物。这种变化是由青蛙皮肤中黑色和黄色色素细胞的刺激引起的，这需要通过分泌中间蛋白介导，而中间蛋白是一种由垂体中间部细胞所分泌的激素。在人类中，与其他高等生物一样，不需要这种适应环境的能力，他们的垂体中间部的大小是基本相同的，大约占脑垂体大小的 2%。不过青蛙的垂体中间部体积明显要大出许多。波特曼的研究方案是在没有中间部分泌的情况下，注射各种药物并观察它们对青蛙皮肤颜色的影响。

青蛙的垂体大约豌豆大小，中间部是一个新月形的条带，厚约 1 毫米。亚萨吉尔通过其特有的质地和纤维方向辨认出这个结构。只有在标准光学显微镜的低倍镜下才能进行区分，即便这样也并不简单，因为中间部和前后部分的垂体颜色相近。在光学显微镜下进行手术与他在 20 年后开创的显微神经外科手术完全不同，但也许在潜意识里给了他一个想法，让他在以后可以加以探索。亚萨吉尔全身心地投入实验，研究如

何识别出这个微妙的区域，并按照波特曼的要求精确地损毁这个结构。几周下来，他已经非常熟练了。

1945 年的夏天，亚萨吉尔在实验室浏览了所有的解剖学收藏和展览品，并阅读了波特曼关于生物进化的刊物。这不仅满足了他的好奇心，也让他在写给父亲的信上增添了许多有趣的知识。

波特曼是一个温和的人，知识涉猎广泛，在当地是个颇有争议的人物。他还是一位关心大自然的生态学家，在莱茵河畔的动物研究所工作的同时，他担心河流中水生生物的生态处境。他知道由于河流上游有 Hoffman LaRoche、Sandos、Geigy 和 Ciba 等大型制药公司，河里的鱼可能由于污染而无法存活。他在当地报纸发表了几篇文章，并定期在电台发表有关河流污染的言论，也让他和制药巨头之间关系逐渐紧张，而他们又是为实验室提供研究经费的衣食父母。

亚萨吉尔趁晚上闲暇时，加入了当地一个哲学俱乐部，在那里结交了许多年轻朋友，其中一位往后在巴塞尔大学和苏黎世“职业技术高中”担任哲学教授，并在日后完成一部哲学著作《存在》（*Presence*），这是后来亚萨吉尔很感兴趣的一本书。这位哲学家的妻子也是位知名诗人。

俱乐部中提出的哲学概念总能发人深省，引发大家热烈的讨论。这个社团里很少有人是生物或医学专业的，大多数人对于他们当中有位医学生感到惊讶，尤其是亚萨吉尔竟然对哲学如此感兴趣。其中一位成员是该医学院神经病学和精神病学系格奥尔基（Georgi）教授的女儿，刚好她的男朋友也是医学生，自然地被同样在医学院的亚萨吉尔所吸引。一天晚上他们在喝咖啡时，那名女孩向大家描述了她父亲对于精神疾病发病机制的假设。格奥尔基教授认为精神疾病应该是建立在生理基础上，而不单纯是心理失调所导致的。这套理论在亚萨吉尔的脑海中挥之不去，也进而影响了他的职业生涯。

巴塞尔大学医学院的课程分为两部分：3 年基础科学和 3 年临床实践。临床课程是教学查房的形式，有时 200 个人甚至更多的学生在报告厅里，许多人是站着聆听内科、病理学和其他专业的讲座。每天早上有 5 个科目，下午还有其他的。课堂上除了提供详细的病史，还有坐着轮椅的患者来到课堂，以及他们的 X 线片和实验室化验结果等。

亚萨吉尔以高分进入医学院，反而让他不太容易找到愿意指导他的导师。然而毕业必须要有个研究题目及相关的论文，由于医学院通常在第一年的期末考试之前将学生安排给各个教授，而亚萨吉尔直接从二年级开始就读，也让他在寻找导师这件事上出现比较大的困难。

受到他以前在瑙姆堡手术室工作经验的影响，他决定要往外科发展。然而当时不仅外科学教授已经有各自要指导的学生，内科教授也都有自己要监督的研究项目。

好在当亚萨吉尔去拜访了格奥尔基教授后，教授给了他一个解决方案。亚萨吉尔十分崇拜他对精神疾病发病机制的研究观点，并且选择了其中一个项目作为自己的研究课题。

格奥尔基提出的观点认为，精神性酗酒患者戒酒几天后出现急性谵妄性震颤的症状，是通过肝脏介导的。他建议亚萨吉尔回顾过去 50 年来在巴塞尔接受治疗的酗酒患者的病历，分析他们是否有肝病的病史。他希望透过记录患者当时血清胆红素和尿胆原水平及变化趋势，这两项是 20 世纪 40 年代评估肝功能的主要指标，这将确认患者是否有潜在肝病的存在，进而帮助他们解释谵妄性震颤的发病基础。

但是亚萨吉尔发现有胆红素和尿胆素原化验记录的数据不多，尤其是比较早期的病历更少，这显然不是能有效评估每日肝功能的方法。此外，大多数住院的酗酒患者都处于疾病的终末期，很多在住院后没多久就过世了，而死后也没有进行系统的病理解剖。虽然他对没有办法搜集到可靠的化验数据感到有些慌张，但也只能继续完成他的学位论文，不过由于缺乏主要数据，他觉得这篇文章的可信度将大打折扣。

为了尽可能地了解精神方面的疾病，他选择在南部 50 英里的伯尔尼（Bern）附近的 Müsingen 精神病院度过周末。日后他也提出了一个更被主流医学界所接受的精神病学观点。

Müsingen 医院拥有 1200 张床位，是世界上最大的精神病医院（几年后，他们将院内庞大的设施及设备完全翻新和现代化），医院院长马克斯·缪勒（Max Müller）是欧洲精神病学领域的权威，他的多卷教科书涵盖了精神病学的各个方面，并被欧洲精神病学家奉为圣经。缪勒对心理疾病的解读和格奥尔基不同，尤其对于疾病的生理表现有另一套见

解。缪勒和大多数20世纪40—50年代的精神科医师一样，在学术上奉行弗洛伊德的理念，他们认为心理疾病纯粹源于身心内部冲突所导致的心理错乱。

亚萨吉尔也觉得缪勒先生是位十分杰出的教授，1947年第一次到访Müsingen医院之后的一年，他只要一有机会（如假期或是周末），都会到那里去学习。与许多瑞士人不同，缪勒很欢迎外国人（甚至是德国人），还有其他的专业人士和学生，亚萨吉尔很欣赏他这点。

巴塞尔大学的其他教授也启发了他许多。他虽然在耶拿对系统解剖已经有深厚的知识背景，但是基本没有学过神经解剖学。在巴塞尔，尤根·路德维格（Eugen Ludwig）教授和沃尔夫·海德格尔（Wolf Heidegger）教授是世界级的神经解剖学权威。海德格尔教授曾经出版极为精良的解剖图谱，路德维格教授则出版了一本全世界最好的大脑解剖学的教科书。

路德维格教授也认识到亚萨吉尔对解剖学了解得很深入，同时也很渴望学习神经解剖学。路德维格先生是个正直、热情的人，一心为学生着想，尤其表现在下述事件上。有天早上他来上课，进入讲厅时表现得异常安静，在教室里来回踱步，和他平常的样子不太一样。

“今天早上，我们家经历了一场巨大的悲剧，”他终于开口说话，声音有些颤抖，“我的女儿昨天晚上自杀了。”他说完后停顿片刻，教室里的同学们窃窃私语。当他再度开口说话时，情绪有些激动：“我今天其实一度不想来上课了，但是想想其实你们也就像我的孩子一般，你们今天也都来了，你们对我很重要，我也不能让你们失望。”

亚萨吉尔听到了这番话既惊讶又感动。教授认为教导学生对他来说，不仅是工作，而是他的责任。他是真的全心投入在学生的教学上，而那天上午，似乎路德维格更加需要课堂上同学们的陪伴。那天发生的事，让亚萨吉尔更深入地思考了师生之间特殊的牵绊，他觉得其他同学应该也有体会。

路德维格知道亚萨吉尔对神经病学，甚至神经外科特别感兴趣，于是把他介绍给约瑟夫·克林格（Josef Klinger），在他的实验室接受额外的指导。克林格是一位解剖实验的专家，他对大脑白质解剖特别感兴

趣，特别是视放射。那时候他正在进行解剖标本的拍摄，准备作为路德维格正在撰写的《人类大脑解剖图谱》（*Atlas Cerebri Humani*）当中的插图。这本书后来还被翻译成 4 种语言出版。

20 年前，克林格曾与维也纳著名的解剖学研究所主任爱德华·彭科夫（Eduard Pernkopf）共事。彭科夫所著的多册人体解剖学图谱广受全世界医学生的喜爱。彭科夫曾经委托克林格及 R·埃曼（R. Ehman）两位解剖学家帮他构建大脑核心结构——纹状体、间脑、边缘叶及中脑的三维解剖模型。他们拍摄了海马、杏仁核和其他基底节核团的冠状位照片，并投放到屏幕上，让他们能临摹出各个部位的细微结构，然后他们从不同的空间视角（水平位和矢状位）进行重复拍摄、制作。最后他们将临摹出来的标本转移到铜板上，做出极其细微的结构，有些甚至在显微镜下才能看清楚细节。他们从这些铜板上构建了 20 个可相互组装的三维零件，既可以单独观看，也可以组装成一个整体。

他们最后制作了 2 个模型，一个保留在维也纳，另一个则让克林格带到巴塞尔解剖研究所。亚萨吉尔在花了无数小时研究克林格的模型，分析、研究它所描绘的解剖关系，并深深地记在脑子里。

这也让亚萨吉尔体会到，一个精美的模型能帮助他更好理解复杂且细致的神经解剖。于是不久后，他也开始自己制作模型，其中一个是临摹脑干的结构。师从克林格的技术，他放大了从神经解剖学教科书上制作的 13 个轴向的照片，然后将它们安装在胶合板上，给它们上色，最后将它们组装在一个木制底座上。他用彩色的线条模拟脑干的初级传导束，然后用各种颜色的黏土装饰出脑干的核团。10 年过去后，他用不同形状和各种颜色的线条作为材料，重建了包括整个大脑动、静脉及静脉窦的模型。这个模型是在他的空闲时间完成的，大多是在周末，但是制作的过程可不轻松，谈不上是娱乐或消遣①。

克林格身强体壮，走路的时候抬头挺胸，头发稀疏，脸上留着黑色的小胡子。同时他穿着讲究、一丝不苟。他和实验室其他教授不同，喜欢戴着单眼镜片。透过他的单眼镜片观察各类解剖的标本，似乎是他在工作中一种华丽的仪式。克林格对学生的要求比较刻板，但是大家都知道他是个友好和善的人。路德维格的个人风格和克林格完全不一样，他

看起来总是无忧无虑，骨子里散发出幽默和有趣的气息。

亚萨吉尔比较喜欢克林格的风格，视他为自己的榜样。他后来发现克林格没有博士学位，这令他十分惊讶。克林格对此开玩笑说，是因为他还在念研究生的时候花太多时间在参加派对，他形容那时候倾心于“音乐、美酒和女人”[②]。

克林格当时自己研发出一种固定脑组织的方法，用来作为研究前的准备工作。用福尔马林固定过的脑组织，可以保留当时的组织形态，再用不同尺寸的薄木铲逐层解剖白质传导束[③]。在这解剖的过程中，每个学生都能看到每个传导束的三维结构和它复杂的走向，这对亚萨吉尔后来的职业生涯帮助深远。

在克林格的指导下，亚萨吉尔逐步完成对丘脑、下丘脑以及颞叶深部核团结构的解剖，了解它们之间的纤维传导以及分析它们是如何相互构成连接的。他将最喜欢的神经解剖标本保存在福尔马林和浓缩糖溶液中，并在办公室里保留了许多年。然而后来他到美国工作，办公室重新改造时不小心遗失了这些珍贵的标本，对此深感沮丧。

研究大脑核心区域的复杂解剖结构是他毕生爱好。20 世纪 40 年代对于大脑核团的功能及生理意义主要是根据理论推测的，对于外科手术的应用价值不大。然而，后来这些区域成为他开创立体定向手术技术以治疗运动障碍性疾病如帕金森病的关键靶点，同时癫痫的显微手术治疗也和这些核团相关。

当亚萨吉尔指出他在巴塞尔医院里收集的病例不足以确定酗酒、急性精神病和肝脏功能异常之间的关系时，格奥尔基建议他可以考虑去 Müsingen 精神病院研究更多相关的病例。所以当亚萨吉尔告诉他，自己已经去过那家医院很多次，同时也熟知了缪勒教授的理论及治疗方法时，格奥尔基十分惊讶。而后缪勒教授对于亚萨吉尔之前在巴塞尔的研究也十分感兴趣，非常乐意他在 Müsingen 继续钻研。

亚萨吉尔也发现那里的医疗文书记录比巴塞尔更加完整，尤其记录了更加复杂细致的化验数据。他对这项研究的热情重新被唤起。最终他发现，酗酒者死于肺炎的比例可能远高于肝脏疾病。很多人是在监狱里去世的。他们因醉酒、违反公共安全而被捕，也因此所能接受到的

护理照顾参差不齐。他们被关在小隔间里，各种营养不良、免疫力下降等情况基本被忽视了。监狱里常常风大且寒冷，导致他们患上呼吸系统疾病，在某些情况下，醉酒的人因呕吐物导致误吸到肺部而导致迅速死亡。

瑞士政府认识到酒精成瘾对社会经济的影响，认为这是一个严重的社会问题，需要尽快解决。于是他们制定了一项政策，规范化治疗在Müsingen 医院里的酗酒者，并为他们提供心理帮助和其他需要的药物治疗。意识到政府也对此感兴趣后，亚萨吉尔准备了一份有关瑞士酗酒人口的报告，在 500 万人口中大约有 6 万人有酗酒方面的困扰。虽然这份报告没有得到什么惊天动地的回响，但却犀利地指出酗酒所导致的社会问题，并且总结了疾病现状以及未来可行的治疗思路。这是亚萨吉尔的医学院论文，也是他发表的第一篇文章④。

1950 年 3 月 15 日，他的医学院学位论文评审通过，在顺利通过考试后，他到 Müsingen 精神病医院工作。在他毕业的时候，医院的内科外科没有职位空缺，不过他并不感到沮丧和慌张。他仍然保有从事外科事业的愿景，但是当下对精神病学的兴趣非常浓厚。他决定继续在医学院时的研究。距离上次为格奥尔基教授工作已经好一段时间了（他在 14 个月内与他相见不超过 5 次），在缪勒教授的批准下，他扩大了之前研究的人群，包括研究精神病患者的肝功能。当时最可靠的肝病标志物似乎是尿液中存在某些氨基酸的降解产物。他对精神及心理分析完全不感兴趣，他无法想象自己靠“言语治疗”来看病，但是对心理疾病和身体代谢的联系十分好奇。

他在医院里对 40 名患者设计了一套治疗方案，在他们饮用含酒精饮料时给予会诱发呕吐的药物，并观察记录后续的反应。结果发现，40% 的人最后停止饮酒，40% 的人饮酒量减少了，其余的则保持和以前一样的饮酒习惯。这个方法虽然可能帮助了一部分患者，但其总体疗效远不能令亚萨吉尔满意，同时他也无法解释收集到的患者的尿液代谢物数据。他认为酗酒还有许多未知的谜团待解开。

也许亚萨吉尔进入精神科专业是因为当时没有外科空缺，只能退而求其次，而实际上他对精神病学的兴趣，可以追溯到 6—7 岁时一些十

分不愉快的经历。

儿时他家附近的公共区域是他和年轻友人的聚会场所。农民们每周四来贩卖农产品，周末还有丰富多彩的民间舞蹈、游戏和体育比赛。附近的军事学校举行了军事编队和游行，场地对面是音乐学院和“中士”军官学校。离那里大约200米外，一座高高的小山上矗立着一座监狱。周围都能看到这座监狱，对年轻人来说特别震撼。他的父母、阿姨、叔叔和祖父母都曾不断提醒他，这是一个危险的地方，那里关押着社会最恶劣的分子，其中包括小偷和杀人犯。

那里定期会有公开的处决。小时候亚萨吉尔一点都不想知道绞刑是怎么回事，但是禁不住那时候同龄人的好奇心，不情愿地被他们带到现场。即使大多数的家长都不赞同，他们依然觉得亲眼见证行刑，是由青少年转变为成年人的一种仪式。

年轻的亚萨吉尔望着那残忍的景象，被处刑的人时常试图反抗或者挣脱绞刑的绳索，不过他们最终都死了，面目狰狞地死了。即使许多年过去了，他依然可以想象到这些人是过着怎样非人的生活，尤其是在人生的最后历尽折磨。

他曾思考是什么原因，让这些人成了罪犯，游走法律之外。他们的罪行肯定不只是因为有伤害别人的倾向吧？或者他们真的有这种意图吗？这些罪犯在生理上好像和一般人无异，亚萨吉尔觉得会不会是他们大脑里某方面功能失调了。别人告诉他，处决罪犯是一种惩罚方式，也是一种保护社会的手段，但他觉得也许夺走一个人的生命，并不是正确的解决方案，他相信这一类人可能需要帮助。不过很少人赞同他的观点，尤其对于那些犯下滔天大罪的罪犯，他的想法更不能被认同。他的一些朋友似乎很喜欢这种形式的处决，认为这是一种救赎大众、净化社会的方法。亚萨吉尔对这种想法显然不能苟同。他甚至开始质疑处决以及监禁犯人是否合理。这些被冠上罪名的人当中，是否有人是无辜的？他们的反社会行为是否表明他们其实是有精神方面的疾病，而应该以同情的态度去对待他们？

相较于土耳其，瑞士的司法系统显然更符合亚萨吉尔的价值观。至少所谓的反社会人士有能提出异议的权利，在接受精神疾病相关的评估

以前，不能随便监禁违反法律的人，不管什么罪行，无论是偷窃还是谋杀，无一例外。在被证明神智正常之前，任何人都不能被定罪。作为公立机构，这也是 Müsingen 精神病院主要的工作之一。在那里工作后不久，亚萨吉尔发现自己需要评估数十名被指控犯罪的人，医院的 1200 张病床中，有近 200 张是为了这项工作预留的。

他的职责是收集被逮捕人的信息，并记录被告在被捕时的基本情况，然后一名初级住院医师开始正式的精神病学评估。最后，判断被告究竟是接受治疗还是移交当局审判的责任，就交给总住院医师来决定。

总住院医师是当地一名著名法官的儿子，亚萨吉尔总觉得比起一名医师，他更像是法官，工作起来迅速、不假思索。他似乎将全人类分为两类——有罪和无罪的，并且认为自己完全有能力区别两者。通常他只需要看一眼，或者问个简单的问题。他当然不可能承认，不管是他，还是其他任何一个人，其实都没有做出这样判断的能力。30 多岁的他，在这项工作任职不到 10 年，根本不具备胜任如此艰巨任务的经验。法律需要他做出专业的判断，而社会也依赖于他不能遗漏任何一个危险的罪犯。更进一步来说，如果他不能胜任，谁能做得更好？

一方面，亚萨吉尔知道总住院医师不可能负担得了这项任务，一些明显的病例很容易被诊断出来，例如明显的精神分裂症和其他典型精神病，但大多数情况更为复杂。他的直觉认为有些精神疾病无法准确分类，但也许有一种方法，一种尚未被开发的方法。这种可能性促使他继续深入探究。

随着经验的累积，他也开始负责治疗精神病患者。他对精神病患者（精神分裂症和严重抑郁症）的治疗主要包括电击疗法和胰岛素休克的治疗前诱导方案，每天早上缪勒都会交给他一份患者名单，其中包含说明注射胰岛素的剂量，或者电击的强度和持续时间。亚萨吉尔执行缪勒教授的医嘱，并观察治疗效果。例如，对于胰岛素休克患者，每天早上会在不同的时间段内诱发昏迷。静脉注射不同剂量的胰岛素来诱发不同程度的低血糖，适当的间隔后再次给药，从一天 5 分钟，到一天 10 分钟，依此类推，最多 30 分钟。同时给予输注葡萄糖进行复苏。所有这一切都是在一个由 3 间房间组成的治疗室里完成的，有 1 个大房间和相

邻的 2 个小房间。他同时管理 20～30 名患者，每个患者会处在不同的治疗阶段。同时有 5～6 名护士协助他。亚萨吉尔收集患者的尿液标本，每天下午在实验室对标本进行成分分析，观察是否有氨基酸副产物。

起初，尿氨基酸代谢物含量似乎可以预测精神病的严重程度，但长期比对后，发现没有明确的相关性。他对对照组进行测试后也得出了这个结论。

他同时还检测了一些精神病患者的样本，这些人大多数是医院中的罪犯，不能在社会中生活，但也不适合被刑事监禁，这些人通常郁郁寡欢，拒绝与医务人员交谈。亚萨吉尔发现他们的尿液检测结果，比精神症状急性发作的患者更加不正常。精神患者的共通之处在于，他们在疾病初期大多拒绝进食。他认识到尿液分解产物不是反映肝功能的水平，而是体现营养状况的指标，因为营养不良的人存在机体蛋白质过度分解。酗酒者、患有心理疾病和精神病患者的死因，多与过度饥饿有关。显而易见，当下需要比肝功能更灵敏的检测指标。必须有一种检测方法来区分这三类患者。他开始系统地检查患者的血糖、血清电解质、白细胞计数、红细胞计数和血红蛋白水平等，几乎分析了实验室所有可以检测的指标。

经过数月的研究后，他发现实验室数据无法支持格奥尔基教授的假设。亚萨吉尔日复一日地搜集接受过电击治疗和胰岛素诱导昏迷的患者的血液和尿液样本，但他无法从结果中得出有意义的临床结论。此外这些精神病患者的数值基线，与那些罪犯的没有什么不同。

格奥尔基教授基本对亚萨吉尔的研究结果视而不见，他依然坚持认为肝功能异常是精神病和酒精性谵妄的主要病因。这些阴性的结果丝毫不影响他的看法，并且他将理论延伸到多发性硬化症的病理生理学，同时获得了瑞士政府的巨额资助以进行相关研究。亚萨吉尔也觉得这是一个有趣的课题，但格奥尔基无意将他纳入多发性硬化的研究课题组里。

根据亚萨吉尔在 Müsingen 的研究经历。他最后撰写了 3 篇论文，其中 2 篇是在医学院毕业后完成的[⑤⑥]，而剩下 1 篇文章由于未能得到有说服力的结论而没有发表。他最后把自己实验发现的结果用打字机打印成一本约 100 页的小册子，并且展示给伯尔尼的大学生理学家和生物

化学家看，但是大家也得不出什么结论。

不过多年后的一件事会让他明白，在 Müsingen 的工作并没有白费。缪勒教授的胰岛素昏迷方案，让亚萨吉尔在患者昏迷发作后按时间静脉输注葡萄糖，让他们在不同的时间段内恢复意识，为此，他设计出一个输液用的三通阀。虽然他没有见过一个因胰岛素昏迷治疗而死亡的病例，但是他知道若是复苏不及时，患者很可能死亡。

有时，留置导管的静脉条件不好导致液体外渗，需要他再打一针重新置管，当患者处于休克状态时，快速开放静脉通路十分困难，因为这时候患者通常血管极度收缩，并且不断冒冷汗，在湿冷的皮肤上进行静脉穿刺置管很容易失败。有些时候唯一能做的静脉只剩脖子上的颈静脉，甚至有时候也没办法立刻找到颈静脉。极端情况下，只能靠颈内动脉的搏动寻找血管，有一两次实在没办法了，他只能靠这种办法穿刺置管，而他竟然成功了。胰岛素诱发的休克在葡萄糖进入血液后能得到迅速的改善。他记得颈动脉的体表定位及如何进行穿刺。几年后，当他在苏黎世开始开展颈动脉造影时，这项技能便能派上用场。

此外，他在 Müsingen 的经历，也让自己变得更富有同情心。与精神病患者工作让他更加严肃地看待大脑的奥秘以及大脑的功能障碍。任何人都可能受到精神疾病的困扰，他的一个 50 多岁的患者，是一位古典文学学者，曾是海德堡大学的教授，他可以逐字背诵希腊神话中的长篇文章。亚萨吉尔敬佩他的学识渊博，也很想和他学习这方面的知识。他们曾经有过许多长时间的交谈。有时，教授在他所描述的神话中感知到自己仿佛活在故事里，不是观察者而是参与者——国王、战士，有时甚至是其中的动物。看到这位博学的绅士陷入自我的幻觉中，让亚萨吉尔感到害怕。当他思绪正常时，他的知识领域涉及方方面面，而当他发病时的变化真的令人不敢相信。

其他的患者被抑郁症所导致的重度忧郁症状所困扰，他们甚至无法表达是什么让他们如此痛苦。然而在接受电击治疗之后，突然之间，他们变得又能谈笑风生，乐于交流。亚萨吉尔知道这些人本来是能思考、能对社会有所贡献的，只是不幸被疾病剥夺自理能力。例如，一位患者曾是一名美丽的女演员，在整个欧洲都享有盛誉；另一位是一名才华洋

溢的艺术系学生，还曾经为格奥尔基教授画了一副肖像画。那幅画的画风写实、笔触细腻、惟妙惟肖。但是，随着病情的发展，这个年轻人的画作风格不再，失去了从前现实主义的外表，它们变得扭曲甚至丑陋，好像有些在模仿毕加索的画作。这位艺术家的病程在他的画作上体现，这也让亚萨吉尔不禁思考大脑功能如何影响一位年轻人。

他也看到了精神病是如何毁了一个人的生活。精神病患者是无辜的，但为了努力重新回到社会，他们反复来往于医院接受实验性治疗。最终疾病对他们身体的影响变得再也无法弥补。他们仿佛枯竭了一般，变得不吃不喝，免疫力衰竭，最后死亡。

他觉得自己的经历和一些患者很像。他觉得精神疾病并不是源于童年发展过程中的心理障碍，或是生活压力所致，精神疾病患者的生活经历其实和正常人并没有太大差别，一定是有生化方面、遗传学方面的病因或是其他原因导致疾病。这个假设激发了他的研究热情，他也仍受挫于对没有办法找到足够证据证明格奥尔基教授的理论。

亚萨吉尔对患者的认同感也让他在 1948 年时有了一次怪异的经历。格奥尔基的一位助教建议亚萨吉尔成为志愿者参加一项研究墨斯卡林（mescaline；成分为三甲氧苯乙胺）疗效的临床项目。这让他亲自体会到生物化学能如何操控他的大脑。格奥尔基的女儿和她的男朋友也参与了类似的实验，并向他保证这种实验没什么风险。

他并没有被注射墨斯卡林，而是接受了低剂量麦角酸二乙酰胺。几小时下来，亚萨吉尔并没有什么感觉。3 小时后，他仍然感觉良好，没有出现幻觉，但他开始发觉得眼前的画面开始有些模糊，原本笔直的水平线变得扭曲和波浪状。然后周围的空间关系发生了变化，线条不再是水平的，变得交替收敛和发散。突然间，他发现自己的手似乎变大了，他的拇指肿胀而怪异，然后他觉得自己的腿变得更长了，与他的躯干和上肢不成比例。但是他的思维依然清晰，药物只对他的感知能力造成影响。他知道他的手脚还是正常的，但所感受到的依然让他觉得不舒服。

那天下午晚些时候，他感觉到一种奇怪的欣快感，一种与周围环境融为一体的感觉。房间里的椅子和桌子仿佛有了生命一样，它们变成他身体的一部分。他看着窗外地面上的树木，觉得自己是那棵树的一部

分。他就是那棵树！当一个园丁开始修剪树枝时，他竟然惊恐地喊道：“快阻止他！他要砍下我的手！”

他的朋友们总算发现亚萨吉尔不太对劲，他们开始频繁观察他的情况，不断问他问题，评估他的变化。

那天晚上，亚萨吉尔和许多人一起共进晚餐，包括乔治·斯普林格（George Springer，德国出版商的儿子）和施罗德（Schroeder，后来将在斯图加特教授内科学），以及一些并不相识的人，其中一位在战时曾是德国空军的飞行员。亚萨吉尔其实曾考虑不去赴宴，因为他依然感觉不太舒服。他开始难以判断自己在一个空间里如何活动，如双脚应该放在哪里，如何让自己坐在椅子上，如何以适当的顺序完成必要的动作。他感觉到自己运动的速度都有所影响。虽然明白自己的行走和手部动作其实都是正常的速度在活动，但感觉到的速度却比实际快得多。他觉得本体感觉功能已经完全错乱了，只好一言不发坐在那里，周围的人也没觉得他有什么异常。实际上大家也忽略了他的存在。

那名战斗机飞行员正在讲述空战的战术，当面对空中混战时，最重要的是永远不要让敌机低于自己的机身。“如果敌机飞到你的下方，你基本就是瓮中鳖了！”他说道，而且好像重复了好多遍。忽然间亚萨吉尔仿佛在餐厅的天花板上看到整个战争的场景。他自己坐在一架战斗机里，有一架敌机正向他下方斜向飞来，服务员移动玻璃杯和盘子时发出刺耳的咔嗒声，仿佛战机上的武器开火的声音，尽管他对所感知的一切感到害怕，他还是默不作声，他知道这一切都是幻觉！

到晚上 11 点钟左右，他忽然觉得头痛欲裂，只能先行离开，那时候他的思绪依然清晰，头脑还能思考，他很庆幸那天顺利回到家里。那一次难忘的经历，让他深刻体会到什么是精神异常。他更加确信精神病如同肾病和心脏病，是大脑内生化调节紊乱所导致的，社会因素可能影响人的精神层面，但精神异常不是因为社交活动而产生的疾病。亚萨吉尔对此深信不疑。

格奥尔基的团队鼓励他再做其他的实验去证明他的理论。他曾服用了非常低剂量的药物，过程中他也没有失去对现实的掌控，不过那种经验一次就够了。虽然他没有失去思维逻辑能力，不过他不能接受自己

的感知不受控制。这次经历也让他日后对饮酒有所克制，即使有社交需求，他也从没有喝醉过，他知道自己不愿意再体验一次那种感觉。他的自尊心不允许自己变得那样不受控制，像他看到其他人喝醉后愚蠢滑稽的模样。

那一次经验引发了他多年的思考，激发了他对大脑功能的各种猜想："思维"（mind）的基础是大脑的感知能力、记忆和意志三者处在微妙的平衡上；各种想法是如何储存在大脑里的？然后又是如何调整并转变为人们主动的行为？而当一个人的大脑功能异常时，这些想法变得不再可靠，甚至十分混乱。这一切究竟是怎么发生的？它们的发生机制又是什么？究竟是由什么因素来介导的？他无法忘记自己当时失去对时间和空间感知的记忆，让他感觉自己仿佛脱离形骸，不过是环境中的一介尘埃，但他没有失去理性思考的能力。是否人类的思维中也有分层，感知和理性思维处在各自不同的区域？那它们是如何运作的？他努力用哲学术语来解释，可能需要一种新的"意识"的概念，即"存在"（being）本身。

他仔细记下来这次麦角酸二乙酰胺的用药经过，准备有更深刻的研究后再做汇报。但是 20 世纪 60 年代初发生在美国的新闻打消了他的念头，他们报道加利福尼亚的年轻人为了娱乐而服用这些精神性药物。药物滥用显然会对社会产生严重的负面影响，甚至毒害整个国家。他的这次研究计划显然无法实现了。

他在 Müsingen 进行的一些工作让他感到有些不人道，尤其是缪勒让他进行的一系列电流麻醉实验。清醒的患者被给予低剂量的电刺激，促使他们进入睡眠状态，亚萨吉尔觉得这其实用处不大。有时候会造成受试者的大脑功能受损，以至于他似乎拒绝合作，甚至拒绝交谈。他们呈现出一种神游般的状态，但其实没有睡着，试验过后他们说自己并没有从睡梦中醒来。当亚萨吉尔表示怀疑时，缪勒让他亲身尝试后再做出质疑，说不定他就会改变自己的想法，但亚萨吉尔拒绝再次亲自接受实验。

他也拒绝了其他建议。缪勒还鼓励他接受精神评估，这也是系里对每个人的要求。缪勒自己也完成了评估。当亚萨吉尔拒绝时，缪勒仍不罢休："你不能拒绝，这是你在这里必须做的。"

但是亚萨吉尔很坚持。"很抱歉，但我不能接受人家来对我进行精

神评估，”他继续说道，“我能对自己进行心理评估，就像弗洛伊德那样。”据说弗洛伊德帮数千人进行精神评估，但他本人从未接受过类似的检测。亚萨吉尔也是如此。

但是缪勒不接受他的辩驳，其他人也不能赞同。“亚萨吉尔不是弗洛伊德！”其中一名年轻的同事打趣道。

好在缪勒一位年长的同事韦斯（Weiss）博士前来解围：“谁知道呢？也许亚萨吉尔将来会对精神病学做出杰出的贡献，也许他以后会成为下一个西格蒙德・弗洛伊德！”

在座的人哄堂大笑，但是亚萨吉尔这次的不配合让缪勒很不悦。

亚萨吉尔在精神病学方面仍有许多未完成的工作。他希望继续正在研究的项目，但事与愿违。缪勒教授明白亚萨吉尔其实对传统的精神病学不感兴趣，但仍希望能说服他留在 Müsingen 继续研究有关精神疾病生化方面的课题。但亚萨吉尔认为要想真正精通一门科学学科，需要付出大量额外的时间，最少需要 6 年，这对他来说太久了。他为瑞士保险公司做体检赚了一小笔钱，大约每月能进账 100 美元，但自从开始念医学院后，他就没有任何收入。他在 Müsingen 工作虽然有免费的食宿和洗衣服务，但没有固定的报酬。

此外经过在那里为期 14 个月的工作，他觉得自己的研究已经走到了死胡同，也许他的才能适合别的学科。精神病学需要革命性的发展，除非有人将它提升到更为科学的高度，不然他觉得即使终其一生，很难再取得什么研究进展。他决定不能浪费时间在这上面，也不认为自己的能力适合单纯的科学研究。他虽然吃苦耐劳，但是数学能力很弱，尤其达不到理论物理学的标准，而这正是科学家需要具备的能力。他没有像兄弟们从母亲那里遗传数学天赋，他们能很自然地掌握数论，并且在头脑中进行复杂的计算，甚至用数学术语描述自然现象。他也无法想象自己会是精神病学的改革者，当然也不会成为主流的精神病学家。他也很排斥那些精神分析的手段。

以前在瑙姆堡做护士助理的时候，他与内科和外科患者的相处都感到很自在，他希望能再次回到那种工作环境中，他尤其怀念在瑙姆堡医院手术室里工作的经历，那段时光也让他想在未来从事外科医师。在

弗里德里希席勒大学时，他最擅长的便是解剖学，这正是外科手术的基础。

他的第一个想法便是回到耶拿，他喜欢这座城市及其周边环境，也很喜欢那里的德国人。但在战后，耶拿成为东德的一部分，受俄罗斯管辖，前往那里显然不太明智。

1951 年，因特拉肯的医院有个临床医师的职位空缺。他被邀请在内科学习 1 年，然后第二年去普外科学习。虽然没有薪水，但他早学会如何勉强度日。

在 Müsingen 时，他遇到了一位非常特别的年轻女士，多莉·阿诺德（Dorly Arnold）。她漂亮、聪慧，也渴望能有个家庭，符合亚萨吉尔对理想女性的所有幻想。多莉是医院的一名社工，虽然他们没什么时间谈恋爱，但彼此都感觉对方就是命中注定的那一位。然而，结婚、生子、组建家庭，一切好像遥不可及。时间稀少，要做、要学的却很多。同时，亚萨吉尔的经济状况也堪忧，直到 1956 年以前都是无薪工作。

此外还有个问题，他收到了安卡拉政府的一封信，通知他回土耳其完成兵役。普通公民的兵役是 6 个月，但对于与外国人结婚的土耳其裔人士，服役时间则增为 6 倍。这对他们的结婚计划是个很大的阻碍。

亚萨吉尔准备前往因特拉肯时，多莉正在另一家精神病院工作，但是分隔两地对他们来说都十分不妥，最终他们一同前往因特拉肯。

注 释

① Yasargil: *J Neurosurg*, 2004(101), 725–738.

② 多年后，亚萨吉尔已经取得了自己的学术地位并享有盛誉，也将看到 Klinger 被授予荣誉博士学位。

③ Ture, et al: *Neurosurg*, 2000(47), 417–427.

④ Yasargil: Dissertation, 1950.

⑤ Yasargil: In: *Beihefte zur Alkoholfrage in der Schweiz*, 1952.

⑥ Yasargil: *Schweiz Arch Neurol Neurochir Psychiatr*, 1952.

Residencies in Internal Medicine and General Surgery

第 9 章　住院医师生涯：内科与外科培训

回望 1944 年春天，德国 Leuna 和 Krumpa 的合成石油工厂遭到盟军轰炸的场景历历在目，亚萨吉尔曾面临的生命威胁仍不能抹灭。他想过回到维也纳，而奔赴瑞士则是另一个选择。那里没有战争，也没有德国警察，医学发展有着悠久的历史。他当时面对的处境十分艰难，为了能有饭吃、有地方住，必须常常打零工赚钱。取得医学学位一直是他的目标，为此他甚至联系了瑞士几家医院应征护士的工作，让他以助理护士的身份在因特拉肯医院的内科工作。后来他获得了前往巴塞尔大学就读的机会，7 年的时间取得医学学位，并且在 Müsingen 精神病院开展了受人认可的研究。而当因特拉肯医院的工作机会再次来临时，他的处境已经完全不同：他是亚萨吉尔医师，25 岁，准备加入内科住院医师培训项目。他在 1951 年 5 月 16 日前往医院报到。

因特拉肯位于瑞士中西部伯尔尼阿尔卑斯山的一个山谷中，位于 Müsingen 以南 10 英里处，顾名思义（interlaken 是“在湖之间”的意思），它位于两个壮观的湖泊之间，东边是布里恩茨湖，西边是图纳湖。高耸的圣母峰（高度为 13 638 英尺）及其姊妹峰艾格峰和僧侣峰都在步行可达的距离之内，从许多地方都可以看到这几座山峰。19 世纪晚期的浪漫主义者发现了该地壮丽的景色。歌德曾经在那里受到这美景的启发，写下了他的著名诗歌《水上灵魂之歌》（*Gesand der Geister über den Wassern*），卢梭也将这宏伟的美景宣扬到法国巴黎。据说拜伦在附近的 Wendgernalp 写就了《曼弗雷德》（*Manfried*），他在佩尔西（Percy）、

玛丽·雪莱（Mary Shelley）、威廉·萨克雷（William Thackeray）、约翰·拉斯金（John Ruskin）和马克·吐温（Mark Twain）等之后来到这里，而伟大的英国景观设计师 J. M. W. 特纳（J. M. W. Turner）和作曲家约翰内斯·勃拉姆斯（Johannes Brahams）也曾驻足此地。当维多利亚女王亲自来访时，这里旅游业的大门便永远敞开了[①]。

亚萨吉尔发现因特拉肯及其周边地区的人民、伯纳高地的教士，尤其圣母峰一带的居民，真的是一群非常特别的人。他们十分传统，淳朴且务实，生活勤劳，性格高尚，坚韧不拔。房屋干净、色彩缤纷，也足够坚固，能抵御寒冷的冬天。古色古香的小屋点缀着乡村，就像格林兄弟故事中的姜饼屋一样。他们说话的方式也很独特。伯尔尼高地人民的方言听起来很像古老的瑞士－德语音乐，外人很难理解，但音调听起来极其悦耳。

沃尔特·鲍姆加特纳（Walter Baumgartner）教授是医学系主任，也是一名血液科医师，在伯尔尼接受哈多恩（Haddorn）和舒普巴赫（Schuepbach）教授的培训。受到在 Müsingen 工作经验的启发，亚萨吉尔不仅专注学习临床技能，同时也很注重临床研究。鲍姆加特纳主持了一个设备齐全的实验室，同时他对研究的兴趣十分广泛。这对亚萨吉尔来说是个美好的安排。

鲍姆加特纳对红细胞中含氧血红蛋白的研究很感兴趣。亚萨吉尔被安排的第一个任务是设计从血浆分离含铁血红蛋白的方法，同时进行提纯，需要清理细胞所有的内容物，只留下透明的细胞膜。根据亚萨吉尔自己对渗透压梯度以及红细胞对水的通透性的理解，他觉得这项工作应该不困难。他只需要调整悬浮红细胞溶液中的含盐量，他对这个研究项目全心投入，并且总结出一个规范可行的方法。

他用注射器抽取自己的血液，然后经过台式离心机离心，从血浆中游离出红细胞。为了能够反复实验，他只能够用自己的血液来做实验。他将红细胞悬浮在逐渐降低浓度的生理盐水中，一开始正常浓度的生理盐水，然后是 0.90 摩尔，0.85 摩尔，0.80 摩尔、0.75 摩尔，逐步降低。他发现，在浓度 0.30 摩尔的盐水中，细胞会膨胀并且细胞膜破裂。而经过离心机离心之后，弃去裂解的细胞成分后，他在显微镜下看到了想

要的多边形细胞，离心后的上清液含有纯净的血红蛋白。那天亚萨吉尔非常兴奋。

这让鲍姆加特纳教授发现了亚萨吉尔的特别之处，既聪明又勤奋，他开始想办法帮这位新来的住院医师发挥所长，甚至想方设法帮他发表之前已经完成的论文。然而，当他让亚萨吉尔写下如何从全血中提取血红蛋白的细节时，才意识到亚萨吉尔的英语水平堪忧。他从18岁以后就没怎么说过英语。

鲍姆加特纳认为这是一个致命弱点。19世纪主流的医学主要用德语进行表述，但1951年时已今非昔比，新的医学进展多以英文进行发表。“如果你想知道最全面的资讯，你一定要学好英语，”鲍姆加特纳告诉亚萨吉尔，“没有其他办法。”

亚萨吉尔随后便购买了一本学习英语的入门书，开始复习他在阿塔图尔克高中学到的语法原理和会话短语。他列出了与科学和医学相关的名词和形容词，以及它们的动词形式、组合方式和用法。然后他开始用英语记录实验室笔记，并尝试口述一些简单句子，练习发音和韵律。

他一开始的临床工作和在德国做护士助理时类似，帮患者铺床、清理病房、注射输液等。医院有一整层楼给内科收治患者，共超过60张病床。另一层楼外科病房的床位和内科相当，还有20张左右的妇产科床位。同时他们也有规模较小的耳鼻咽喉科。

他总算可以将自己在巴塞尔学的医学理论在临床上付诸实践。他悉心照料他分管的患者，有些患者病情很重，在鲍姆加特纳的指导下，他尽可能去帮助这些患者。几个月下来，亚萨吉尔的问诊及体检技巧提升很多，他能透过询问病史及运用体格检查做出准确的诊断，并且简单扼要地记录在病历上，从患者描述的各种症状中，他能判断出什么是真正与疾病相关的信息。鲍姆加特纳帮助他提高了鉴别诊断的思路，不断地驱使他思考支持自己诊断的依据。查阅实验室检查结果和静脉药物的输注也是日常工作。亚萨吉尔基本每天都和患者待在一起，他也意识到，不知何故，通常关键临床事件都发生在凌晨快要天亮的时候，而这时刚好大家都还在睡梦中。

鲍姆加特纳的临床策略是在短时间内采集患者所有有用的信息，尽

早建立一个初步的诊断，制订出治疗方案后尽快执行，随着患者的病情变化修改治疗计划，治疗过程中对患者的观察巨细无遗，不能遗漏任何细节。他的思考模式认为系统性的评估诊断比直觉重要，也减少了误诊及治疗延误的发生。除了临床纪律之外，他很强调责任感，毫不避讳地指出在诊疗上的问题或不足。

鲍姆加特纳可说是兴趣广泛、身兼数职，他不仅是个出色的医师、老师、父亲及丈夫，他还是狂热的运动员，在夏天他会在各个湖泊上划船，到了冬天他还去参加最具挑战性的滑雪。除了瑞士公民，他还有军人身份，在瑞士预备军队中晋升为上校。瑞士政府规定45岁之前的男性需要服兵役，每年要参加一个月的军事演习，一旦有战争发生，瑞士政府便能在24小时内集结20万人的军队。保卫国家是国民义务。鲍姆加特纳被分配到阿尔卑斯部队，这是训练有素的军事单位，能在滑雪板上作战，身穿的白色制服能在雪地里起到伪装作用。

在亚萨吉尔到因特拉肯几个月后的某一天，鲍姆加特纳带着自己8岁和10岁的儿子登上布里恩茨湖号出航，留下他负责病房里所有的患者。下午的时候，一名30出头的女性因呼吸困难来就诊。亚萨吉尔觉得她可能患了肺部疾病，便安排她住院，并给予氧气面罩和抗生素治疗，但是患者在1小时左右出现明显的心衰症状，似乎有生命危险。由于鲍姆加特纳不在家中，也无法通过船上的双向收音机联系到他，他骑着从护士那里借来的自行车，匆忙赶到湖岸边，对着200米外的小船疯狂地挥手，总算鲍姆加特纳看到他，并示意船只上岸。

亚萨吉尔很快和他解释刚刚的情况。他说各种办法都试过了，但是那名女性的症状没有好转，他不知道接下来该怎么办了，甚至怀疑是不是诊断有问题。他听诊的结果倾向肺炎，患者既往也没有生过什么严重的疾病。她这么年轻，应该不会有心脏方面的疾病。鲍姆加特纳听亚萨吉尔描述了一会，并没有说话。然后他自己骑上自行车赶回医院，让亚萨吉尔和自己的儿子步行回医院。

40分钟后亚萨吉尔赶到医院，发现鲍姆加特纳心情十分沉闷地坐在病房，很少看到他情绪如此低落。那名年轻女性已经去世了，而鲍姆加特纳认为亚萨吉尔漏诊了患者的心脏房间隔缺损。她还没有到患动脉

粥样硬化性心脏病的年龄，但明显死于心源性疾病，鲍姆加特纳坚信这名女患者患有房间隔缺损。因为没有其他的病因能解释她的症状。一向冷静的鲍姆加特纳，这次按捺不住自己的情绪，大发雷霆：“你之前到底在做什么？我就离开几小时都不行？你没有听到她心脏的杂音吗？如此典型的心脏杂音！我不敢相信这么简单的诊断你都搞不明白！难道你在这里全都白学了？你是怎么通过巴塞尔医学院的考试的？”

亚萨吉尔内疚极了。也许鲍姆加特纳太过相信他的临床诊断水平了，而现在他让教授彻底失望了，他的漏诊造成了这名女性的死亡。他难过地说不出话，不断自责地摇着头，盯着地板，也许他根本就不该进入这个行业。

当天傍晚时候，当他们为尸检做准备时，鲍姆加特纳仍在斥责亚萨吉尔。他详细地说出一些亚萨吉尔没有识别出来的临床病症——由于心脏衰竭而淤血、水肿的肺，而不是因为炎症引起的症状。“你一定要学会从病理学的角度思考，然后对你的患者进行体检！”他的声音十分严厉，“你一开始就没有想到心衰的可能性，那怎么可能鉴别出肺炎和肺水肿？”鲍姆加特纳决定进行尸检，让他年轻的住院医师永远记住这次教训。

但是尸检发现患者的心脏没有扩大，亚萨吉尔注意到了，但是他的上司选择忽视它。鲍姆加特纳灵巧地横切了主动脉升弓，然后是肺血管，最后是上腔静脉和下腔静脉，将心脏从纵隔中游离下来，捧在手上，他小心翼翼地用冷水冲洗掉房室中残留的血液，再小心翼翼地切开心脏的右心房，将瓣膜的瓣叶向后折叠，露出房间隔。

上面没有任何开口！房间隔完全没有缺损！整个结构非常完整！鲍姆加特纳不发一语，继续打开房间隔，检查二尖瓣，瓣膜看起来也十分正常。这名女性死于心脏衰竭的原因仍不清楚。

鲍姆加特纳的耳后开始微微泛红，并沉默了几分钟，逐渐露出懊悔的表情。这是亚萨吉尔一生中为数不多的几次场合之一，知道自己最好闭嘴。他为自己没有误诊而松了一口气，对于教授的窘境甚至有些欣慰。

“这个……心脏应该有什么地方缺损的。”鲍姆加特纳嘟囔道，最后总算挤出些笑容：“从各方面来说，这应该是个房间隔缺损的经典病例

才对啊。”

4 年后，也就是 1955 年，当亚萨吉尔到苏黎世担任住院医师时，他收到了关于鲍姆加特纳的噩耗。他带着全家人和朋友斯图基（Stucki）医生在山上滑雪，斯图基是医院里的耳鼻咽喉科医生。鲍姆加特纳和他的儿子们都是经验丰富的滑雪者和优秀的运动员，他们当时远远领先在其他人前面，至少有 20 人，这时一场雪崩席卷了山下，将他们 3 个人困住了。几分钟内，随着雪崩停下，雪堆散开，目睹这桩惨剧的人都期待着他们的出现，然而毫无动静。几小时后，他们几个人的尸体才被发现。

鲍姆加特纳，一个如此优秀的人，还不到 50 岁，他原定接替即将退休的伯尔尼医院内科主任。他身强体壮，家庭美满，有 1000 人参加了他的追悼会，亚萨吉尔也亲临现场。主持追悼会的牧师是鲍姆加特纳的挚友，他忍不住质疑上帝的安排，虽然他知道这么做是不对的。但是在场的人都不理解，也不能接受为什么这场悲剧会发生。那场追悼会令亚萨吉尔终生难忘，鲍姆加特纳一直是他的榜样，告诉他如何正确地思考。

在与鲍姆加特纳工作了一年之后，亚萨吉尔轮转到普外科，在沃尔特·班迪（Walter Bandi）教授指导下学习。他是 Müsingen 人，在伯尔尼接受继承自特奥多尔·科赫尔的基础训练。和鲍姆加特纳一样，班迪和亚萨吉尔也十分投缘。他们几乎每天都在讨论对神经病学和神经外科的共同兴趣。班迪自己曾经很想当一名神经外科医师，但那时候一直没有机会。20 世纪 30 年代，他曾向往去斯德哥尔摩的卡罗林斯卡（Karolinska）学院跟随赫伯特·奥利维克罗纳（Herbert Olivecrona）学习，那是当时欧洲一流的神经外科中心，但却受困于旅费，后来他成为一名普外科医师，为人正直，技艺精湛。他注意到亚萨吉尔的干劲和初露锋芒的动手能力。班迪教他无菌术和止血的方法，同时永远寻找精确、无血的解剖层次；对患者的床旁病情变化应保持警惕，以及准确、及时的术后护理对手术患者的康复至关重要。

亚萨吉尔掌握开腹基本功后，班迪便让他一个人完成开腹的操作，后来独自完成几个基本的手术，先是简单的阑尾切除术，接下来让他操刀数十台腹股沟疝修复手术。在亚萨吉尔的 12 个月轮换完成之前，班

迪还协助他完成了 1 例胆囊切除术，最后是甲状腺切除术。在 18 个月的时间里，亚萨吉尔的工作从打扫病房和更换床单，到实施当时最困难的普外科手术之一。

其中一个病例在他的因特拉肯医师生涯中记忆最为深刻。那个病例也反映了班迪的性格以及工作态度，也是亚萨吉尔在医院工作及和患者往来时所希望效仿的方式。班迪为一名患有血小板减少症患者进行了手术，他有全身性紫癜（皮肤和黏膜出现紫色瘀斑），以及肝脏和脾脏肿大。那名患者很穷，靠修鞋为生，是从鲍姆加特纳的血液科转诊过来的。班迪和鲍姆加特纳都对凝血障碍特别感兴趣，尤其是血友病。鲍姆加特纳是当时已知各种凝血因子的专家，并渴望对这方面有更深入的了解。他让班迪在术中帮他留取直接从患者脾动脉和静脉中采集的血液样本，然后再进行他们原定的脾切除术。

术中暴露脾脏的血管后，班迪对扩大的脾动脉进行穿刺并抽取血样。但是血管的压力很高，同时患者因缺乏血小板使得穿刺点的凝血更加困难，很快便血流如注，场面不可收拾，患者的腹壁增厚，使得牵拉困难，同时血管壁薄脆弱，非常不利于止血，不仅手术视野受限，头灯照明设备也不够明亮，而出血的地方又在腹腔深部，当时的情况惊心动魄。

那几分钟仿佛经历了好几小时的煎熬。患者的腹腔充满了泉涌出来的鲜血，连术中用的吸引器都快不堪负荷，有限的操作空间下暴露十分困难，更不可能止住汹涌的出血。这名患者需要大量输血才能维持生命。

但最终班迪战胜了恐慌，冷静地用左手按住患者腹主动脉，随着出血稍微控制住，他循序渐进地暴露、游离脾脏的血管，同时还要间断性松开左手，让腹主动脉依然可以供给脊髓的血供循环。最终，他成功让患者活着下了手术台。他用拇指和食指捏住进入脾脏的血管，再用另一只手持针引线，缝合破口，亚萨吉尔在一边用吸引器吸去剩余的血块，让肠段和扩大的肝脏回缩到腹腔内。总算缝合结束！手术最终在他们的努力下艰难完成，那名男性患者的性命也保住了。两位外科医生都汗流浃背，疲惫不堪。患者需要大量输血来纠正出血所致的低血容量。他们

用尽了医院血库每一盎司的库存血液。

第二天，医院委员会的主席，一个信奉社会主义的严肃男子，出现在班迪的办公室里。他严厉批评外科医师昨天的那台手术，让医院血库耗尽所有的血液储备。“你为什么不干脆让这个患者死了算了？”他质问道。班迪深吸了口气，让自己镇定下来，试图遏制住自己的怒气，他冷静地回应道：“这位先生，你认为你自己是谁？”

那番场景，在亚萨吉尔的脑海中不断回放，他下定决心，如果同样的事情发生，他也要选择和班迪一样的立场。

在与班迪工作之余，亚萨吉尔还兼职夜间的手术室助理，这份工作让他有能力支付自己的房租。医院的餐厅提供免费的餐饮，每周他有一个下午不用上班。一天下午，一位富人在因特拉肯南部山区徒步旅行时摔倒，臀部骨折。亚萨吉尔和护士以及其他助理一起上山去，将这位先生带到医院治疗。他被山间清新的空气和令人叹为观止的景色所震撼，他决定有机会一定要去旅游一次，但是他没有钱坐火车，便决定和其他人借自行车（一台没有手刹、齿轮的自行车），当然没办法骑上山去。于是他在山脚下，与一位面带微笑的缆车服务生简短交涉后，让他乘坐升降椅登上缆车，在缆车上他抓住自行车的前轮和车把，放在膝盖上。这些服务生从没有见过有人带着自行车上山，不过他们觉得应该有办法下山吧。他们告诉亚萨吉尔有一条绝妙的路线，亚萨吉尔觉得这趟旅行应该轻松惬意，便只买了张单程车票。

然而当他快接近山顶时，山上开始刮起寒风，吹拂着亚萨吉尔和他一身轻便的衣服。10 月份因特拉肯的午后，天气非常暖和，但是在那么高的海拔就完全不是那么回事了，山上甚至还有一片片雪花。终于到了峰顶，他沿着不远的距离来到一个小村庄，那里有人告诉他可以找到向前的路。只不过那条路路面不明显，断断续续的。有些地方他甚至得将自行车扛在肩上，步行走下石阶，在他沿途的路上，他遇到了一对中年夫妇，是一名美国陆军上校和他的妻子，他们从村子里徒步一条捷径上来，现在正准备回去。他们的德语说得非常标准。上校是一名律师，同时也是一名犹太人，他年迈的父母依然住在巴塞尔。战后他曾在纽伦堡的法院任职。他看着亚萨吉尔的自行车，忍不住开起玩笑。他们说如

果亚萨吉尔穿着泳衣、泳裤，他们也不会惊讶。

他们在村庄分别时，那对中年夫妇祝他好运。那座村庄由一座古老的山间旅馆和几座小房子组成。美国夫妇坐缆车到山脚下，然后坐火车回到酒店。亚萨吉尔也找到了下山的路，准备沿路回到因特拉肯。

下山的车速比较快，伴随着沿途壮观的景色，路上还有50～60头牛经过，亚萨吉尔要骑车在牛群中穿行。他在30分钟内骑行了数千英尺下山的路，并在2小时内回到了医院。其他医院的员工正坐在餐桌上，纷纷抬起头望着头发凌乱、衣着不堪的亚萨吉尔。“你刚刚去哪里啦？”他很少一整个下午都不在医院。

“我刚结束一场简单的旅行，我到山里去了！”

“你怎么上去的？”毕竟坐火车不会把自己弄得如此狼狈，而且他们也知道亚萨吉尔生活比较拮据。看他的样子，显然有些重要的过程没有和大家说。

“我骑自行车，借来的自行车。”

餐桌旁的员工们都露出难以置信的表情：“在山里骑车？不可能吧？”

“不会啊，有些地方是比较困难，不过我还是完成了！”看着大家惊讶的表情，亚萨吉尔忍不住笑了起来。

总住院医师是个来自巴塞尔的年轻人，他能言善辩，对事情总是抱着怀疑的态度，他当然不相信亚萨吉尔所说的。“不是吧！亚萨吉尔！你觉得我们会相信你的胡说八道吗？你到底去干什么了？肯定去了什么地方吧？”他们知道亚萨吉尔有个女朋友。

一天半夜他被声音吵醒，附近旅馆的一名女性将进行急诊腹部手术。当亚萨吉尔赶到手术的走廊时，患者已经麻醉好了。班迪和总住院医师正在和她的丈夫交谈，询问病史的同时，向他解释即将进行的手术内容。

“啊，亚萨吉尔！是你啊！”那人看到亚萨吉尔惊呼了一声，那是他下午曾经偶遇的美国军官：“见到你太好了！我的老婆晚餐过后就感觉非常不舒服。”

上校顺道解释说，亚萨吉尔真的是骑着自行车在山顶上，四周的人

听了都瞪大了眼睛。

这位女士因十二指肠溃疡发生穿孔，晚餐进食的食物都流到腹腔里了。几周下来，医院的工作人员都称亚萨吉尔为“那位疯狂的土耳其骑士”。在那之后 20 年，山间越野自行车才开始流行起来。如今将近 50 年过去了，亚萨吉尔认为自己才是那个潮流引领者。

在因特拉肯的第二年，他开始认真考虑自己的生涯规划。在那时候，除了医学以外的时间，他主要的生活主题都集中在追求哲学、历史及艺术方面的知识。他同时对大脑如何运作非常感兴趣，对自己早期的职业规划是成为一名神经科医生。小时候在安卡拉，他们的隔壁邻居，萨里巴斯教授，是他心目中的英雄。还有从未谋面的奥古斯特·比尔，是一位从外科医师改行的哲学家。到后来，他得以见到真正的外科医师，并见证了他们的工作，一开始是在瑙姆堡的老主任，现在则是班迪。亚萨吉尔已经证明了自己十分擅长解剖学，也有一些开展研究的想法，但像克林格这样学者的生活对他来说缺乏挑战。在内科接受鲍姆加特纳的学习经历十分美好，对他来说具有很深的启发和指导意义。但不知何故，内科并不是他所向往的职业生涯，甚至神经科医生也不是。他想做的工作不单单是对疾病做出诊断，甚至更进一步来说，神经科医师的治疗干预措施还不如精神科医师来得多。如果他想要成为一名真正能和患者直接打交道的医师，需要拥有可以直接帮助他们的技能，真的能对患者产生正面影响的方法。身为一名出生在阿塔图尔克革命时代的土耳其人，他觉得自己有义务要对人类做出贡献。他的父亲肯定也对他有如此寄望。

他觉得自己的动手能力很好，有一双适合工作的双手。他参与甲状腺手术和腹股沟疝修补术时，总能有得心应手的感觉。也许他会成为一名脑外科医师，还有什么比这份工作更具挑战性呢？这不仅让他可以成为一名神经病学专家，甚至给了他同时追求学术爱好的机会。即使是最忙碌的内科和外科医生，也会抽出时间从事其他兴趣爱好。奥古斯特·比尔便是如此。尽管亚萨吉尔也喜欢户外活动，但他不是鲍姆加特纳那样的运动员，也不是瑙姆堡外科医生那种专业的猎人。

他给在苏黎世的雨果·库雷因布尔（Hugo Krayenbühl）教授写了

封信，询问是否有可能跟随他那里学习神经外科方面的知识。班迪知道那里的培训是如何进行的，他们已经举办好多年了。他们不再需要去斯德哥尔摩学习成为一名神经外科医生。鲍姆加特纳和班迪也会将他们自己的神经外科患者转诊到苏黎世，库雷因布尔会给他们写很长的回信，解释他为患者做了什么、遇到什么问题以及如何解决的。库雷因布尔是一名儒雅的绅士，一位知识分子，同时非常关心他的患者。坐火车到苏黎世也不过 1 小时的路程。

在库雷因布尔的回信中，邀请亚萨吉尔前去面试。

亚萨吉尔觉得和库雷因布尔接触的气氛轻松愉悦。那天早上他有手术，和亚萨吉尔约好下午 1 小时的面试。很明显，库雷因布尔挺欣赏他的，十分肯定他在巴塞尔和因特拉肯的工作经历，同时对他之前在精神科的工作背景表示嘉许，他自己也曾经想从事精神科方面的职业。他的父亲是一名精神科医生，库雷因布尔还小的时候，他的父亲去世了，他的母亲在瑞士北部拥有一家精神病私人诊所。他告诉亚萨吉尔，他在柏林 Charité 医学院毕业后不久，就曾为一名患者进行尸体解剖。患者多年来一直接受精神科的治疗，学生们对他都很熟悉。但是尸检结果提示患者生前脑子里长了一个巨大的嗅沟脑膜瘤，组织学上是良性肿瘤。这名患者的精神症状并不是因为他真的有什么精神疾病，也许手术就能治好他的疾病。那次经历，让库雷因布尔决定选择神经外科这项职业。

不过当下库雷因布尔没有职位空缺给亚萨吉尔，也许次年或后年可能会有。

亚萨吉尔知道班迪将在几周后会有新进的住院医师，届时他将无处可去。他向库雷因布尔解释说，他对研究十分感兴趣，也是一名称职的住院医师，如果有必要，他愿意每晚都待在医院里。“我不睡觉都没关系！”他说道。这确实是他近 2 年以来的生活方式，常常独自一人在病区的房间里，捧着书一直读到深夜。

库雷因布尔隔着办公桌，注视着亚萨吉尔许久，然后疲倦地揉了揉自己的额头。“嗯，好吧，”他总算说道，“如果你这么想来，我们可以准备一个位置给你，我尽力吧，不过相信我，你会有不少工作要做的。”

回到因特拉肯后的第一个空闲下午，亚萨吉尔便去巴塞尔看望曾经的神经解剖学老师克林格教授，告诉克林格自己和库雷因布尔会面，以及接下来打算去苏黎世学习的安排。“我要成为神经外科医师了！”他说道：“我一定要学习神经解剖学。”

克林格看着他，单片眼镜上反射出光芒。亚萨吉尔已经修完克林格的课程，课堂表现也非常出色，实际上他的表现可能比所有学生都出色。克林格一时之间不能理解这位年轻人在说什么。

“教授，我必须向你坦白，”亚萨吉尔继续说道，“以前我在这里学习解剖学，只是为了通过考试。现在我想去真正体会其中的奥秘！我必须完全了解透彻，比世界上任何人都清楚神经解剖学。”

克林格的眉毛扬了起来，他的视线转移到窗外。亚萨吉尔感觉到了他内心的喜悦。

在返回苏黎世之前，他与克林格及助手一起待了 6 周。在他开始为库雷因布尔工作后，还回来过 3 个月。他投入许多的时间，解剖视辐射、听觉通路，然后是边缘系统，然后思考、沉思，试图想象外科医生在手术中如何导航，找到正确方向的同时，还能保留重要的功能区域。

克林格的主要研究兴趣是海马，即与侧脑室颞角相邻的弯曲结构。每次谈到海马有关的，他就两眼放光。“生活中，找不到任何像海马这般精巧的结构。”他这么说的时候，因为过于虔诚，声音有些颤抖：“她就像一朵漂亮的花，从各个方向观察都美丽动人。”他们一起研究海马结构与前颞叶皮层和其他边缘系统的解剖连接。克林格坚信，未来的某一天，也许在亚萨吉尔的有生之年，海马结构的重大奥秘会被世人发现。

克林格的热情仿佛会感染在场的其他人。在接下来的两年里，亚萨吉尔会在周末回到克林格的实验室，有时趁着在苏黎世工作闲暇之余，抽出时间回去待上 1 周。

注　释

① Coons: *Fodor's 99 Switzerland*, 232.

早期取得的成就

From Neurosurgical Newcomer to Pioneer in Neuroradiology

第 10 章　从神经外科新人到神经放射先驱

1953 年 1 月 4 日，亚萨吉尔开始在苏黎世州立医院工作。2 个月前在那里面试的时候，库雷因布尔教授已经花了一些时间为他介绍现有的员工，以及告诉他该如何适应。他曾好几次听到“舒拉尔茨”（Shularzt）这个词，或者是一个听起来与它十分相似的词。他以前从未听说过这个词，也不知道它的确切含义。他把这个词拆开想了想。校医？真的是吗？又或许是他误听了库雷因布尔的发音。这个词在他的脑海中无法抹去。一个校医到底能做什么？他对此一无所知。不过由于这将是他的职位，一个由库雷因布尔专门为他创造的职位，所以不管“Shularzt”的工作职责是什么，他都会拥抱并掌握它们。如果成为“Shularzt”是成为神经外科医生的一步，那就这样吧。他将成为他能成为的最好的“Shularzt”。

回到因特拉肯后，他向朋友询问了他们的意见。他们中没有一个人对它有更好的定义，而词典中也没有与之发音相似的单词。他的结论是，他将作为学校的某种医生在苏黎世开始工作，可能会治疗一些有神经系统疾病的儿童。虽然没有接受过正规的儿科训练，但他决心不会因为任何一项任务而陷入困境。他会做好准备。他已经在班迪教授的藏书中反复阅读了沃尔特·丹迪（Walter Dandy）关于脑外科的经典专著（*Lewis's Practice of Surgery, Vol. Ⅶ*. 1944 年，于 1969 年由 Harper & Row 出版社 Hoeber 医学分部再次印刷出版为 *The Brain*）。

他买了能找到的最好的儿科学教科书，一本 700 页的书，作者是苏

黎世儿童医院的主任范可尼（Fanconi）教授。在他回到苏黎世之前的几周里，这本书一直在他手里。他通过一遍又一遍仔细阅读掌握了儿童疾病的生理学、生化学和内分泌学知识。这对他来说虽然是新的材料，但他认为这会对以后有好处，不管库雷因布尔对他有什么要求。

几周以来，他在苏黎世州立医院便一直带着那本有折角的范可尼的教科书不断地学习，在查房和与同事的讨论中也时不时翻阅它。

最终，这件事情水落石出了，库雷因布尔从来没有想过让他从事任何儿科工作。他只是误解了他在 11 月听到的那个词。库雷因布尔后来也忍不住拿这件事情开玩笑。欧洲还有哪位神经外科专业的住院医生对儿科怀着浓厚的兴趣呢？这位来自因特拉肯的年轻的土耳其人真的会成为一名不同寻常的神经外科医生！库雷因布尔甚至打电话给范可尼告诉他这件事！亚萨吉尔接纳了这个笑话，但他更认识到库雷因布尔对他的积极主动印象深刻。他开了个好头。最终，这本硕大的儿科书籍将被放在房间的某个架子上，并在那里落上灰尘。但是他也从来没有问过库雷因布尔“Shularzt”到底是什么！

亚萨吉尔开始住院医生生涯时，距离拥有 1000 个床位的苏黎世州立医院新大楼落成还不到 2 年时间。神经外科拥有包括 10 张重症监护床位在内的 70 张床位（从 1951 年的 35 张床位扩充而来），外加 2 个手术室、4 个脑电图研究室、1 个有两个房间大小的实验室和 1 个图书馆。此外，还有 8 个房间可供行政和储存使用。每周可收治 50～80 名神经外科患者。

亚萨吉尔在附近的一家寄宿公寓租了一个小单间，但几乎从来没有去过那里。他的行李直到 3 个月后才完全打开。他几乎 24 小时都待在医院里——观察、倾听、提问和领会新环境的细节。他决心不折不扣地履行对库雷因布尔所做的承诺。每一个入院的患者都将是他的首要任务。如果有需要，他会不遗余力来解决他们的问题。即使是最罕见的疾病或状况，他也不会带着这种陌生的感觉过夜。这些都是他将会坚持多年的目标。他不在病房或手术室的每 1 分钟，都会花在阅读或者做笔记上，这都是为查房、会议或有朝一日为医学期刊撰写的临床报告做准备。

1937 年，库雷因布尔在苏黎世州立医院建立了神经外科。他跟

随休·凯恩斯（Hugh Cairns）在伦敦医院学习神经外科，1927 年凯恩斯也是在那儿建立了英国第一个学术型的神经外科。在 1926 年和 1927 年的大部分时间里，凯恩斯都和哈维·库欣在波士顿的 Peter Bent Brigham 医院度过。在过去的 15 年里，库欣凭借脑肿瘤和半月神经节手术的手术结果，以及在脑垂体生理学和手术方法方面的工作震惊了世界。库欣一直是一位严厉且有原则的外科医生，他向学生强调轻柔地处理组织和仔细地控制出血的重要性。库雷因布尔将凯恩斯视为库欣的继承者，并试图效仿他（和库欣）的方法。

库雷因布尔购买了自己的手术器械、手术台和 X 线机。旧医院只给神经外科分配了 6 张床位，第一年他只做了 20 台包括脊柱手术在内的手术。但是他的诊治工作逐年递增。他早年独自一人工作，必要时会有一名普外科医生协助他处理无法独自处理的病例。他招募了一批护士，并传授她们必需的知识。1953 年，她们中的大多数人仍然在他手下，并构成了该部门的骨干力量。库雷因布尔的护士长不仅协助他做手术，还为他管理麻醉和做 X 线检查，并定期制备组织标本涂片进行组织学研究。他的护士对他忠心耿耿，从来没有抱怨过护理患者需要很长的时间。这是亚萨吉尔注意到他的权威的第一件事。库雷因布尔可以确保没有人比他工作的时间更长或更努力。

不过格哈德·韦伯（Gerhard Weber）也只是稍逊于他。韦伯于 1943 年来到苏黎世，并将在苏黎世待上 29 年。除了手术安排外，每天他还会对神经外科的每位患者进行两次全面的神经系统检查。

库雷因布尔沿用了他从凯恩斯那里习得的制图系统，精确且系统。入院患者报告手写记录了每个患者的病史，包括他的神经系统检查的细节、实验室检查和 X 线检查的结果。这些报告随后由秘书打字打出并整理归档到医院病历中。在手术的前一天，主管的住院医生应该简明扼要地更新记录，由他们自己打字，必要时看着键盘输入。他们要陈述自己的诊断，以及倾向于哪种手术和方法。如果他们不同意预定的手术方案，则必须书面说明。这样的图表条目不能超过半页。

库雷因布尔希望住院医生们把每一个重要的想法都写下来，不要忽略任何相关的细节，然后按照书面意见执行。这曾是库雷因布尔的自学

方式。库雷因布尔不仅通过住院医生们所写的内容来判断他们的知识，而且还了解他是谁以及他的性格。他读了每一张纸条，并作了评论和更正，而且总是以书面形式。

由于库雷因布尔是主刀医生，他通常在手术后口述手术的细节，解释他为什么要做手术，他遇到了什么病理情况以及采取了什么行动。如果术前诊断不正确，则表明他不应该建议做这样的手术，或者应该采取不同的手术方式，对此，他会毫不含糊地说明。他没有为自己的错误找借口。这样的评论当即成为永久记录的一部分。每个住院医生都会在墨迹变干之前阅读库雷因布尔的手术笔记，因为他们会在下午的晚查房时面临有关手术的尖锐问题。

这种方法在20世纪70年代将被证明是麻烦的，因为律师们需要查找每一张图表，但在20世纪50年代，这对学习至关重要。关于现代脑外科的教科书几乎是不存在的。住院医生们从阅读患者的图表中学习，这成为他们的教科书。库雷因布尔就像在他之前的凯恩斯一样，希望每个图表条目都有明确的事实，即没有防御性的语言或粉饰事实的尝试。如果缺少明确的事实，吸取的教训将是有缺陷的，这将使生命处于危险之中。

当患者出院时，总住院医师要将临床过程中相关的细节总结成一份最终报告，并将其副本发送给接诊医生。像大多数其他重要的图表笔记一样，这些摘要应该简洁、系统并且总是整齐打印的。它们相当于库雷因布尔的商标。亚萨吉尔记得鲍姆加特纳和班迪收到过这样的报告。

在19世纪、20世纪之交，面对神经系统疾病和眼科检查提示颅内压升高的患者，医生只有通过神经系统检查的结果才能确定大脑的哪一部分发生损伤或病变。当时，脑解剖学已经被详细研究透彻了，但是没有办法通过颅骨观察到内部真正看到病变的大小、形状和精确位置。当唯一的治疗选择是手术时，而且仅仅依靠神经系统检查结果的指导时，外科医生在手术中经常只遇到肿胀的大脑。然后，他的唯一选择是通过在颅骨上颞肌下方留一个口子来给大脑减压，这是一种暂时性的措施。

到20世纪中叶，射线成像技术仍处于初级阶段。直到20世纪70年代数字时代的到来，产生了计算机断层扫描（computed tomographic,

CT）和磁共振成像（magnetic resonance imaging，MRI），神经外科医生才能在不打开颅骨的情况下真正对大脑实质实现可视化。X线的价值是有限的，因为它们只能揭示骨骼结构的细节。他们有时确实能在（覆盖大脑的）硬脑膜上发现钙化，也能在一些罕见的情况下，在罕见肿瘤的血管和血管成分内发现钙化。到1920年，对于脑肿瘤和其他颅内占位开始通过向脑室系统注入空气来定位[①②]，空气密度低于骨骼，在头颅X线片上看起来比骨骼暗，甚至是黑色的。一旦明确了脑室空气的正常模式，X线片上空气阴影的畸形和移动可能会间接显示任何能改变它们的肿瘤的存在，即使是轻微的改变。不过，蛛网膜下腔的空气通常会引起剧烈的头痛，外加恶心和呕吐。这是一种残酷的检查方式，而且带有一定的危险性。

动脉血管造影通过研究X线上颅内血管的移位或畸形来检查肿瘤和其他病变，这种方式仍然像1927年描述一样进行[③]。在手术室中，患者的颈部被打开后，向颈动脉注入一定数量的染料或对比剂，这些染料或对比剂在X线上会显示为白色（与骨骼的不同深浅的灰色形成对比）。在这样的手术过程中可能会发生出血，有时为了控制出血，术后患者再次返回手术室的情况并不少见。显然，动脉血管造影本身是一种手术，有时根本不是一种安全的操作检查方式。

库雷因布尔的诊断是基于他从患者身上获取的病史和体格检查结果，但他也是从普通颅骨X线片中收集一些信息的大师。脑肿瘤引起的颅内压长期升高的证据明显地表现为骨质变薄或侵蚀，特别是在脑垂体周围的骨骼。中线结构，特别是松果体，在中老年患者中也含有足够的钙可以显影。库雷因布尔对这些细节有着敏锐的洞察力。钙化的松果体向左移位，哪怕只有几毫米，通常表示右侧存在占位性病灶。有时，仅仅是知道了这一点，就足以把患者从气脑造影检查的痛苦和风险中解救出来。通过仅限于大脑的一侧动脉血管造影检查进行进一步的确认是有可能做到的。

库雷因布尔甚至可以通过同时观察从略微不同角度拍摄的成对X线片，在三维立体中熟练地看到了钙化物质。通过双眼交叉，他就能感知到三维结构。

亚萨吉尔曾看到库雷因布尔通过一个6英寸的颈部切口在颈动脉处

“挣扎”，他觉得一定会有更好的方法来进行动脉血管造影。库雷因布尔的方法是在手术室内暴露血管，插入一根大口径的穿刺针，然后再用无菌巾覆盖开放伤口后，将患者推到X线检查室注射对比剂，对比剂将在X线片上作为染料显影。当X线片经过处理并认为足以了解病情之后，患者被送回手术室缝合伤口。这是一个漫长且艰巨的过程，特别是对可怜的患者来说。

亚萨吉尔意识到库雷因布尔的操作因循守旧，似乎是板上钉钉的，但他忍不住提出了一种灵活的办法。他描述了他在Müsingen处理胰岛素休克实验中的精神病患者的经历，指出当颈静脉不可用时，他有时只是简单地将针穿过皮肤插入颈动脉。为什么不用同样的方法穿刺颈动脉做动脉血管造影呢？他知道他能做到。这比动手术切开颈部容易多了，不会带来需要愈合的伤口，只有一个很小的穿刺点。拔出针头后，只需在患者颈部前加压10分钟左右就能控制动脉出血。这种经皮动脉造影甚至可以在X线检查室做！

库雷因布尔对此表示怀疑，但他决定让亚萨吉尔试一试。为什么不呢？他极有可能是被亚萨吉尔的胆量和见识所打动，不愿压抑其主动性和独创性。

亚萨吉尔在第一次尝试中就取得了成功，至少在某种程度上是成功的。他用指尖在皮肤上识别颈动脉，然后用左手固定，最后用针穿刺，让其穿过血管的前壁和后壁。在拔出针芯后，他非常缓慢地退出穿刺针，就像他在Müsingen所做的那样，直到一股长长的血液从针的中心流出，这表明针头的尖端在动脉管腔内是畅通的。在这一点上，只需将针向前重定向，快速将其穿入血管1厘米左右，然后再更换管口即可。

这就是他认为自己已经做过的事，也是他想要做的事。但事实上，针尖已经滑过颈动脉，刺穿了在颈部更深处的椎动脉。

当他看到X线片时被吓了一跳。在显影的化学物质干燥之前，他首先在黑暗的房间里查看它们。大脑中动脉和大脑前动脉并不像预期的那样显影。相反，他看到的是基底动脉，因为它紧靠脑干，以及大脑后动脉和小脑上动脉。

他穿刺了椎动脉！他以前从未看过椎动脉造影。

他立即把 X 线片带到了库雷因布尔处。“看，”他喊道，“是椎动脉！”

库雷因布尔难以置信地盯着这些 X 线片。而确实如此，后颅窝的血管明显显影了。

“你是如何做到的？”

亚萨吉尔解释一定是发生了什么。他一直确信自己可以穿刺颈动脉，并假定椎动脉是处于更深的层面且部分由骨头包裹，是无法触及的。他将一根针穿进椎动脉里的事实使他异常兴奋。经过练习，他知道可以随时复现。只需将颈动脉向外移位，将针尖往更深处推进，直到它触及骨头，然后沿着骨头的边缘将其推进到一个空间，通过这个空间，可以刺穿几毫米深的椎动脉。

“患者怎么样了？”库雷因布尔突然慌了神。他眯着眼睛皱起了眉头。椎动脉直接为脑干供血，脑干是大脑的一小部分，控制着意识、呼吸和血压。

“她很好。”亚萨吉尔回答道，并把库雷因布尔引到她的床边。

库雷因布尔与这名女性进行了详细的交谈，然后检查了她的神经功能和四肢运动，呼吸频率、脉搏和血压都完全正常。她抬起头并朝他微笑。

库雷因布尔脸上的表情令人欣喜。亚萨吉尔深吸了一口气，他是不是刚刚做了世界上第一例经皮动脉血管造影？

在治疗了几个患者之后，他已可以熟练地将动脉针插入颈动脉或椎动脉。稳定的椎动脉穿刺比他预想的要容易得多。一夜之间，没有手术切口的动脉血管造影在 X 线检查室变得司空见惯。经皮动脉血管造影是安全的，它将患者的不适降至最低，而且没有并发症。3～4 个人可以在 1 小时内完成，甚至更短时间内。库雷因布尔开始要求为他通常不会考虑做开放手术的患者做经皮动脉血管造影。有了他们提供的资料，在脑部手术中发生的意外就会更少，从而变得更安全。亚萨吉尔在神经外科的主要职责变成了每天进行脑动脉造影。这虽不是脑部手术，但却很重要。这使得他能够立马在库雷因布尔的部门内做出实际的贡献。

一开始时，每天至少安排 3～4 名患者进行动脉血管造影。亚萨吉

尔用一系列的笔记本记录了他发现的细节，精确地列举了每条颅内血管的走行和变异，还记录了它们的细微移位是如何揭示各种占位病变的，包括肿瘤、脓肿和颅内出血造成的血凝块。通过定期查阅他的长篇笔记，将一系列假设集中在记忆中，他开始理解各类解剖变异。

很可能是亚萨吉尔的经皮动脉血管造影术的创举让他获得了库雷因布尔的认可，而这一点是同事们所没有的。他不仅任劳任怨，而且考虑周到，行动迅速，甚至愿意在适当的时候冒险。几乎可以肯定的是，库雷因布尔很早就认识到了这些特点，并决心好好利用。

无论如何，库雷因布尔和亚萨吉尔开始在当晚一起仔细研究当天的X线片和动脉血管造影。对于库雷因布尔来说，对第二天上午手术中会发生什么的预测是他最关心的事情。亚萨吉尔快速收集信息并以特殊方式处理信息的能力，使他成为老板完美的决策咨询人。他会毫不犹豫地为库雷因布尔这个令许多人生畏的大佬提供不同的观点。

对于亚萨吉尔来说，那些晚间会议不仅相当于一次关于当前神经放射学的优势和局限的教程，还提供了一个他可以学习制订手术计划的视角。X线检查室的放射科医生仍然是多面手，虽然他们对脑部解剖学的了解有限。苏黎世州立医院的神经外科医生可以自己处理X线片，并对发现做出自己的解释。亚萨吉尔全身心投入到使X线片上的颅内解剖变得栩栩如生的事业中。

这也是一个向库雷因布尔深入学习的机会，毫无疑问，他是当时欧洲神经外科的明星之一。从库雷因布尔那里，亚萨吉尔学到了在那个层次上获得成功所需的代价。库雷因布尔的不懈奉献令人印象深刻。显然，他在医院之外有自己的生活，但与他的职责相比，这一直是次要的。他满足于在办公室里坐到半夜甚至更久，与年轻的门生们一起思考、讨论、探索。对亚萨吉尔来说，库雷因布尔还是一位在文学、历史和艺术方面相当有深度的导师，他因为拥有一件最伟大的中国艺术收藏品而蜚声欧洲。

他们每天晚上花几小时查看第二天要做手术的患者的动脉血管造影。当对比剂流经脑血管系统时，先后拍摄了6张图像，首先是X射线管位于患者头部一侧，然后是从额头上方。注射后8秒内记录动脉早期

和晚期，然后是毛细血管期和静脉期。目标是尽可能精确地明确每个病灶的大小、形状和位置，以及它的血管成分，这使得库雷因布尔能够设计出更安全、更有效的手术方法。

他们花了更多的时间研究没有病变发现的动脉造影，这给了他们深入研究正常变异的机会。门诊患者中只有一小部分有外科病变。明确哪些患者将从手术中受益显得十分重要。基于病史和神经系统检查而行探索性开颅手术的时代正在迅速谢幕。

随着时间的推移，通过将术前研究与库雷因布尔的手术结果进行比较，他们逐渐认识到越来越多异常的微小动脉造影。他们开始明白，即使是最微小的发现也往往具有重大意义。有时，注意到仅有的一小缕血管异性或移位，是明确疑难诊断的关键之处。

很快，他们便进行立体动脉血管造影。在患者头部旋转 4°～5° 前后进行 X 线检查，每次注射一剂对比剂。亚萨吉尔学会了在设计用来对普通颅骨 X 线片进行立体拍摄的设备上，通过在双面反射镜的任何一侧向前或向后调整 X 线，来同时评估这种成对的 X 线。通过将注意力集中在覆盖在大脑皮层上的微小外周血管上，当它们穿过脑回并钻入脑沟和间隙中时，他们实际上可以“看到”大脑的表面。最终，亚萨吉尔像库雷因布尔那样，只需交叉双眼，就学会了对 X 线片进行“立体”处理。立体动脉血管造影使他们能够将动脉和静脉视作大脑的“骨架”。当然，这虽然是一种间接视角，即由大脑表面的微小血管勾勒出其实质，但是这种方法是准确且有效的。它所揭示的远不止普通 X 线片上颅骨内所限定的宽阔空间。

这项技术为他们评估即将手术的病变区域脑部地形图提供了一个特殊的视角，增强了他们的感知，并使他们能够事先改进具体的手术策略。尽管在接下来的几十年里，并不是每个神经外科中心都会采用立体动脉血管造影术，并不是每个造影师都有完善“三维”可视化的诀窍（无论有没有反射镜设备），但在苏黎世，立体动脉血管造影术仍然是一种重要的诊断工具。即使在 40 年后，亚萨吉尔仍然认为它拥有现代三维可视化大脑的方法所不具备的优势。在他看来，即使是 MRI 也不能提供某些脑部病灶和皮质表面之间关系的可比性视图。对深部静脉系统分析也在进

行，首先对记录脑循环静脉期的早期和晚期的X线片进行立体查看，确定标志性结构的位置，如透明隔静脉、大脑内静脉、基底静脉和横窦系统。较小的静脉也同样重要，包括那些引流肿瘤或梗死灶的静脉。然后对毛细血管期进行研究，寻找肿瘤血管的红晕或与其他血管不连续的静脉。最后，他们分析了脑循环的动脉早期和晚期的移位或其他异常。

他们确信肿瘤血管模式可以提示其组织学特征，破坏性越大的病灶会将血管推移到明显肿块的外围。在这类病变的深层缺乏血管，这通常与手术中遇到的肿瘤内的坏死、囊性变或出血有关。

静脉血管早期显影是侵袭性肿瘤相关的高血供发出的信号，他们孜孜不倦地寻找“早期静脉”，这种静脉是某些肿瘤和脑区“软化”的特征，这是血液供应缺失导致组织死亡的结果。梗死或中风与肿瘤的区别在于肿瘤特有的血管移位不存在。

毫无疑问，在世界各地神经外科中心的其他人也进行了类似的观察。最终，随着时间的推移，通过神经外科学（以及后来的神经放射学）会议上的病例报告和讨论，这些概念获得到了证实。

事实上，亚萨吉尔所做并非世界上第一例椎动脉造影。早在1940年，类似的手术就已经做过了[④~⑦]。尽管他认为经皮颈动脉造影是他的首创，但这也不是事实。有人早已在1936年就开展了[⑧⑨]。不过，这些操作在苏黎世是非常新颖的，他在到来后的几个月就提高了动脉血管造影的数量和质量，这是快速发展的关键。

与颈动脉造影相比，椎动脉造影并不频繁。大多数关于他们的论文只描述了基于少量患者的发现。随着库雷因布尔诊疗服务的患者数量迅速增加，亚萨吉尔利用这个机会在不到一年的时间里为81名患者累积了100张椎动脉造影的照片。然后，他总结了这些发现，并在一篇提交发表的论文中描述了他的技术，文章被立即接收了，在他作为神经外科住院医生的第一年里就发表了[⑩]！

他继续在手术室协助库雷因布尔和韦伯，并亲自为脑外伤患者做开颅手术，这主要是在晚上。他时不时可以得到在库雷因布尔的协助下进行脑肿瘤手术的机会。渐渐地，他的经历里也包括了脊柱手术。然而在那时，他在科室的主要角色仍是神经放射医生。

随着越来越多地投入到神经放射学的研究中，他开始感到时间紧迫。解决方法则是放弃周二和周四晚上的睡眠，如果可能的话，只允许自己在黎明前 1 小时左右打个盹。在那些夜晚里，他花时间整理笔记和 X 线片，为未来的论文寻找灵感。在那些静谧的时光里，许多稿子是他写了又写而产生的。遇到周三晚上被叫到手术室处理紧急情况时，麻烦便会找上门来，这将导致他从周二早上到周五晚上只有偶尔的午睡，这段时间长达 100 多小时！如果不得不在周三手术到凌晨，有人可能会考虑在周四破例，而这个人不会是亚萨吉尔；如果他有计划，就会坚决执行。这是一个他会遵守的时间表，至少在一定程度上会坚持多年的。

再充沛的精力通常也会随着时间的推移而耗尽，从而带来无法逃避的压力。很快，他开始尝试吸烟，当然是土耳其烟草。他很快就染上了这个习惯。然而，当库雷因布尔闻及此事，他不假思索地阻止了他。没有任何暗示、说教或威胁。在接到戒烟的命令后，亚萨吉尔再也没有碰过一支香烟。他相信库雷因布尔的建议，就像对待父亲的建议一样。库雷因布尔以一种非常真实的方式成为他的第二个父亲。

库雷因布尔的主要兴趣在于当时的传统神经外科疾病，即需要手术治疗的肿瘤和脓肿。在 20 世纪 50 年代早期可用于治疗血管性疾病的方法中，几乎没有一种可以奏效。接下来的一章讨论了库雷因布尔坚持的一些不明智的尝试，这些尝试并没有引起亚萨吉尔的兴趣。不过血管性疾病迅速成为他的关注点，他一定有办法对付它们。

随着时间的推移，亚萨吉尔使用神经血管 X 线片的经验从数百项研究增长到数千项研究。他成为判断颅内动脉瘤的各种大小、形状和位置的专家，这些动脉瘤是从分支部位的动脉壁冒出的水泡状突起。动脉瘤的血管壁有缺陷，容易在没有征兆的情况下破裂，导致瘫痪、痴呆和（或）死亡。他还对一些命运多舛的患者从出生起就藏匿着的异常血管——动静脉畸形，产生了极大的兴趣。动静脉畸形中，血流绕过了正常的毛细血管床，不仅使循环效率低下，导致周期性的缺血发作，而且为抽搐发作和灾难性出血提供了基础。

令亚萨吉尔和库雷因布尔感到沮丧的是，颈动脉或椎动脉造影都无法显影引流眼球的静脉，大概是因为这些静脉与眼眶周围的特有静脉系

统（海绵窦和翼状神经丛）是连续的。这个问题阻碍了对突眼症患者进行确切的动脉血管造影，这是眼眶肿瘤患者的一种典型表现。尽管眼眶肿瘤并不总是突眼症的原因，但有必要进行手术探查，以排除它们的可能存在。在全身麻醉下的开放手术迈出了一大步，特别是对儿童来说，他们是最常受此困扰的群体。一定有不需要经过这些操作的办法。

亚萨吉尔开始寻找一种方法来研究眼眶的静脉系统，而不涉及动脉系统。他发现，压迫引流面部中部的静脉通常可以导致紧挨着眼睛下方的静脉扩张到足以插入针头的程度。给静脉注射对比剂可以使引流眼眶静脉的成像成为可能。在无法经皮穿刺的情况下，也可以通过手术暴露静脉⑪。墨西哥此前曾进行过一次眼眶静脉造影以明确眼眶静脉畸形的存在⑫，但在其他地方尚未有过报告。在 CT 和 MRI 出现之前，这已经成为苏黎世人评估眼眶占位存在与否的常规操作。

眼眶静脉造影的出现不仅使数十名儿童免于进行手术探查，还能在肿瘤实际存在的地方精确规划眼眶手术。1957 年，亚萨吉尔在一本瑞士 – 德国合作期刊上发表了他们的百余例治疗经验⑬。在 9 年之后于圣胡安举办的美国神经外科医师大会上，库雷因布尔作为特邀嘉宾讨论了他们的后续研究（共 261 名患者，全部的影像学检查都由亚萨吉尔完成）⑭。

1955 年，库雷因布尔将亚萨吉尔送到维也纳去观摩正在开发的一项新技术——脑超声描记术。通过将超声波从颅内致密的中线结构（最常见的是大脑镰，即大脑半球之间的坚韧的纤维结构）上反射接收，人们可以确定是否存在病理变化。脑超声描记术对钙的存在比普通 X 线更敏感，因此适用于更多的患者。它可以快速且非侵入性地在床边进行。亚萨吉尔将这项技术带回苏黎世，并将其介绍给科室的超声脑电图学家鲁道夫・赫斯二世（Rudolph Hess Jr.）等，他们因此可以熟练地操作。这尤其适用于颅内创伤、中风和不明原因昏迷的病例。

1958 年，亚萨吉尔和库雷因布尔出版了一本关于颅内动脉瘤和动静脉畸形的动脉造影诊断的专著⑮。库雷因布尔对动静脉畸形的理论研究认识是相当保守的，再过 15 年，苏黎世才会认真尝试手术切除它们。对于这本著作，库雷因布尔坚持使用许多全彩色的插图。尽管他和亚萨吉

尔为他们的影像感到自豪，但打印彩色照片却很昂贵，提高了书的售价，因此限制了发行量，很少有神经外科医生读过它。第二年，他们为一本关于前交通动脉瘤的书贡献了大量篇幅的写作，这本书在法国出版[16]。

随着在20世纪50年代末的血管造影的不断积累，亚萨吉尔意识到，如果要充分了解脑血管解剖及其变异，特别是关于静脉系统的解剖，尸体解剖是至关重要的。目前还没有相关的解剖图谱，也没有描述解剖变异细节的专著。慢慢地，他周末独自在病理科工作，系统地注射固定标本的脑血管，并研究它们之间的关系，保存着大量的图纸和工作笔记。1963年年初，他根据这些发现回顾了他的大量血管造影数据。到那时，已经有了7000张血管造影照片和200具尸体的动脉和静脉的数据，这是整整十年的工作，显然足以写作一本主要教科书。在接下来的一年半里，他把所有的空闲时间都花在了对此的准备上。

亚萨吉尔和多莉·阿诺德于1956年成婚，很快便有了3个孩子。在家里，最年长的孩子在成堆的笔记和X线片中爬来爬去，嚷嚷着要引起父亲的注意。最终，他将所有的材料都转移到地下室，在那里放了一张足够大的桌子，大到足以存放他的材料，而且不用担心它们被弄脏或弄乱。孩子们也明白他们不能乱动桌子上的任何东西。

多年之后，亚萨吉尔在描述这段往事时还显得犹豫不决，他的女儿在一天晚上的晚饭后站在地下室楼梯脚下噘着嘴。她几乎要哭了，向他吐出舌头说："你根本不在乎我，你只关心你的X线片。"他的孩子们经常能在第二天早上看到他，就像他们前一天晚上和他分别时一样，弯着腰在这张临时代用的桌子上一页又一页地抓取X线片。

早年在苏黎世对数百名患者进行血管造影时，他学到了一些经验教训，这对他后来的外科哲学具有重要影响，特别是关于手术时机的。例如，他认识到，对昏迷的患者进行动脉血管造影很少能有好的预后结果。可能有少数这样的患者可以获救，特别是那些在遭受脑外伤后出现硬膜外出血的患者，但绝大多数人死亡，特别是那些急性中风患者，无论是死于自发性出血还是血管闭塞。早期的诊断和治疗并没能改变这类中风的预后。他确信，除了脑外伤外，急诊血管造影很少能服务于昏迷患者，实际上可能会加速他们的死亡。

观察完全清醒的患者在动脉血管造影时的反应，证实这还远不是一个良性的手术操作。在局部麻醉时，即使在最好的情况下，患者也会感到不舒服。他们需要一动不动地躺在一张坚硬的X线桌上，如果需要进行额外的X线检查而延长他们的手术时间时，许多人会变得更加烦躁不安。陷入半昏迷的患者甚至更加不安和烦躁，血压和脉搏通常可以反映出他们面临的压力。亚萨吉尔通常拒绝为不完全意识清醒的非颅脑损伤的患者进行动脉血管造影。通过多等1～2天，大多数人恢复了足够的意识以便在不造成伤害的情况下才进行动脉血管造影。

他依靠这样的经验为动脉瘤患者选择手术的最佳时机。他的结论是，如果不是危及生命的血肿，昏迷的动脉瘤患者应该接受支持治疗，直至病情好转。后来，在20世纪70年代和80年代，围绕在他周围的关于在蛛网膜下腔出血后几小时内手术以最大限度地改善预后问题的争议很激烈，但对他来说，这仍然是一个关乎良知和常识的问题。人的生命太宝贵了，不能一遍又一遍地犯同样的错误：生理上不稳定的患者不太可能很好地应对麻醉和手术带来的额外压力。他从小就无法摆脱对父亲讲述的寓言的记忆，下定决心不让自己的医院变成墓地。他必须认识到自己的局限。

亚萨吉尔发现，在大约1000名中风后接受动脉血管造影的患者中，有100名患者的大脑中动脉完全阻断了。他对这一组患者非常感兴趣，特别是对于他们的存活率以及他们的神经功能是否恢复。他对20名幸存者进行了动脉血管造影随访。共出现了3种造影结果：一是阻断自发再通；二是血流持续阻断，无侧支循环形成；三是血流持续阻断伴侧支循环形成。他指出，第一种和第三种情况的患者比第二种情况的患者更有可能获得神经功能的恢复。

血流持续阻断的部位似乎对侧支循环的发展特别重要，最终带来神经功能的恢复。亚萨吉尔注意到，只有当阻断发生在大脑中动脉水平段（即所谓的M1段）中心附近时，这也是豆纹动脉通常出现的地方，才不会有明显的侧支循环形成。在豆纹动脉分支之前的大脑中动脉起始处附近阻断的血管，通过来自多路侧支循环形成逆行血流进入豆纹动脉，而豆纹动脉起始处以外的阻断则从脑表面的软脑膜血管发展出侧支循

环。他花了几个月的时间关注这些发现的意义，于他的著作之外将这些结果进行发表[17]。1966 年，他将在来自全美的神经外科和放射科医生面前讨论这些发现。

这组患者激发了他对中风患者的侧支循环发育的研究兴趣，即使是那些被认为与颈动脉病变相关的中风患者也不例外。当时，人们普遍认为这种中风是“血管痉挛”的结果，即相应的脑动脉的自发狭窄。当时的一种理论认为，这种痉挛性狭窄是由颅外颈动脉分叉部分泌的一种神秘物质或“体液”造成的。多年来，库雷因布尔坚持对中风患者进行手术探查，并结扎他们的颈动脉分叉部，有时甚至是切除。但亚萨吉尔在这 20 名患者身上的动脉血管造影结果并不支持这一做法。

这使他忧心忡忡，特别是他需要时不时地为中风患者做手术。他认为颈动脉结扎和分叉部切除对侧支循环的形成都有负面影响。这样的手术降低了存活的概率。此外，他还相当肯定，中风患者不会发生血管痉挛。许多人也相信是这样的，但在他进行的数千次中风患者的动脉血管造影中，几乎没有证据能证明这一点。他明白，与库雷因布尔的一场争辩即将到来。

直到 1964 年，亚萨吉尔在长达 11 年的时间里有整整一半的时间都花在了神经放射学的研究上。作为一名神经外科专职医生，他的头脑一直在与手术困难做斗争，但他的研究和原创性贡献则来自于 X 线方面的工作。通过论文和在神经外科会议上的演讲，他在整个欧洲乃至其他地方都赫赫有名。他在耐心地等待着时机，因为他意识到作为一名神经外科医生的最好时光还在前面。他还认识到，有一天他将不再只是库雷因布尔的助手。然而，与此同时，他已经在神经放射领域为自己建立了相当高的声誉。

到 1964 年，他已经发表了 10 篇关于动脉血管造影的论文，以及 30 多篇关于神经放射学其他方面的论文。但他的主要工作仍然是这本关于人体解剖和数千例活体动脉血管造影的著作。德语版《脑血管造影》（*Cerebral Angiography*）于 1965 年出版，意大利语版和英文版分别于 1967 年和 1968 年出版。虽然这本书在美国的发行量不大，但在欧洲却大放异彩。

注 释

① Dandy: *Surg*, 1918(68), 5–11.

② Dandy: *Ann. Surg*, 1919(70), 397–403.

③ Moniz: *Renue neurologique*, 1927(2), 72–89.

④ Sugar, et al: *American J. Roentgenol*. 1949(61), 166–182.

⑤ Lindgren: *Acta radiol*. 1950(330), 389–404.

⑥ Takahashi: *Arch. Psychiat*. 1940(111), 373–379.

⑦ Sjögren: *Acta radiol*. 1953(40), 113–127.

⑧ Loman and Meyerson: *Am. J. Roentgenol*, 1936(35), 188.

⑨ Shimidzu: *Arch. Klin. Chir*. 1937(188), 295.

⑩ Yasargil: *Schweiz Arch Neurol Neurochir Psychiatr* 1954(76), 398–399.

⑪ Krayenbühl and Yasargil. *Cerebral Angiography* (2ndEd), 7–8.

⑫ Silva D: *Archiivios de las Aseciacion para las Sequera en Mexico*. 1947(5), 109–127.

⑬ Yasargil: *Ophthalmologica* 1957(133), 212–214.

⑭ Krayenbühl: *Clinical Neurosurg* 1966(14), 45–71.

⑮ Krayenbuhl and Yasargil: *Das Hirnaneurysma*.

⑯ Krayenbuhl and Yasargil: *L'anéurysme de l'artère communicante antérieure*, 41–70, 91–107.

⑰ Krayenbuhl, et al. *Schweiz Arch Neurol Neurochir Psychiatr* 1964(94), 287–304.10.

Vascular Surgery and Stereotaxis

第 11 章　血管外科和立体定向

早在 1958 年，血管外科医生就认为通过切除颈总动脉分叉部来治疗中风患者是十分荒谬的。然而，在 20 世纪 50 年代初，一些外科医生，其中包括库雷因布尔，推测中风是由于一种未知物质从颈动脉分叉部释放到血液中，导致上游更远的较小动脉狭窄和阻断。1953 年，亚萨吉尔在库雷因布尔的指导下第一次进行了手术。那时的他当神经外科住院医生还不到几个月。该名患者在手术前就瘫痪并陷入昏迷，在几周后死亡了。切除（或者简单结扎）颈动脉分叉部通常对中风后清醒患者几乎没有影响，而无论是否进行这样的手术，昏迷患者都会死亡。在其他可替代治疗方案中，库雷因布尔只允许通过向星状神经节注射局部麻醉药来阻断颈动脉分叉部发出的交感神经纤维。亚萨吉尔认为它就像切除颈动脉分叉部一样毫无用处。而唯一可行的其他治疗方法——抗凝，似乎更危险，而且收效甚微。

第二年，趁着库雷因布尔不在，亚萨吉尔决心尝试一些不同的东西，他为一个类似的患者施行了手术。动脉血管造影显示颈内动脉起始处仅有一条狭窄的血流流经梗阻处。他没有结扎或切除颈动脉分叉部，而是在他所能感觉到的、穿过分叉部坚固斑块的上方和下方放置临时结扎。然后他切开血管，切除斑块和附着的血栓，然后用 4–0 的丝线缝合动脉壁，虽然他认为这种材料太粗糙，不适合这种手术，但这是目前可用的最好缝线。他确信，已经改善了流向患者大脑的血流情况，因为他在先前阻塞的部位远端触及了搏动。

他很高兴并期待着库雷因布尔的归来。如无意外，他已经向自己证明了血管是可以被切开和缝合，而且仍然可以维持血流！缝合部位也没有渗漏。

但当库雷因布尔发现这件事时，他勃然大怒。“你做了什么？”他咆哮着，“患者怎么样了？他还活着吗？”

“是的，先生。”亚萨吉尔回答道。这名男性患者的病情绝对没有恶化，而且可能会随着时间的推移而好转。亚萨吉尔希望在几天后通过动脉血管造影证实血流的改善。

“我不敢相信你背着我这么做。”库雷因布尔来回走动着继续说。他的眼里满是怒火：“你就不能不做这些疯狂的事情让我安心离开一天吗？你的所作所为非常危险。你改变了这个可怜的患者整个大脑循环的血流动力学。他死定了，等着瞧吧。”

不过这个患者并没有死。他的偏瘫虽然没有好转，但是却活了下来。亚萨吉尔没有进行术后动脉血管造影。他知道，自己已经非常危险，库雷因布尔可能会减少甚至剥夺他的手术机会。科主任对神经外科实施铁腕统治，不管他认为库雷因布尔对闭塞性中风的理解多么荒谬，但他也不能再冒着惹怒他的风险行事了。

亚萨吉尔很可能做了世界上首例颈动脉内膜剥脱术。据报道，迈克尔·狄贝基（Michael DeBakey）在 1953 年进行了这项手术，但他的论文直到 5 年后才发表[①]。库雷因布尔从未公开承认过自己的错误，但他基本肯定了休斯敦狄贝基团队在颈动脉内膜剥脱术的研究进展。到 20 世纪末，人们普遍认为该手术是治疗颈动脉卒中的最佳外科治疗方法。一些这样的中风被认为是由于附着在颈动脉分叉斑块上的血栓脱落的栓子引起，而另一些则是由于颈内动脉周围血流情况不佳所致。在这两种情况下，新发的卒中都可以通过及时的颈动脉内膜剥脱术来预防，在某些情况下，由此导致的侧支循环增强可以改善由最初的卒中引起的后果。

然而，在接下来的 45 年里，亚萨吉尔没有宣称自己进行了首例颈动脉内膜剥脱术，也没有以任何方式声称自己是颈动脉手术的先驱。不过，他确实承认，为自己不能在 1954 年坚持开展这类手术而感到遗憾。

在亚萨吉尔进行颈动脉内膜剥脱术后的几个月内，依斯特科特（Eastcott）、皮克林（Pickering）和罗伯（Rob）报道 1 例颈动脉分叉部血栓斑块切除术[②]。他们虽然无法恢复颈内动脉的血流，但利用其残端拓宽了颈外动脉的流出通道。他们的报道注定会激起世界各地血管外科

医生的兴趣和想象，促使他们大规模地尝试颈动脉手术。

第二年春天，查尔斯・罗伯（Charles Rob）来到苏黎世介绍他们在伦敦进行的手术。亚萨吉尔在听到他强调他们的手术成功是因为增加了颈内动脉阻塞周围的侧支循环时很高兴，这对他来说是一种正常的现象。亚萨吉尔之后瞥了一眼库雷因布尔，但库雷因布尔仍然注视着正前方。他不得不意识到，他们在苏黎世所做的手术——切除颈动脉分叉部，恰恰是不应该做的。这些手术降低了侧支循环自发形成的可能性，在分叉部出现的颈外动脉系统必须尽可能保留。罗伯及其同事都想方设法地保留它。让亚萨吉尔松了一口气的是，次日库雷因布尔便宣布将不再在苏黎世州立医院结扎或切除分叉部。

突然间，亚萨吉尔有了探索其他途径的想法。他对血管外科的兴趣将引向一个完全不同的方向，并将进一步证实他对于独立思考的偏爱。

亚萨吉尔陪同库雷因布尔参加了1956年在布鲁塞尔举行的世界神经外科大会，并被立体定向手术的演示所吸引。弗莱堡大学的特劳戈特・里切特（Traugot Riechert）是当时欧洲立体定向神经外科中心的领导者，他描述了自己的技术，展示了一种特殊的仪器，一个固定在患者头部的校准框架，这旨在引导电极指向大脑内的精确目标。然后他介绍了一批病例，热损伤将会在帕金森病患者的苍白球和丘脑中的各种目标核团的几毫米范围内产生。通过破坏这些区域的微小神经核团，静止性震颤和肌肉僵硬即使不能完全缓解也会显著减轻。

依据纽约欧文・库伯（Irving Cooper）描述的苍白球化学毁损术方法，库雷因布尔曾为帕金森病患者做过几次开颅手术③④，他徒手将一根长针穿过额叶进入基底神经节区域，最终通过注射少量酒精对神经元进行破坏，据说是在苍白球内。结果却是各不相同的。有时震颤会立即减弱，或者患者的僵硬程度有所降低；有时则完全没有变化。一名患者在手术后几天里昏昏欲睡；另一名患者出现了语言障碍；还有几名患者经历了令人震惊的智力改变。这让库伯感到灰心丧气。

但是里切特的技术带来了希望，在局部麻醉下，通过一个骨孔精确地进行毁损。而且这个结果远远优于库雷因布尔通过打开颅骨进行徒手损伤的尝试。那天晚上，亚萨吉尔无法入眠。但他的失眠并不是由治疗

帕金森病和其他运动障碍的想法引起的，萦绕脑海的是血管性疾病，特别是动脉瘤。他为利用里切特的技术以一种全新的方式治疗动脉瘤的可能性感到兴奋。

在连续 3 年每天都做动脉血管造影后，亚萨吉尔早已痴迷于动脉瘤和血管畸形的治疗。通过开颅直接手术的效果并不确切，存活的患者极少能恢复正常生活。他开始萌生一个更好的想法。为什么里切特的立体定向方法不能适用于消除动脉瘤？在将针尖立体定向刺入动脉瘤壁后，可以在里面注入铁屑或其他一些产生血栓的物质，这样就有可能在不进行开颅手术的情况下将动脉瘤从脑血流循环中消除，死亡率应该很低，而且不太可能出现脑肿胀或出血。如果成功，动脉瘤手术将被从黑暗时代解救出来。因此，他确信自己必须学习立体定向方法，这个大好机会不能错过。

在返回苏黎世的航班上，他苦恼着该如何向库雷因布尔表达自己的请求。他不能被拒绝，但也许应该再花 1～2 个晚上慎重掂量一下。毫无疑问，库雷因布尔会拒绝任何考虑欠周全的想法。但亚萨吉尔如果要求在弗莱堡再待上 1～2 个月可能会让库雷因布尔面临众人责难，他的离开会给同事们带来额外的工作量，甚至导致每个人每天都需要工作。

最后，他决定将小心谨慎抛诸脑后，并认为库雷因布尔可能也有类似的想法。现在可能是提出这个问题的最佳时机，他口干舌燥地开始讲话。

库雷因布尔半闭着眼听着。当库雷因布尔将要打瞌睡的时候，亚萨吉尔说："请让我去吧，我可以在度假期间做这件事。我保证会尽可能办成这件事，我将学习弗莱堡手术的方方面面。"库雷因布尔沉默良久，最终态度有所缓和。这很可能是库雷因布尔认为对动脉瘤进行立体定向治疗不重要，而非其他想法。他正在考虑对运动障碍的治疗，这些问题远非他一直使用的开放式方法所能解决的。里切特的演讲着实令人印象深刻。

1957 年 11 月，亚萨吉尔前往弗莱堡。2 周后，他给库雷因布尔打电话："明天安排了 2 台手术，您一定要过来亲眼看看。他们的技术非常好，我们自己也可以做到。"

他和库雷因布尔看着里切特在局部麻醉下在患者头上打了一个小孔。在硬脑膜打开之际，里切特的助手弗里德里克·芒丁格（Fritz Mundinger）和罗尔夫·哈斯勒（Rolf Hassler）开始接手，并进行必要的数学计算，然后调整立体定向框架，装载毁损电极。他们使用计算尺，在一本破旧的立体定向地图集的图形标尺上工作。在反复确认计算无误之后，他们将电极朝向置入患者丘脑中的一个有着精确深度的目标，然后再次检查计算结果。然后，用小剂量电流刺激该区域，密切观察患者身体另一侧的面部、手臂和腿部。任何形式的不自主运动都表明电极靠近内囊的危险，这是锥体束纤维紧密聚集的地方。如果不精确或超出限度而在这样的部位造成损伤，可能会导致永久性瘫痪。他们反复询问患者的感受和刺激的影响，仔细记录其反应。最后，确认电极已精准置入，他们会发出更大剂量的凝固电流，毁损局部脑细胞。芒丁格将听诊器放在患者头部的另一边，听着爆裂的声音，确认伴随少量脑组织被蒸发时的气体释放。患者的颤抖立刻减轻了，胳膊和腿可以更自由活动，不再受僵硬的束缚。那是一个神奇的时刻。

即使是库雷因布尔也难掩兴奋之情。他认真询问了里切特、芒丁格和哈斯勒，最后仔细查看了他们的计算和图谱，在脑海中记下了他们的操作方式。库雷因布尔不是一个可以草率下结论的人，但他对此印象深刻。“好的，”他后来对亚萨吉尔说，“我同意。我们可以做到这一点。”

亚萨吉尔在弗莱堡又待了四周。库雷因布尔希望他学习到关于这种方法的一切，确切地说，哪里可能出错以及如何预防。亚萨吉尔将全权负责相关的技术细节。

其中一个问题是产生的毁损区域的大小各异。一些患者需要多个毁损区域才能达到预期效果，还存在过度烧焦脑组织的问题，如果电流不以测量的增量增加，甚至会产生沸腾效应。最好是做多点毁损，而不是在单点突然加大电流。有时，当电极被取出时，电极尖端会明显看到少量脑组织甚至血凝块。如果电流能引起出血，那么各种神经相关的灾难后果就可能发生，永久性的四肢乏力或笨拙、明显的性格改变甚至死亡。里切特坚决反对在同一天对同一患者的双侧丘脑进行毁损，他见过这样的双侧毁损导致昏迷和永久性智力丧失。无法识别的出血可能是此

类问题的根源。立体定向手术在很大程度上仍处于初级阶段，其危险也是显而易见的。

几周内，亚萨吉尔就收集了在苏黎世开展立体定向神经外科手术所需的所有仪器。他花了 2000 马克从 Fisher 公司买了这些东西，并把它们牢牢地打包装在一个大金属盒子里。

当通过巴塞尔火车站的海关检查站时，他开始变得十分焦虑。明知道可能很难把这些器械运到瑞士，他还是下决心无论如何要办成它。现在他不是那么淡定了。一位海关官员怀疑地看着箱子。“这是什么？”他恶狠狠地问道。

“是手术器械。”亚萨吉尔回答道，使尽浑身解数阐明其重要性，甚至冒充库雷因布尔。他之前曾被告知医疗器械在违禁品清单上，但为什么呢？这毫无道理。

当工作人员把重达 70 磅的箱子抬到检查台上时，被其重量吓了一跳，在竭力对抗中失去了平衡，箱子摔了下来砸在地板上，翻落在角落里，门闩弹起，箱盖打开了。

亚萨吉尔慌了神，跳上前去检查仪器是否损坏。每一件都被金属夹子牢牢地固定了。只有箱子本身损坏了，一个边角弯曲了。

但他绝不会放过这个机会。“我的天啊！”他甩了甩双手咆哮道，“看看你们做了什么！这些都是非常昂贵的仪器。患者正指望着它们呢。”

他解开看起来精致的仪表盘，把它举到灯光下仔细端详，检查与瞄准弓连接的闪闪发光的表面，脸上装出焦虑的表情。然后他拿出几个电极，看了看它们的长度，然后检查了它们闪闪发光的尖端，脸上装出一副担心的样子。

“明天早上我需要用这些仪器设备在苏黎世做脑部手术，”他用最权威的语气开始说，“现在看来已经不可能了，你有责任。”他尖叫着，并要求该员工提供身份信息，眯着眼睛看着他的名牌，在口袋里摸索着找到一支笔，草草记下他的身份号码。

“我们必须列出所有受损物品的清单。这些都是精密仪器，极其昂贵，在瑞士任何地方都买不到。”

该员工的脸变红了，并开始冒汗。他盯着亚萨吉尔看了几秒钟，然后又盯着过道对面的同事。在工作线上的其他人的眉毛都竖了起来。突然，该员工啪的一声关上箱子，示意亚萨吉尔把它捡起来。他匆匆地在一张纸上盖了戳，递给了他。“走吧，”他粗鲁地说，“离开！”

亚萨吉尔松了一口气，捡起了仪器设备和另一个包，几乎是从海关检查站跑出来的。

但他并不打算立即开展手术。他仍然对里切特手术的某些方面不放心，尤其是考虑到自己要为手术结果负责。

第二天，他与在苏黎世从事电生理学研究的弟弟古奈（Günay）一起讨论了控制凝固电流的问题，随后又与古奈的实验室主任奥斯卡・威斯（Oscar Wyss）讨论了这一问题。1932 年，生理学研究所所长沃尔特・鲁道夫・赫斯在猫身上引入了选择性刺激神经组织的技术。这让他找到了下丘脑的功能组织，以及它如何协调其他重要器官的活动。这一发现使赫斯在 1949 年获得了诺贝尔生理学或医学奖。威斯延续了赫斯的工作，并进一步改进了他的技术。十多年来，他和助手 R. W. 亨斯伯格（R. W. Hunsperger）一直在猫身上进行高频毁损实验。在接下来的几周里，威斯和亨斯伯格调整了他们的电凝系统，从而方便亚萨吉尔将其应用于人类身上。在使用更高频率电流的同时产生更少的热量，这使得组织破坏的区域更集中。因此，对周围的神经细胞的影响不会很大。在一系列猫的实验中，抽出的电极一直非常干净，尖端没有血块或其他碎片的痕迹。尸检显示病灶大小一致，没有出血的证据。亚萨吉尔认为高频发生仪对人类立体定向手术是安全的，但仍持保留意见。

他仍然不太相信在弗莱堡学到的解剖学和定位技术，还有其他问题需要回答。他开始采用从巴塞尔克林格那里学到的冷冻技术，对丘脑和大脑基底节区域进行广泛的研究，这一次他在脑海中设定了一个具体的目标。他制作了详细的陶土模型，先是丘脑，然后是丘脑的苍白球。苍白球的内层是一种不同寻常的结构，薄而弯曲，拥有复杂的三维结构。对于最初尝试的毁损，他认为苍白球比丘脑更安全，但仍然存在风险。苍白球毗邻内囊，这里行经由大脑运动皮层发出的运动纤维束，不经意间灼伤内囊将是灾难性的，几秒钟内便会导致永久性瘫痪。而在手术中

直接观察这些结构是不可能的，只有充分了解靶区与外部颅骨标志之间的精确关系，再加上侧脑室的形态，才能精确、安全地制造毁损灶，绘制苍白球结构则依赖于电极刺激。头几次在人体上进行的手术让他非常紧张，疗效则是出奇的好。

他对威斯制作的高频射频发生仪信心十足，它与当时在其他立体定向中心应用的有很大的不同。亚萨吉尔渴望向芒丁格和哈斯勒证明这一点。当他这么做时，他们表现出了兴趣，但仍有保留意见。他们尤其质疑电极尖端产生的温度。威斯教授随后在产生毁损时进行了精确的温度测量，并向弗莱堡的研究小组展示了射频发生仪的详细物理信息。最后，芒丁格和哈斯勒被说服了。他们决定采用这项技术。后来，威斯和亨斯伯格发表了他们的高频射频发生仪的论文⑤。其很快就被商业化。不久，最先在苏黎世应用的高频射频发生仪就成为世界各地的标准。

在短时间内，亚萨吉尔开始倾向于以丘脑为靶点，特别是丘脑腹嘴后核（ventralis oralis posterior nucleus，VOP，丘脑腹外侧核的后下部），它更致密，与侧脑室的关系似乎更明确。在 1958 年春天，他开始进行丘脑毁损术，手术效果非常好，以至于亨斯伯格开始倾向于施行丘脑毁损术，而非他之前喜欢的苍白球毁损术。

1958 年 11 月，亚萨吉尔前往巴黎拜访当时欧洲立体定向巨头之一吉恩・塔莱拉什（Jean Talairach）。他是马瑟尔・大卫（Marcel David）的同事，马瑟尔・大卫是库雷因布尔的挚友，也是圣安妮医院（l’Hôpital Sainte Anne）神经外科主任。塔莱拉什当时 48 岁，在 1940 年德国占领法国后，他是抵抗运动的成员之一，富有精力和想法。他与大卫・图努克斯（David Tournoux）和皮埃尔・图努克斯（Pierre Tournoux）合作，刚刚出版了一本立体定向手术图谱，这本图谱迅速引起了全世界的关注。塔莱拉什的框架仪器与亚萨吉尔和弗莱堡小组使用的略有不同，他对这项技术的应用范围持更开阔的预见。他开始使用这种方法治疗癫痫患者，甚至对深部肿瘤进行活检，并进行垂体消融手术。亚萨吉尔在那里待了 6 周，观摩，询问，思考，并谋划着。

1958 年后，亚萨吉尔的经验逐步增长，很快，神经外科医生纷纷来到苏黎观摩他的做法。库雷因布尔注意到了亚萨吉尔作为一名立体定

向外科医生的成就，但仍未准许他开展更多主流的颅内手术，特别是良性肿瘤和血管病变。亚萨吉尔继续花大量时间做脊柱手术，并为脑外伤患者做开颅手术。这些手术案例是他在放射科行经皮动脉血管造影术的正常职责之外进行的。到 1965 年，他已经开展了 800 例立体定向手术，主要针对帕金森病的患者。在单侧震颤的患者中效果最好，但肌肉僵硬的患者症状也有所改善[6~14]。

双侧身体都有症状的患者仍然让世界各地的立体定向外科医生感到焦虑。他们明白，双侧手术可能会导致意识受损或精神变化，没有人推荐这种做法。但亚萨吉尔并不这么认为。在他看来，如果能精确控制毁损灶的大小和部位，就可以避免大多数人担心的并发症。随着时间的推移，他了解到，对双侧病例进行分期手术，即在给予初始损伤愈合时间（通常是几个月）后，再为对侧施行手术，可以产生安全有效的一致结果[14]。

这个大胆的想法一开始是存在争议的，但亚萨吉尔的结果很快就让持负面意见的人闭嘴了。神经功能障碍的发生是由于与邻近毁损灶相关的过度肿胀所致。让一个毁损灶先愈合，然后再制造第二个，就解决了问题。他事先花了相当长的时间与每个患者交谈，指出了这项技术的风险和它作为新技术的事实。

他调整了一些帕金森病患者的毁损灶的大小和位置，试图改变他们的运动障碍、特有的毫无表情的面容以及高度机械性的肢体运动。然后，并不成功。他们的运动障碍依然存在。他还对 7 名慢性疼痛患者的丘脑后核进行了毁损实验。有几名患者的症状似乎在手术后有所改善，但他从未真正相信自己帮助了其中的任何 1 名患者。7 名患者中有 2 名在手术后似乎情况更糟，所以他放弃了治疗疼痛的尝试。当少数患者没有好转时，他也停止了对斜颈的治疗[15]。可能是想到了他在巴塞尔跟随克林格教授学习的经历，他通过在杏仁核做了一个直径 4 毫米的毁损灶治疗了一个患有颞叶癫痫的儿童，但没有明显的改善。几年后，他从在显微手术中切除海马旁回杏仁核的成功经验发现，他当年制造的立体毁损灶根本不够大。

亚萨吉尔参与了一名年轻女孩的会诊，她患脑炎后有了可怕的攻击性行为。一分钟前她还安静地坐着和家人聊天，下一分钟就会恶狠狠地

攻击他们——打架、抓挠、咆哮、吐痰和怒气冲冲。她是一位地位非常显赫的苏黎世市民的独生女。孩子的主治医生来到了库雷因布尔这里，希望通过某种外科手术能帮助她。他解释说，她的父母已经绝望了，做好了接受任何风险的准备。

最终，大学里的大多数神经科学家都被召集起来征求意见。多年来，人们一直认为在实验动物中愤怒反应是由下丘脑介导的[16]，描述这种现象的一些最重要的实验工作是在苏黎世进行的。鲁道夫·赫斯本人通过刺激猫的下丘脑引起了愤怒反应[17]。

库雷因布尔提出了在下丘脑穹窿周围区域进行双侧立体定向毁损的想法，这项任务交给了亚萨吉尔。

在手术当天早上，手术室里挤满了医生和生理学家，内分泌科主任和大内科主任都到场了。没有人知道接下来会发生什么，每个人都担心会发生最坏的情况。这种类型的双侧下丘脑毁损以前从未在人类身上施行过。可能的即时反应包括心率明显加快与严重减慢；体温上升至106 ℉或107 ℉（41.1℃或41.6℃）与身体严重降温；血压突然飙升与深度休克；甚至死亡。水电解质的平衡问题肯定会随之而来，但他们都希望这些问题能够得到解决。

时年已经80多岁的赫斯也亲自到场了。这位伟大的神经生理学家站在幕后，精确地指导着毁损的位置。一位教授反复测量女孩的血压，大内科主任握住她的手腕，持续监测她的脉搏。亚萨吉尔小心翼翼地制造了一个毁损灶，接着制造了另一个。

什么意外都没发生。她的生命体征保持平稳，没有死亡，也没有内分泌或水平衡的问题。但她的病情没有变化。随后，库雷因布尔进行了开颅手术，并进行了双侧额叶切除术。这控制了她的愤怒反应，但也改变了她的性格。她在余生中再也没有表露出任何情绪。

亚萨吉尔做了7年的立体定向手术，主要是治疗帕金森病，但是开创一种治疗动脉瘤的手术方案仍然是他的最终目标。在进行的数千次动脉血管造影的过程中，他对这些从颅内动脉壁凸出的致命性的浆果状病变的治疗产生了极大的兴趣。他已经阅读了能找到的关于这个问题的所有资料，并且充分意识到其他人所面临的问题（附录B）。

尽管库雷因布尔非常担心动脉瘤给患者带来的严重风险，但他并不希望通过尝试明显超出他能力范围的手术来把事情变得更糟。作为科室主任，他决定哪个外科医生给哪个患者做手术。作为最有经验的外科医生，他把所有的动脉瘤病例都留给了自己。治疗动脉瘤是一项令人敬畏的责任。他充分意识到直接攻击这些病变的风险，并认为这类患者接受颈内动脉结扎手术的存活机会最大，这是他多年来一直使用的方法。但这通常并不成功，将任何供应大脑的动脉进行结扎的长期效果都令人担忧。

随着斯德哥尔摩的赫伯特·奥利维克罗纳（Herbert Olivecrona）、科隆的威廉·托尼斯（Wilhelm Tönis）和其他地方关于颅内动脉瘤夹闭成功的报道不断涌现，亚萨吉尔变得越来越焦躁不安。在对所有入院的动脉瘤破裂出血的患者进行经皮动脉血管造影时，他因为没有更好的治疗方法感到沮丧，但他从不放过任何一个机会提醒库雷因布尔其他地方正在做什么。最后，库雷因布尔再也忍不住要直接去夹动脉瘤了。最初的结果是令人鼓舞的，让他在手术后的几天里兴奋不已。但不良结果同样存在。

库雷因布尔是一位优雅的外科医生，有着美丽的双手——光滑、无瑕疵的皮肤，修长的手指和整齐的指甲。他的动作细腻而精确，总是小心翼翼地对着大脑操作，这似乎反映了他对患者和自身职责的深切敬意。他的做法是翻折一个巨大的额部皮瓣，然后移除一大块骨瓣，以便进入双侧额叶下方区域。他的开颅手术是严格按照古老的库欣传统进行的，总是努力限制出血，尽量减少对颅外肌肉的损伤。

但动脉瘤手术的性质给外科医生带来了难以想象的压力。尽管库雷因布尔富有才华和勇气，但他在心理和情感上并没有准备好应对这种压力。当动脉瘤手术发生大量出血时，微妙而精确的解剖结构在几秒钟内就会变成一团乱麻，并预示着死神来了。与腹部和胸部手术相比，脑部手术控制出血的方法有很大不同，因为腹部和胸部手术并不总是要求极其精细。更令人沮丧的是，有时患者并没有从看似完美的手术中苏醒过来。

灾难性的时刻和悲惨的结果会让库雷因布尔连续几天都情绪低落，这给整个科室蒙上了一层阴影。动脉瘤手术显得愈发可怕。更糟糕的

是，在动脉瘤手术中幸存下来的患者在精神上、神经功能上或情感上也往往不是原来的样子了。回归独立生活与其说是常规，倒不如说是例外。

亚萨吉尔认为存在一种更好的方法，一项更安全、更精确的技术，可以更少操作周围正常组织，从而使患者生存概率改善。

自 1956 年听了里切特在布鲁塞尔发表的演讲以来，他一直在为立体定向治疗动脉瘤的想法而冥思苦想。一天晚上，当他挣扎着入睡时，解决方案变得清晰起来。他立刻从床上跳起来，开始在卧室的阴影中不停踱步。他再也睡不着了。他推断，可以在颅骨内置入磁性探针，并通过立体定向的方法将其精确地对准动脉瘤的壁面。这样的磁体应该能够捕获通过小导管注入颈内动脉的铁颗粒。在动脉瘤内浓缩足够多的铁颗粒应该会引起血栓形成，并将其孤立于循环之外，从而治愈患者。不再需要开放式脑部手术，也不再需要结扎大动脉。

第二天，他找到了一位在大内科实验室工作的心脏病专家，并说服他将完成心脏实验后的狗提供给自己做实验。在几周的时间里，他开始了捕捉微小铁粒子的任务——将铁颗粒注入狗的股动脉，同时将一块大磁铁放在狗的后腿中段，最初贴在剃了毛的皮肤上，后来是直接贴近暴露出来的血管。不幸的是，磁场不足以抵消血液对铁颗粒的冲击力。它们迅速流过，并聚集在动物的脚上，很快脚部就发生缺血坏死了。这个实验结果令人沮丧，但他仍然相信这个想法是可行的。他只需要一块更强大的磁铁。

如果真的考虑将这个想法应用到人类身上，他需要一种完全不同的磁铁，一种比他一直使用的更为强大的磁铁。理想的磁铁应该足够小，可以通过立体定向以聚焦于颅内血管走行过程中的精确位置的方法引入。

他去附近的“技术高中”找到一位磁铁专家[18]，并被告知，苏黎世没有他所需要的磁铁。工程师们相信自己能造出一块小磁铁，可能只有人的拇指大小，但亚萨吉尔坚持要求磁铁的尖端直径不超过几毫米，而且还必须有相当强的磁力。铁颗粒将无法逃离动脉瘤而进入大脑中动脉的分支，否则将可能在那里引起中风。

该学校的专家们熟悉“冷”（超导）磁铁的概念。冷磁铁可以做到非常小，通过用氦气和氮气冷却这种仪器的尖端可以使其强大的磁场不会产生足够的热量来阻碍电子流。尽管苏黎世没有冷磁铁，但有传言称，美国陆军已经生产了一块，或者至少正在试验这一概念。专家们建议他通过他在美国的人脉来打听一下。

哈佛医学院神经外科主任威廉·斯威特（William Sweet）教授是苏黎世的常客，和库雷因布尔关系亲密。斯威特每年夏天都会在库雷因布尔家做客一个月。亚萨吉尔私下里与他认识。他在手术室、X线检查室，甚至实验室的出现都是一段传奇。斯威特被称为“行走的笔记本”或“美国间谍”。他总是带着笔记本，不停地记录他所看到的：手术、动脉血管造影，甚至是患者病史和临床检查的笔记。他把一切都写下来了。

亚萨吉尔向斯威特描述了他的想法，并告诉了他在实验室中遇到的问题。斯威特草草记下了几页笔记，画了一些图画，并向亚萨吉尔承诺，他会在回到波士顿后的几周内与他联系。

斯威特的一位住院医生休·罗索莫夫（Hugh Rosomoff）对亚萨吉尔的想法很感兴趣。在短时间内，罗索莫夫找到了合适的铁颗粒，波士顿的商业面包店即使用这种铁粉。到20世纪60年代中期，罗索莫夫已经使用磁铁将铁颗粒捕获到狗的动脉瘤中。他的模型确实导致了血栓形成，并发表了论文[19]。

亚萨吉尔认为这个想法也是解决动静脉畸形的方案。对于非功能区的动静脉畸形，往往只要切除颞极或额极便可以完全切除。他自己没有做过脑动静脉畸形手术，但见过库雷因布尔切除的几例。手术通常是漫长而乏味的，但对一些患者而言效果非常好。

但许多动静脉畸形发生在必须不惜一切代价保护的脑功能区。在处理层层环绕的供血动脉和动脉化静脉的同时，保护邻近的脑组织及其血管供应是极其困难的。很多时候，出血模糊了外科医生的术野，邻近的大脑组织最终受到损伤。这样的患者在手术后反应极重。但亚萨吉尔认为，一旦在病变部位建立了电磁场，动静脉畸形就有可能通过注射铁颗粒引起的血栓形成而治愈。

一个相关的想法是采用立体定向的方法，通过一个小骨孔将聚合物

质直接注射到动脉瘤或动静脉畸形中。他推断，如果不进行开颅手术，患者的颅内压不会降低，使得动脉瘤或动静脉畸形外部的压力基本上与其内部压力相同。在压力梯度很小或没有压力梯度的情况下，当用针刺穿血管壁时，出血应该非常少。虽然这个想法有一定的风险，但它可能会奏效。

在实验室里，亚萨吉尔给几条狗的股动脉注射了外科黏合剂，但收效甚微。这种胶水在凝固之前便被血液循环带到了上游。他立即回到那家“技术高中”，这一次是去寻找一种起效更快的聚合物质。他再一次被告知，欧洲没有这种物质。也再一次被建议：“去问问你的美国朋友。”

加州大学洛杉矶分校神经外科主任罗伯特·W. 兰德（Robert W. Rand）是库雷因布尔的另一位常客。亚萨吉尔向兰德描述了他的想法，并在实验室里解释了他面临的问题。兰德把这个想法带回洛杉矶，并交给了住院医生约翰·F. 阿尔克斯内（John F. Alksne）。像罗索莫夫一样，Alksne 立即开始工作，并发表了一些关于这个主题的论文，包括在一小部分患者中消除颅内动脉瘤的情况（附录 C）。

亚萨吉尔看到他使动脉瘤通过立体定向形成血栓的想法在实验上取得了成功，这让他获得了一定的满足感。尽管美国所做的工作给他留下了深刻的印象，但他仍为自己无法研究出这项技术而感到难过。然而，到了 1966 年，他开始从事更重要的工作，就连他自己也没有意识到，这项工作会彻底改变脑血管外科甚至整个神经外科，也将毫无疑问使得立体定向治疗动脉瘤的研究逡巡不前。

注　释

① DeBakey, et al.: *Ann Surg* 1959(149), 690–710.
② Eastcott et al: *Lancet*, 1954(267–2), 994–996.
③ Cooper: *Science*, 1954(119), 417–418.
④ Cooper: *Surg Gynecol Obstet*, 1954(99), 207–219.
⑤ Hunsperger and Wyss: *Helv Physiol pharmacol Acta*, 1953(11), 283–304.
⑥ Müller and Yasargil: *Schweiz Arch Neurol Neurochir Psychiatr*, 1959(84), 136–154.

⑦ Yasargil and Krayenbühl: *Med Hyg*, 1959(17), 147–149.
⑧ Krayenbühl and Yasargil: *J Nerv Ment Dis*, 1960(130), 538–541.
⑨ Krayenbühl and Yasargil, *J Neurol Psyhchiatr*, 1960 (23), 349–350.
⑩ Krayenbühl and Yasargil: *Riv Romagna Med* 12: 1–12, 1960.
⑪ Yasargil: *Panorama*, 1960(Sept).
⑫ Krayenbühl and Yasargil: *Dtsch Z Nervenheilkd*, 1961(182), 530–541.
⑬ Krayenbühl et al: *Rev Neurol*, 1963(108), 485–494.
⑭ Krayenbuhl et al: *J Neurosurg*, 1961(18), 429–444.
⑮ Krayenbühl and Yasargil: *Schweiz Arch Neurol Neurochir Psychiatr*, 1965(96), 356–365.
⑯ Bard: *Am J Physiol*, 1928(84), 490.
⑰ Hess and Brügger: *Helvet physiol et pharmacol. Acta*, 1943(1), 33.
⑱ 苏黎世联邦理工学院（Eidgenosse Technische Hochschule）或瑞士联邦理工学院根本不是一所“高中”，而是一所国际知名的大学，毕业生或教职工中拥有包括爱因斯坦在内的 21 名诺贝尔奖获得者。
⑲ Rosomoff: *J Neurosurg* 1966(25),524.

Problems To Be Solved: A Turning Point

第 12 章　柳暗花明

1959 年，亚萨吉尔在担任了 2 年的总住院医生后，开始停下来审视自己，看看自己在过去 6 年中学到了什么，以及对未来的选择是什么。和英国等欧洲其他地方一样，在瑞士的外科专业研究生培训模式中，住院医生要等待整个国家有岗位空缺出来，否则就一直是学徒，可能持续 4 年或 40 年。他并不打算在苏黎世度过余生。神经外科医生必须“训练有素”的概念在欧洲是一个模糊的概念。库雷因布尔本人就是一个很好的例子。在伦敦师从凯恩斯之前，他接受过病理学、内科学和精神病学方面的正式培训。虽然在亚萨吉尔的印象中，凯恩斯只指导了库雷因布尔 3 个月，但埃里克·桑德尔（Eric Zander）认为实际上更接近 3 年①。凯恩斯只在库欣手下待了 1 年②，库欣的住院医生中很少有人待超过 2 年③。

在库雷因布尔的指导下，亚萨吉尔掌握了库欣、凯恩斯、科沃特·丹迪和其他在 20 世纪 40—50 年代的顶尖神经外科医生所掌握的技术。在为硬膜下和硬膜外血肿以及各种脑出血进行了大量开颅手术后，亚萨吉尔对神经外科创伤的处理效果令人满意，特别是考虑到这些外科创伤案例通常在一开始还要接受动脉血管造影。此外，他还进行 100 多例脑肿瘤手术，主要是胶质母细胞瘤④，治疗了 900 多例腰椎间盘突出症患者，以及一些更复杂的退行性和创伤性脊椎疾病。

显然，他已经确立了自己作为欧洲领先的神经放射科医生和立体定向外科医生的地位。此外，最了解他的人都知道他是一流的解剖学家。一路走来，他对人体生理学有了极高的了解，因为这关乎手术和术后护理。他对神经麻醉和局部麻醉下的手术方面有一定的实用性知识。他能

够自己给患者插管，并监护他们在手术中和手术后的生理情况。看起来，他至少准备在其他地方开设一个科室，就像库雷因布尔在 1937 年将神经外科引入瑞士时所做的那样。

但他几乎没有做过颅内血管手术。在 1973 年之前的苏黎世，很少有动静脉畸形做手术的，亚萨吉尔也没有做过任何动脉瘤手术。库雷因布尔将那些困难的病例与听神经瘤和其他良性肿瘤一起留给自己。亚萨吉尔只对一个脑膜瘤进行了手术，这并非出于库雷因布尔的奖励或信任，而是由于术前诊断错误所致。一名 16 岁农场小男孩脑表面上的胶质母细胞瘤术后被证实是矢状窦旁脑膜瘤。不到 1 周，库雷因布尔又给他安排了另一例根据术前气脑造影诊断为胶质母细胞瘤的病例，结果证明是枕叶动静脉畸形！这次手术相当于是对他的颅内血管病个人经验的综合考验。脑膜瘤和动静脉畸形的手术带来了胶质母细胞瘤所不具有的挑战，但他没有更多的机会大量上手。

当来到苏黎世时，他脑海中最重要的计划就是在某个时候回到土耳其，将欧洲神经外科带回安卡拉将帮助他实现童年时的梦想，即为他的祖国做出重大贡献。他仍然与隔壁的邻居萨里巴斯教授通信，后者继续管理着安卡拉的神经内科。亚萨吉尔期待着他们合作的那一天。

但是从土耳其传来的消息令人不安⑤。阿德南·曼德列斯（Adnan Mendares）于 1950 年当选总理，结束了土耳其长达 27 年的一党专政。在接下来的 10 年里，他开始了这个国家在民主和自由经济方面的第一次尝试。由于其战略位置，土耳其通过杜鲁门主义获得了美国的军事援助，并通过马歇尔计划获得了经济援助。1952 年，它被接受为北约的合作伙伴。20 世纪 50 年代，土耳其取得了长足的进步，修建了新的道路和学校，修建了水坝，将电力供应延伸到安纳托利亚的农村家庭和企业。一场轰轰烈烈的土地再分配工作如火如荼地完成了。但随后在 1955 年，围绕塞浦路斯的一场分裂争端接踵而至，伊斯坦布尔街头爆发了骚乱。民众狂热的民族主义情绪被激起了，他们对推动新经济的非穆斯林企业怀有仇视态度。数以万计的希腊人离开土耳其后再也没有回来。

经济状况持续恶化，通货膨胀开始肆虐。政治局势变得越来越两极分化，宗教的紧张局势失控。阿塔图尔克 30 年前大胆的西化尝试已

经陷入停滞。在 20 世纪 50 年代末通过讨论解决他们的政治分歧并制定出可行的法律并不符合土耳其人的要求。为了维持一些表面上的公共秩序，曼德列斯又拿出了前任们的镇压手段。西化和世俗化仍然是有价值的目标，但目前必须找到维持和平的方法。如果暴力的少数民族和宗教团体得不到控制，这个国家就会四分五裂，阿塔图尔克的政治遗产就会化为乌有。压制媒体，甚至逮捕了一些“侮辱”政府的记者，形成了一个军政府，一场血腥政变随之而来。1960 年，15 名政治领袖被判处死刑，曼德列斯就在其中。很显然，现在不是国外游子回国的时候。此外，萨里巴斯教授也生病去世了。这几乎是在一夜之间发生的，他患上了胃肠道肿瘤，并因肠梗阻住院，然后并发了腹膜炎，最终出现了全身脓毒症，几天内就去世了。亚萨吉尔返回土耳其的希望似乎永远破灭了。

但他并没有失去一切。亚萨吉尔在土耳其有一位很好的朋友，他对于在政治生态即将发生的变化寄予厚望。苏莱曼・德米雷尔（Süleyman Demirel）是他小时候在一个表彰国家奖学金获得者的聚会上认识的，他从公共教育系统中脱颖而出，成为一名著名的工程师。亚萨吉尔通过在安卡拉的家人的来信来了解他的职业生涯。德米雷尔是安卡拉中东技术大学校园建设的主要参与者，借此积累了个人名声和政治声望。在曼德列斯政府中，他担任国家大坝建设项目的负责人。到 1964 年，他成为正义党（土耳其资产阶级右翼政党）的党魁，次年，在 Ragip Gümüşpala 将军去世后，他成为土耳其最年轻的总理。在德米雷尔的带领下，建造了连接欧洲和亚洲的 Keban 大坝和壮观的 Bosphorus 大桥。经济的稳步快速增长让德米雷尔获得了“建设者苏莱曼”的称号。

更重要的是，1961 年，有一个法律上的问题阻碍了亚萨吉尔返回土耳其。政变后的议会通过了一项要求政府官员系统地检查居住在国外的土耳其学生和专业人士状况的法律。亚萨吉尔已经快 35 岁了。在 18 岁生日又 3 个月之后，他就再也没有踏上过土耳其的土地。此外，将他的婚姻推迟到 1951 年的参军义务仍未履行。他接到驻苏黎世大使馆的通知，他的护照已被吊销。

失去了土耳其国籍对他来说是一个沉重的打击。在他心中，他是

土耳其人，而且永远都是。但他爱上了一位在瑞士生活了 14 年的姑娘，在过去的 8 年时间里，他全身心地投入在了工作上，选择无视土耳其的法律，这如今让他陷入了一个无法逃脱的法律漏洞。1952 年，他在因特拉肯的班迪教授手下当了一年外科住院医生，如果他此时搁置与多莉的关系，并将前往苏黎世的时间推后 6 个月，就可以满足在土耳其军队的服役要求，并完全避免法律问题。即使在 1960 年后，居住在国外的未婚土耳其医生只需服 6 个月兵役就可以获得预备役军官身份，但亚萨吉尔没有获得此身份。他曾打赌安卡拉没有人会注意他的下落和他的所作所为，但他输了。

1877 年奥斯曼帝国的一项法律禁止将与外国人结婚的土耳其人任命为军官。亚萨吉尔重新获得土耳其国籍的唯一方法是立即去报到，作为一名应征入伍的士兵去服 3 年的现役。政府在这一点上缺乏灵活性，不愿考虑任何例外情况。

被土耳其排斥的经历令他痛心。这几天，他一直为自己在库雷因布尔这里能做的事情有限而苦恼。虽然在土耳其服役 6 个月是可以考虑的，但在这个时间点上离开神经外科 3 年是不可能的事情，这会毁了他的事业。库雷因布尔认为，在这个神经外科医生职业生涯的关键阶段，这将是对时间的巨大浪费。

亚萨吉尔通过非官方途径被告知他可以通过与妻子暂时离婚来规避法律，但对他来说，这是不可选择的。库雷因布尔认为这样的举动可能会让他在苏黎世面临严重的社会问题。瑞士社会非常保守，离婚并不常见。亚萨吉尔是这个国家的雇员。他和多莉是 3 个孩子的父母，包括一个蹒跚学步的孩子和一个刚出生的婴儿。他别无选择，只能申请瑞士护照。

这段经历会困扰他好几年。到 1975 年，他已经成为近几年来世界上最杰出的神经外科医生。在土耳其，他特别受人尊敬，他是天选之子，是民族英雄，为所有土耳其人带来了巨大的荣誉。但他在 1961 年失去了公民身份，在国家动荡期间没有与土耳其同胞站在一起，这在媒体上引发了争议。直到 1991 年，当他考虑回国时，他发现安卡拉的报纸和电视上都在公开讨论此事。

欧洲神经外科医生几乎没有私人执业的机会，只有通过与一家大机构或大医院的联系，他才有希望作为一名神经外科医生在瑞士或德国生存下来。一名库雷因布尔的学生在日内瓦的神经外科任职，一名曾在斯德哥尔摩受训的医生在伯尔尼任职。此外，没有其他瑞士机构可以设立单独的神经外科了。

库雷因布尔说服亚萨吉尔留在苏黎世，聘用他为“私人医生”，给予他额外的学术和临床地位，尽管他实际上还会继续担任总住院医师5年。“现在你先待在这里，”他解释道，“希望你耐心等待，你返回土耳其的机会将会到来。”亚萨吉尔对苏黎世大学医院的一切都很满意。他觉得自己的工作条件很好。另外，苏黎世也是家人们的故乡。多莉和孩子们都是瑞士人。他们对现在的生活感到满意。现在不是他自己创业的时候。

到1959年，库雷因布尔对癫痫的外科治疗的兴趣愈发浓厚，并开始推动苏黎世大学医院的神经内科医生介绍那些有癫痫发作且对药物没有反应的患者给他治疗。

10年来，蒙特利尔神经学研究所的癫痫手术都是根据局限于颞叶的脑电图棘波和尖波来计划的。怀尔德·潘菲尔德（Wilder Penfield）报道，通过切除这类患者的部分颞叶，在68名患者中有一半患者的癫痫得到了控制[6]。在那些治疗无效的患者中，脑电图仍可监测到异常波形，术中皮层脑电图发现颞叶深部仍存在致痫灶。到20世纪50年代初，潘菲尔德提出，除了颞叶皮质外，还要切除深部的杏仁核和海马[7]，他们将癫痫发作控制率提高到2/3。但一些人仍然怀疑他的切除范围是否仅限于上述结构。

伦敦盖伊医院默里·法尔科纳（Murray Falconer）的论文对库雷因布尔影响巨大[8]。法尔科纳曾在牛津大学学习，师从库雷因布尔的恩师休·凯恩斯。在法尔科纳的13名癫痫患者中，有10名患者痊愈了，剩下的3名患者的发作次数明显减少。他对“整块”切除的描述，据说包括大部分海马和部分钩回，这引起了亚萨吉尔的注意。这一区域也是杏仁核的起源处，自从他在巴塞尔读书以来，就对此很感兴趣。他永远不会忘记克林格教授看到它令人惊叹的解剖学结构的反应，以及他预测将

来有一天其重要临床意义将会被发现。它的结构太复杂了，以至于很难不是一个重要的结构。他仔细研读了法尔科纳的论文，拼命想弄清楚他到底如何做的。

库雷因布尔立即派出他的脑电图专家、著名神经生理学家的儿子鲁道夫·赫斯二世先去蒙特利尔、再去伦敦学习脑电图技术。库雷因布尔决定缩小手术切除范围，只切除含有癫痫灶的组织。

亚萨吉尔在库雷因布尔的癫痫手术中只扮演了非核心角色，他协助打开颅骨，然后将电极放置在颞叶的不同表面。库雷因布尔和韦伯完成手术的关键部分，通常是切除颞叶的前 2/3，特别是它的上回、中回和下回，所有这些区域都是智力相关的重要区域。他们所做的似乎与潘菲尔德自 20 世纪 40 年代以来一直在做的没有什么区别。亚萨吉尔对电生理方法能提供的帮助如此之少感到失望，认为一定有更好的办法。

库雷因布尔和韦伯总是保留完整的杏仁核和海马体。法尔科纳曾描述要切除它们，至少是部分切除，但很难从他的论文中确定确切手术范围。术后 CT 和 MRI 要再过 15 年才能出现。法尔科纳手术对后续癫痫的控制有更好的效果，这是他与潘菲尔德手术的唯一区别，但根本不能获悉到底大脑哪部分被损毁了。

在亚萨吉尔看来，癫痫外科医生似乎正在切除越来越多的颞叶以试图控制癫痫发作。他设想未来能切除的东西将越来越少。他猜测，仅通过切除杏仁核和海马体或破坏与其他区域的关键连接，可能与库雷因布尔正在做的手术有一样的效果。如果是这样的话，皮质成分可以保持完整以避免术后认知功能的丧失。

这是一个他渴望验证的假设，但动脉血管造影和立体定向手术方面的工作占据了他的极大部分时间。他向库雷因布尔提出调整工作量的建议，以便让他在癫痫手术中发挥更积极的作用。

1958 年，库雷因布尔派亚萨吉尔去巴黎拜访塔莱拉什教授，以获得对立体定向手术更深的理解。在那里，他见到了癫痫手术的一种新方法。通过与 A. 博尼斯（A.Bonis）和让·班考德（Jean Bancaud）合作，塔莱拉什开发了一项伟大的癫痫外科手术技术，其中包括一种巧妙地将术前脑电图与术中脑电图关联起来的方法。

塔莱拉什的系统比赫斯从蒙特利尔和伦敦带回来的更为精细，它似乎指出了一条通向未来的更科学更光明的路线，使癫痫的消融手术更具选择性，在降低术后认知障碍发生风险的同时，直指问题核心。在巴黎，他们在手术室要花几小时刺激暴露的大脑，有时甚至是一整天都在刺激，以获取功能信息和建立每个患者大脑的地形图。这比他们目前在苏黎世进行的简单记录要复杂得多，当然，这套系统也很昂贵。

对于库雷因布尔来说，成本是个大问题。如果采用巴黎系统将花费200万瑞郎，超出预算的10倍多。在那个时候，购买这样的技术是不可能的。但是，在亚萨吉尔的推动下，库雷因布尔正式向国家提出了必要的资金申请。他们只能耐心等待请求得到批准。亚萨吉尔意识到这样的资金可能需要数年时间才能到位，于是把关于癫痫手术的想法暂时搁置了。

1960年，来自圣路易斯的杰克斯・舍勒（Jacque Schaeeller）访问了苏黎世。他是瑞士人，曾在苏黎世大学医院学习，并获得医学学位。他对亚萨吉尔的立体定向方法有极大的兴趣。舍勒计划购买一个立体定向系统，并说服亚萨吉尔来美国安装设备并帮助他开展。那年夏天，亚萨吉尔在圣路易斯度过了整个7月份。这是他第一次来到美国，他简直不敢相信密苏里州是这么炎热潮湿。他和舍勒花了3～4天的时间组装仪器，并记下了所有的设置参数，然后为12名运动障碍的患者进行了手术。

在这次访问中，舍勒说服当地一家电视台播出了一篇关于他和亚萨吉尔参与的立体定向神经外科手术的报道。这比美国官方允许医生自由宣传医疗服务早了25年，因此在当地神经外科医生中引起了不小的轰动。伦纳德・福洛（Leonard Furlow）是一名私人神经外科医生，刚刚结束了在美国神经外科委员会的主席任期，他领导了当地医学会的抗议。福洛还在Barnes医院享有临床特权，该医院与华盛顿大学医学院关系密切，是美国著名的学术医疗中心之一，特别是在神经外科方面。

这个问题超出了电视节目的范围，相当于违反了当时公认的医学伦理：它提出了一个问题，即私人执业的神经外科医生是否应该与学术中心断开联系，是否应能够进行这种开创性的手术。20年来，在美国

进行的任何立体定向神经外科手术都只是在少数几个大学中心。就此而言，欧洲和其他任何地方也是如此。亚萨吉尔自己对这次尝试也持保留意见，毕竟在开始进行立体定向手术之前需要进行全方位的培训和研究，往往依赖于学术机构。无论如何，亚萨吉尔被激怒了，他将自己视为美国手术领域里的负面人物。这为几年后他开始宣称显微外科技术是一种全新的神经外科手术方式也埋下了隐患。

亚萨吉尔将从舍勒那里学习到一项新的手术，舍勒最近购买了檀香山 Ralph Cloward 开发的脊柱手术系统。那年夏天，舍勒为椎间盘和脊椎病的患者进行了几次颈椎前路融合术，亚萨吉尔密切关注着这一过程。这是一种他从没见过的手术。

亚萨吉尔和舍勒夫妇，以及他们的 4 个孩子一起生活了 4 周，这种特殊的友谊开始绽放。5 年后，当他开始解决显微手术的问题时，亚萨吉尔将再次前往圣路易斯，这对他来说将是一个非常重要的时刻。

1961 年，舍勒应亚萨吉尔的邀请再次访问苏黎世大学医院，向神经外科同行介绍颈椎间盘手术技术。苏黎世每年进行数百次腰椎间盘手术，但几乎没有颈椎间盘手术。舍勒带来了他的 Cloward 手术器械，并首先在病理科的一具尸体上演示了颈椎前路融合技术。

亚萨吉尔比韦伯年资低，这使得他当时不能独立做颈椎手术，而韦伯很快熟悉了该手术，并开始定期开展。

在 20 世纪 50 年代末和 60 年代初，韦伯是苏黎世大学医院的颈椎病专家，而亚萨吉尔则为所有其他脊柱疾病进行手术，包括颈 – 胸椎和胸 – 腰椎交界处的手术，也包括导致脊柱后凸和脊髓受压的中段胸椎疾病。他成功地为椎管狭窄和结核病进行脊髓减压手术，这导致他被要求改进以前骨科医生常做的腰椎后外侧融合术。多数失败的腰椎融合术给了他相当多的临床经验。这是一项乏味但他仍孜孜不倦的工作，首先取下大部分的骨性结构，然后在没有天然骨性标志的情况下进入神经所在区域，所有这些都是使用最原始的器械进行操作。真正有效的气钻和电钻的研发还需要十多年的时间。此外，用锤子和凿子暴露前后的神经结构需要 4 小时甚至更长的时间，这让他的手掌和前臂抽筋了好几天。

脊柱手术的效果是令人欣慰的，因为有这么多的患者感激他的努力

付出，经常写信表达这种感激之情，甚至不时给他送来小礼物。他常在公共场所被他们认出，甚至在出租车司机中间。亚萨吉尔很享受被认出来的感觉。

1960 年 2 月，他接诊了一位 43 岁的女性，她因为腿严重乏力而无法行走。X 线片显示，她的下段胸椎中有一个破坏了脊椎连续性的巨细胞瘤，切除肿瘤为她的脊髓减压会让她的背部非常不稳定，钉棒、板棍和椎弓根螺钉还没有开发出来。他拜托医院的一位机械师制造了一个沉重的可伸缩螺钉，将其锚定在肿瘤上下的健康脊椎上，然后用螺钉将间隙扩大，以防在他和胸科医生进行胸椎肿瘤切除术后出现脊柱坍塌。然后，他和韦伯用肋骨移植的方法重建了 T_{10} 和 L_1 之间的脊柱。这名女性患者在几天内就能下床走路了，在接下来的 30 年里，她一直给他写信和寄贺卡表示感谢[⑨⑩]。

一天下午，亚萨吉尔接诊了一位疑似患有脊髓肿瘤的男性患者。他的腿严重乏力，已经好几个月不能行走了。他发现有一大堆缠绕在脊髓表面的静脉而不是肿瘤。他以前没有见过脊髓动静脉畸形，也不知道如何治疗。但是，由于库雷因布尔和韦伯都在处理大学的官方公务，这个病例便留给了他。

他仔细查看病灶，试图弄清它的结构，以明确哪些血管是致病因素，哪些是正常脊髓循环的一部分，这对脊髓功能至关重要。在过了相当长的一段时间后，他开始解开蛇形缠绕的血管，并逐渐将它们从脊髓中分离出来。他确信除此之外没有其他事可做了。如果患者的腿部乏力是由这些可能压迫脊髓或以其他方式影响脊髓的奇怪血管引起的，手术可能会有所帮助。一旦他下决心切除这些不正常的血管，他就不再丝毫怀疑自己。

当库雷因布尔下午回来之后发现这一切，他大吃一惊。“哦，这是非常危险的，”他说道，“你应该立即缝合伤口。我该拿你怎么办？难道我就不能离开医院几小时，而你老老实实地不做这些蠢事吗？”在任何情况下，库雷因布尔这一代神经外科医生都不会考虑切除脊髓动静脉畸形。干扰正常脊髓血流的风险太大了，患者的双腿可能在醒来时完全瘫痪。

“但是，先生，你看。他的腿在动。”这与几年前他在颅外颈动脉分叉处进行的血栓内膜切除术不同。这位患者在手术后明显好转，应该说非常显著。

当看到这位患者在几天内就能走路时，库雷因布尔简直不敢相信。这是近一年来他第一次在没有人帮助的情况下站起来。这些巨大的血管一直在窃取脊髓毛细血管床上的血液，导致脊髓缺血。通过移除这名患者脊髓背部隆起的静脉，他的脊髓血液循环立即开始有效运作。这是一个令人震惊的发现。

库雷因布尔联系了一位他之前并没有试图切除动静脉畸形的患者，给了他手术的选择。他和亚萨吉尔一起做了手术。令他们满意且松了一口气的是，这位患者病情的好转程度几乎和第一位患者一样。

他们开始积极寻找脊髓动静脉畸形的患者。亚萨吉尔在这类患者身上改良了他的脊髓造影技术[11]，让他们摆出不同的体位，以使油性对比剂薄薄地围绕在脊髓周围。他发现，当对比剂集中在患者取仰卧位的脊椎胸段区域时，可以看到动静脉畸形盘绕血管。脊椎动静脉畸形很罕见，但确实存在。

亚萨吉尔开始动静脉畸形造影，并绘制精细的手术示意图以计划切除手术。在欧洲其他地方，没有任何人做过脊髓“血管瘤”手术，他有时更喜欢称之为“血管瘤”。他和库雷因布尔在一家瑞士期刊上的一篇小论文中报告了他们最初的病例[12]。这也是亚萨吉尔一项令人印象深刻的工作，几年后访美时也和美国外科医生开展了相关讨论。当亚萨吉尔在一份国际知名杂志上报道了这十几名动静脉畸形患者时[13]，他已经想出了一种更好的治疗方法：显微神经外科手术！

1962 年 J. 西格弗里德（J. Siegfried）的到来给亚萨吉尔提供了另一个机会。西格弗里德曾在巴黎接受过塔拉里奇（Telaraich）的立体定向手术培训，并曾在哈佛比尔·斯威特（Bill Sweet）的科室与尼古拉斯·泽瓦斯（Nicholas Zervas）共事。起初，他担任亚萨吉尔的助理，但仅过了 2 年，亚萨吉尔决定将所有立体定向手术移交给西格弗里德。无论如何，治疗帕金森病引起的运动障碍从未真正激发他的想象力。他对立体定向手术的兴趣只是将其作为治疗颅内动脉瘤的一种手段。1965

年 6 月，亚萨吉尔将在苏黎世进行他生涯中的最后一次立体定向手术。

他准备专注于癫痫手术的研究，特别是关于选择性切除杏仁核和海马。他将自己的想法具体细化为一份长达 15 页的计划书，并提交给了库雷因布尔。亚萨吉尔决心让癫痫手术成为自己在科室的特色技术。但是，直到 1965 年年中，瑞士政府仍然没有对他创建未来电生理手术室的计划有任何回应。

1962 年，西格弗里德并不是神经外科唯一的新成员。奥克·森宁（Åke Senning）是从斯德哥尔摩的卡罗林斯卡研究所被聘请来这里担任外科主任的。森宁在斯德哥尔摩开发了自己的氧合泵，并率先开展了多例开胸心脏手术[14]。作为聘任委员会主席、负责招募新人才的库雷因布尔对森宁的背景印象深刻，并期待在普通（和胸科）外科医生与神经外科医生之间建立一种新的关系。森宁将心血管外科引入苏黎世。他精力充沛，技术高超，对实验室的工作也充满热情。他坚持要求大学致力于建造一个最先进的动物实验室。20 世纪 50 年代初的神经外科实验室随着时间的推移都因为需要储存空间被降级，很快就失去了原来的功能。当他到达时，一些现有的空间已经被改造成临时实验室，但该项目的主体要在近十年内才能完成。

苏黎世的第一台机械氧合泵经常会造成脑栓塞[15]。不到 1 年，沮丧的森宁找到亚萨吉尔，一位 18 岁的漂亮小女孩，在二尖瓣手术后既不能说话，右臂也动不了了。作为库雷因布尔的神经放射医生，亚萨吉尔是当地研究脑血管病的专家，而森宁希望立即进行脑动脉血管造影。

血管造影显示女孩左侧大脑中动脉的一根主干闭塞了，而其主要供应运动区和语言区。

“快去！马上！带她去手术室！”当亚萨吉尔指出 X 线片上的血管阻塞时，挥舞着双臂而且眼里闪光的森宁说道。

“但是，先生，我们什么也做不了，”亚萨吉尔回答道，“这条血管太小了，是不可能手术的。”如果阻塞发生在颈部的颈内动脉，才可能会有紧急手术的理由。

“你说不可能是什么意思？”森宁咆哮着，眼睛里的闪光变成了怒火，“别胡说八道了。我要你必须为这个患者做点什么，这是你的

工作。”

森宁继续责难亚萨吉尔，倾诉他的挫败感。“如果这真的是不可能的，你为什么不做点什么让它成为可能呢？”他想知道为什么亚萨吉尔没能在实验室里学到如何在微血管上操作。亚萨吉尔离开X线检查室时，森宁的话在他耳边回响，他内心深处也备受煎熬：“你怎么了？难道你没有解决难题的勇气吗？”他为此感到羞愧。

森宁扬长而去，他找到了库雷因布尔，发现他正在手术室里做脑瘤手术。直到那时，他才知道亚萨吉尔说的是实话。

亚萨吉尔心烦意乱，躲在自己的办公室。他和森宁一样为这位18岁的年轻人难过。很快，他的羞愧就成了一种困扰。为什么自己如此无助呢？为什么没有为治疗大脑中动脉闭塞做准备？满脑子都受困其中。

当天下午的晚些时候，库雷因布尔把他叫进了办公室。森宁提出了合理的申诉，库雷因布尔不想袖手旁观，也不会为自己的短处或者为无法做不可能的事找借口。世界各地的神经外科医生都认为重建颅内微血管的手术是不可能的。这不仅仅是一个血管直径的问题。颅内动脉的管壁比身体其他部位类似大小的血管要脆弱得多。它们太脆弱了，无法打开且用缝线缝合。

但可能也有方法。十年前，人们做梦也想不到心脏手术会在苏黎世成真。

可能在世界的某处，有人正试图找到一种对大脑动脉进行手术的方法。当被告知神经外科医生并不像心血管外科医生接受实验室的血管操作培训时，森宁大吃一惊。他和库雷因布尔最后一致同意，亚萨吉尔需要前往另一个中心学习任何可能已经在用的技术。无论是作为一名神经放射学家，还是提出利用立体定向技术治疗动脉瘤的想法，亚萨吉尔都对血管系统表现出了特殊的兴趣。如果没有神经外科医生能教他，他则应该自己开发一种方法。

当天下午库雷因布尔催促他给出一个答复，或者说是一个承诺。库雷因布尔对森宁也有些厌烦了。如果世界上哪个地方能找出一位微血管方面的专家，亚萨吉尔会有兴趣去那里学习吗？也许使用显微镜的外科医生就是这个答案。不是有神经外科医生用从耳科医生和眼科医生那

里借来的显微镜对周围神经进行手术吗？那么为什么不去把他们找出来呢？

多方考虑后，他被这个想法吸引了。去到某个地方，获得新的视角，这可能会是一次令他无法拒绝的冒险。他以前也这么做过，在弗莱堡学习立体定向手术就取得了满意的效果。最近，他又受到了巴黎的塔莱拉什的刺激。一旦资金到位，他将建立一个世界上首屈一指的癫痫手术项目。库雷因布尔曾向他承诺过给他这个机会，从而试试关于杏仁核和海马体的想法，他将彻底改变癫痫手术。而现在，他真的准备打乱这一计划吗？

努力学习对颅内动脉进行手术可能完全是在浪费时间，这可能和精神病学一样无望，甚至可能在现有技术下是不可能做到的。仅仅是为了森宁要求解决的脑梗死问题并不意味着他就应该为此牺牲自己的事业。森宁到底对颅内手术的问题了解多少？亚萨吉尔能承担得起这个风险吗？快 40 岁的他不禁觉得自己的职业生涯仍然不够清晰且缺乏方向感。

脑梗死到底多久发生一次？而且，去除血栓真的能改变什么吗？已经有太多的例子表明去除颅外颈动脉的血栓是毫无价值的！就连森宁也明白这一点。

不眠之夜持续来临。土耳其政局动荡，而且他被取消土耳其国籍，这让他回国的想法化为泡影。现在他并不想要离开苏黎世大学医院。他在苏黎世小有名气，刚刚被提拔为助理教授，摆在面前的是很有前途的学术生涯，有很多手术给他做。虽然他进行的每一次手术仍然必须由库雷因布尔批准，他在当班轮值的一周里进行了数十例手术却是常有的事。这打动了他，给了他强烈的成就感。他在科室里和其他地方都很受人尊敬。

他是否愿意为了一个很可能毫无收获的计划而放弃一切？他有 1～2 年的时间可以浪费吗？他要怎么做呢？他在哪里能学到任何有关显微外科的知识？在维也纳，有传言说汉诺・米莱西（Hanno Millesi）教授正在用显微镜修复受损的周围神经。米莱西有颅内动脉手术方面的经验吗？在 1～2 毫米粗的动脉上进行手术与神经重建可大不相同。

踏入不知深浅的水里对他的家庭意味着什么？瑞士是他妻子的家，

孩子们也有自己的朋友和喜欢的活动。他敢带着他们追求徒劳无益的目标吗?

最终，这项挑战实在太伟大了，让他无法拒绝。库雷因布尔渴望让他尽其所能找到合适的门路。他别无选择，只能支持要求解决这个问题的森宁。对于亚萨吉尔来说，这样的机会可能不会再有了。与库雷因布尔进行了长谈之后，亚萨吉尔开始在期刊上寻找神经外科医生用显微镜进行血管手术的报道。他发现了两篇描述大脑中动脉手术的论文，一篇是 1956 年凯斯利・韦尔奇（Keasley Welch）清除血栓的[16]，另一篇是谢伯特（Scheibert）最近写的[17]。2 篇论文都没有使用显微镜，韦尔奇的术后动脉血管造影显示，血管在几天内再次梗死。这些外科医生所做的是否超越了现实的极限？两人既没有描述一种新方法，也没有描述一种有前景的方法。谢伯特在手术后获得了动脉造影显示血管通畅的证据，但患者仍在将近一年后去世。然而，除了韦尔奇和谢伯特之外，文献中没有任何关于在颅内血管上进行手术的报道。维也纳的米莱西做的只是周围神经手术，而非血管手术。

库雷因布尔写信给他的朋友 J. 劳伦斯・普尔（J. Lawrence Pool），他是纽约神经学研究所（哥伦比亚大学）神经外科的主任。他从小道消息中听说普尔用显微镜给一个颅内动脉瘤患者做了手术，也听说亚当斯（Adams）做了类似手术，但细节尚未公开。普尔的回答含糊其辞，是的，他用解剖显微镜夹闭了几个动脉瘤，对这项技术的可能性充满热情，但毫未提及自己的经验，也没有提到正在进行的实验室工作或招募新助手的意愿。信件交流无济于事，普尔关于临床显微外科的论述不久后即发表[18~21]。

来自洛杉矶的几份报道描述了听神经瘤的显微手术方法，其中包括神经外科医生库尔策（Kurze）和多伊尔（Doyle）[22]，以及耳鼻咽喉科医生豪斯（House）的论文[23,24]。亚萨吉尔认为豪斯在听神经瘤方面的经验来自于他接受的耳科显微外科手术训练。尽管他很好奇库尔策和多伊尔对手术显微镜的了解程度，以及他们如何提出一种替代库雷因布尔目前青睐的经典的听神经瘤手术方法，但令他沮丧的是，没有一篇论文提到任何关于显微血管手术的内容。

库雷因布尔联系了他在洛杉矶的老朋友罗伯特·兰德，发现加州大学洛杉矶分校没有人用显微镜做血管手术。兰德也对库尔策、多伊尔和豪斯的工作并无兴趣，他相当确定在洛杉矶没有一个实验室可以让年轻的神经外科医生学习显微血管手术的技术。库雷因布尔和亚萨吉尔甚至都找不到一位致力于显微血管手术的神经外科医生发表的论文，也没有一位神经外科住院医生在血管上操作的论文。很明显，一些人正在涉足解剖显微镜领域，但还没有人研发出一种临床操作，甚至是一种系统的方法来验证这个想法。这令人沮丧。由于没有可师从的专家，亚萨吉尔只能自己研究用显微镜操作。这似乎是最合乎逻辑的下一步。

亚萨吉尔和库雷因布尔都对手术显微镜一无所知，但他们查询了现有的最好、最先进的型号。蔡司公司在 1963 年年初给他们送来了一个“双筒显微镜”。这是按照美国耳鼻咽喉科医生和一些从事实验研究的血管外科医生的规格建造的，它远不能满足要求。这是一台庞大且笨重的仪器，有一对可以 180° 相对的目镜。这个想法是为了让两名外科医生坐在手术台面对面同时工作。脊椎疾病的神经外科手术通常是由外科医生面对面进行的，但脑部手术则完全不同，外科手术中助手的工作角度比主刀医生的角度要窄得多。通常，他们并排站在患者头顶上方，以便麻醉团队能够直接接触患者的面部和胸部。

在整个手术过程中，双筒显微镜并没有被设计成可以上下来回移动的。眼科医生和耳科医生的手术目标局限在非常有限的三维空间内，如眼睛的晶状体或中耳的听骨链。因此，眼科医生和耳鼻咽喉科医生在工作时不需要大幅移动显微镜。此外，神经外科医生被要求跨越更大的距离（有时直接从颅骨下方到颅内中心）。因此，神经外科手术的显微镜必须是可移动的，能够连续且轻松地从一边到另一边移动、从上到下移动，甚至可以时不时地倾斜角度。

此外，眼科医生和耳科医生基本上没有对血管和相关结构进行过手术。止血是他们的显微外科手术中几乎不需要做的。但大脑却是人体中血管最丰富的器官之一，有数以千计的微小血管需要应对和处理。如果显微手术要成为脑外科医生的常规手术，首先必须要解决的就是控制出血的问题。

在手术室里的蔡司“双筒显微镜”被证明是特别笨拙的。它的重量和体积使得必需的动作和调焦变得不可能。此外，亚萨吉尔也没有合适的器械，标准手术器械的尖端在显微镜下显得怪异而笨重。当然，他更没有合适的缝合材料来缝合细小的脑动脉。大多数外科医生通常使用的最好的缝线是 6–0 丝线，但它会使这些血管变形，随后阻碍血液在其中流动。

但除了在大脑的小动脉上进行手术操作外，亚萨吉尔无法想象什么样的手术操作才能称得上令人满意，才能让他找到使用这种器械的感觉。似乎使用显微镜只会使操作变得更加困难，这肯定也会更加耗时。用双筒显微镜做脑外科手术似乎是不可能的。他不会试图把一个方形的钉子塞进一个圆孔里，任何一种新的器械或新的方法都不应该使患者的手术变得更加困难。

库雷因布尔萌生了使用他们的“双筒显微镜”进行神经吻合的想法。在听神经瘤手术过程中，他有许多患者因第Ⅶ对脑神经（面神经）损伤而面瘫。为什么不让亚萨吉尔研究出一种进行舌下神经－面神经吻合的方法呢？森宁可能很乐意为他提供实验室空间。德国的外科医生正在使用这种操作来修复这类患者的面部神经，也许显微镜可以加强手术效果、提高手术成功率。

亚萨吉尔在两具尸体上做了手术，以熟悉解剖结构。这种手术需要他辨认出面神经在耳朵下方向面部的走行，以及第Ⅻ对脑神经向下颌骨附近的舌头的走行。问题在于要为每条神经留下足够长度，然后用缝线没有张力地将它们缝合在一起。

显微镜确实改善了神经鞘边缘的成像效果，显微镜提供的额外光线十分可贵。但在手术室里，亚萨吉尔在不到 5 分钟的时间里就撤下了显微镜。在足够的距离和深度范围内对它倾斜、移动和调整实在太笨拙了。手术的角度明显不同于眼科医生和耳科医生所要求的角度。他在颈部的上方进行操作，他可以通过肉眼很清楚地看到在颅底的神经，并将它们缝合在一起。这就是其他外科医生正在做的，也是亚萨吉尔最终会做的。这样做更容易、更有效，结果也不那么令人沮丧。

他把双筒显微镜推到了库雷因布尔手术室的角落里，并在那里放了

2 年。亚萨吉尔在他的第一次脑神经吻合术中尽管没有使用它，手术效果也不错。他决心如果要使显微外科在神经外科中发挥作用，他还需要学习很多东西。然而，在不久的将来，他便没有更多的时间可以浪费在黑暗中挣扎了。

1964 年 9 月，他与库雷因布尔一起参加了在纽约举行的神经放射学研讨会。在大约 200 名与会者中，80% 是神经外科医生，因为神经放射学还没有达到可以成立专科的程度。美国神经放射学会成立仅 2 年[25]，仅有 14 个会员。亚萨吉尔曾一度考虑将自己的努力局限于脑动脉造影的研究，成为一名专职的神经放射科医生，但在当时这个想法对他不具有真正的吸引力。虽然他对神经放射学非常感兴趣，但他始终认为自己是一名外科医生。

胡安·塔夫拉斯（Juan Taveras）是个古巴人，在哥伦比亚大学纽约神经研究所任放射科主任，他被普遍认为是美国神经放射学界的鼻祖。他主持了这次会议，甚至邀请众人前往距曼哈顿市中心 30 分钟车程的他家里参加了一场精心策划的社交活动。在亚萨吉尔看来，他极端富裕，他的家就是一个庄园，甚至堪称一座名副其实的宫殿。一个小型管弦乐队也被请来演奏南美音乐。

亚萨吉尔发现比尔·斯威特站在角落里，和他的同事泰德·拉斯穆森（Ted Rasmussen）、比尔·费恩德（Bill Feinde）待在一起，他们是蒙特利尔的潘菲尔德癫痫手术团队的成员。当亚萨吉尔走过来时，斯威特立刻认出了他。他表达了想找到一个学习脑血管显微手术地方的意愿，打听在美国有没有人做过显微血管的手术。

这个团队熟悉亚当斯的报告，也了解特德·库尔策（Ted Kurze）进行听神经肿瘤显微手术的事迹，但他们中没有人知道库尔策是否正在进行血管手术。J. 劳伦斯·普尔的名字虽然因为他在显微镜下夹闭了一个动脉瘤而被知晓，但没有人认为普尔会觉得自己是一名显微血管外科医生，也没有人认为他对这一研究方向有兴趣。但是当有人提到皮尔顿·多纳吉（Peardon Donaghy）的名字时，斯威特脸上露出了灿烂的笑容。

“他是我的好朋友，”他说，“我怎么没有想到他呢？他是伯灵顿佛

蒙特（Vermont）大学的神经外科主任。几年前，他在华盛顿的一次会议上发表了一篇关于显微血管手术的论文[26]。他使用的是耳科医生使用的显微镜。他做过几次大脑中动脉取栓术，至少有 2～3 次。”

亚萨吉尔竖起了耳朵，这正是森宁一年前在苏黎世坚持要求开展的手术!

“多纳吉甚至拥有一个实验室，”斯威特继续说，“他正在小动物身上，可能是大鼠或兔子，做小血管手术。和他在一起的是一位普通外科医生，他正在探索缝合血管的方法。我想不起来他叫什么名字了。不过，我和他很熟，我今晚给他打个电话。宴会之后，你可以去伯灵顿看看那里有什么。那也不是很远。”

这对亚萨吉尔来说真是一个美妙的时刻，他的内心开始兴奋起来。第二天早上，斯威特告诉他，多纳吉很期待见到他，但他当天就要离开小镇，一周后才能回来。斯威特坚持要亚萨吉尔和他一起回波士顿，好有机会回报库雷因布尔在他一年一度的苏黎世之行中给予的盛情款待。

亚萨吉尔在斯威特家做客将近 1 周，其间斯威特虽然没有手术安排，但很少在白天出现，显然是被波士顿地区其他神经外科医生请去会诊，甚至有一次去到了纽约。亚萨吉尔遇到了罗伯特·奥杰曼（Robert Ojemann）——斯威特的得力助手。奥杰曼和他年龄相仿，平易近人，很愿意带他四处走走，把他介绍给科室里的其他人。亚萨吉尔得到了观摩奥杰曼进行颈动脉内膜剥脱术的机会，他从未见识过如此温柔的操作技术和如此不知疲倦的耐心。这是最好的经典神经外科手术。当亚萨吉尔解释说他有兴趣学习颅内血管手术时，奥杰曼只笑了笑。奥杰曼终日忙于处理米勒·费希尔（Miller Fisher）和其他哈佛神经病学专家推荐给他的患者，他对这样一个不太可能的想法不感兴趣，当然他自己也不倾向于这个追求。他什么也没说，但他显然把亚萨吉尔看作是一次堂吉诃德式的旅行。不过亚萨吉尔还是带着对奥杰曼能力的高度崇敬离开了，两人也由此结下了数十年的友谊。

亚萨吉尔对伯灵顿的一切一见钟情，Champlain 湖及其周边带给了他宁静的感觉，就像他在因特拉肯做住院医生时在山区所体验到的那样。这是一种非常特别的感觉，他十分怀念。秋色变化令人叹为观止。

他觉得这是家人真正喜欢的环境。多纳吉给他留下了深刻的印象，他是一个安静且非常温和的人。就在那天下午，多纳吉带他去了大学，并开始带他参观神经外科，包括实验室。它坐落于一座现代化的玻璃建筑里，该建筑是与心血管外科医生共用的。

第二天早上 9 点钟，多纳吉在实验室对一只兔子的股动脉进行了 1 次精细的手术。亚萨吉尔注意到的第一件事是他没有使用双筒显微镜进行手术。多纳吉的显微镜由一个双筒目镜、一个单筒观察管和一个安装在两侧的小型摄录机组成。它比双筒显微镜小得多，更简单、更轻便。看起来即使是安装了这样的装备移动起来也很轻松。那天结束前，他亲自试了试。显微镜的轴线和重心与他在苏黎世实验用的完全不同，它更容易达到神经外科所需的手术角度。亚萨吉尔意识到他在苏黎世浪费了整整一年的时间，只是因为没有这样的显微镜。

这项实验练习包括在一条直径大约 1 毫米的动脉前壁和后壁做一个 3～4 毫米的切口。血管被两个小动脉瘤夹隔离出来，切口是用折断的剃刀刀片切出的。然后，多纳吉通过动脉切开术将移植的静脉段（直径约 3 毫米）与动脉纵轴形成直角，最后开始用 2 条平行的缝合线将被切断的动脉的游离缘缝合到前方的静脉端。然后，他小心翼翼地将动脉旋转 180°，修剪静脉端使其与动脉后壁齐平，并以相同的方式将静脉缝合到对应的动脉壁上[27]。将离断的股动脉与静脉分开基本上是重复前面的操作，再将其分成 2 条独立的血管。这是一个极其复杂的过程。多纳吉以一种安静、严肃的方式进行着他的操作，不急不躁，对每一个细节都表现出极大的关注，精确且几近虔诚地处理着血管和缝线。亚萨吉尔意识到他正在目睹一件真正特别的事情。

多纳吉的助手埃丝特・罗伯茨（Esther Roberts）女士，被他称为杰基（Jackie），对他的一举一动都表现出始终如一的关注，为他准确地提供了所需的帮助，根本不需要询问他或者请求他的指示。亚萨吉尔立刻意识到，她是一个非常聪明、思维敏捷的女人，几乎是多纳吉所做的实验练习中不可或缺的一部分。

随着手术进入第 4 小时，麻醉开始变浅，动物毫无征兆地开始缓缓活动。移植静脉的一侧从动脉内壁上被撕开，部分移植静脉也从对侧壁

上撕开了。那一条缝线断了，而多纳吉一直在操作的这条也开始抻开。

“哦，见鬼。”亚萨吉尔喊道，当他看到这场精妙的练习被毁时，他感到很沮丧。他立刻看向多纳吉，根本不敢想象他会有什么反应。

过了一会儿，多纳吉什么也没说，只是小心翼翼地取下移植静脉和松开的缝线。他仔细检查了撕裂的血管端，然后检查了切开动脉的切口。“好吧，杰基，”声音几乎微不可闻，“我们再来一次吧。”

亚萨吉尔惊呆了，多纳吉再次开始了这个过程，缓慢而谨慎，甚至不需要停下来休息，也没有说过一句丧气话。亚萨吉尔观察到的这种安静程度持续了几小时仍没有丝毫改变。不过现在他在面对逆境时表现出的一种从容是亚萨吉尔在其他任何地方都未曾见过的。似乎多纳吉预料到了这场灾难，并决心克服它，就好像这是练习的一部分。亚萨吉尔意识到他以前从未见过像多纳吉这样的外科医生。

他从未见过库雷因布尔在实验动物身上做手术，苏黎世也没有任何设备可以方便医生给动物做手术。库雷因布尔在手术室里会情绪激动，有时甚至反复无常，当事情进展不顺利时，往往会通过语言发泄。亚萨吉尔在自己身上也感觉到了同样的特点。与此相比，韦伯非常安静，就像多纳吉一样，但他总是把自己的紧张情绪藏在心里，不让它表露出来。不过，亚萨吉尔毫不怀疑它就在那里。他想象韦伯不断地与这种情绪抗争着。但多纳吉不同，他看似没有压力，但却坚定地决心地实现着他的目标，一定是他的这种显微手术的体系给了他信心。不管怎样，亚萨吉尔希望这就是事实。

随着第二次实验练习持续了 3 小时后，亚萨吉尔意识到他目睹了显微手术的关键之处。那就是耐心、毅力，还有控制个人情绪，不管有多困难也要坚持下去，让所有的精力都专注于手头的问题。那天他意识到，必须做出重要的个人调整。此前他的手术风格极快，力图迅速完成眼前工作，再继续应付下一件事情，这已经成了他个人的行动指导理念。库雷因布尔也是如此。然而，这种风格却不利于这类显微外科手术，他必须变得更有耐心，动作更加有条不紊。这就是他那年秋天从伯灵顿带走的最重要的东西。

最后，当夹子被取下时，实验练习终于完成。他们 3 人一起看着

移植的血管在搏动，现在是动静脉混合体了，之前的静脉外表面现在面对着的是切开的动脉管腔。缝合线无一处渗血，血管重建非常完美。然后，当罗伯茨女士准备清洗器械时，多纳吉站起来脱下手套，并对她微微一笑。

亚萨吉尔知道他被深深吸引了。他看到了在非常小的血管上进行的一场复杂的手术，它证明了一切皆有可能。他不确定自己是否有能力做到这一点，也不确定自己是否能学会以同样的方式驾驭自己的情绪，但他决心尝试一下。那天下午，他向自己保证，他将不惜一切代价再次回到伯灵顿，学习如何进行这种新的手术。

他花了几周时间思考多纳吉的血管搭桥：每个精细的动作都能在放大镜下得到反馈。以前，外科医生依赖于肌肉记忆，如同运动员或打字员一样。但肌肉记忆却是显微外科手术的禁忌，其奥妙在于“看到”每一个动作的每一个部分，而不是靠“手感”，而且在任何时候都要避免情绪。显微手术就是纯粹的专注和耐心。但真的如此吗？他期待找到答案。

所有的准备工作需要花费将近一年的时间，但他将在 1965 年年底回来。这意味着一些项目将会被搁置。西格弗里德将继续立体定向的工作，但亚萨吉尔关于癫痫手术的想法将不得不暂停。他还得把一些论文和专著放在一旁，其中一篇甚至会永远被束之高阁。那是他和两位眼科医生一起撰写的关于眼眶肿瘤诊治的长篇论文，阐释了他的眼眶静脉造影经验及通过 Kronlein 入路（外侧开眶入路）切除病变。后来，他将会在演讲中介绍这些工作，但其主要部分永远没有发表。《脑血管造影术》（*Cerebral Angiography*）终于出现在书店里，他已经在该领域研究了十多年，并酝酿修改和再版了。但那都得等一等了，更重要的任务已经迫在眉睫。

注　释

① Zander: *Surg Neurol*. 1977(7), 1–2.

② Pennybacker: In Bucy(ed): *Neurosurgical Giants: Feet of Clay and Iron*, 256.

③ Bliss: Harvey Cushing—*A Life in Surgery*, 416.

④ 这些恶性肿瘤的手术虽然具有一定的挑战性，但通常由年轻医生主刀，从而积累手术经验。因为这类疾病无法通过手术治愈，即使更有经验的外科医生也不太可能改善这些患者的预后。

⑤ Pope and Pope: *Turkey Unveiled: A History of Modern Turkey*, 84–108.

⑥ Penfield and Flanigin: *Arch Neurol Psychiat*, 1950(64), 491–500.

⑦ Penfield and Baldwin: *Ann Surg*, 1952(136), 625–634.

⑧ Falconer: *Proc of the Royal Soc of Med*, 1953, 46: 971–974.

⑨ Senning et al: *Swiss Med J*, 1962(92), 1574–1576.

⑩ Yasargil: Neurosurg, 1999(45), 1032–1034.

⑪ 脊髓造影是通过射线照相检测影响脊髓和（或）神经根的肿瘤和其他病变的手段。通过腰椎穿刺，将少量不透射线的染料或对比剂注射到脊髓及其神经根周围的空间中。

⑫ Krayenbuhl and Yasargil: *Schweiz Arch Psychiat*, 1963(92), 74–92.

⑬ Krayenbühl et al: *J Neurosurgery*, 1969(30), 427–435.

⑭ Rainer: *The Cardiothoracic Surgery Network*, 1979.

⑮ 由于接受开胸心脏手术的患者的血液在手术过程中通过机械“心肺机”循环，某些血清蛋白和其他成分可能会受损或改变，导致微小的（纤维蛋白）凝块或脂肪块进入血液循环。这种颗粒物质通常会堵塞细小的脑动脉，导致急性卒中。

⑯ Welch: *J Neurosurg*, 1956(13), 73.

⑰ Scheibert: Meeting of the Harvey Cushing Society, 1962.

⑱ Pool and Colton: *J Neurosurg*, 1965(23), 315.

⑲ Pool and Potts: *Aneurysms and Arteriovenous Malformations of the Brain*.

⑳ Pool: *J Neurosurg* 1968(29), 312.

㉑ Adams and Witt: Annual meeting of the Neurological Society of America, 1964.

㉒ Kurze and Doyle: *J Neurosurg*, 1962(19), 1033.

㉓ House: *Laryngoscope*, 1961(71), 1363.

㉔ House: *Arch Otolaryng*, 1963(78), 460.

㉕ Dillon: *Am J of Neuroradiol*, 2002(23), 1433–1435.

㉖ Donaghy et al: *Exerpta Medica International Congress Series*, 1961, 175–176.

㉗ Yasargil: *Microsurgery Applied to Neurosurgery*, 68.

孕育显微神经外科

Burlington

第 13 章　伯灵顿

在多纳吉从哈特福德（Hartford）基金会获得的 2000 美元的资助下，亚萨吉尔和家人于 1965 年 10 月抵达伯灵顿。自从朱利叶斯·雅各布森（Julius Jacobson）被任命为佛蒙特大学（University Of Vermont）实验室负责人，至今已有 5 年。雅各布森已经做出了历史性的贡献（附录 D）。在 1960 年和 1961 年年初，多纳吉做了 4 台开颅手术，其间雅各布森使用显微镜从每个患者脑子里解除大脑中动脉的梗阻。第一个病例展示使新英格兰神经外科学会的听众目瞪口呆。几个月后，多纳吉在墨西哥城举行的哈维·库欣协会[①]的会议上展示了他和雅各布森的经验，让国际神经外科医生认识到了颅内血管显微手术的时代即将到来了。

亚萨吉尔又一次因为周围的地理环境而激动不已：在山上不断变化的树木所产生的鲜艳色彩的映衬下，Champlain 湖显得雄伟壮丽。这给了他一种家的感觉，让他想起了年轻时在伯恩斯的阿尔卑斯山的浪漫奋斗史。他兴致高昂地带着多莉看了她在佛蒙特州的第一次日落。多年后他还记得，当时以为这就是一个让他们可以幸福生活、终老此生的地方。

1959 年毕业于堪萨斯大学医学院（Kansas University Medical School）的约翰·斯莱特（John Slatt）最近刚刚结束了神经外科总住院总医师的一年时光，并作为研究员留在伯灵顿。在了解了亚萨吉尔在神经外科和神经放射领域的赫赫大名后，已经发表了 40 篇科学论文并出版了 4 本专著，他和所有神经外科同事都十分期待亚萨吉尔的到来。斯莱特帮助亚萨吉尔一家搬进了他们的住处，并介绍他给学界认识。

在亚萨吉尔来到的第一天，斯莱特给他介绍了实验室的显微镜。在接下来的 40 年里，斯莱特将会非常自豪地向朋友们讲述这段经历：“我

花了 35 分钟向他演示如何操作显微镜，而他在接下来的 35 年里向我们所有人展示了可以用显微镜做什么。”

亚萨吉尔夫妇住在一座两层的建于第一次世界大战期间的复古砖房中，这里曾是美国陆军在第二次世界大战后废弃的骑兵哨所伊森艾伦堡（Fort Ethan Allen）的“军官排”所在，坐落于兼作马球场的阅兵场的半圆形一侧。大学在 20 世纪 60 年代初购买了这处房产，并将曾经精致的住宅翻新为博士生、大学员工、住院医师和研究员的生活区。每座建筑都有豪华的室内装饰，但在此居住的人几乎没有人有进行维修和安装现代隔热材料的经济能力。亚萨吉尔的家有很高的天花板和前廊，可以看到马球场，一到冬天寒风凛凛。

房子里没有家具，不过神经外科的许多同事给他赠送了家具和生活用具，这让年轻的家庭感到舒适，虽然期初他们并不太领情。一天早上，当亚萨吉尔抱怨冰箱太小、容量接近极限时，多纳吉的主要助手、神经外科主治医生莱斯特·沃尔曼（Lester Wallman）解释道，他和家人之前觉得冰箱运行得很好。亚萨吉尔为此尴尬万分，一再道歉。几年后，他仍为自己的“吹毛求疵”而自责。

在 1965 年圣诞节，斯莱特和妻子到亚萨吉尔家做客。2 人都被亚萨吉尔的孩子们的魅力所吸引，当时他们 5—8 岁。晚饭后，亚萨吉尔对孩子们说：“现在你们要唱歌了。”他们尽责地聚集在餐厅和起居室之间的门口，以极大的热情和完美的和声用德语演奏了一首精选的圣诞颂歌。

在某种程度上，亚萨吉尔对他在伯灵顿看到的设施感到失望。工作区很狭窄，手术器械都是临时的，在某些情况下甚至是简陋的。他在一间既用作实验室又用于存放闲置设备和手术器械的房间里工作，他将其描述为“垃圾堆”，完全不符合他对这家在美国发表了第一篇显微血管外科论文的机构的期望，毕竟美国是外科技术创新的世界领头羊。另外还有噪音的问题，随着翻新工程的进行，每天都会传来锤子和电锯的嘈杂声，这需要一些时间来适应。显微手术是一项精细的工作，完全不能在嘈杂的环境中进行。

雅各布森那时已经搬到了纽约的西奈山医院（Mount Sinai Hospital），但多纳吉仍计划修缮和扩建他所说的“手术实验室”，这个名字表明了

它的目的是解决手术室遇到的问题。它在几年前才建成，不仅被用于显微外科实验，还被用来检验各种设想。到大楼被占用时，神经外科的空间已经减少到两个半房间，每个房间大约 10 英尺 ×14 英尺，这使得大型动物手术变得困难。

因为肩负神经外科主任的临床和行政职责，多纳吉极少出现在实验室。他的主要兴趣在于测量颅内压和血管痉挛实验的相关问题。他相信，对于调控蛛网膜下腔出血和动脉瘤术后血管痉挛这种破坏性问题的解决方案是通过一种神秘的荷尔蒙分泌来实现的。为此，他聘请了一位全职生物化学专家来研究各种制剂对血管的影响。

亚萨吉尔将与昭本光夫（Mitsuo Numoto）共用实验室，这是一位安静而专注的日本外科医生，他正在开发一种被他称为“压力开关”的巧妙设备。起初，亚萨吉尔每天花一些时间协助昭本，钻孔并安装设备。它由微型化的金色叶子层叠在一个小杯子里组成，可以放入动物的头骨中。大气压使开关保持在“打开”状态，只有当颅内压超过时才闭合。昭本花了几周的时间来调试设备的各个部件，然后夜以继日地进行动物实验，以确保该设备可以连续提供准确的读数。他根据实际需要进行调整，并就如何改进该设备做了大量笔记。随着时间的推移，压力开关可以将颅内压测量的误差控制在 ±0.5 毫米水柱的范围内。

起初，亚萨吉尔忙于熟悉可用的显微外科器械，在兔子的股动脉上进行多纳吉所推荐的练习。他强迫自己循序渐进，在逐渐增大的显微镜倍数下工作，学习认识血管的显微外科解剖结构，尽可能地处理血管的外膜层，以尽量减轻血管壁突然收缩造成的血管痉挛，这需要真正看到动脉的每一处细节。

他很早就发现了在无血视野下工作的重要性，需要清除任何可能模糊视线的东西或微小的可能渗入所操作血管管腔的血块。很快，他就习惯于使用显微镊子，并意识到每个动作必须根据实际所见来决定，而不是单凭手中的感觉。这就像重新学习操作一样，发展精确的手眼协调是诀窍所在。一旦“感觉”到抓住血管了，那其实它已经受到损伤了。他必须要更加细腻。回想起 1 年前多纳吉所展示的血管吻合练习，他在试图训练出一种自己早先认为不可能做到的耐心，他拒绝屈服于自己的本

能，只想着大刀阔斧地迅速完成练习。他决定在进行更复杂的操作之前，先通过简单的练习让自己更扎实地掌握操作技巧。

他的首任老师是杰基·罗伯茨，她是 Mary Fletcher 医院（大学的主要教学医院）手术室的护士长，也是多纳吉的私人洗手护士。她出生在佛蒙特州巴纳德附近的一个农场，在伯灵顿获得了护士学位，并在那里度过了整个职业生涯。虽然她的佛蒙特州口音讨人喜欢，但有时也会让亚萨吉尔等欧洲人感到迷惑。她的一些发音方式基本只局限于该社区，与亚萨吉尔在纽约和波士顿所听到的截然不同。

在雅各布森向多纳吉传授显微手术技巧时，罗伯茨已在旁观摩多次。多纳吉近期又将埃内斯托·苏亚雷斯（Ernesto Suarez）收入门下，他也曾与罗伯茨共事。她确切地知道每一个程序应该如何进行，是一位乐于助人且能干的老师，也是亚萨吉尔唯一可以定期联系到的人。在大多数日子里，当她完成了在手术室的工作时，就会出现在这里。她很快就意识到，亚萨吉尔与之前遇到的其他神经外科医生不同。他有一种令人害怕的严谨，强烈的求知欲，却也愿意接受批评，这些她此前都从未见过。他比她见过的任何人都更努力，在工作上花费更长时间且更有纪律性。她隐隐觉得，这位热情且年轻的土耳其人可能将把颅内血管手术带到一个新的水平，因此自己在他的训练中所肩负的责任尤为重要。他技术娴熟，几乎没有人像他那样热情地在实验室练习着，没有人愿意像他一样投入这么多时间在实验室工作。

从一开始，实验室粗制的博威（Bovie）电凝器就是有问题的。每次他给出血血管分支止血时，动物就会摇摇晃晃，他通过显微镜看到的东西就会扭曲。这使他变得更加小心翼翼，有时设法完全避开这样的分支血管，从而避免承受不得不电凝它们的后果。

经过艰苦努力，他学会了在主干血管上做精确的切口，避免锯齿状的边缘，然后均匀地缝合，打出完美的结，在拉紧每个结的时候小心控制手中的张力，这都是根据他在显微镜下所看到的东西，而不是单凭手的感觉。他了解了不同的镊子中哪一种更适合处理血管壁，哪一种更适合用来持针，哪一种更能有效地夹住丝线的末端进行打结。最终，他学会了在每项任务中使用不同的镊子。罗伯茨来来去去，起初还偶尔批评

他，后来，随着他变得更加熟练，她的态度就变得更加温和了。

丝线太粗了，7–0 是可用的最小的丝线。雅各布森把更好的缝合线带到了纽约，Ethicon 公司也不再与这里进行特别合作补给 9–0 缝线。但罗伯茨坚持认为，7–0 已经足够满足他的需要了，这就是苏亚雷斯在这个训练阶段所使用的缝线。

他大部分时间都是独自工作，但随着技能的提高，罗伯茨和他一起练习的时间越来越多，她边鼓励边哄着他，不断敦促他学习更精细的技术，用苏亚雷斯证明过能做到的事情来衡量他的进步，毕竟她对苏亚雷斯特别熟悉。每次亚萨吉尔觉得自己掌握了一项技术时，他就会意识到罗伯茨觉得这仍然有点儿问题。通常，她对他的成就保持沉默，但也并非总是如此。“医生，你必须做得更好，”她偶尔甚至会说，“苏亚雷斯医生会做得更好。”虽然亚萨吉尔从未见过这位阿根廷人，但苏亚雷斯的能力和成就使他着迷。他觉得自己太了解苏亚雷斯了，这个名字他已经听腻了。

渐渐地，他学会了更熟练地操作血管，也会时不时会听到罗伯茨的脚步声，注意到她的存在。她在需要的时候给他鼓励，但当他做得越好，她确越少赞美他。她认识到，他并不渴求表扬，而是追寻更多的信息和新想法。她将主要扮演驱动器的角色。

他似乎也需要这种驱动。他很快发现，打开大脑中动脉确实是可以做到的，包括在苏黎世遇到的心脏手术之后发生中风的患者。他需要更精细的缝线，以最大限度地减少造成脆弱血管壁变形的风险。当然，对兔子耳朵上的独立出来的动脉进行手术与在大脑表面或裂隙深部的动脉有很大的不同。未来仍有许多障碍，他渴望直面它们。

随着时间的推移，他在显微镜下的专注程度变得如传奇一般。不时与他合作的外科医生，特别是多纳吉和莱斯特·沃尔曼，都被他的热情和专注所打动。其中一个口口相传的故事是关于他在伯灵顿待了几个月后的一天下午和罗伯茨一起做的一次精细的操作。他完全沉浸在工作中，也完全了解动物或手术台的轻微移动都可能打断甚至可能破坏他所做的一切。他一度厉声说道：“罗伯茨女士，你在呼吸！”她很沮丧，不明白如何才能在不呼吸的情况下辅助他，她立即离开了实验室，在多

纳吉说服亚萨吉尔道歉之前，她都不愿意回来。亚萨吉尔却完全没有意识到自己的粗鲁。这是他整个职业生涯的典型情况，他需要非常特别的助手。

到 11 月底，他逐渐可以将移植血管缝合到动脉的椭圆形开口上，然后，在几天内，他开始尝试 14 个月前多纳吉做过的复杂的血管移植练习。他在一条动脉的前壁和后壁上做了一个长长的切口，然后在每个切缘缝上一段与血管成直角的静脉。他通过旋转血管将动脉缝合到移植静脉上，从而将其变成两条平行的血管，每条血管的外侧都变成了现在操作的动脉外壁。几周后，这项起初看起来非常不可能的操作变得越来越常规了。

最初，所有的操作都是在兔子和大鼠身上进行的。它们很便宜，而且几乎不需要特别关照。出于多纳吉对血管痉挛的兴趣，即便是兔子血管如此敏感这一事实也是一种优势。但在兔子身上进行了 1 周左右的工作后，亚萨吉尔认识到，他为之困扰的血管痉挛是由一种并不完全属于生化范畴的机制所介导。

他发现手术区域照明的改善使手术练习进行得更顺利。他通过安装一盏从肩上进行照射的台灯增加了显微镜的光源，基本上将可用光增加了 1 倍。但他意识到，当操作时间接近 1 小时，就更有可能出现血管痉挛。他的结论是，这个时候麻醉剂的效果减弱了。大约 45 分钟后，兔子逐渐清醒，在没有受到刺激时仍然躺着一动不动，或多或少处于意识模糊状态。他怀疑这只动物对辅助光源特别敏感，然后用毛巾遮住动物的眼睛时，结果证实，血管在几分钟内就从痉挛的状态放松了并且被灌满了血液，这使得更容易操作。无论如何，实验兔子的血管痉挛至少部分是通过中枢神经系统来调节的！多纳吉最终同意了这一点。

但是亚萨吉尔渴望对脑血管进行手术。他是个神经外科医生，来到伯灵顿是为了学习脑血管手术的。脑血管会对他的操作作出何种反应？血管痉挛的问题会不会和在兔子身上遇到的一样？缝合和修补的操作有可能实现吗？多纳吉也曾警告过他，脑血管手术的风险可能极大。

在隔壁房间工作的心血管外科医生几乎每天都给一只狗做手术，但他们从来没有打开过它的头。最后，亚萨吉尔请求他们在完成练习后允

许他接触这只动物。尽管狗在那种情况下无论如何都会牺牲，但问题在于按照研究基金规定的方案，实验动物只能用于特定的目的，任何狗都不能经受多种操作。最终人们对这份文件的语言做出了新的解释，向亚萨吉尔提供了一只动物，但只是在当天晚些时候。他几乎每天都有一只狗可以做开颅手术，但这需要他工作到深夜。

他发现犬类的脑血管完全可以解剖，但也存在问题。与包含相对较厚的肌肉层以及由胶原和成纤维细胞组成的外膜的颅外血管相比，蛛网膜下腔内的动脉的管壁要脆弱得多，并被脑脊液包围。虽然犬类的动脉没有兔子的动脉那么活跃，但为了避免动脉痉挛，解剖时必须非常温柔。罗伯茨想出了一个缓解痉挛的小技巧：只需用浸泡在罂粟碱中的棉球轻轻地抚摸血管即可[②]。几秒钟后，随着透明的罂粟碱变成神秘的乳白色，动脉又扩张到了正常的粗细。在往后的40年里，当他在人体上做手术时，一直依赖这项技术。

在12月3日下午，他终于成功地切开和缝闭了狗的颅内血管，这是大脑中动脉的一个分支。到下午晚些时候，他已经缝上了一块静脉补片。第二天，他第一次尝试暴露狗的基底动脉，他欣喜若狂。后来，他认为这24小时是他真正开始显微神经外科手术的时刻。

他在上一周意识到了使用基底动脉练习的好处。在之前一段时间，他认识到狗的皮质血管太细了，除了用7–0号缝线进行最简单的练习外，不能做其他任何练习。到11月下旬，出于对其他血管的好奇心，特别是大脑底部的血管，他在几只动物死亡后完整地移除了大脑。他发现基底动脉要粗得多，直径大约2毫米，它的大小似乎更接近于人类大脑中动脉的主干。甚至它的血管壁也更坚固，更适合缝合和修补练习。这是他脑海中最理想的材料。

虽然起初暴露狗的基底动脉看似一项艰巨的任务，但他发现通过伸展狗的脖子可以将斜坡放在喉咙里相当表浅的位置。通过采取这样的体位再钻开下颌骨下的斜坡骨质，进入基底动脉和脑干应该是一件相对简单的事情。他只用了一台手摇钻和一把咬骨钳，就在几天内改进了方法，在斜坡上作了一个6毫米 ×15毫米的凹槽。但他发现斜坡下的硬脑膜有相当多的血管，因此在打开它之前，几乎需要电凝整个硬脑膜表

面。从基底动脉发出的分支的数量让问题变得更加复杂。如果要在夹子之间分出一段动脉，则必须对每一段动脉进行凝固和分割。但每次启用电凝器时，动物就会猛地抽动，而任何运动都可能摧毁这一切。

只有在电凝和分出基底动脉的每一支之后，才能在微小的动脉瘤夹之间分出一小段血管，大约 1 厘米。这使得血管可以在没有出血的情况下被打开。要想在任何血管上都能准确操作，就必须有一个严格的无血区域。但事实证明，电凝基底动脉的微小分支几乎是不可能做到的。即使将博威单极电凝器设置为最低强度，也会导致动物头部的摇晃，显微镜的目镜中就会出现锯齿状的静电线条。

博威的设备古老又笨重，显然不能达到他想要的效果，但这是他的全部家当。狗的颅内血管与他在人类身上观察到的非常相似。早些时候，他不得不得出如之前几代神经外科医生那样的结论，即颅内血管手术是不可能的。他永远也不可能顺利且有效地电凝细小的血管分支。

在接下来的几周里，他开始切开基底动脉，然后用缝线缝合，后来用静脉的小移植补片取代简单缝合。在静脉补片上缝合使血管宽度增加一倍，需要用两条缝线进行两倍的工作，这给了他更多的练习机会。这是一项缓慢而令人沮丧的工作，因为从来都无法获得一个完全无血的操作视野。

由于血液的不断渗入，手术视野并不完美，他艰难地缝合每一段血管，调整缝合和打结技术，这是比皮质动脉更深的层次所需要的。他坚持不懈、小心翼翼地将血管边缘外翻，使外膜组织保持在血管管腔之外，而这只会徒增痛苦。一天早上，他对罗伯茨抱怨道："这是不可能的，我就是在浪费时间！"春天就快到了，他可以想象到，当年底不得不返回苏黎世时，却没能实现自己的目标。

罗伯茨只是摇摇头，缓缓移开目光，她之前也听过他抱怨。几周前，他在解剖大脑中动脉的一个分支时遇到了不寻常的出血。"这是行不通的，"他喊道，"这是不可能的！"他已经准备好放弃整场练习，牺牲这只动物，并重新开始。

"这可不行，医生，"她回答道，"我们牺牲这些动物是为了让你练习。不要忽视这一点，你不能放弃，永远不能。"她的声音低沉却很严肃。

多纳吉回忆起一件类似的事情[3]。一天下午，亚萨吉尔出现在他的办公室，宣布自己要回苏黎世了，显微手术对神经外科医生来说是不现实的，他没有更多的时间可以浪费了。罗伯茨在场，并很快插话说："嗯，我们都有难过的日子，但我们现在不要讨论这个。今晚把你的妻子和孩子带到我家来吃晚餐。"

那天晚上，她说服他再试一次。第二天，他回到了实验室，比之前更加安静和专注。不到2周，多纳吉就被请到实验室，见证2条微小血管的成功吻合。"你看，快看！这不是不可能的！"亚萨吉尔激动得不知所措。即使在显微镜的最高倍数下，连接处也没有变得狭窄，每一条缝线的间隔和打结都是完美的。"这不是很棒吗？"多纳吉说。

但罗伯茨不是那种会过早庆祝的人。"今天最好不要太激动，"她打趣地说："明天你可能会把事情搞得一团糟。"她比他更懂得这些问题。几年后的她在伯灵顿被誉为"显微神经外科之母"，这是她应得的头衔。1969年，亚萨吉尔将他的第一本关于显微神经外科的著作题赠给她。

多纳吉目睹了罗伯茨和她的学生之间的微妙的心理变化，以及亚萨吉尔对她的爱和尊重。多纳吉认为，这2周发生的事是这位年轻人成为一名显微外科医生的转折点。

但罗伯茨认识到，亚萨吉尔关于电凝器的抱怨确实有道理。一天下午，她在一本实验外科学杂志上发现了一种新型电凝器的广告。这是一个双极电凝器，电流从镊子的一端流向另一端，如果功率设置得当，电流对脑组织的影响将可以忽略不计。一个尖端充当"主动电极"，另一个充当"地线"，这与标准的博威大不相同，后者是由一个将动物连接到手术区域之外一段距离的金属板接地。当被激发以控制出血时，通过脑组织的电流从博威电凝器流向接触动物背部或其四肢的"地线"板。

而且它的售价只要150美元，是标准博威电凝器价格的1/3。为什么不试一下呢？亚萨吉尔将信将疑，但也别无他法。

不到一周，罗伯茨就买了一个双极装置，它的功能超乎想象！它甚至在水下也有效，亚萨吉尔不再需要吸走脑脊液来电凝一个血管分支了。由于电流不会扩散到镊子尖端之间的微小缝隙（最大为2毫米）之外，周围的脑组织也得到了保护，显微镜下也没有静电遮挡他的视线。

不需要吸出的脑脊液使得它可以起到缓冲作用，为血管壁和大脑提供额外的保护。这是他首次能够以完美的视野准确、安全地电凝微小分支。那天早上，在第一只动物的身上，他真切感受到突破了一个关键瓶颈！

在很短的时间内，他能够在脑血管上进行许多和他在颅外兔动脉上学到的相同操作。他可以预见到将能够更快地操作。他立刻想到显微外科是否还会有他还没有考虑过的应用。有了双极电凝器，脑肿瘤的血液供应可以逐步地控制和减少，这样一来就可以通过显微技术切除这种病变。一旦病变的血管能够与大脑的正常动脉区分开来，甚至动静脉畸形也可以切除。这只是一个需要制订细节、建立方法和积累经验就可以解决的问题。想到此，亚萨吉尔不由得欣喜若狂。

那天晚上，他写信给库雷因布尔，向他解释所学到的东西。信中提到，他确信显微外科手术将改变整个神经外科，每一种病变的外科治疗都将得到革新。显微镜所提供的照明和放大提供了巨大的优势，双极电凝器解决了精确止血的问题，同时保护了脑组织。他相信库雷因布尔会和他同样兴奋。

显然，他并未对库雷因布尔措辞严厉的回信做好心理准备。“别忘了你来美国是为了什么，”他写道，“学习血管手术。神经外科的其他问题自会有人解决的。不要自欺欺人，专注于你的使命。”亚萨吉尔一遍又一遍地读着这封信，他感到震惊和伤心。

他之前从未像如今这般全身心地投入到工作中，坚持每天都为 1 只狗做手术，从一大早就开始。现在他有一个愿景，决心完善这项技术。如果说库雷因布尔的反应是某种迹象的话，那么就还会有其他的怀疑者，且人数众多。他将拿出一种能说服他们所有人的方法。

解剖变得愈发顺利，操作速度明显加快，一次又一次地获得成功。就连罗伯茨也为此打动。很快也传到了医院里，甚至一些心血管外科医生也开始顺道去实验室看看他在做什么。

多纳吉安排他在当天早些时候便可以拿到狗，但有时根本连一只动物都提供不了。购买更多实验动物的安排已经做出了，但却时常联系不到负责采购并麻醉动物的技术员拉里·斯洛尔施（Larry Sloersch）。他还有其他任务，而且总有办法在下午 3 点钟左右消失。

一天傍晚时分，亚萨吉尔在一家杂货店的收银台发现了斯洛尔施！这位技术员并没有多尴尬，他解释到，他要养家糊口，在大学的工资报酬很低，他不得不打 2 份工以维持生计。

那天下午，亚萨吉尔确认了斯洛尔施在杂货店的收入，并提出从自己的生活费中给他 2 倍的报酬。多莉会明白这件事有多重要，她和孩子们可以应付过去的。

最后，他终于能够每天都从早上工作到深夜了。其他人都注意到了这个现象，包括技术员和住院医生，甚至多纳吉。他们惊讶于亚萨吉尔给这么多动物做了手术，也惊讶于斯洛尔施为何对他如此周到。

“这怎么可能呢？”多纳吉问道，“他怎么能整天和你在一起呢？”他工作的时间比正常的 8 小时轮班时间长得多。

亚萨吉尔笑了，但没有作出任何解释。“先生，这是个秘密。”他说。不过他感觉到多纳吉已经明白发生了什么。

他每天给 1 只狗做手术，有时是 2 只。他意识到，周围的人不仅认为他专注，而且很倔强，疯狂地驱使着自己前进。罗伯茨也发现了他身上的变化。不知何故，他对学习和成功的渴望上升到了一个新的水平。她也很可能意识到了，神经外科这门艺术即将经历一场重大变革。

在他熟练地切开基底动脉并用线将其缝合后，他决定在手术后试着唤醒动物，而不是牺牲它。他不禁想知道这些操作会有什么效果，这使他很担心。在做出这个选择的那天，手术进行得并不顺利。他不得不牺牲比以往更多的分支血管，基底动脉的血流被阻断的时间也比往常更长。他确信下方的脑干已经受损，缺乏血供的时间太长了。没有脑干的正常功能，任何动物都无法从手术中苏醒。

但在第二天，他惊讶地发现那只狗站在笼子里，眼睛明亮，摇摆着尾巴。它把耳朵往后卷并舔了舔亚萨吉尔的手。但是亚萨吉尔的喜悦被一种负罪感冲淡了，因为他在一天前在手术中切开了这只友好的动物。为了弥补过错，他把狗从笼子里牵出来，用皮带牵着它在附近的院子里溜达。

在此之前，亚萨吉尔一直远离狗舍，小房间两边排列着大约 40 只

关在笼子里的狗，每只狗都会在有人出现时狂吠，着实吓人。当然，它们既不是用来宠爱的动物，也不是用来与孩子们玩耍的动物。但从那天开始，亚萨吉尔开始更多地关注它们，甚至在某种程度上尊重它们。当被从笼子里带出来接受麻醉时，它们既害怕又不安。但第二天它们见到他的时候似乎都很高兴，嗅他，舔他，回应他对它们的按摩和交流。当他进来时，整个狗舍都充满了吠叫声和摇摆的尾巴。他确信它们见到他很高兴，把每天参观狗舍作为一种常规，就像在苏黎世州立医院查房一样。他开始定期带狗到院子里去，有时一次带几只狗，一起享受在户外的兴奋。

这让狗舍的看门人有些惊慌失措。“你不能遛狗，”他被告知，“这些都是实验动物。这没你的事。”但亚萨吉尔不同意，他确信与人类接触对狗有好处，这可以帮助他们活下来。他为一部分狗反复做了手术，最初的幸存者活了 3 个多月。

无论如何，对他而言，周日下午遛狗是一件令人高兴的事情。

1 年前，亚萨吉尔偶然看到沃林格（Woringer）和库宁（Kunlin）的一篇论文[④]，令他无法忘怀。这篇文章发表在一本法国期刊上，他们为 1 名左侧颈内动脉闭塞患者行搭桥术，在颈内动脉颈段与颅内段之间缝上一段大隐静脉，移植血管是通过侧裂植入的。最终患者死了，但在尸检时，移植的大隐静脉是通畅的。为了提供足够的空间进行颅内血管吻合术，甚至必须要切除颞叶。手术耗时超过 12 小时。但尽管如此，这件事的确还是这么做了。

他第一次尝试狗的颅外－颅内搭桥是在颈总动脉和基底动脉之间移植了一条长长的大隐静脉。选择基底动脉是因为其大小，它的直径比大脑中动脉较小的分支更接近大隐静脉。当他取下颈部的临时夹，看着移植的大隐静脉因充血而膨胀时，满怀期待。在接下来的 90 分钟里，移植血管将血液泵入狗的大脑底部的基底动脉，2 个吻合口都没有渗漏。

但几天后的动脉造影证明移植血管闭塞了。他在几只狗身上重复了这一手术，但动脉造影从未证实移植血管通畅，每一条都在几天内闭塞。

接下来，他考虑在颈内动脉颈段和颅底的颅内段之间植入移植的大

隐静脉，却发现暴露狗的颈动脉颅内段是不切实际的，解剖结构太复杂了。当时他仍在使用 7–0 缝线，发现如果将移植的大隐静脉与大脑中动脉的一个分支吻合，就可以建立血流，但都未在动脉造影上证实通畅。他认为可能是大脑皮层动脉太细，无法承受增加的血流量（也很有可能是缝线太粗了）。

他推断，体型较大的动物的基底动脉更接近人体解剖结构，更容易尝试搭桥手术。也许黑猩猩的脑血管是最理想的。

但是多纳吉告诉他灵长类动物太贵了，实验手术的预算是有限的。对亚萨吉尔来说，这是一个痛苦的时刻，但几个月后，他会意识到，资金的缺乏将是变相的福音。

疑虑和挫败把他压得有些喘不过气。他在短短 3 个月内已经取得了巨大的进步，自从开始使用双极电凝器以来，他几乎就要完成一些真正重要的事情了，必须找到方法来克服剩下的问题。

他渴望从别人那里得到一些火花，肯定有人可以帮上忙。他在波士顿拜访了儿童医院神经外科主任约翰・希利托（John Shillito），他通过小道消息获知希利托用经典技术从大脑中动脉取下了几个栓子。后来，希利托会报道其经验[5]。但血管再通却很难实现，没有血管保持畅通。希利托确信手术是可以做到的，但他更关心的是手术的适应证，确切地说就是应该在什么时候进行手术。打开大脑中动脉是一项庞大的任务，偶尔患者会通过侧支循环血流的自发形成而从梗死中恢复过来。希利托也没有表现出使用手术显微镜来改善结果的倾向。和多纳吉一样，希利托认为通畅的问题与术后动脉痉挛有关。没事，肯定还有其他人。纽约就在开车可到的距离之内，他说服了多纳吉让他去。他买了一辆小型二手车，拿着学习驾照在伯灵顿开了 1 个月。欧洲的铁路和苏黎世的公共交通效率让他以前没有理由想要开车。他的邻居罗伯特・穆迪（Robert Moody）是一名初级神经外科住院医生，脚踝骨折了，亚萨吉尔开车送他往返医院达数周之久。尽管穆迪记不得亚萨吉尔是个“马路杀手”，但罗伯茨在搭他车前往佛蒙特州斯托后回忆说，对于一个没有经验的司机来说，他开得太快了，毕竟他甚至没有正式驾照。当她听到他计划开车往返纽约市时，她感到震惊（用她的话说是“晴天霹雳”）！

2月24日，他拜访了康奈尔大学的整形外科医生詹姆斯·W.史密斯（James W.Smith）。史密斯将多聚硅注射到实验动物的血管中，试图研究血管壁上的微小滋养动脉。亚萨吉尔对史密斯印象深刻。3～4名护士和秘书不断地向他汇报各种留言和电话，说明他临床业务量很大。

史密斯认真听取了亚萨吉尔失败的静脉移植实验的细节。“我无法想象为什么它不起作用。”他总结道，除非是与移植静脉的长度有关，可能因为它自身的血液供应中断了，所以无法再起作用了。他确信颅外静脉和动脉需依赖于供应其管壁的复杂的微小血管网络。但是，一些报道并不支持这一解释，它们发现静脉搭桥手术在动物身上，甚至在人类的四肢上都取得了成功。但亚萨吉尔知道，没有关于移植到脑循环的静脉长期通畅的报道。也许脑血管重建术最好的方法是使用附近的颅外动脉，并将它们与颅内血管连接起来。如果能找到合适的颅外动脉，这样的手术会更简单，只需要一次吻合术。

他离开康奈尔去了西奈山医院，在那里他第一次见到了朱利叶斯·雅各布森。他是在高压舱内富氧的实验环境下做腹主动脉瘤手术的[⑥]，亚萨吉尔隔着一块厚厚的玻璃窗看着他，听着助手通过电话与雅各布森交流并描述手术细节。

后来，亚萨吉尔有机会与雅各布森交谈，介绍了他在实验室的工作和遇到的问题，特别是用7–0缝线缝合1～2毫米血管的困难。雅各布森很亲切，似乎对亚萨吉尔将显微外科应用于神经外科问题的远见印象深刻，认为这已然超越了血管重建的范畴。他对库雷因布尔不愿接受他的想法表示同情，也曾遇到过同事们类似的抵制，尤其理解亚萨吉尔在伯灵顿面对他人怀疑时的沮丧。最重要的是，雅各布森对亚萨吉尔在实验室中面临的具体技术问题了如指掌。他打开书桌抽屉，哈哈大笑，拿出Ethicon公司为他制作的一条9–0缝线。亚萨吉尔惊叹于精细的单丝尼龙缝线的美，这是他见过的最小的外科线头。它的直径接近人类头发，一根细小的针完美地与之连在一起，这确实是一个工程奇迹。当他离开时，雅各布森递给他3条缝线，每条长于20英寸。他迫不及待地想试一试，它们能让他用上好几个月。

那天下午，他去了阿尔伯特·爱因斯坦医学院（Albert Einstein

College of Medicine），在那里遇到了麻醉师席尔瓦·贝兹（Silva Baez），他正在用红宝石激光微束进行实验性手术[7]，贝兹向他展示了用激光刺穿人类红细胞的照片，然后是一段在直径只有10μm的毛细血管内诱导血栓形成的实验录像。亚萨吉尔深受刺激。激光理论宣称，可以通过对管腔表面造成可控的损伤来将血管“焊接”在一起，这足以引起血小板的凝集和白色血栓的动员，与缝合后血管壁的愈合方式并无不同。这是一个耐人寻味的理念。

在Montefiore医院的Moses外科研究实验室，他遇到了血管外科医生伯纳德·塞登贝里（Bernard Sedenberg），他正在用一种名为Eastman 910的黏合剂修复小血管的实验性损伤。他与最近加入加州大学洛杉矶分校神经外科的查尔斯·卡顿（Charles Carton）一起发表了几篇论文。黏合剂被涂在血管损伤的部位，然后用筋膜补片包裹血管进行加固[8]，他们还在实验室利用组织黏合剂和带凸缘的“人工血管”完成小血管吻合，这一技术比缝合要快得多[9]。

但亚萨吉尔对这种方法存疑。很明显，小血管之间的吻合口不能仅靠组织黏合剂来建立，他自己已经证明，完全缝合的血管不需要黏合剂加固。他还想知道这种化学黏合剂对血管的长期影响。它们会以某种方式改变吗？或者会附着在周围的结构上吗？通过“人工血管”加固吻合口也存在固有的局限性。据估计，随着血流需求的增加，用间断缝合构建的吻合口会随着时间的推移而顺应性扩张。而“人工血管”则无此特性。

在Montefiore他还遇到了心胸外科的总住院医师W. Z. 亚尔（W. Z. Yahr）。亚尔给他看了一些他和神经外科的K. J. 斯特鲁利（K. J. Strully）用类似于贝兹使用的激光构建的血管吻合口的照片，但亚萨吉尔怀疑激光在血管手术中是否有实际作用。亚尔也承认，激光诱导形成的吻合口的强度值得怀疑，小动脉瘤样扩张常见于吻合部位。然而，这位年轻人的热情和勤奋给亚萨吉尔留下了深刻的印象。也许一旦解决了这些缺陷，亚尔和贝兹的团队都将取得重大突破。

第二天，他去了Lenox Hill医院，造访弗朗西斯·埃克林（Francis Echlin）的实验室。埃克林为了进行血管痉挛实验，将恒河猴的基底动

脉优雅地暴露出来。亚萨吉尔到的那天他没有空，但见到了他的实验室助理，一个在实验手术方面相当熟练的人。那天的大部分时间，亚萨吉尔都看着他干活，也第一次看到了外科电钻。灵长类动物的解剖要求切开下颌骨，以暴露斜坡，然后是基底动脉和脑干，即便埃克林和他的同事拥有最先进的仪器，这也仍然是一个艰巨的过程。一旦血管暴露出来，在受控的条件下施加各种化学制剂和机械刺激，包括凝结的血液，以明确是什么造成了血管的狭窄。自 20 世纪 50 年代初以来，研究人员一直在拼命寻找脑血管痉挛的原因。通过斜坡上一个 2cm × 1.5cm 的开口暴露猴子的基底动脉和脑干就已经花上了几小时。亚萨吉尔总结，虽然暴露灵长类动物的基底动脉是可以做到的，但对于他心目中的外科手术来说，这永远都不是可行的。他第一次感到庆幸，因为费用高昂而没有在伯灵顿拿灵长类动物做实验。

到目前为止，纽约之旅是很有价值的，这为他节省了宝贵的时间，也免去了挫败感。他不需要再惦记给灵长类动物的基底动脉做手术。另外，还获得了一批新的缝合材料。使用 9–0 尼龙线，他有信心可以构建与大脑中动脉匹配的吻合口。

第二天，他去了西奈山医院，在那里他遇到了神经放射科住院医生黄云鹏（Yun Peng Huang）。他来自中国台湾，曾在日本医学院就读，在致力于神经放射学研究之前，曾是利奥 · 大卫杜夫（Leo Davidoff）领导下的西奈山医院的一名出色的神经外科住院医生。那天早上，他详细探讨了后颅窝静脉的解剖。亚萨吉尔对此印象深刻，他从未听说过有人对脑血管解剖学有如此精准的了解。在 CT 和 MRI 发明之前，血管造影是明确小脑及其周围是否存在肿瘤和其他病变的最好方法。只有当肿瘤造成后颅窝血管移位时，才能明确诊断。

在这方面黄云鹏是亚萨吉尔以前从未见过的专家。他带着对黄云鹏的崇拜离开了，并开始了一段长期维持而且成果丰硕的关系。黄云鹏是为数不多的在解剖学知识方面能与自己匹敌的人之一，亚萨吉尔觉得与他相处很舒服。几年后，他反复要求黄云鹏一起去苏黎世，但却没有成功。在职业生涯接近尾声的时候，他把著名的六卷本教科书的ⅢB 卷题赠予黄云鹏，以示敬意。

在西奈山医院，亚萨吉尔首次在美国展示了他在苏黎世切除的12例脊髓动静脉畸形病例。从人类脊髓中移除血管畸形是一项真正轰动的手术，他的结果令人叹为观止，患者几个月来第一次行走。在场的几个人很难相信他取得了如此巨大的成功。自1960年以来，他一直在收集这些病例，并在没有使用手术显微镜的情况下切除了畸形血管。他相信借助显微镜和双极电凝器可以做得更好[10]。

他还介绍了有关卒中后豆纹动脉对大脑中动脉侧支循环建立的重要性的相关数据，以及他在眼球突出症的眼眶静脉造影方面的工作，以及他对供应小脑幕的颈动脉分支的观察数据。

大概有15个人听了他的演讲。他记得，有一个人站起来作了自我介绍。“我是伦纳德·马利斯（Leonard Malis）。”这位身材矮小有些胖乎乎的男子说道。马利斯祝贺了他的工作成果，然后指出，这里的查尔斯·埃尔斯伯格（Charles Elsberg）实际上早在世纪之交就进行了第一次脊髓动静脉畸形手术[11]，这是亚萨吉尔没有了解到的工作。马利斯提出要给他看一份办公室里埃尔斯伯格的原稿。

当天下午，亚萨吉尔与马利斯一起度过了两个多小时。谈话的主要内容不是脊髓血管病手术，也不是马利斯从事的引人入胜的电生理实验，而是关于双极电凝器的。罗伯茨女士给亚萨吉尔买的那件仪器正是马利斯设计的！詹姆斯·格林伍德二世（James Greenwood Jr.）在休斯敦设计了第一台两极电凝器，但天才的电气工程师马利斯（附录E）对其进行了重大改进，使其得以应用于显微血管手术[12]。亚萨吉尔对自己的幸运感到震惊，他遇到了对自己最近所取得的成功有直接助益的人。一段持续了马利斯余生的友谊开始了。

再过不到10年，亚萨吉尔就会因开启脑外科的显微外科手术新纪元而获得来自世界各地的赞誉，他不会接受任何没有与马利斯分享的赞誉。在接下来的半个世纪里，他在演讲中强调，正是马利斯的双极电凝器才使得显微神经外科成为可能。这对维持一个无血术野至关重要。最终，仪器制造商将生产马利斯的双极装置中的一个版本，并以亚萨吉尔的名义销售，但它永远不及马利斯个人调试的那样好用。亚萨吉尔继续使用马利斯的双极电凝器，并毫不掩饰这一事实。

3 月 1 日，亚萨吉尔终于见到了哥伦比亚大学长老会医院神经外科主任普尔。在美国，没有哪位神经外科医生比得上他的成就和卓越的手术技巧。普尔在两年前使用手术显微镜夹闭了一个颅内动脉瘤，而他描述手术显微镜在颅内血管手术中应用的论文正在等待发表[13]。

普尔向亚萨吉尔介绍，在动脉瘤手术中，对胼周动脉的额支进行了临时搭桥。但是亚萨吉尔惊讶地发现普尔并没有如往常一样使用显微镜进行手术，它被闲置在手术室的角落里，就像苏黎世的双筒显微镜一样。普尔指出，显微手术是一个很好的进步，但对于常规病例来说，它并没有提供特殊的优势，这也反映出他这一代人的普遍观点，即显微镜增加了不必要的手术时长，对大多数人来说根本不是必要的。但普尔毫不怀疑显微外科手术在未来将变得更加重要。亚萨吉尔观察到普尔实践完全是基于临床的，并在实验室探索。

在旅程的最后一天，他拜访了 Bellevue 医院神经外科主任乔·兰萨霍夫（Joe Ransahoff）。他在这里没有观摩手术，但参加了每周一次的神经科学会议。整个上午都耗在这里，房间里挤满了神经病理学、神经放射学、神经外科和神经内科医生。当天讨论的主要话题是关于异位松果体肿瘤的。亚萨吉尔做了 2 次演讲，关于他的脊柱动静脉畸形论文和立体定向神经外科经验的数据。演讲结束时，兰萨霍夫递给他一个装着 100 美元崭新钞票的信封，这是第一次有人为他的演讲付钱，这使得他一辈子都不会忘记。酬金来得正是时候，当时他口袋里只有不到两美元！他可以加上足够的汽油回到伯灵顿了！

回到伯灵顿后，他立即给狗做了手术，暴露出基底动脉，然后切开它再用缝线间断缝合。他惊讶地发现，雅各布森给他的 9-0 缝线要好用得多。细小的针头平稳地穿过血管壁，用细小的单丝尼龙打结比想象的要容易得多，线结完美地相互堆叠在一起，动脉切缘没有丝毫卷曲的迹象。几天后，他就开始在动脉切开术中缝合移植静脉。结果令人惊叹，缝线非常整齐，血管壁没有明显的变形。

他信心大增，决定立即着手解决搭桥问题。也许增强梗死灶周围的血流供应将是解决大脑中动脉闭塞的办法，就像森宁教授的年轻患者在苏黎世遇到的情况那样。

带着詹姆斯·史密斯关于保护滋养血管的告诫，他开始在狗的身上解剖舌动脉，舌动脉是供应舌部的粗大、肌肉发达的血管。通过在外膜上保留完整的组织袖带，血管壁微小的血管供应将不会受到干扰。使用动脉应该优于移植静脉，并且可以通过一次吻合术将血液从颅外转移到颅内的血管。

但早期的结果并不理想。只有 1 例动脉造影证实舌动脉和大脑中动脉之间的吻合口通畅。也许他移位的舌动脉太长了，可能在他建造的通向大脑的路上变得卷曲。他相信吻合口本身是他所能做到的最完美的。

尽管如此，伯灵顿的外科医生对脑部搭桥术的想法还是不愠不火，1 毫米血管所提供的额外血流量肯定很小，人们对亚萨吉尔实验室里发生的事情的兴趣似乎在减弱。虽然少数几个前来拜访的人仍很有礼貌，甚至是亲切的，但普遍的感觉是这个安静的土耳其人在显微镜下日夜不停地手术，其效果充其量是不太实际的。他甚至可能有点疯疯癫癫，花好几小时做不起作用的荒唐的手术。但亚萨吉尔继续前行，每一次失败都让他变得更加坚定。

但他仍面临着另一个障碍。它偶然发生了一次，却可能带来灾难性的后果。在 4～5 周的时间里，雅各布森送给他的 3 条珍贵的 9–0 尼龙线中的 2 条已经用完了，只剩下 24 英寸的长度。他只用几英寸的缝线就可以进行一次完整的吻合术，然后他会守着其余的缝线，就好像它是一条纯金制成的线一样。一天早上，他在工作的时候，当一位客人走进房间时，他把缝线放在一边。当他转过身想再次拿起它时，却已经不翼而飞。一定是一阵风从开着的门吹过把它带跑了，到处都找不到。在一个多小时的时间里，他和罗伯茨女士反复地透过窗帘，在地板上和房间的每一个角落里寻找着。他感到越来越恐慌，因为目前正在做的工作不可能用 7–0 缝线完成。

后来，罗伯茨女士仔细地清洗了显微镜和所有的仪器，并用手洗了每一块棉布，才找到了那条 9–0 缝线。她把亚萨吉尔叫了回来，他们开怀大笑并击掌相庆。他的工作又可以继续下去了！

他的手术时间越来越长，不能再独自开展了，需要一个全职助手。在过去的 1 个月里，主业仍在医院手术室的罗伯茨每周只有 1～2 天可

以离开工作岗位。此外，她似乎越来越厌倦冗长的手术，她已经把自己所知道的都教给了他。最后，他们指派了一名洗手护士给他，她在医院工作任务较少。

到了春天，他开始使用颞浅动脉进行颅内吻合术。在狗身上，它直接在耳朵前面的头皮下走行，在他所检查的少数几只狗中似乎发育良好。在大多数动物中，颞浅动脉没有舌动脉那么粗壮，但它的位置更方便，到达颅内的路线似乎更直接。此外，颞浅动脉的大小也与大脑中动脉的皮质支非常匹配。

颞浅动脉－大脑中动脉吻合术成功了！而且马上就可以获得通畅的血流，即使 1 周后的动脉造影也证实吻合口良好。虽然大脑中动脉的一段血流被逆转了，但这显然是一种增加大脑中动脉所供应的脑组织血流量的方法。颈内动脉或大脑中动脉主干的梗阻可以被绕过了！此外，犬类的颞浅动脉与颅骨和下方脑组织的关系与人类相似。如果在像森宁的年轻心脏病患者这样的情况下使用，颞浅动脉－大脑中动脉吻合术可能会提供所需的额外血流量。

仍在参观他的实验室的同事们时不时地承认他的成功，虽然他们仍未看到显微技术在神经外科中的实际意义。他们继续强装微笑，并提出了怀疑的观点，这只会刺激亚萨吉尔做出更大的努力。

注　释

① Jacobson: *Mount Sinai J Med*, 1997(64), 160–163.

② 罂粟碱是一种阿片生物碱，局部使用时可有效缓解脑动脉平滑肌痉挛。肠外或口服给药对治疗术后脑血管痉挛没有价值。其作用机制尚不清楚。

③ Donaghy: *Surg Neurol*, 1980(13), 1–3.

④ Woringer and Kunlin: *Neurochir*, 1963(9), 181–188.

⑤ Shillito: In. Donaghy and Yasargil(Eds): *Micro-Vascular Surgery*, 138–142.

⑥ 雅各布森是高压手术的先驱，该手术在增加大气压的特殊房间中进行，以最大限度地提高缺氧组织的氧合。他利用家庭、社会和政治关系在西奈山医疗中心建造了一个最先进的设施，其中包括 2 个手术室和 2 个用于加压和减压的房间。他最终因过度暴露于高气压而患上耳疾，导致职业生涯过早结束。他还是一名美术爱好者，在纽约社交圈子备受尊重。

⑦ Baez and Kochen: *Ann NY Acad Sci*, 1965(122), 738–746.

⑧ Carton et al: *J Neurosurg*, 1961(18), 188–194.

⑨ Carton et al: *Surg Forum*. 1960(11), 238.

⑩ 在之前的手术中，亚萨吉尔通过轻柔地剥离脊髓背侧扩张的静脉来治愈患者，这些静脉负责引流动静脉畸形。多年后，随着选择性脊髓血管造影的出现，研究发现脊髓动静脉畸形通常起源于在神经根附近穿入硬膜的单个动脉的短小分支，简单地离断供血动脉即被认为是治愈性的，从而使患者免于从脊髓剥离粗大迂曲静脉的风险。

⑪ Elsberg and Beer: *Amer J Med Sci*, 1911(142), 636.

⑫ Malis: In Yasargil: *Microsurgery Applied to Neurosurgery*, 41–45.

⑬ Pool and Colton: *J Neurosurg*, 1966(25), 315.

An American Safari

第 14 章　游历全美

3 月份，亚萨吉尔接到一通在圣路易斯的老朋友打来的电话。杰克斯·舍勒有一位年近 30 岁的患者，动静脉畸形长在优势半球顶叶。由于其大小和位置，舍勒之前曾认为该病变无法手术，并随访了这名男子数年，只是用苯妥英钠治疗偶尔发作的癫痫。但最近这位患者出血了，舍勒知道其他患者也会遇到相同问题。出血迟早会导致死亡，或者使他瘫痪和无法说话。亚萨吉尔有兴趣来圣路易斯为他的脑动静脉畸形做手术吗？

但亚萨吉尔没有在美国行医的执照，也没有职业责任保险。对于一名持有瑞士护照的土耳其人来说，获得赴美留学签证已经够难的了。但舍勒坚称，这些都是次要的。他自己将是病历登记的主刀医生，而亚萨吉尔则是他的助手。医院肯定会免除对亚萨吉尔这种助手角色的医生的保险要求。舍勒同意购买一台蔡司显微镜，并确保立即交付。亚萨吉尔也将在几天内到达。

手术在周一早上 8 点钟开始，亚萨吉尔从一开始就感到不妙。动静脉畸形不仅巨大，其解剖结构也令人困惑，无数缠绕的血管与大脑中动脉的关键分支紧密交织在一起。从一开始，手术团队内部就存在分歧，这是他闻所未闻的。这位手术室的护士固执而苛刻，显然习惯于控制手术室里的一切（包括舍勒）。他可能已经习惯了她的行为，但亚萨吉尔并没有。她丝毫帮不上忙，行动迟缓，心不在焉，对亚萨吉尔最简单的要求几乎没有反应，甚至中途一度离开手术室 1 小时！

亚萨吉尔从伯灵顿带来了显微镊子和双极电凝器，在手术刚开始时，他便意识到需要一个更长、枪状手柄的双极镊子来处理深部的病

变。他不知道是否存在这样的器械，无论如何，其尖端需满足显微手术的要求。他在伯灵顿使用的镊子的尖端很短，完全适合于实验室使用，即使是位于大脑表面附近的动静脉畸形也可使用，但这一次需要伸到更深处。

到了中午，他发现自己手里的镊子是一把被设计成需要用拇指和食指顶住的器械，而手柄的末端要用指尖艰难地控制着。而且动静脉畸形的深部界面还没看到！手术最困难的部分还在前面，他开始为来到圣路易斯的决定感到后悔。

到了下午 3 点钟左右，他已经汗流浃背。手术进行到病变的深部边界，该区域的血液循环已经弄清。但他开始为勉强适应不趁手的器械付出代价，手指出现抽筋，他想象不到比这更糟糕的窘境了。

他下意识地开始思考所需要的器械的规格。总有一天他会有一整套器械，能想到的每一种长度和每种尺寸的都有两件。他似乎已经在脑海中看到它们。

舍勒拼了命地想要帮助他，但他根本不知道该怎么做。他对显微外科一窍不通。很有可能，他以前甚至从未见过手术显微镜或双极电凝器，也没有人见过亚萨吉尔喃喃自语所描述的器械。它们还没有发明出来呢！

血管的壁很薄，出血时不时地挡住了亚萨吉尔的视线。他曾帮着库雷因布尔做过几次脑动静脉畸形手术，但这只是他独立做的第二次。在病灶一角分出动静脉畸形的血管和大脑中动脉的分支尤其困难。然而，随着艰难地前进，他一毫米又一毫米地扩大着操作空间。最后，动静脉畸形的大部分供血动脉被电凝和切断，病灶终于不再肿胀。

亚萨吉尔第一次意识到，他这下真的能够完全切除这个病灶了，但他同样确信，患者将因此而付出沉重代价。在他作出的几十个关于哪些血管应该电凝离断而哪些应该保存的决定中，不可能每个都是正确的。这名患者的整个右侧身体都会瘫痪，而且无法说话。他本来可以不做手术更好地生活着，他在严重出血之前可能就这样生活了数月。

快晚上 8 点钟的时候，他切断了最后一条引流静脉，切除了剩下的病灶。患者血压正常，没有持续性出血，但是大脑的肿胀程度比正常情

况下要严重一些。经历了 11 小时手术操作的脑组织可能会因此肿胀，但亚萨吉尔担心自己的错误会导致额叶和顶叶的重要区域缺血。在他牺牲的所有血管中，可能有 1～2 条是大脑中动脉的分支。他忧心忡忡，认为自己弄得一团糟。库雷因布尔一遍又一遍地说过，动静脉畸形切除通常是不可能在不损伤患者的情况下实现的。他想他肯定已经毁了这个人。

接近晚上 9 点钟的时候，舍勒叫妻子开车来医院接亚萨吉尔，把他带回家吃晚饭，舍勒则一个人留下进行关颅。亚萨吉尔换上便装时感到全身酸痛，但丝毫没有饿意。当他试着想象麻醉过后的患者会是什么样子时，觉得非常不妙。

他甚至想和患者家属谈谈，向他们解释在手术室里发生了什么，但是在当时的情况下是不可能的。至少他可以向他们保证，他已经尽了最大努力。他觉得自己应该向他们道歉，即使此前从未见过他们，他们认为舍勒是主刀的外科医生。亚萨吉尔只能等待，这也是无可奈何的。

晚上 10 点钟刚过，舍勒从医院打来电话。他出乎意料地健谈，似乎又充满了活力。他已经检查了手术室里的其他患者，并准备回家。

“但那个患者怎么样了？”亚萨吉尔问道，“他怎么样？醒了吗？”舍勒没有提到他，这可能只意味着一件事。

“哦，他啊，”舍勒笑了，“他很好，已经醒了，四肢都可以动。此时此刻，他正在和妻子聊天。”

亚萨吉尔如释重负，终于又活过来了，摆脱了压在身上数小时的可怕负罪感。他忍不住手舞足蹈。但到第二天下午，当他登上返回伯灵顿的飞机时，便发誓再也不会让自己陷在这样一场潜在的灾难中，再也不会了。

回到伯灵顿后，他花了一些时间来整理自己在访学过程中所做的事情。在圣路易斯，他向自己证明了一旦设计和制作出更好的器械，显微手术将推动动静脉畸形手术的发展，即使是那些最困难的病例，脑肿瘤的切除也将更加简单。但是大脑中动脉梗死的问题，以及它们造成的致命性中风又是怎么回事呢？这才是他来美国的原因。绕过梗阻部分就是答案吗？或者移除大脑中动脉的栓子？他还没有做栓塞切除术，但他相信自己所学的东西足以取得成功。只有时间才能回答应该做哪种手术。

在某些方面，他觉得自己一个人所能做的已经到了极限。他渴望得到同事们的建议和经验。当然，还有其他有着类似目标和想法的显微外科医生可以帮助和激励他。在一生中，他一直过着一种有点与世隔绝的生活，独自工作，很少发展超过一对一的关系，只和他信任的同事或钦佩的人相处。

他相信已经将从纽约实验室的外科医生那里学到的东西运用到了极致。在 4 月 23—30 日，他再次来到这座城市，但仍然没有见到任何人在进行显微血管手术，甚至连雅各布森也没有，他正全身心进行着临床工作。

自 1 月份以来，他定期去往蒙特利尔，通常是在周三下午，当时知名访问学者经常将演讲安排在那里。车程很近，多纳吉鼓励他去。昭本经常陪着他，在两小时的旅途中进行热烈的讨论，通常是关于研究课题，还有什么需要做的，以及如何去做。随着讨论变成辩论，亚萨吉尔将他的小车开到了最高时速，经常是接近每小时 100 英里，亚萨吉尔知道他占了上风，因为沼本惊恐的双眼死死地盯着他们前方的道路！

亚萨吉尔在高速公路上毫不畏惧。多纳吉回忆说，他在隆冬的一个早晨离开了实验室[①]。实验室的助理告诉他，亚萨吉尔去了蒙特利尔，这让多纳吉顿了一下，因为广播和电视预报了本季度最猛烈的暴风雪，他不确定亚萨吉尔是否收到了这个消息。他试图通过电话联系到亚萨吉尔，但没能联系上。他知道亚萨吉尔的车没有配备雪地轮胎。多纳吉不由自主地关注着天气预报，即使是经验丰富的司机在预报的那种暴风雪中也会遇到困难。据报道，到下午 3 点钟左右，伯灵顿的铲雪车已经跟不上降雪的节奏。晚上 6 点钟的电视新闻宣布，夜间出城的公交车已经取消了。

然而两小时后，亚萨吉尔回来了，并没有特别担心或焦虑。当被问到为什么没有在蒙特利尔过夜时，他简单地回答道："今天是我妻子的生日，她期待着我回来。"

5 月份他又回到蒙特利尔，这一次发表了关于豆纹动脉在大脑中动脉梗死中的重要性的演讲，以及他的脊髓动静脉畸形系列病例。他拜访了 Notre-Dame 医院的克劳德·伯特兰（Claude Bertrand）医生，向他

展示了在伯灵顿的一些工作，并为帕金森病患者进行了 3 次立体定向手术。他回答了数十个关于立体定向手术技术方面的问题，但没有人对显微血管手术表现出丝毫兴趣。

他在波士顿花了 2 天时间与工程师讨论了在显微镜上安装摄像机的想法，并在 Codman & Shurtleff 公司观摩了马利斯设计的双极凝血器的组装过程，随后登上了前往爱荷华州苏城的飞机，他计划在那里进行立体定向手术。他认识的一位受训于德国的神经外科医生刚刚从弗莱堡的里切特教授那里购买了一台立体定向仪器，并请求亚萨吉尔协助组装。他待了 3 天，组装、检查和校准仪器，然后进行了 6 次立体定向手术，其中 5 例是帕金森症，1 例是亨廷顿病。他询问了苏城的显微手术的情况，但只得到了一脸茫然的表情。他的挫败感与日俱增，回到了伯灵顿。在美国的某个地方，肯定有人经常使用手术显微镜，他可以给自己一些建议。他还没有到访过中西部或西海岸。他向多纳吉表达了一些担忧，6 个月后他将不得不返回苏黎世，而他还没有遇到希望找到的专家。多纳吉知道没有理想的机构供他参观，但他确实认识一些有远见的神经外科医生和血管外科医生，他们可能会有所帮助。他向亚萨吉尔提到了他们，并建议他再次查看一些杂志，并列出他想去的地方的清单，看看他能找到什么。亚萨吉尔立刻回到了图书馆。

自 1960 年以来，许多关于颅外小血管重建的论文就出现了，其中一些采用了显微缝合法，另一些采用了显微吻合器和黏附性物质。一些神经外科医生进军这一领域，还有几个整形外科医生试图开发一种保留大块移植皮瓣血供的技术，即来自腹部的带蒂移植。亚萨吉尔列了一张单子，并开始给全美各地的研究人员写信。

在伯灵顿待了 7 个月后，他的经济状况越来越差。机票可以讨价还价，但酒店住宿却不可以。现年 40 岁的亚萨吉尔在立体定向外科和神经放射学方面的工作已经在欧洲享有盛誉，他的神经放射学著作也很畅销。他发表了关于脊髓动静脉畸形、眼球突出症和大脑中动脉梗塞等引发广泛讨论的论文。加之，多纳吉在美国神经外科圈子里人脉深厚，而库雷因布尔是一位国际出名的人物。很快，热情的邀请信纷至沓来，各个科室的主任都表示愿意为他提供私人住所过夜。他们中的大多数人邀

请他带上他的幻灯片，并发表演讲。

这年夏天，他开始参观全美各个学术机构和实验室。第一站是去到芝加哥举行的第 20 届血管外科医生协会年会。在这次会议上，没有一篇关于显微血管手术的论文。为了不至于空手而归，他造访了肖恩・马伦（Sean Mullan）在芝加哥大学的实验室。最近，马伦发表了一篇关于用铜丝通过电磁的方法栓塞海绵窦瘘的论文。马伦在芝加哥的血管外科会议结束时无法脱身，但他的同事们陪他参观了实验室，详细介绍了他们在电磁栓塞和脑水肿研究方面的经验。那里没有手术可看，亚萨吉尔也没有发现任何证据表明芝加哥有人对显微手术有兴趣。

随后他飞往旧金山，驱车前往附近的圣马特奥，在那里他见到了整形外科医生哈里・J. 邦克（Harry J.Buncke），他在斯坦福大学医学中心和加州大学旧金山分校有学术任职。亚萨吉尔住了 3 天，发现这是一段激动人心的经历。邦克是一个极其严肃的人，他为自己能以新方式看待问题而自豪。亚萨吉尔在手术室里仔细地看着他的一举一动。邦克做了真正意义上的显微外科手术，每一次操作都是在显微镜下进行的，使用的器械与亚萨吉尔在伯灵顿使用的相似。他沉着冷静地维持着无血术野，以完美的节奏做出精确且高效的动作。亚萨吉尔悄悄注意到了邦克掌握的一些技巧，并打算亲自试试。他们交流了彼此的经验，很快便建立了融洽的关系。

当邦克把他带回家，给他展示放在卧室里的显微镜，以及隔壁浴室里的第二个显微镜时，他大吃一惊！终于，他找到了一个能与自己的专注和热情相匹敌的人！邦克的地下室里有一个设备齐全的外科实验室，他曾在那里给 10 只黑猩猩做过手术，试图在这些黑猩猩身上进行脚趾到手指的自体移植。所有的动物都在地下室一端的笼子里！邦克没有试图掩饰失败的结果。“看啊，亚萨吉尔，”他不好意思地笑着说，“9 只动物完全失败了，但有 1 只成功了！”有 9 只动物失去了脚趾和手指，但其中 1 只在手指附近有 1 个可以存活的脚趾，还有 1 个手指从脚上存活了。动脉和静脉的吻合处明显通畅，邦克鼓励亚萨吉尔去确认在移植的手指上存在感觉。他递过来一枚安全别针，就像神经科医生在床边使用的别针一样。事实证明确实如此，邦克的神经吻合也是有功能的。

“我已经证明了这是可行的，”邦克继续说：“现在我们必须找出其他 9 只动物出了什么问题！” 6 年后，邦克进行了世界上第一例人类脚趾到手指的移植术，给拇指截肢者重塑了一只有功能的手。到 20 世纪末，他实施这一手术的成功率接近 99%[②]。

邦克指出，他在苏格兰接受整形外科专科培训时，格拉斯哥的托马斯·吉布森（Thomas Gibson）教授曾预言，显微外科将是复杂移植手术的解决方案。但邦克承认，实际上是朱利叶斯·雅各布森真正激励他致力于学习这项技术，显微血管吻合在整形外科中有非常实际的应用。为了将皮瓣转移到更远的距离，一种临时的血液供应是必要的，直到一套更加永久的供血系统形成。在用于显微血管手术的小缝针商业化之前，邦克就已经为自己制作了一些缝针。在业余时间里，他已经在兔耳直径 1 毫米的动脉上练习了多年，这通常是在家里的实验室进行。

邦克把亚萨吉尔介绍给他的一个助手 A. I. 丹纳里尔（A. I. Danallier），这是一个南非人，曾在一只大鼠身上做过肾脏移植手术。他第一次尝试就成功了。亚萨吉尔看了丹纳里尔在大鼠血管上做的手术，他是一位真正的艺术家，大鼠肾脏的血管比亚萨吉尔亲自做过的大鼠颈动脉要细小得多。

一天下午，邦克的技术助理，一位名叫舒尔茨（Schulz）的工程师，带着亚萨吉尔去看了正在门洛帕克（Menlo Park）建造的直线加速器。这台直线加速器将成为世界上最大、最强力的原子反应堆。它已经建设了 4 年，耗资超过 1 亿美元，将在几周内完工。亚萨吉尔对此着迷，对它可能带来的科学进步不由得感到敬畏，这些进步不仅限于亚原子粒子和外层空间的研究，还可能包括癌症治疗的应用。

在参观斯坦福直线加速器中心时，亚萨吉尔遇到了一位名叫杰克·厄本（Jack Urban）的匈牙利工程师，他是该中心的一名顾问，邦克聘请他设计了一款安装在显微镜上的微型摄影机。亚萨吉尔发现厄本不仅才华横溢，而且和蔼可亲，非常谦虚。他展示了摄影机原型，亚萨吉尔发现它十分神奇，如此轻巧，非常容易安装和拆卸。几年后，厄本将会到苏黎世拜访他，并与蔡司的工程师见面。蔡司最终没有使用厄本的设计，而是选择了非常笨重的瑞士模型，这对神经外科医生来说很不

幸，因为它限制了显微镜的可移动性。最终，亚萨吉尔坚持己见，就如同许多在 20 世纪 70 年代和 80 年代进行显微外科手术的神经外科医生一样，他自己的显微镜应该配备一台厄本摄像机。

第二天早上，他们回到实验室，在那里邦克展示了他为大鼠股动脉特意设计的一些显微外科练习。下午，亚萨吉尔离开帕洛阿托，神清气爽、精神焕发。

在 7 月 1 日，他参观了旧金山 Moffet 医院的神经外科，埃德温・博尔德利（Edwin Boldrey）最近刚刚退休，约翰・亚当斯（John Adams）接手科室主任。博尔德利医生的妻子海伦（Helen）作为接待亚萨吉尔的东道主，不辞辛劳地带他参观旧金山和湾区的风景。她的和善可亲也让亚萨吉尔铭记终生。

亚萨吉尔介绍了关于脊髓动静脉畸形、豆纹动脉和眼球突出症的工作。一天早上，亚当斯做了动脉瘤手术，但没有使用显微镜。当亚萨吉尔开始谈论他的实验室经验以及显微手术将如何很快改变每个人进行动脉瘤手术的方式时，他只是笑了笑。亚当斯更感兴趣的是亚萨吉尔对立体定向手术的看法，甚至试图说服亚萨吉尔留在加州，加入他的团队，成为一名立体定向外科医生。旧金山湾区有大量帕金森病的患者，他们将从手术中受益。

起初，亚当斯的邀请令人诧异，但他似乎很诚恳。亚萨吉尔和多莉真的很喜欢待在佛蒙特州，但他并没有认真考虑过永远地离开欧洲。但是，为什么不呢？如果合适的机会来到了，何妨认真考虑一下呢？

在离开旧金山之前，他遇到了 E. J. 怀利（E. J. Wylie）和 W. K. 艾伦菲特（W. K. Erenfeldt），这两位血管外科医生已经做了 500 多例颈动脉内膜切除术。他们在诊室里非常忙碌，已经开始为一本将激励一代血管外科医生的书收集素材。但两人都没有表现出任何一丝将显微外科融入日常工作的兴趣。从他们的角度看来，对于像颈动脉这样大的血管来说，裸眼手术不是问题，而且他们的结果已经很好了，没有心思去改变任何东西。

他住在老朋友比尔・霍伊特（Bill Hoyt）的家里，霍伊特和 T. H. 牛顿（T. H. Newton）曾数次一起去苏黎世拜访眼科医生。霍伊特正在撰

写与弗朗西斯·沃尔什（Frank Walsh）共同编辑的著名的三卷本教科书的第二版，对亚萨吉尔讲述的在伯灵顿的经历以及对未来的想法很感兴趣。亚萨吉尔强调说，自己已经找到了毕生工作的重点，他打算完善显微外科，使其成为所有大脑和脊髓手术的首选方法。实现他的目标比在哪定居更加重要，因此回到瑞士并不是绝对必须的。

他们都知道苏黎世的神经外科非常保守，在那里某些外科创新可能会受到阻挠。库雷因布尔已经表示出了一些抵触。这将需要一种微妙的方式，以及不少人事技巧，这根本不是亚萨吉尔的长处。可以预见的是库雷因布尔终将退休，而亚萨吉尔却不知道接下来会发生什么。苏黎世可能是他的理想之地，但也可能令他窒息。一切都取决于谁是库雷因布尔的继任者。如果他们不放手，亚萨吉尔知道永远不可能按照自己计划的方式去探索。

霍伊特很高兴亚萨吉尔决定仔细掂量自己面临的所有的选择，他还介绍了乔治·史蒂文森（George Stevenson），加利福尼亚州雷丁的一名神经外科医生，那个地方坐飞机不到 1 小时就到。史蒂文森不仅是在手术中使用显微镜，还有传言说他正在寻找合作伙伴。霍伊特本人并不认识他，但知道他是一位非常有创新精神的外科医生，亚萨吉尔至少应该在他还在这里的时候与这个人见上一面。但他告诫亚萨吉尔，史蒂文森个性独特，他最近卷入的一场争议已经见诸报端。他建议亚萨吉尔去雷丁，但要做好保持开放心态的准备。亚萨吉尔认为这是他应该尝试的一个选择。

史蒂文森在一家小医院工作，但他的手术室却很繁忙，而且装备精良。他没有双极电凝器，但显微镜是最先进的，他显然是一名优秀的神经外科医生，一直将显微手术融入日常工作中，这是亚萨吉尔在世界其他地方从未见过的。史蒂文森在他的显微镜上安装了一个微型摄影机，并用录像带记录着日常工作。他播放了一段视频，内容是经颈－斜坡脊索瘤切除术，这确实是足以轰动一时的手术。亚萨吉尔对此印象深刻。

史蒂文森不仅是一位才华横溢的外科医生，还亲切友好且很有说服力。他只有 31 岁，留着深色的头发，戴着角框眼镜，英俊得令人惊叹。他也是一个兴趣广泛、思维开放的人，但亚萨吉尔感到他还是一个投机

取巧的人。史蒂文森不满足于现状，疯狂地在不同的研究项目之间转换。亚萨吉尔一开始感到震惊，想知道他是如何能够设法保持所有的兴趣。和他在一起就像是在看马戏表演，本身就是一场冒险。

史蒂文森的商业兴趣之一是附近山区的一个房地产项目，他带着亚萨吉尔，以及家里的孩子和他的狗去看了看。他告诉亚萨吉尔，这是一个将与家人相处的时间与招待客人谈生意结合起来的机会。史蒂文森似乎是在多任务处理的混乱局面中茁壮成长的。

这块地上将建起一座高尔夫球场，还有一座酒店。计划很详尽周密，当天的话题也洋溢着乐观。他们在史蒂文森的合伙人家里吃早餐，这是一名前韩国军官，后来成了一名开发商。当孩子们在房子的底下一层嬉戏玩耍时，亚萨吉尔突然听到房子的一头传来枪声。令他惊讶的是，史蒂文森和他的好友都没有表现出丝毫惊慌，因为6—7岁的孩子们正在向地下室里的可口可乐箱子开枪。史蒂文森的狗和亚萨吉尔一样被吓到了，从房子后面逃到庭院里，躲在灌木丛和茂密的杂草丛中。

人们开始找起了这只狗，史蒂文森的孩子们在找不到它时甚至哭了。史蒂文森没有知会任何人就撇下这群人独自离开了，但他的好友并不在乎他的消失，因为他已经习惯了史蒂文森这种逍遥的方式。不到1小时，当亚萨吉尔和史蒂文森的好友在房子后面的露台上吃水果和喝茶时，他看到一架直升机直接向这里飞来。直升机在他们上方盘旋了大约1分钟，然后开始下降到房子上方，绕着后院来回盘旋，向下的风吹着树木，发出震耳欲聋的噪音。

但史蒂文森的孩子们一点也不慌。“是爸爸，是爸爸！”他们尖叫着跑进后院。不出几分钟，那只受惊吓的狗就从藏身之处冲了出来，冲进孩子们的怀抱。亚萨吉尔惊讶地看着直升机急速转向并朝山脉飞去，在飞行过程中左右倾斜。他从未遇到过像史蒂文森这样的人。

下午，史蒂文森带他去了乡村俱乐部，他们在一个很长的游泳池边共进午餐，这是一个完美的田园诗歌一般的环境。史蒂文森把他介绍给几个有钱的朋友。亚萨吉尔大吃一惊，每个人都愿意听命于他，就好像他是镇上每个重要人物最好的朋友一样。史蒂文森生活在一个仙境里，这里一切和每个人都听从他的指挥。

到了晚上，史蒂文森直言不讳地谈到了他最近遇到的问题，详细地解释了这些问题，显然没有任何遗漏。他发现自己深陷于公众争议之中。

不到七个月前，史蒂文森还不得已在一场被媒体广泛报道的法律战中为自己辩护。12 月，《时代周刊》刊登了这则消息[3]。史蒂文森是萨克拉门托和俄勒冈州梅德福之间方圆 300 英里内唯一的神经外科医生，他聘用了一名前海军外科医护人员协助自己进行开颅手术，甚至允许他在自己的监督下钻骨孔和用线锯锯开骨瓣。尽管这名技术员曾接受过海军的良好训练，后来在加州大学医学中心就读，但他并不是一名有执照的外科医生。争论的焦点是外科助理医生的最低资格问题。有执照的医生，儿科医生、妇科医生和内科医生都可以找到，但史蒂文森却一再选择外科技术员进入手术室帮他。他已经证明了这个年轻人的技术过关，并只允许他在自己的直接带领下工作。史蒂文森相信让外科技术员在手术室协助手术将有助于缓解目前医生短缺的问题。

辩护律师是 Melvin Belli 律师事务所的一员，还有许多知名的医疗证人，史蒂文森还是输掉了这场官司。虽然处罚是象征性的（史蒂文森的 30 天刑期被缓期执行，并被要求支付 200 美元的罚款），该州的执照委员会和各种专业协会也做了妥善处理，但史蒂文森仍然是一个极具争议性的人物。亚萨吉尔不禁想知道，如果在手术室里有一名内科医生或儿科医生协助他会是什么感觉，他自己训练的一个敬业的助手究竟会好多少呢？但他当晚也据此得出结论，雷丁不会是他显微神经外科职业生涯开始的地方。史蒂文森神秘莫测，太过任性。

7 月 4 日上午，他原准备取道旧金山去往洛杉矶，加州大学洛杉矶分校的罗伯特·兰德期待着他的到来。但史蒂文森被请去看一位急诊患者，是一个来自城市北部的孕妇，正在经历交替发作的偏瘫，先是右侧身体乏力，然后是左侧，这是一个非常奇怪的病例。亚萨吉尔考虑可能是矢状窦血栓形成，他忍不住推后了行程，直到血管造影完成，明确了诊断，但他却错过了飞旧金山的航班。

这对于浮夸的史蒂文森来说，几乎不是问题。通过一个电话，他租了一架私人飞机。飞行员是一位年长的绅士，他在雷丁创办了一家负责

将牛空运到牧场的企业。亚萨吉尔对别人告诉他的话难以置信。但这名男子据称是一名熟练的飞行员，而且相当友好，所以亚萨吉尔认为他没有理由结束这趟仍在进行的冒险之旅。还会发生什么呢？当飞行员知道亚萨吉尔以前从未看过这片地区时，他选择了一条沿着海岸的风景秀丽的航线，低空飞入了葡萄酒乡的山谷。

这是一趟令亚萨吉尔感到兴奋的旅行，他从来没有想过会有这样的经历。他随身带着相机，但很快胶卷就用完了。“没问题。”飞行员咧嘴一笑，又给了他 5 卷胶卷！亚萨吉尔拍摄了 100 多张照片，其中有几张是正在进行比赛的棒球场的照片。他就像进入冰激凌店里的孩子一样兴奋！他在欧洲绝对无法想象会有这样的经历。

即使是棒球比赛也引起了他的兴趣。由于接下来的 30 年里他的足迹遍布多地，参观美术馆将成为他了解当地文化气息的最可靠的手段。他每到一座城市，都会通过它的艺术来探寻它的历史。但随着时间的推移，他逐渐明白，一个社会的体育运动也同样具有启发性。对于当时的美国人来说，棒球是一项巨大、真正的全国性娱乐消遣。他低空飞过阳光明媚的烛台公园，4.2 万名球迷在这里的一个钻石形状的内场周围庆祝他们的国家独立日，而非在外场茂盛的草地上，他不禁想了解美国人对这项运动的热爱。如果他第二天早上打开体育页面，他会发现自己瞥见了威利・梅斯（Willie Mays），并目睹了在全美联盟领先的巨人队与圣路易斯红雀队连赛两场的过程。

幸好有大批假日旅行者，直到深夜，他还能搭乘飞机离开旧金山。然后，不得已在洛杉矶的一家酒店住了一晚，好在这家酒店距离加州大学洛杉矶分校并不远。

第二天早上，他参观了加州大学洛杉矶分校的脑研究所，并仔细查看了手术室专用的手术显微镜，但当天并没有显微手术的安排。午餐前，兰德给他看了一些在手术显微镜下进行的听神经瘤手术的视频。就在几个月前，兰德和南加州大学的神经外科医生特德・库尔策报道了他们在保留面神经功能的同时，完全切除了听神经瘤④。他们的结果令人惊讶，这使亚萨吉尔更加清楚，显微外科对脑肿瘤手术和脑血管手术都具有类似的优势。兰德热情地讨论了他们的方法，并提出只要肿瘤在累

及小脑桥脑池之前能被早期发现，听觉和前庭功能以及面神经功能就可以被保留下来。这是一个很棒的想法。令亚萨吉尔唯一感到失望的是他没能见到库尔策，因为库尔策那周不在城里。

在下午的一场学术会议上，亚萨吉尔介绍了脊髓动静脉畸形病例，他强调使用双极电凝器和在伯灵顿学到的显微外科技术可以更精准地处理这类疾病。兰德和彼得·詹内塔（Peter Jannetta）对这些工作表现出了极大的兴趣。他们告诉他，最近他们手术的一个病例在术中发现了脊髓动静脉畸形。讽刺的是，这名男性患者实际上来自伯灵顿附近的佛蒙特州，目前住在加利福尼亚州。兰德和詹内塔都没有这种病变的治疗经验，也没有关于如何做到安全切除的知识。切除异常血管可能可行，但即使是一条小小的脊髓血管受损，也可能使患者瘫痪，这是每个神经外科医生所恐惧的。就像库雷因布尔和世界上几乎所有的神经外科医生都会做的那样，他们只是简单地缝合伤口，告诉患者无能为力。

然而，从他们对动静脉畸形的描述来看，亚萨吉尔自信可以完整且安全地切除它们。他在没有显微镜的情况下已经做了12例手术！有了在伯灵顿学到的知识，他知道现在可以做得更好。他几乎没有想到几个月前在圣路易斯遭遇的动静脉畸形的悲惨经历，并同意稍后再回来进行手术，也就是在秋天，至少他会征得多纳吉的同意。兰德确信，为他争取临时手术权限仅需要走走过场。

但他能感觉到，其他演讲几乎没有引起什么兴趣。神经外科主任尤金·斯特恩（Eugene Stern）热情友好，甚至能提出准确而有见识的问题，但他和在场的其他人似乎都没有看到亚萨吉尔提出的技术有广阔的应用。他遇到了一名年轻的外科医生，在结肠血供重建方面取得了一些成就，另一名医生正在用组织黏合剂进行实验性血管手术，但只有库尔策和兰德一组在进行显微手术。

第二天早上，他前往休斯敦，威廉·S. 菲尔兹（William S. Fields）将在那里接待他。比尔·菲尔兹（Bill Fields）曾到访苏黎世，与亚萨吉尔分享了对脑血管疾病的兴趣，特别是关于侧支循环和动脉闭塞作为梗死成因的自发病史。他领导了一大批统计学家，与美国各地的其他中心合作收集了脑梗死数据。长期以来，他一直是亚萨吉尔作为神经放射

科医生时所做工作的崇拜者，最近在他自己的书中还引用了亚萨吉尔的一张侧支循环图。他们在个人层面上也有很多可以谈论的话题。

尽管菲尔兹认为亚萨吉尔对棒球没什么兴趣，但他忍不住要炫耀休斯敦的新体育场，这就是被当地人称为“世界第八大奇迹”的阿斯特罗多姆体育场。7 月 6 日，亚萨吉尔的 41 岁生日当天，菲尔兹带他去看了一场太空人队和亚特兰大勇士队的比赛。场馆很大，完全封闭，有空调，可容纳近 5 万名观众，当天只有不到 1/4 的观众。比赛是在塑料草地上进行的！亚萨吉尔发现体育场比比赛有趣得多，比赛似乎比足球复杂得多。但在第二局之后，他的大部分精力都花在了听菲尔兹解释实验室里测量脑血流的问题上。

他询问菲尔兹，自己是否有可能来休斯敦工作。近来他已经萌生离开苏黎世的念头，但却没有得到任何鼓励。菲尔兹知道没有空缺的职位，并暗示部门间的政治因素可能会让亚萨吉尔的到来成为一次令人沮丧的经历。

第二天一大早，菲尔兹就把他介绍给了国际知名的心脏外科医生迈克尔·狄贝基（Michael DeBakey）。狄贝基当时正在办公室里和一位秘书谈话。隔壁的房间里挤满了热火朝天地工作着的年轻女性，她们一边打字，一边折返于文件堆之间。亚萨吉尔惊讶于一个人如何能够同时管理如此多的项目。狄贝基亲切而专注地听着亚萨吉尔描述他在伯灵顿的所作所为，然后邀请他一同去手术室。那天早上，狄贝基做了一个颈动脉内膜切除术和一个腹主动脉瘤切除术。他动作非常迅速，一丝不苟，每次结扎都要连续打上 5 个结。

后来，狄贝基的一位同事，名叫莫里斯（Morris）的医生，做了股腘动脉搭桥术，但两位医生都没有使用显微镜，甚至连放大镜都没有使用。下午，亚萨吉尔见到了狄贝基的研究员，一位名叫希利（Healey）的医生，他正在用手术缝合器和组织黏合剂进行动物血管的研究。让他感到不安的是，尽管实验室设备齐全，但却看不到操作显微镜。这可是世界领先的心血管外科中心！

他在神经外科与詹姆斯·格林伍德进行了简短的会面。格林伍德的两点电凝器是马利斯双极电凝器的前身。令亚萨吉尔失望的是，像心血

管外科医生一样，休斯敦的神经外科医生中没有一个人对使用手术显微镜表现出丝毫兴趣。

下午晚些时候，他发表了关于脊髓动静脉畸形、眼球突出症和帕金森病立体定向手术的演讲，还简要介绍了椎动脉造影术。他也表达了自己的惊讶：这座城市似乎没有人在使用手术显微镜。而对他来说，这却是未来的路。听众们都彬彬有礼，但实际上却应者寥寥。

回到佛蒙特州后，亚萨吉尔建议多纳吉在伯灵顿召开一次会议，邀请他近几个月来遇到的每一个对显微血管手术或相关课题感兴趣的人。他找到了一些热衷于此的人，特别是加利福尼亚州的邦克、纽约的史密斯，以及一些使用组织黏合剂和手术缝合器进行手术的医生。他还没有去拜访威廉·M. 拉菲德（William M. Lougheed），但他肯定会从多伦多过来。拉菲德已经在实验室使用解剖显微镜多年了[5]。这也将是亚尔和斯特鲁利展示他们的显微激光工作的机会。这些医生不太可能认识彼此，但如果将他们聚在一起，分享想法和兴趣，会发生什么？他相信思想的碰撞和交锋将会出现。

多纳吉甚至不确定这样的会面是否可行。因为在亚萨吉尔离开伯灵顿前不到 3 个月的时间里，根本没有组织会议和发出邀请的时间。但亚萨吉尔并未打退堂鼓，他决心在美国之行中利用好每个机会。他生怕忽略了一些有价值的东西，在回到苏黎世后读到一些美国正在发生可自己却错过了的事情、新的技术或有前景的想法。

9 月 13 日，他拜访了渥太华的血管外科医生福格勒芬格尔（Foglefinger）博士，他当时正用微型吻合器在兔子的股动脉上做实验。亚萨吉尔对吻合器和福格勒芬格尔的其他器械的设计很感兴趣，但几乎没有什么东西可以拿走供自己使用。吻合器使血管的闭合速度更快，但它似乎对直径小于 4 毫米的血管没有什么作用。

他从那里去了多伦多看望拉菲德教授和他的年轻助手伽赫热曼·霍达达德（Ghahreman Khodadad）。拉菲德不仅有一个在运行的实验室，还将一些新的想法应用到临床外科工作中。黏合剂和微型吻合器方面的工作成果是众所周知的[6-8]。拉菲德和霍达达德目前正在尝试将微型吻合器用于狗的自体小静脉移植和端 – 端动脉吻合中。除了史蒂文森和

兰德之外，他们是他见过的唯一积极使用手术显微镜解决临床问题的神经外科医生。虽然很高兴看到他们在做什么，但他没有带着新的想法离开。在此期间，霍达达德遇到了一只狗的基底动脉痉挛的问题，这让亚萨吉尔有机会向他透露罂粟碱的使用情况。

然后，他拜访了底特律韦恩州立大学的约翰·斯特林·迈耶（John Sterling Meyer）。迈耶是一名神经科医生，当时正在做脑血流的研究。在他的实验室里，可能有十几个人在进行血流测量，还有其他动物实验。亚萨吉尔无法领会他们所做事情的真谛，也不知道什么可能适用于他正试图去做的事情。在那里也没有看到显微血管手术。

下午，他在 Grace 医院见到了 E. S. 戈迪安，但无论是在手术室还是在实验室都没有看到手术。戈迪安当时的研究兴趣集中在为汽车行业开发一种安全带系统，以避免头部和颈部的创伤。他在模拟交通事故的生物力学实验室里演示了一种损伤模型，黑猩猩戴着不同类型的头盔，被绑在火车车厢里，高速地呼啸着冲下陡峭的斜坡，最终在底部坠毁。这造成了大量的减速型损伤，通常是动物当场死亡。这太可怕了，简直不忍直视。亚萨吉尔不得不离开房间。他的结论是，如果底特律存在反对活体解剖运动，那么肯定还处于初级阶段。

9 月 17—19 日，他在辛辛那提拜访了布朗（Brown）医生，这是他初夏在芝加哥举行的血管外科医生协会学术会议上认识的。布朗在他的实验室里用激光进行小血管吻合，花了相当长的时间讨论这种方法的理论方面，并相信用激光将血管壁融合在一起是可行的。但是亚萨吉尔目睹的唯一一次在狗的颈动脉上的尝试并不成功。

第二天，他访问了克利夫兰大都会综合医院，希望能见到罗伯特·J. 怀特（Robert J. White）。2 年前，怀特的工作让他一夜成名，因为他切除了活恒河猴的大脑，将其冷藏一夜，然后用小型泵式氧合器进行再灌注，最后监测脑电图活动[⑨]。据报道，听觉神经残端附近的铃声和对视神经的低级电刺激引起了脑电图的变化，大脑“存活”了长达 18 小时。怀特曾报道，只有灌流液中有毒代谢物的积累才会导致脑电活动的停止，他推测这个问题可以通过人工肾技术来解决。“生命暂停”和“脑移植”这两个词突然开始挂在各路门外汉的嘴边。科幻小说家的

预言要成真了！据说怀特正在设计实验，以明确记忆和意志力是否能在悬浮的大脑中存在。像所有对脑功能感兴趣的科学家一样，亚萨吉尔对报道中哪些是事实、哪些是杜撰感到好奇。

但怀特医生却不在。他离开了，去了莫斯科。亚萨吉尔被告知，俄罗斯人对怀特为他们的太空计划所做的工作感兴趣。自从 5 年前尤里・加加林（Yuri Gagarin）成为第一个进入太空并绕地球飞行的人以来，俄罗斯人每年都会乘坐他们的沃斯托克（Vostok）号宇宙飞船进行探险。也许有一天宇航员可以被置于休眠状态进行太空旅行。

一位名叫奥尔根（Algen）的麻醉师是怀特的助手之一，他为亚萨吉尔展示了他们做的最新实验，只在上矢状窦上方有一条头盖骨的情况下采集猕猴的瘘管大小的大脑，并保持完好，所有的动脉和静脉都得到了严格的保护。然后引流整个脑内血容量，保留 1 条颈动脉和 1 条颈静脉，用生理盐水冲洗替代整个脑血容量。然后将制备好的标本冷藏 24～48 小时，用含氧血重建血供，并进行脑电图检查。亚萨吉尔对奥尔根印象深刻，但他不确定自己到底观察到了什么。是研究，还是宣传？这绝对是一场外科大屠杀。他带着更多的问题离开了克利夫兰。当然，在那里依然没有看到显微血管手术。

尽管安排仓促，但在伯灵顿举行的首届显微血管外科会议还是取得了巨大的成功[10]。会议于 10 月 6—7 日举行。多纳吉和亚萨吉尔联手举办这次会议，共有 52 人参加，其中包括马利斯、雅各布森、托尔・桑特（Thor Sundt）、苏黎世的库雷因布尔、瑞典的贝尔曼（Bellman）、英国的 J・R. 科比特（J. R. Corbett）、加利福尼亚州的 8 位学者（包括兰德、詹内塔和史蒂文森）以及来自加拿大的拉菲德和其他 4 位学者。31 篇论文介绍了显微血管外科的各个方面及其相关主题，包括普通外科和心血管外科、整形外科、激光技术、机械工程学和基础解剖学。在接下来的 10 年里，这个团体还再次会面几次，基本上是显微外科运动的先锋人物。

显微血管外科会议后的第二天，亚萨吉尔回到了洛杉矶。10 月 8 日，他和詹内塔对 7 月份讨论过的脊髓动静脉畸形的患者进行了手术。加州大学洛杉矶分校的手术室设备十分齐全，也配备了性能优秀的仪器

设备和全新的蔡司显微镜。兰德和詹内塔负责暴露病灶和术毕缝合。这是首次在手术显微镜下，采取显微手术器械和双极电凝器切除脊髓血管畸形。与他在圣路易斯切除的颅内动静脉畸形有很大不同，这是一次无须保密的手术，一位技术人员拍摄了一张照片，这张照片将出现在兰德的著作上[11]。

亚萨吉尔切除脊髓动静脉畸形的技术实质上是从脊髓背部表面剥离肿胀、弯曲的静脉，电凝在这个过程中确定的动脉来源，手术范围超过了5～6个脊髓节段。这正是他在那年秋天的整个美国之旅中各处演讲中提到的方法，只是通过在伯灵顿修习的显微外科技术进一步完善。在未来，随着选择性脊髓动脉造影的出现，这种病变的解剖结构变得更加精确，病灶范围实际上要大得多，通常与进入椎管的毗邻单个神经根的动脉有关。后来，治疗方法是简单地阻断该部位的血流，而非引流静脉的剥离。

11月初，他在纽约拜访了休·罗索莫夫（Hugh Rosomoff）。库雷因布尔在信中指示亚萨吉尔要学习罗索莫夫正在开发的颈髓前侧束切断术。亚萨吉尔观摩了一个案例，做了一些笔记，但他们主要谈论的是罗索莫夫在几年前提出的基于亚萨吉尔的想法而开创的铁粒子注射操作。11月28日，他在巴尔的摩的约翰斯·霍普金斯拜访了德高望重的厄尔·沃克（Earle Walker）。沃克是一位公认的出色的东道主，非常有吸引力，并支持亚萨吉尔一直以来的工作。亚萨吉尔做了演讲，沃克向他展示了一直在做的癫痫手术。亚萨吉尔带着美好的回忆和对沃克医生的深深敬意离开了。

他从巴尔的摩去了孟菲斯，在那里待了3天。弗朗西斯·默菲（Francis Murphy）是神经外科主任，住院总医生托尔·桑特（Thor Sundt）被指定接待亚萨吉尔，为他提供了家中的客房。当时，桑特的家庭还有年幼的孩子。他和亚萨吉尔很快就成了朋友。

作为神经外科的住院总医师，37岁的桑特年纪有点大了，但这是有原因的。1952年从西点军校毕业后，他在朝鲜战争中服役，成为一名备受赞誉的英雄（曾获得2颗象征英勇的青铜星）。起初，他是第7步兵师第13工兵B连的排长，几个月后就晋升为连长。他是所在的部

队在 1953 年的石岘洞北山战斗（美方称为猪排山战役）中为数不多的幸存者之一[12]。在 4 天的战斗中，美军伤亡 1000 多人，其中 243 人阵亡。在朝鲜战争之后，桑特厌倦了“为战争服务”，因此进入了医学院。1966 年见面时，亚萨吉尔并不知道他的战争经历，立刻在桑特身上找到了灵魂伴侣的感觉。他们有着相同的标准，对公共事业和个人成就也有着同样强烈的渴望。后来，桑特成为梅奥诊所神经外科的主任。

桑特渴望了解他在伯灵顿做了什么，并很快与他分享了自己的实验室经验。他用经眼眶的方法阻塞了一系列猫的大脑中动脉，注意到各种参数如血压、动脉血氧浓度等在发生变化时的缺血效应。当时，他正在分析自己的结果，并开始撰写打算发表的一篇论文的讨论部分。

但亚萨吉尔无法掩饰对此的怀疑。“你夹住了血管的哪个地方？”他脱口而出，“是在豆纹动脉之前还是之后？”这个问题吓了桑特一跳。他没有统一血管夹闭的方式，亚萨吉尔很快就详细解释了这种疏漏的后果。这正是他第二天即将展示的论文主题。

桑特停顿了几秒钟，不好意思地咧嘴笑着说：“谢谢你，伙计，你刚刚毁掉了我近 2 年的工作。”然后又拍了拍亚萨吉尔的背，大笑起来。

他们一直聊到深夜，桑特提醒了亚萨吉尔第二天下午在每周神经外科会议上发表演讲时可能会发生什么。塞姆斯（Semmes）医生会在场。

美国神经外科真正的巨人拉斐尔·尤斯塔斯·塞姆斯（Raphael Eustace Semmes）最近刚刚过了 81 岁生日。Semmes-Murphy 诊所是当时美国最受尊敬的神经外科圣地之一，他是 Semmes-Murphy 诊所的联合创始人，也是哈维·库欣学会和神经外科学会的前主席，曾是缺血性血管疾病外科治疗的重要先驱。7 年前，他首次报道了在完全闭塞的颈动脉中进行血供重建[13]。他也是最早建立专门研究脑血管疾病的实验室的美国人之一[14]。在 77 岁时，他为自己的实验室配备了一台手术显微镜，目的是为颅内动脉瘤进行显微手术。他是一位脾气暴躁的老绅士，严以待人，会大胆地说出自己的想法，而不考虑可能的后果或者会冒犯谁。当他认为住院医生和同事们的想法有混乱或困惑时，会毫不留情地指出，这是出了名的。桑特警告亚萨吉尔说，塞姆斯和 40 年前一样咄咄逼人、不留情面，他虽然年事已高但言语依旧尖酸刻薄。他示意亚萨

吉尔要保持冷静，避免在塞姆斯攻击他时有所抵触。这位老者没有任何私人目的，无论现场看起来如何或者发生了什么，在场的其他人都会平和地聆听亚萨吉尔的演讲。

第二天，亚萨吉尔做了三段他在过去 4 个月去过的每个地方都做的演讲，然后展示了两段处理 16mm 血管的视频，一段是关于如何在狗的基底动脉做切开和缝合动脉的手术，另一段是颅内外搭桥手术。直到最近，他才拍出质量令人接受的视频。当灯重新亮起时，现场响起了礼貌的掌声，桑特说了一些表示祝贺的场面话。观众们出奇地安静，他们似乎没有完全领会亚萨吉尔刚才所做报告的含义，也可能他们对塞姆斯接下来的话感到紧张，这些话肯定会到来的。

最后，塞姆斯在房间后面挣扎着站了起来。每个人都转过头来跟他打招呼。“亚萨吉尔医生，”他用清晰的声音开始说道，“这是一项令人震惊的工作，让我希望回到年轻的时候。如果可以，我肯定会开始做显微血管手术。”然后他坐了下来。

没有进一步的讨论，房间变得如此安静，亚萨吉尔甚至可以听到塞姆斯评论的回音。桑特站在讲台上向他使了个眼色，他们俩都知道显微血管手术已经获得了最高级别的公开认可。

12 月 7 日，他踏上了最后一次段旅途，返回波士顿，来到麻省总医院，再次看望斯威特和奥杰曼以及他们的同事，向他们展示一年来的工作成果，包括在孟菲斯放映过的视频。观众很有礼貌，甚至可能有了小小的兴趣，但大多数聚在一起的人们似乎对他所取得的成就的意义知之甚少。这让他很失望。只有罗伯特·克罗韦尔（Robert Crowell）在评论中表现出了热忱，他后来也到苏黎世度过一年。

时间来到了 1966 年的圣诞节，在收拾行李准备返回苏黎世时，亚萨吉尔感到在美国的这一年里取得了很大的成就。他来的时候并不知道会发生什么。犹记得，自己也曾对颅内显微血管手术的实用性持怀疑态度。但他已经向自己证明，有可能切开并用显微缝线缝合脑血管，并保住它们的功能，甚至可以将一条血管连接到另一条血管，以实现新的血流途径。这是安全有效的。如果移除脑动脉中的梗死，或者绕过这些梗死，会给脑梗死患者带来生物学上的改变，他现在知道，这 2 种手术都

可以做到。

他还没有证明这些血管技术在人类身上是可行的，但却对此毫不怀疑。他相信，显微外科技术将改变神经外科医生的工作方式，并改变他们对治疗效果的期望。然而，他也意识到，周围的许多人都看不到他所取得的成就有什么价值。几乎没有人能理解他的结果意味着什么，以及潜在的广阔前景。

他几乎到访了北美每一个重要的神经外科中心，并与每个实验室里的每个人进行了讨论，甚至也包括与显微外科和血管手术没有很大关系的人。他觉得自己很好地掌握了该领域的其他人是怎么想的和他们在做什么，也目睹了激光和组织黏合剂的技术局限性。尽管他不相信这种方法有一天会作为血管手术的辅助手段，但他相信，使用显微缝线和双极电凝器的手术可以立即应用于临床问题。但令人沮丧的是，他无法说服其中的许多人。他在演讲时遇到的问题通常都很幼稚，似乎更多的是出于礼貌，而非真正的兴趣。尽管他对显微手术充满热情，照片和录像也很激动人心，但却根本无法在其他神经外科医生那里激起太多热情。马利斯和桑特是例外，他们明显认同他对即将到来的变化的看法。他们本身就有很高的才华和充沛的精力，显然是注定会成为做出重大贡献的人。因此，至少，他已经和那些志同道合的人建立了联系，他们将来会成为真正的朋友，分享想法，相互激励，在必要的时候提供指导。但是，为什么影响不了其他人呢？

他推测，也许是因为他的英语。很多时候，他不能准确地说出正确的词，他的一些短语很笨拙，美国人肯定很难理解。英语的词序不同，加之发音经常不准确。如果回到欧洲，情况可能会有所不同。

他不知道回到苏黎世后会遇到什么。库雷因布尔喜欢并一直支持他，但他仍担心老板对显微外科未来的看法已经固定下来了。而亚萨吉尔将如何适应库雷因布尔对瑞士神经外科的计划还有待观察。他相信库雷因布尔的热情会随着他目睹了可能发生的事情而增长，但他还能指望他的支持多久呢？库雷因布尔已经 64 岁了，而且也有了除神经外科以外的兴趣。他即将退休了，亚萨吉尔意识到必须加快行动。

他在实验室的最后一天是和多纳吉一起度过的，多纳吉留出了一整

天去看这位爱徒向他承诺过的手术演示。早上，亚萨吉尔给狗做了颅内外血管搭桥术，仔细地解释了每一步，如何在不干扰其滋养血液供应或使其痉挛的情况下松开颞浅动脉，如何将其移位到动物颅内，然后如何分离大脑中动脉的一段，切开它，并以最有益的方式缝合，最终将两条血管连接起来，使血液从一根血管最大限度地流向另一根。多纳吉全神贯注地听着，问了许多问题。最后，在下午，多纳吉亲自进行了手术，亚萨吉尔看着，不断地评论和指正。之后，亚萨吉尔绘制了他认为该手术如何适用于人的草图，并在页边空白处注上了注释和说明。多纳吉提供了磨炼实验技能的机会，现在自己似乎真的也对颅内外搭桥术产生兴趣。这无疑是对亚萨吉尔最大的尊重。得到多纳吉的认可让亚萨吉尔兴奋不已，他决心尽可能详细地传授自己的想法。对于显微外科的未来，他已然抱有远见卓识。

注 释

① Donaghy: *Surg Neurol*, 1980(13), 1–3.

② Research Currents—1999. Pioneering Microsurgery：Offering Hope to Trauma Victims. California Pacific Medical Center. http://www.cpmc.org/professionals/research/currents/microsurg.html.

③ *Time*, 1966(December 30)(88)，36.

④ Rand and Kurze: *J. Neurol Neurosurg Psychiatry*, 1965(28), 311–316.

⑤ Lougheed and Tom: *Can J Surg*, 1961(4), 329.

⑥ Khodadad and Lougheed: *Neurosurg*, 1964(21), 552.

⑦ Lougheed et al: *J Neurosurg*, 1965(22), 607.

⑧ Khodadad and Lougheed: *J Neurosurg*, 1966(25), 61.

⑨ *Time*, 1964(June 19)(83), 72.

⑩ Donaghy and Yasargil: *Micro-Vascular Surgery— Report of First Conference.*

⑪ Rand RW: *Microneurosurgery*, 776.

⑫ McWilliams, Bill: *On Hallowed Ground: The Last Battle for Pork Chop Hill*, 402 and 411.

⑬ Murphey and Miller: *J Neurosurg*, 1959(16), 1–23.

⑭ Sundt, :*Occlusive Cerebrovascular Disease*, Ⅴ - Ⅶ.

Return to Zurich—A New Beginning

第 15 章　回到苏黎世：新的开始

当亚萨吉尔于 1967 年 1 月回到苏黎世大学医院时，库雷因布尔向他提出了一个特殊的挑战。M. E. 是一位不幸的 48 岁男子，已经有 5 个月无法说话或活动右侧肢体[①]。动脉造影发现他的左侧大脑中动脉完全闭塞，活检证实多形性胶质母细胞瘤已经扩散到了左侧大脑，这是一种致命的肿瘤。库雷因布尔认为积极的肿瘤治疗是徒劳的，但闭塞的大脑中动脉可能是亚萨吉尔展示新技术的机会。虽然 M. E. 的肿瘤可能是重要的病因，但突然发作的症状明显提示大脑中动脉闭塞才是罪魁祸首。他的梗死在很长一段时间里没有改善，以至于无法想象治疗后能出现任何好转。库雷因布尔只是好奇大脑中动脉是否能恢复血流。毕竟在 M. E. 不能说话、阅读或理解语言的病症上叠加了一种恶性肿瘤，试图打开阻塞的动脉似乎对他不会有什么损失，甚至也许会有帮助。他的家人同意了手术计划。

1 月 7 日，在熟悉了库雷因布尔购买的新显微镜（蔡司 OpMi1 的原型机）后，亚萨吉尔切开了 M. E. 的大脑中动脉主干，并移除了一块血栓。它并不是特别黏附于血管管腔上，整整有 4cm 长，血流量立即恢复了。令所有人惊讶的是，M. E. 在几天内就说出了单词，然后是简短的短语！他甚至开始活动右臂。这样的改善是难以想象的，脑细胞在失去血液供应 5 个月之后通常不会恢复。就连亚萨吉尔也不确定是否可以相信所看到的。

这些观察到的结果的确是可靠的。过了不到 6 个月后，M. E. 就死于胶质瘤。在没有其他显微手术患者的情况下，亚萨吉尔在接下来的几周里一直在揣摩 M. E. 的手术效果。

意料中的冷漠对待在苏黎世上演。他发表了一场演讲，讲述了在伯灵顿的经历，这或多或少是从国外带回新理念的工作人员的标准流程。他过去每次外出回来也都做过类似的展示，包括 10 年前访问弗莱堡和巴黎后立体定向手术的要点，以及前往丹麦和瑞典学习的测量脑血流量和颅内压的方法。这一次，森宁教授和他的血管外科、心胸外科的同事都在场。当亚萨吉尔展示在伯灵顿完成的血管重建的照片和视频时，让他感到惊讶的是，只有森宁的团队表现出了真正的兴趣。而神经外科同事虽然都彬彬有礼，专心致志，但只有血管外科医生的问题展示出了洞察力和热情。这是一次令人不寒而栗的经历。

库雷因布尔对他归来的反应不愠不火，这并不令人感到意外。他固然为亚萨吉尔的成就感到鼓舞，但不可能把每一个神经外科问题都交由显微外科治疗。作为欧洲神经外科的领军人物，库雷因布尔需要捍卫主流思想的名誉。当然，亚萨吉尔没指望他自己会想学做显微外科手术，像库雷因布尔这样的岁数和肩负管理职责的人，长时间待在实验室不仅是不切实际的，也不符合他的性格。

亚萨吉尔虽然失望，但热情丝毫没有减少。他悄悄地开始专注于自己能掌控的事情：改进技术，并向任何表现出些许兴趣的人展示其成果。库雷因布尔的态度将会改变。只有令人印象深刻的疗效可以打动他，而亚萨吉尔相信这不是问题。

他需要一个工作场所。当时还没有院系实验室，在心血管实验室寻找空间也不是一种好的选择，那里的每一平方英尺都已经被人占据。森宁在 1962 年承诺的翻修和扩建项目仍处于规划和融资阶段，1970 年之前不会成为现实。亚萨吉尔唯一的希望就在于脑研究所。

研究所主席康拉德 · 阿克特（Konrad Ackert）耐心地听取了亚萨吉尔对在伯灵顿取得的成就的描述，以及对下一步工作所需条件的估计。阿克特对他的请求表示理解，但就是没有可为他所用的空间。他承诺将努力寻找解决方案，并告知亚萨吉尔将在几天内给他回复。

最终，阿克特找到了一个很少用过的盥洗室，亚萨吉尔招募了一名年轻的普通外科医生，帮助他将其改造成自己的私人实验手术室，房间很小，仅够容纳一个洗手池和一个马桶。亚萨吉尔就把他的手术台放在

马桶上！助手没有落脚的地方，任何想看他工作或与他交谈的人都必须站在走廊里。但他已经很开心，毕竟伯灵顿的条件也不理想。

几乎没有人对他所做的工作感兴趣。其他神经外科医生很有礼貌，甚至很友好，通常在下午晚些时候的科室会议之前，在用餐和喝咖啡的时候耐心地倾听他的工作进展。对于一个他们将信将疑的人，没有一个人认为其工作有实际应用价值。当然，更没有人有兴趣学习这项技术。像多纳吉一样，库雷因布尔忙于行政和临床工作，没有时间参观亚萨吉尔的实验室。只有阿克特教授来了，他是一位经验丰富的解剖学家和研究员，对亚萨吉尔的工作表示印象深刻，这类支持堪称雪中送炭。

库雷因布尔已经支持了亚萨吉尔 14 年，但在 65 岁的时候，没有人会指望他继续长期担任科室主任。他了解亚萨吉尔，不仅了解他的智商、精力和决心，也了解他的局限性。亚萨吉尔已经习惯和库雷因布尔的相处，为他离开后会发生的变故感到担心。这是一个越来越令人担忧的问题。

谈及苏黎世大学医院神经外科医生的资历，排在亚萨吉尔前面的是库雷因布尔的第一位同事格哈德 · 韦伯，后者于 1943 年加入科室，比亚萨吉尔早了 10 年。韦伯教给他的经典的神经外科知识几乎和库雷因布尔一样多。他们的个人关系非常融洽，韦伯对亚萨吉尔从美国回来时的困境非常敏感，这一点与其他任何人都不同。但在这两个人中，只有亚萨吉尔是开拓者。首先，他推动了神经放射学的前进，然后是立体定向手术，而关于癫痫手术的想法也引起了库雷因布尔的注意。然而，在离开的那一年里，亚萨吉尔感觉到自己失去了在库雷因布尔那里的当红地位。韦伯的地位上升了，他是老派的外科医生，寡言少语、值得信赖，并拥有足够的个人魅力，这都确保了他在医院里的受欢迎程度。在亚萨吉尔离开期间，韦伯巩固了作为首席助理的地位。

同库雷因布尔一样，韦伯认为亚萨吉尔的显微手术只能治疗有限数量的血管病变。他不打算亲自学习这种方法，也不打算把它应用于脊柱外科（主要是腰椎间盘）和其他常见的神经外科疾病。他为什么要这么做呢？目前使用的技术是有效的，而且历史悠久。他的手术结果是可以预见到的，而且总体上令人满意。尽管彼此感情深厚，但亚萨吉尔和韦

伯都意识到要为即将到来的巨变而争权夺位。

另外，还有一位神经外科医生也参与其中。埃里克·桑德尔（Eric Zander）[②] 比亚萨吉尔大 7 岁，于 1950 年加入了这个部门，对腰椎间盘疾病、脑外伤和脑肿瘤有着特别的兴趣。1958 年，他离开苏黎世，接任洛桑大学医院神经外科主任一职。和韦伯一样，桑德尔也是一位优秀的外科医生，和蔼可亲，品格高尚，有潜力成为一名杰出的管理者。桑德尔和库雷因布尔有很多相同之处。在进入医学领域之前，他是一名认真学习哲学和德国文学的学生。桑德尔是库雷因布尔钦定的下一任科室主任，这早已不是什么秘密了。

亚萨吉尔对韦伯和桑德尔都极为尊敬，且有着深厚的个人感情，他也不想承担管理神经外科所带来的行政和政治责任，他不具备履行这类职责的天赋。但他感觉到，如果不能成为苏黎世大学医院或其他地方的科室主任，那么将无法实现将显微外科应用于神经外科的愿望。只有在权力的加持下，计划才能推行，从而改进大脑和脊柱手术的方方面面。科室主任才是规则的制订者，在桑德尔或韦伯手下工作会成为他的束缚。

此外，还有西格弗里德，他娶了库雷因布尔的女儿。在亚萨吉尔看来，西格弗里德似乎不太可能成为科室主任，但他并不怀疑库雷因布尔有能力让此事成真。

但是库雷因布尔也面临着幸福的烦恼，那就是必须立即决定如何安顿亚萨吉尔。不管自己怎么看待这位年轻的门生对神经外科未来的整体判断，他对显微外科的热情是极富感染力的。库雷因布尔从来没有见过比他更勤奋、更专注的外科医生，他愿意将全部的精力和热情完全投入到手头的任务中。自 1953 年以来，亚萨吉尔充分利用了接到的每一项任务，给这个科室带来了荣誉。他思维活跃，视野开阔，志向远大，有一种不同寻常的能力，能够寻找更新更好的做事方式，总能发现解决问题的诀窍。谁能肯定地说，亚萨吉尔没有将这个科室带到一个新的水平的能力和构建一个完全不同的学科图景的远见呢？

库雷因布尔相信亚萨吉尔对血管手术有着巨大的热情，毫无疑问这将会是他对这个科室的主要贡献。仅此一项就举足轻重，但他的气质和人际交往能力不足以让他像韦伯或桑德尔那样接手这个科室。亚萨吉尔

本人也不会对这种评价提出异议。接受自己的局限性是他从父亲那里学到的一课。他从头到尾都是外科医生，绝非政客。他只需要一个平台来发起神经外科领域的显微革命。

他是一名土耳其侨民，这也对他不利。虽然库雷因布尔对继任者的推荐很有分量，但根据法律，这一任命是先由委员会投票，后由同事投票所决定的，之后还需得到国家的确认。政府更希望瑞士的机构由瑞士人领导。

库雷因布尔知道亚萨吉尔还有其他选择。尽管他的国籍状态和土耳其持续的政治动荡排除了他立即返回安卡拉的可能性，但还有其他可能性。亚萨吉尔在欧洲的许多神经外科圈子里都很出名，也很受尊敬。有传言说柏林的新的神经外科正在准备进行重组，那里很快就会有一个科室主任的职位空缺，但库雷因布尔也不希望看到得意门生离开苏黎世。

亚萨吉尔也看到了不祥之兆，从伯灵顿回来后不久，他开始担心自己错过了在美国获得一份工作的机会。在那里，他的天赋和兴趣可能会得到更客观的评价。美国人在前沿领域蓬勃发展，也许他应该把留在美国作为首要目标。站在 42 岁的关口，他看到自己的梦想岌岌可危。

1 月 18 日，他为 1 名患有多形性胶质母细胞瘤合并大脑中动脉小动脉瘤的男子做了手术，尽管动脉瘤在术前的血管造影并不明显。他小心翼翼地用新显微镜彻底切除了肿瘤，然后在动脉瘤的颈部放了一个夹子，这是他第一次做动脉瘤手术。患者在恢复室里神志清醒，精神完全正常，后来没有出现任何问题。这又迈出了积极的一步。但亚萨吉尔明白，还需要一系列类似的结果才能引起库雷因布尔的注意。在库雷因布尔认识到他在神经放射学中的价值之前，他已经做了数以百计的经皮颈动脉血管造影。

2 天后，他为左侧颈内动脉分叉处的动脉瘤患者做了手术，然后在下午对 1 名患有左颞上回动静脉畸形的儿童进行了手术。2 名患者都恢复得很快，没有神经功能缺陷。

1 月 27 日，他探查了另一条闭塞的大脑中动脉，这次是一位 29 岁的男性（G. A.）。患者在 8 天内经历了 2 次发作性的左臂和左腿乏力，第一次自行缓解，但第二次则使他在术前已经瘫痪了 48 小时[3]。亚萨

吉尔移除了一个 2cm 长的血栓，但 G. A. 的神经功能缺损没有改善。这一结果发生在 3 周前在 M. E. 身上取得的令人惊讶的成功之后，无论能否预见，都是难以接受的。

2 月 1 日，他做了脊髓动静脉畸形切除术，与 3 个月前在洛杉矶切除的病变类似。到今年年底，他将再做 7 例脊髓动静脉畸形手术。他惊讶于显微镜下的操作竟然如此简单，比以前用传统方法切除的 12 个病例有了显著的进步。

在手术室工作的任务再次暂告一段落，接下来 3 周，他在盥洗室改建的实验室里继续拿狗做练习。2 月 21 日，他为一个简单的破裂型腰椎间盘突出症患者做了手术。他显然是用传统方法进行这类手术的专家，在 14 年的时间里处理了大约 1000 起这样的病例。但他确信，显微技术可以改善任何手术，即使是椎间盘突出。由于受影响的神经根可以更好地显示，因此神经损伤的风险将会减小。

第二天，库雷因布尔给一位药剂师做手术，这位药剂师名叫杰尼尼（Janini），是由意大利的一位特殊友人介绍来的。他决心使这次手术取得令人瞩目的效果。动脉血管造影显示，右侧颈内动脉有一个巨大的动脉瘤，直径接近 2cm，从颈动脉分叉处向上突出，正是那种让任何神经外科医生都感到恐惧的病变。这种动脉瘤的尖端通常附着在额叶的表面下。抬高额叶以观察动脉瘤，无论多么轻微，都可能撕裂部分动脉瘤，导致大量出血。这样的出血如果发生在动脉瘤深处的载瘤动脉没有控制的情况下，那么患者非常可能在手术台上丧命。

尽管库雷因布尔有时喜怒无常，但他在手术室里拥有极大的耐心，以及精湛的传统手术技巧。他解剖细致，动作准确。他站得很高，而手术台的位置很低，这足以让他在肘部部分伸展的情况下工作。即使没有用手指抵住患者的颅骨，他的手也会像石头一样稳定。他非常信任自己的眼睛和经验，没有外科医生需要显微镜来看这么大的动脉瘤，其直径是载瘤动脉的 4 倍。多年来，他一直在做这样的手术，并自认为效果不亚于任何在世的神经外科医生。

然而，最终，杰尼尼的动脉瘤破裂了，出血使库雷因布尔的视野模糊了很久。他别无选择，只能用棉片覆盖动脉瘤顶部的出血部位，轻轻

施压，等待，希望时间和生理性凝血机制能控制出血，使情况允许进一步分离暴露瘤颈。过去有时候这么做是奏效的，如果无效会导致灾难性后果甚至死亡。库雷因布尔明白这一点。和亚萨吉尔一样，他也了解自己的局限。在超过30分钟的时间里，他时而轻柔地压住动脉瘤，时而继续尝试分离动脉瘤。但这都无济于事，他没有办法压住出血。最后，万不得已的时候，他叫来了亚萨吉尔，或许他能做什么呢？他将从根本上看到显微手术是否真的比传统方法具有优势。

当时的情况与亚萨吉尔所能选择的情况相去甚远，手术室里没有显微镜。对于他自己安排的手术，他会将新显微镜从脑研究所的实验室搬下4层楼，然后清洗它，并用无菌亚麻布覆盖。这至少需要1小时。

他刚刚开始对一条狗的基底动脉进行显微外科解剖。他立刻停下来，找人帮他把显微镜搬到手术室。他们乘电梯下了2层楼，把显微镜推到走廊的另一端，在那里他们登上了第二部电梯。

他发现一言不发的库雷因布尔怒气冲冲，已经等不及亚萨吉尔和他的珍贵设备了。库雷因布尔也对是否有办法摆脱困境持怀疑态度，甚至有些后悔给亚萨吉尔打电话了。就像一句古老的谚语说的，依靠其他外科医生来帮助摆脱困境的外科医生只配得到最坏的结果。

应付库雷因布尔的情绪和不耐烦是亚萨吉尔的另一个分心之处，库雷因布尔和他自己一样喜怒无常。哪怕只说一个字，都可能让事情变得更糟。亚萨吉尔不得不控制自己的情绪，小心翼翼地前进，面对任何口头上的辱骂，他都要保持冷静。他已经习惯了库雷因布尔，并曾多次经受过他的怒火。这种愤怒不包含任何针对个人的内容，亚萨吉尔明白压力是如何放大因患者陷入困境带来的焦虑的。

亚萨吉尔独自操作，在库雷因布尔的注视下，他调整了显微镜，评估了手术情况。动脉瘤不祥地膨胀起来，瘤顶挡住了探查瘤颈的视线。他用几个临时夹夹住了动脉瘤下方的颈内动脉和动脉瘤上方的大脑中动脉主干及大脑前动脉近端。顷刻之间，血液不再流入动脉瘤，它也停止继续膨胀了。

但是，因为右半球大部分区域的血液循环中断了，他只剩下几分钟的操作时间，否则长时间没有血供，脑组织是无法存活的。

他很快就取下了库雷因布尔填塞的棉片，开始分离动脉瘤的颈部并松解粘连。马上就可以看到瘤颈的整个范围了。他小心翼翼地把夹子的尖端套在动脉瘤的瘤颈上，松开弹簧。动脉瘤立刻瘫倒到一边，变得无力。又过了几秒钟，他取下临时夹子，看着颈内动脉充血，动脉瘤仍完全瘫软无力，现在已经不再构成威胁了。

杰尼尼在恢复室醒来，就好像只经历了最简单的手术。库雷因布尔的喜悦不言而喻，加兹·亚萨吉尔和显微外科手术扫清了一个非常重大的障碍。在接下来的几个月里，他知道库雷因布尔会给他分配越来越困难的任务，他要做的只是等待时机。

但他将库雷因布尔从动脉瘤灾难中解救出来的胜利是有限的。夹闭动脉瘤只是血管手术，因此对科室的其他外科医生来说并不感到特别惊讶。其他人都没有颅内动脉瘤的经验，只有库雷因布尔完全了解这些陷阱。尽管难度很大，要求也很高，但治疗动脉瘤只是神经外科手术的一小部分。

前一天他在显微镜下做了腰椎间盘摘除术，这件事反而影响更大，而且是非常负面的。同事们注意到了他的所作所为，反响并不友善。一些人公开批评，甚至到了嘲笑的地步。“亚萨吉尔疯了吗？没有人需要显微镜来取出破裂的椎间盘，”一些传言这样说道。而有些人则更为严肃。其中一个人甚至指责他使用显微手术进行腰部手术，只为引来人们的关注，从而吸引手术患者。某些人的领域被侵犯了，库雷因布尔听到了种种抱怨。

但亚萨吉尔并不打算改变他的做事方式，他做任何手术都会用上手术显微镜和双极电凝器。几周后，库雷因布尔走进亚萨吉尔的手术室，他正准备给一个俯卧位的患者做手术。“你在干什么？”他问道。

“是一台腰椎间盘手术，先生，”亚萨吉尔回答道，“是腰4～5的椎间盘。”

库雷因布尔沉默了一会儿，然后，简单地问道：“你为什么要用显微镜？”他的话在冰冷的墙面回荡着。

“我看得更清楚了，”亚萨吉尔很快说道，“我能更快地辨认硬脑膜，更好地看到神经根，甚至可以更好地控制出血。”

“别傻了，”库雷因布尔怒气冲冲地说道，“椎间盘破裂？没有人需要显微镜来做这个手术。”

但亚萨吉尔没有抬头看他，最终库雷因布尔怏怏离开了。

过了不到 3 周，亚萨吉尔再次被叫到库雷因布尔的手术室，他又一次把显微镜推了进来，准备好了他的特殊器械库雷因布尔当时正在为一位私交，以前的同学做手术，他患有腰椎间盘突出症。他遇到了麻烦，患者腰部静脉丛异常突出，隆起的静脉遮挡了重要的解剖标志，随之而来的出血让他几乎不可能看到受累的神经根。

事实上，库雷因布尔在需要帮助时会毫不犹豫地寻求帮助，这是亚萨吉尔发现的一个特点，这个特点既吸引人，又具有启发性。在欧洲没有比库雷因布尔更著名的神经外科医生了，椎间盘手术被认为是神经外科中最简单的手术。当涉及患者的需要时，库雷因布尔毫不犹豫地放下身段，真正践行了他所宣扬的理念。

从那天开始，库雷因布尔在某种程度上成为腰椎间盘手术显微技术的倡导者。他并不打算亲自采用这种手术方法，这是他不愿意作出的承诺，很大一部分椎间盘手术可以用传统方法很好地完成，但有些情况更加困难，确实需要进行技术调整。科室里有一个精通显微外科的人，甚至经常用它来做椎间盘手术，这真是太好了。库雷因布尔很快向每个人指出了显微手术对腰椎手术的好处。一夜之间，科室内部的谣言和抱怨都停止了。一些批评亚萨吉尔的人可能为亚萨吉尔的前进方向感到不满，但也不再愿意公开发表意见。

2 月 24 日，亚萨吉尔做了史上首例用显微外科方法进行的颈动脉内膜剥脱术。患者此前经历了短暂性半球缺血，血管造影显示颈动脉阻塞。两周后，他又遇到了一位类似的患者，是一位中年女性。在这 1 年里，他做了 4 例显微镜下颈动脉内膜剥脱术，每次都取得了很好的效果。

不过，他作为颅外颈动脉外科医生的职业生涯将是短暂的。血管外科医生干脆不再给他转诊患者。森宁的同事通过传统技术自己进行颈动脉内膜剥脱术，这使得他的病源非常有限。

4 月 4 日，他第一次有机会为脑血管搭桥建立旁路，这是他在伯灵顿用狗设计的手术的变体。患者是一名 57 岁的肥胖男子，名叫怀什

（Wysh），有一个接近核桃大小的巨大动脉瘤，起源于左侧颈内动脉，恰好位于颅底硬脑膜反折的下方。显然，它是位于海绵窦内的[4]。

海绵窦是容纳静脉血液的腔隙样结构，内有颈内动脉折返经过，还有 4 根主要的脑神经，这些神经都支配眼睛和面部。怀什的视力没有受到影响，但左眼红肿，而且动弹不得，负责支配眼球运动的神经被不断扩大的动脉瘤牵拉和压迫。

亚萨吉尔和库雷因布尔一致认为，通过目前的方法，包括当时的显微手术，不可能暴露和夹闭充满静脉血的海绵窦内的动脉瘤。然而，结扎颈部的颈内动脉，通过减少动脉瘤的血液供应，为缩小其尺寸提供一种可能性，进而可减轻对视神经的压迫，从而保护视力。这是一个极端的方法，但大脑的功能也可能通过侧支血流的自发增加进而得到保护。

但是当他在床边暂时压迫怀什的左颈动脉超过几秒钟后，他的右臂和右手无力而且无法说话，很明显，他的侧支循环不足以支持左侧颈内动脉结扎。

库雷因布尔的结论是，除非以某种方式创造出流向左半球的新的旁路血流来源，否则什么都做不了。他还记得亚萨吉尔几个月来一直在谈论的搭桥手术，将颞浅动脉与大脑中动脉连接起来，建立一条流向左半球的血液通道，从而减少对颈内动脉的依赖。他朝亚萨吉尔点点头，亚萨吉尔知道他的时代终于到来了。他即将在人类身上进行世界上第一例颅内外血管搭桥手术。

第二天，他做手术时惊讶地发现颞浅动脉发育不良，直径不到 1 毫米，这太细了，不足以在颈内动脉被结扎后为怀什的左侧大脑半球提供足够的血液供应。他强忍懊恼，缝合了伤口。

怀什在 4 个月内仍然不稳定，但没有出现任何表明动脉瘤正在渗血的症状。然而，很快，他的眼球突出症恶化，左眼失明了。

8 月 30 日，在与库雷因布尔进一步讨论后，亚萨吉尔再次进行手术，计划通过连接 2 条大脑前动脉将右侧大脑半球的血液分流到左侧。毕竟除此毫无办法了。

非常巧合的是，朱利叶斯·雅各布森当时正从纽约到访苏黎世，他们一起研究了怀什额叶下方的大脑前动脉分支。亚萨吉尔能够在额极分

支之间建立端－端血管吻合，有效地在大脑前动脉之间建立起一座功能性桥梁，本质上是一条人造前交通动脉。随着新的从右半球（由右颈内动脉供应）流向左半球的血流的建立，使结左侧颈内动脉成为可能，如果运气好的话，就算动脉瘤不是完全闭掉，也应该会有所缩小。

亚萨吉尔和雅各布森的微笑中充满了满意和希望，他们看着新的血管随着血流搏动了整整 30 分钟，才缝合伤口。谁曾梦想过能做这样的手术呢？

他们等了几天，让新的血流来源成熟之后才准备结扎左侧颈内动脉。3 天后，压迫左侧颈部的颈动脉不再像以前那样引起神经功能缺失。他们是对的，人工的搭桥血管确实增强了左半球的血液循环。

但是因为怀什出现低烧，结扎左侧颈内动脉以缩小动脉瘤的计划被推迟了。他注射麻醉药的部位肿胀、发红，明显是感染了。在 2 天内，感染蔓延到上腔静脉，尽管通过静脉注射了大量抗生素，但还是出现了面部肿胀和发红。最终，感染蔓延到了颅骨伤口，需要进行第三次手术，从开颅手术的位置取出骨瓣，如果将骨瓣留在原处，会因为骨髓炎和化脓引起死亡。

1 周内，怀什死于脑膜炎和全身脓毒血症，整个科室都极为压抑。怀什的感染会困扰亚萨吉尔几个月，甚至几年。他有了一个新奇的想法，而且差一点就能取得成功，被静脉注射部位的感染所绊倒是一颗难以下咽的苦果。

但他认识到了自己所取得的成就，他做了首例人体搭桥吻合手术，血流已被分流到更需要的区域。从技术上讲，增加半球血供是可能的。如果再遇到另一个像怀什这样的患者，他甚至可能考虑连接大脑前动脉的主干本身，通过构建更宽的侧－侧吻合口来获得更大的血流量。

雅各布森也很乐观，他在此停留的时间比计划的要长，在手术室和查房中跟着亚萨吉尔，在下午晚些时候的临床会议上发了几次言，经常与亚萨吉尔分享经验和想法直到深夜。雅各布森陪他去了临时实验室，阿克特教授得到了几只恒河猴，亚萨吉尔展示了他经口进入灵长类动物基底动脉的新方法。

几年后，雅各布森将亚萨吉尔描述为“我所见过的最勤奋的人”⑤。

他担保2年后亚萨吉尔会受邀在纽约举办的第23届血管外科医生协会年会上发表演讲[6]。美国顶尖的血管外科医生，包括来自休斯敦的迈克尔·狄贝基和登顿·库利（Denton Cooley）出席了会议，亚萨吉尔展示了16毫米的手术录像后，全场起立鼓掌。之后，外科医生们一个接一个地走向他，表达对显微血管手术的敬佩和热望。

8月份他又有两次机会探索闭塞的大脑中动脉，每一次都获得了显著的成功[7]。这2名患者都是男性，一名31岁（A. A.），另一名44岁（R. H.）。术后两者的症状均迅速改善，血管造影证实大脑中动脉通畅。其中一人有几个月的轻微语言障碍，但两人之前瘫痪的四肢都恢复至可以正常活动。这是值得欢呼的胜利，特别是在6个月前（M. E. 和 G. A.）出现的好坏参半的结果之后。亚萨吉尔已经解除了4名有严重神经功能障碍的患者的大脑中动脉阻塞，另有3名患者显著改善，其中2名在几个月内基本消除了所有症状。

10月30日，他为一名20岁男性（N. K.）实施了紧急颞浅动脉–大脑中动脉搭桥术。患者突发失语和右臂乏力[8]，血管造影证实大脑中动脉完全闭塞，梗死周围没有侧支循环形成。这是亚萨吉尔第一次成功的颅内外血管搭桥手术，即在伯灵顿实验室设计的手术。他认为该手术是世界首例。不幸的是，3个月后，N. K. 的神经功能障碍只有轻微改善，他的家人拒绝后续的血管造影术，但在开颅手术部位仍可触及颞浅动脉的搏动。

同一天，在大洋彼岸也进行了同样的手术。在没有与亚萨吉尔沟通的情况下，多纳吉也进行了颞浅动脉–大脑中动脉搭桥手术，这是亚萨吉尔在伯灵顿的最后一天教给他的，结果也成功建立了颅外–颅内血管吻合。

如果存在代偿血流供应的自然系统，大脑供血动脉的闭塞通常不会导致中风或其他神经损伤。动脉造影有时显示颈动脉或大脑中动脉闭塞或高度阻塞，却没有持续的神经功能障碍。在这种情况下，典型的“小中风”或短暂性脑缺血发作就需要进行血管造影。这样的梗死似乎可以预测未来中风的风险，提示将颅内外血管搭桥术作为一种预防措施可能是有帮助的。搭桥手术似乎比直接清除血管内血栓更为可取，该手术最

终成为那些可以在几小时内送达手术室的患者的首选。

亚萨吉尔对何时应该进行手术持保留态度，他甚至质疑这是否真的有用，无论在特定的一位患者或一小群患者身上的结果多么令人震惊。他接触的患者和血管造影越多，就越意识到自己实际上对卒中和脑血流动力学知之甚少。

然而，在某些情况下，是否继续进行搭桥手术也是一件简单的事情。10 月下旬，库雷因布尔让亚萨吉尔检查了一名 61 岁的工程师（S. E.），他每次左右摇头时左臂都会变得乏力[9]。动脉造影显示两条颈内动脉和一条椎动脉都梗死了，只有剩下的一根椎动脉通过颅底的代偿血管为整个大脑供血。S. E. 出现症状的事实说明他的整个大脑循环都很脆弱，就像一架只有一个引擎运转的四引擎飞机。当转过头时，唯一的椎动脉的一段被拉伸或挤压到骨头上，就面临着出现严重卒中的风险。

S. E. 的智力和工程师背景使他能够立即了解血流动力学问题，他要求亚萨吉尔第二天进行搭桥手术。11 月 7 日，他接受了右侧颞浅动脉–大脑中动脉吻合术，术后动脉造影显示右侧大脑中动脉被对比剂完全充盈。S. E. 再也没有出现症状。对他来说，血管搭桥正是救命稻草。

亚萨吉尔的外科手术壮举的消息像燎原之火一样传开了，世界各地的神经外科和神经内科医生都对此很感兴趣。看似不可能的事已经实现了，通过解除血管梗死，神经功能缺陷被逆转，至少在某些时候，脑血管搭桥手术已经成为现实。

当年冬天，亚萨吉尔和耳鼻咽喉科的乌戈・菲什（Ugo Fisch）教授一起为一名患有听神经瘤的女性做了手术。菲什从洛杉矶的比尔・豪斯（Bill House）那里学到了用显微外科手术磨开颞骨的技术要领。到年底，他和亚萨吉尔已经合作切除了 7 个较大的听神经瘤，这些肿瘤从内听道延伸到颅内。1967—1972 年，他们通过经耳入路切除了 31 个较小的局限于内听道的听神经瘤。在接下来的 20 年里，他们一起治疗苏黎世大学医院收治的听神经瘤的患者，菲什专注于经耳手术，亚萨吉尔处理延伸至颅内的病灶。

显微手术使得切除大脑底部的肿瘤变得更安全和有效。多年来，这样的病灶有着损伤脑神经和损害脑干血液供应的巨大风险。这类肿瘤治

疗结果的改善情况与血管神经外科不相上下，人们对听神经瘤的治疗期望也因此发生了戏剧性的变化。听神经瘤是由第Ⅷ对脑神经（前庭耳蜗神经）引起的病变，可能会影响听力。在整个20世纪50年代和60年代，外科医生都在努力解决保留邻近的第Ⅶ对脑神经（面神经）的问题，他们发现，随着听神经瘤的生长，面神经总是被拉伸和变得纤细。很多时候，它变成了贴在肿瘤包膜上的一层模糊的组织膜。手术经验可以提高识别面神经的概率，但稀有的视觉敏锐和温和的处理方式对保存它而言是必须的。

让患者因神经损伤而遗留可怕的面瘫是难以接受的。几十年来，许多人倾向于只切除听神经瘤的内部，保留其外囊完好无损，从而避免面神经损伤。但这种不彻底的手术只是推迟了肿瘤再度生长压迫脑干的时间，通常需要在不久的将来再次手术。但瘢痕组织的存在使第二次和第三次手术变得更加困难，并常伴随更高的死亡率。

显微手术使外科医生能够完全切除中等大小甚至更大的听神经瘤，同时保留面神经的完整。如果神经结构的完整性得到保护，显微手术后出现的面瘫在几个月内就能恢复。有经验的神经外科医生甚至开始保留没有被肿瘤损伤的听神经成分。到20世纪末，在对一定大小的听神经瘤进行手术的技术高超且经验丰富的显微外科医生手中，保留听力已经成为一种十分现实的期待！

在显微外科手术到来之前，听神经瘤手术常伴有显著的死亡风险，特别是在复发患者。这主要有两个原因。首先，为了便于肿瘤暴露，小脑的过度牵拉导致术后几小时的小脑肿胀，进而导致脑干受压，不立即手术就会死亡。外科医生认为，这可以通过切除部分小脑来缓解，当他们发现患者可以耐受切除外侧1/3的小脑半球时，这就成为一种普遍的做法，从而减轻所需的牵拉。

还有一个导致死亡的原因是小脑前下动脉（anterior inferior cerebellar artery，AICA）的损伤，小脑前下动脉是供应脑干的重要血管，管径纤细掩盖了它的重要性，而且它与肿瘤的关系是多种多样的，这使得难以识别。如果有足够的侧支循环，大多数患者可以在失去小脑前下动脉的情况下存活下来。不幸的是，它的侧支循环常来自小脑半球的外

侧 1/3，而这部分小脑半球经常被切除。

但显微手术解决了这两个问题。它在不切除小脑组织的情况下，以最小的牵拉提供了极好的肿瘤暴露。而且小脑前下动脉更容易被识别和保留，随着时间的推移，它与这些肿瘤的不同关系开始被理解和分类。

12 月 28 日，亚萨吉尔完成了自己的首例颅咽管瘤切除手术，对于一个肿瘤粘在视交叉上的患者来说，这是一个极其困难的手术。整个肿块包裹在库雷因布尔教授前两次手术的瘢痕组织中，因此肿瘤的进一步生长引起患者在术前就失明了。亚萨吉尔预见到了他将面临的关键问题，他必须避免牵拉或破坏穿过下丘脑的微小动脉，避免撕开边界不清的静脉，以及避免扭曲紧密附着在肿瘤上的神经组织。几年后，他将进一步改进方法，通过显微手术切除这些困难的肿瘤，同时保留下丘脑、视觉通路和附近脑神经的功能。很快，颅咽管瘤患者，主要是儿童，从整个欧洲和其他地方被转诊到苏黎世。由于下丘脑受累，影响到垂体、甲状腺和肾上腺，他们通常身材矮小，发育不全，但往往还伴有病理性肥胖、电解质和水分失衡、视力丧失。通过传统方法进行全切的尝试往往会使情况变得更糟，通常会导致死亡。显微外科手术将真正彻底改变这些不幸儿童的治疗效果。

截至 1967 年年底，亚萨吉尔共进行了 103 例显微外科手术，其中有 39 例动脉瘤、5 例脑动静脉畸形、6 例脊髓动静脉畸形、9 例听神经瘤、5 例脑膜瘤、2 例颅咽管瘤、12 例胶质瘤、14 例腰椎间盘。他还做了 2 例颅内外血管搭桥术、4 例颅外颈动脉内膜剥脱术、7 例颅内动脉梗死的手术（包括 1 例颅内颈动脉内膜剥脱术、2 例大脑中动脉栓子取出术、4 例大脑中动脉血栓切除术）。总的来说，患者术后情况很好，并发症很少。显微神经外科时代揭开了序幕。很快，随着关于他的外科手术技术的消息的传播，工作量先是增加了 1 倍，随后又增加了 3 倍。

但是，仅仅通过手术来治疗缺血性脑血管病并没有回答是否应该治疗这种疾病以及如果应该的、该如何治疗等问题。是否应该探查闭塞的大脑中动脉，还是应该进行颞浅动脉 – 大脑中动脉搭桥术，这些问题仍不清楚。

血管闭塞性疾病确切的自然病史尚未明确，亚萨吉尔将与这个问题斗争数十年。他的保留意见将影响他在职业生涯剩下的时间里选择手术患者的想法。他设计了几种巧妙的血管手术，但在很短的几年内，他会越来越少地推荐对血管闭塞性疾病进行手术。这不仅仅是尚未回答的科学问题，更是一个关乎良知的问题。

在探索大脑中动脉的动脉瘤或闭塞性血管疾病的过程中，亚萨吉尔进行了另一项重要的观察。大脑中动脉的主干，也就是其主要分支的发源地，深入额叶和颞叶，深埋在大脑表面之下。在不损伤脑组织的情况下接近这一区域可能存在问题。几年前，他已经学会了通过打开翼点（额骨、颞骨和眼眶的交界处）的颅骨，暴露其下方额叶和颞叶之间的狭小裂隙——外侧裂的起点，从而进入患有脑血管疾病的患者的眼睛后方区域。这是世纪之交流行的眼科手术，该方案是由瑞士一位普通外科医生 R. U. 克让连（R. U. Kronlein）所设计的。亚萨吉尔发现，通过钻开翼点和颅底之间的颅骨，打开蛛网膜（一种薄薄的覆盖脑组织的中间层膜性结构），就可以建立一条通往大脑中动脉干和大脑底部的路线，而且根本不会骚扰到任何脑组织！打开侧裂需要耐心，但手术显微镜和双极电凝器为此提供了帮助。

由于大多数颅内动脉瘤好发于几个部位（颈内动脉、大脑中动脉主干的附近、大脑前动脉交界处或基底动脉的尖端），因此“翼点入路”治疗颅内动脉瘤很快就成为全世界神经外科医生所青睐的方法，不再需要更大范围的开颅手术，因为这会普遍导致额叶的过度解剖或牵拉，偶尔还影响容貌。大多数颅内动脉瘤开颅手术将通过这种入路进行，直到 20 世纪末甚至更久以后。

轻柔而准确地打开蛛网膜，在大脑底部的脑池和裂隙内探查的意义是巨大的。通过使用显微外科技术，神经外科医生可以到达大脑的大部分区域，而不会骚扰或破坏大脑的神经纤维。

对于神经外科医生来说，1967 年被证明是天选之年，在整个 20 世纪罕有其匹。绕过颈内动脉和大脑中动脉的梗阻已经成为现实，并形成了一种更好的处理颅内动脉瘤的方法。显微镜下的操作带来了广阔的前景，不仅可以以更低的风险抵近大脑中原本无法触及的区域，而且有可

能安全地修复任何颅内血管，并在必要时建立新的连接。这些成就的影响是巨大的。几乎所有脑部手术的风险都会降低，而且会衍生出更新的技术。现在，几乎所有的脑肿瘤都可以更加安全地手术。

突然，世界神经外科的目光聚焦在苏黎世。亚萨吉尔是谁？关于他成就的传闻是真的吗？如果是这样的话，其他人能多快学会他的方法呢？一夜之间，神经外科医生从四面八方涌向苏黎世。许多人持怀疑态度，但他们的兴趣和想象力已经被激发了。他们在很短的时间内就下单了显微镜，仪器制造商最终会争先恐后地提供所需的特殊器械，从而建立起一个全新的行业。脑部手术的“显微外科”时代已然降临。

注　释

① Yasargil: *Microsurgery Applied to Neurosurgery*, 106–107.
② Tribolet: *Acta Neurochirurgica*, 1982(65), 1–2.
③ Yasargil: *Microsurgery Applied to Neurosurgery*, 106–107.
④ Yasargil: *Microsurgery Applied to Neurosurgery*, 115–117.
⑤ Jacobson: *Mount Sinai J Med*, 1997(64), 160–163.
⑥ Yasargil et al: *Surgery*, 1970(67), 221–228.
⑦ Yasargil: *Microsurgery Applied to Neurosurgery*, 106–107.
⑧ Yasargil: *Microsurgery Applied to Neurosurgery*, 108–109.
⑨ Yasargil: *Microsurgery Applied to Neurosurgery*, 108–109.

新纪元

New Technologies

第 16 章　新技术革命

从伯灵顿回来后，亚萨吉尔全部的显微外科手术器械基本上仍是自制的，包括用剃须刀片的碎片做成的手术刀，以及用皮下针头刨平和塑形的解剖钩。像雅各布森一样，他发现镊子被作为钟表制造商的仪器销售，并以 8 瑞士法郎（2 美元）的价格购买了 6 把，然后让医院的电工为他的双极电凝器配备了一套应急电源。

显微镊子完全适用于实验室的工作和在大脑表面的操作，但是，正如他从圣路易斯的舍勒的动静脉畸形手术中领悟到的那样，如果要在大脑的不同深度进行手术、处理不同直径和壁厚的血管，便十分迫切地需要不同长度、形状和尖端的有齿镊。他还需要更复杂的解剖工具，各种角度和长度的显微剪刀。他只能向最早的来访者坦承，至少在不久的将来，显微神经外科手术器械仍依赖自制，没有一种是商业化的。

但他决心为此做点什么。他认为瑞士著名的钟表制造业将是最好的合作伙伴，制表商不是像蔡司公司一样依赖于精确度和可靠性吗？但他在没有权衡工业生产的最基本事实的情况下仓促采取了行动，大规模生产的经济效益使得对于市场需求的计算变得至关重要。由于低估了市场需求，他已将成功推销自己想法的可能性降至最低。

然后，他试图在神经外科各类会议上与美国大型手术器械制造商的代表接触，但得到的只是礼貌的微笑和同情的表情。器械代表通过倾听客户的意见来谋生，但他们服务的外科医生中几乎没有人理解新奇的显微外科器械会给他们带来的不同。整整一年，亚萨吉尔的推销都被置若罔闻。

但在 1968 年的一个下午，有人敲了敲他个人办公室的门。打开门，

看到3位穿着西装的陌生人。每个人都很放松、自信，边幅修整。他清楚地意识到这些不速之客对自己十分了解，尽管此前从未见过他们中的任何一个。

讲话的是来自洛杉矶的科恩（Cohn）先生，当亚萨吉尔带着疲惫的神情用英语问候时，他立刻改用德语。科恩指出，他既是一名律师，也是一名商人，并介绍他的一位同事名叫C. H. 霍伦德（C. H. Hollender），他是纽约的一名外科器械经销商。

亚萨吉尔全神贯注地注视着科恩，看着衣着光鲜的他优雅落座。他个子不高，外表引人注目，身材轻盈宛如一名运动员或健身达人。

“亚萨吉尔教授，”科恩在他们四人落座后说，“我们是来给您提供一些特别的东西的。我的朋友霍伦德先生想创业，我决心帮助他。我们希望制造用于神经外科的显微外科器械。”他停顿了一下，瞥了亚萨吉尔一眼，看了看他的反应：“帮助霍伦德先生和我的经济利益相符，因为在过去，当他寻得资金支持时，总是很好地利用这些资金。”他又停顿了一下，微微一笑，然后继续说道：“本周早些时候，我们拜访了纽约的雅各布森医生，他说您就是我们要见的人。他称您为‘那个在苏黎世的土耳其人’，并向我们承诺说您会给我们出主意的。”

亚萨吉尔咧嘴笑了笑，浓密乌黑的眉毛微微扬起。这些人果然了解他，雅各布森已经详细告诉了他们。几秒钟后，整个房间里都充满了笑声，亚萨吉尔的笑容最为灿烂。他知道这是显微技术和神经外科的关键一天。

科恩继续说：“我去拜访了Aesculap的董事长，您熟悉那个公司吗？”

亚萨吉尔点了点头，Aesculap是德国图特林根的外科器械公司。

“Aesculap已经收到了一大笔钱，我相信他们不会担心我们的企业不能很快赚钱了。”科恩又停顿了一下，确保亚萨吉尔听清了每一个字：“他们明白这不是一件小事，为此做好了耐心等待的准备。”当亚萨吉尔再次露出微笑时，他们都笑了。

“那么我们需要您做的就是告诉我们怎么花这笔钱，”第三个人插嘴说道，“我们要知道您到底需要什么，从而确保每一件器械都是按照您

的精确设计和规格制造的。如果您对其中任何一件不满意，不管出于什么原因，我们都会舍弃它，重新制造。”

科恩对霍伦德眨了眨眼睛说道：“我这位朋友会看着你们的器械被卖出去的。”

第三个人是Aesculap公司的弗里兹·希尔辛格（Fr. Hilzinger）神父。

突然，亚萨吉尔精神抖擞，开始在附近的记事本上画出枪状镊的草图，然后是一系列解剖工具，然后是剪刀，一些尖端是直的，另一些尖端是弯曲的，一些向上，另一些向下。他强调重量和平衡都非常重要，以及每一件器械在他手中的感觉如何。

事实证明，科恩是一个相当有钱的人，拥有大量的房产，包括在纽约和其他美国大城市的整个街区。他是J. 保罗·格蒂（J. Paul Getty）的律师。科恩和霍伦德在柏林的同一个社区长大，他们相伴走过了40年。

亚萨吉尔在1小时里就画了几十幅画，同时为他的客人们讲故事，来解释对如此多器械的不同需求。他感觉到自己在散发一种光芒，这种光芒已经有一段时间没有过了。一签完合同，他就把客人们带到手术室，他想给他们看看显微镜，以及他一直在使用的基本器械。

他本可以更谨慎一点的。他将享受与Aesculap公司长达30年的合作，但这并没有让他变得富有。除了从动脉瘤夹中获得的专利费外，他只获得了不高的报酬，但他并没有抱怨。他从未想过做一名商人，也不担心自己在这方面不够老练。巨大的财富对他没有吸引力。

一年之内，亚萨吉尔的器械随处可见，很快他就实现了自己的全部设想，即一个自动牵开器、显微镊子、显微剪刀、解剖钩和剥离子、小角度镜、各种大小和形状的动脉瘤夹，甚至还有用于暂时阻断大脑中动脉进行“搭桥”手术的低闭合压力的临时夹。

他设计的脑自动牵开器是一种充满巧思的器械，并以女儿莱拉（Leyla）的名字命名。它由一对可调节的“手臂”通过螺旋夹连接到手术台上，每个“手臂”实际上是一条中空的链节，一根扭曲的钢缆穿过这些链节，只需外科医生的手腕轻轻扭转，钢索就可以变成手臂上的

“肌肉”，标准的“带状”或“桨式”大脑牵开器就可以以适当的角度连接到手臂上。然后，外科医生可以根据需要用牵开器牵拉大脑的各个部分，而不用担心它们移位或对它们施加不一致的压力，这种压力可能会损伤脑组织。Leyla 牵开器，就是亚萨吉尔和 Aesculap 公司的工程师开发的一种更好的“捕鼠器”。

Leyla 牵引器将神经外科手术助手从不可能完成的任务中解放出来，即在任何时间内精确而始终如一地移开脑组织，它使任何具备基本手术技能的神经外科医生几乎可以在没有任何辅助的情况下进行任何颅内手术。外科医生第一次能够可靠地设置大脑牵开的张力，从而完全掌控所有对脑组织的操作。主刀不再担心助手施加的确切力度，因此也就不再怀疑牵拉对患者大脑的影响，最大限度地减少大脑的移位程度会减少对正常组织的干扰，减少结构损伤和水肿，从而降低术后神经并发症的概率。

此外，外科医生和助手们不再需要拓宽穿经大脑的通道才能同时看到最关键的外科解剖结构。多亏了光纤照明（即将被发明）、分束技术和成对的观察镜，助手们才能准确地看到主刀医生看到的东西。显微镜使得为了“看清”术野而施加的大脑牵拉程度被戏剧性地降到了最低点。很快，手术室里的其他所有人都在精心布置的电视屏幕上看到了同样的事情，所有的操作都被录在了录像带上。

自从 1969 年开始手术电视就是黑白的，亚萨吉尔继续使用杰克·厄本提供的技术将所有手术录制成 16 毫米的片段（1966 年 6 月，哈里·邦克在帕洛阿尔托介绍他认识的杰克·厄本）。从 1973 年起，亚萨吉尔无须再录制这些外科手术片段，因为当时有了一台高质量的彩色录像机。

录制手术片段使得可以对任何数量的外科医生教学任何手术操作，无论他们是否实际在场，不仅神经外科手术助理们变得更加有效率，护士、麻醉医生和脑电生理监测人员（开始由一些外科医生引入）也变得更加高效。他们能够根据看到的情况采取行动，而不是依赖于外科医生的具体指示。经验丰富的护士几乎在一夜之间就提高了协助外科医生的能力，而不需要进行口头交流，因为这有时会让人分心。高质量的视频抵得上千言万语。

几个月内，亚萨吉尔就享受到了拒绝其他器械制造商的福利。“对

不起，我现在正在和 Aesculap 公司合作，”他告诉他们，“我前段时间来找过你，但那时你不感兴趣。”

他还是更喜欢在伯灵顿的多纳吉实验室里用过的蔡司显微镜。他相信它的光学系统的优越性，蔡司公司愿意专门为神经外科医生设计一种仪器，这给他留下了深刻的印象。

但理想的神经外科显微镜不仅仅依赖于光学，第一代神经外科显微镜远未达到最佳使用所需的移动性。底座或支撑“支架”的连接关节对于许多操作是足够的，但是外科手术需要可以更频繁移动、少些僵硬、多些活动性的显微镜。

亚萨吉尔设想了一种可以在三维空间中有效“漂浮”的显微镜，包括有向任何方向移动或倾斜的能力。这样的仪器可以到达外科医生想要的任何位置，并且可以立即锁定在那个位置上。他的结论是，这样的显微镜可以通过构建平衡的电子悬挂系统来生产，外科医生可以通过“控制开关”进行操作，该开关提供适当的锁定或释放电磁系统的能力。这个想法是在深夜与好朋友马利斯讨论后产生的。

在瑞士国家基金 30 万法郎的资助下，亚萨吉尔和苏黎世技术高级学校的一位教授着手建造这样一台仪器，然而没有成功。控制开关被绑在外科医生的头上，模型太复杂、不实用。这对于在担心解剖学、生理学和患者生命的脆弱性的同时进行手术的外科医生来说，实在太笨重了。事实也证明，这个项目代价高昂，却打了水漂。

最终，在 1972 年，亚萨吉尔启发了苏黎世 Contraves 公司的赫勒（Heller）和 K. 沙特迈尔（K. Schattmaier）构建了他所设想的显微镜支架的原型。它融入了外科医生可以通过用牙齿咬住开关来操作的想法，通过牙关紧闭将所有的关节都解锁，这允许外科医生用牙齿操纵一个可以完美平衡的显微镜，而不需要把任何一只手从工作中移开。松开嘴控制的开关，它就像有两根簧片的木管乐器的吹口，便将显微镜锁定在适当的位置。在锁定状态下，就算外科医生爬到显微镜上面，它也分毫不动！亚萨吉尔在苏黎世的剩余职业生涯中都使用了同一台蔡司 OpMi1 显微镜和 Contraves 支架，而不再需要另一个系统。

但 Contraves 支架立即面临挑战，特别是来自决心保护其投资的仪

器制造商的反对。蔡司公司抱怨亚萨吉尔的手术方法脱离主流，他只是将显微镜移动过度，却没有提供真正的优势。上一代的耳鼻咽喉科和眼科医生已经建立了一种使用固定显微镜的方法，只是时不时地移动手术台，然后也只有在绝对必要的情况下才会移动。但亚萨吉尔在 1964 年已经意识到，这种仪器在神经外科中几乎没有价值，因为在神经外科，灵活性往往不仅仅是一种优势，而是一种需求。随着世界各地的同事在显微手术方面越来越有经验，许多人都同意他的观点。到 1980 年，数以千计的 Contraves 支架投入使用。1994 年，瑞士 Studer 公司的 R. 汉斯勒（R. Hansler）制作了 Contraves 平衡支架的改进版，蔡司最终采用并发行了该产品[①]。

尽管亚萨吉尔与 Aesculap 公司签订了合同，允许以他的名义销售各种仪器，但他并不打算停止使用马利斯双极电凝器。他坚持要求 Aesculap 效仿马利斯的双极电凝器做一个复制品，他一个接一个地拒绝了试用的每一个电凝器型号。他的主要反对意见是，电流并不与他启动脚踏开关同步出现。对于一些人来说，这种延迟几乎感受不到，但像亚萨吉尔这样敏感的外科医生是不会容忍的。当他按下开关时，他希望立即启动！他拒绝让自身的手术节奏受到影响。Aesculap 公司的工程师进行了一次又一次的调整，最终拼尽全力地证明他们的创造是合理的，强调其设计的优越性，并解释说，如果不牺牲其他技术优势，延迟是无法消除的。

亚萨吉尔拒绝使用它，他认为采取必要的法律措施禁止 Aesculap 生产他们的“亚萨吉尔双极电凝器”没有任何好处，但他不会参与营销。在神经外科会议上，他向任何愿意倾听的人指出，Aesculap 的电凝器是一种劣质产品，他不建议使用。他强调自己更喜欢“马利斯双极电凝器”，它最初是由 Codman 公司在美国制造的，后来又由这位神经外科医生的兄弟杰里・马利斯（Jerry Malis）领导的一家公司制造。

亚萨吉尔试验了独立式固定扶手，然后是配备了可调节扶手的手术椅。他明白，外科医生的舒适不仅提高了手的灵活性，而且最大限度地减少疲劳，也能在更长的时间内保障精确的动作。按照他的规格制造的装有轮子的外科手术椅出现了，紧随其后的是配备了脚踏板的椅子，这

使得定期“无手”座椅调整成为可能。通过在不牺牲稳定性的情况下定期改变姿势，外科医生可以在较长时间的操作过程中表现得更好。他还设计了一个可调节的前臂托，外科医生可以在工作时将前臂放在上面，从而稳定双手，减少手臂和肩膀的疲劳。

20 世纪 60 年代初，一项在神经外科医生中广受欢迎的创新未能激起亚萨吉尔的热情。这是一种使用安装在眼镜上的放大镜进行手术的做法，再加上光纤前照灯的使用，放大镜让一些人得出错误的结论，一度认为获得了堪比显微镜的优势，同时避免了达到较高熟练程度所需的相对较长的学习曲线。大多数外科医生可以在几小时内就习惯使用放大镜。

在要求最高的神经外科手术中，放大镜不如显微镜的原因很简单。为了保持连续的三维视觉，外科医生必须用双眼同时连续地看着物体。伸缩放大镜之间的距离（或外科医生的瞳孔间距离，实际上是双眼之间的距离）使得持久的立体视觉局限于狭小区域内。由于 OpMi1 显微镜提供的光线折射导致显微镜内平行的视觉路径（每只眼睛一条视路）比人类可能的最小瞳孔间距离更近，外科医生能够通过比外科放大镜更窄的缝隙或隧道，在脑组织下面或之间保持三维视觉。放大镜可能对大脑表面和其他大范围曝光有效，但当外科医生穿过到达颅内动脉瘤和其他脑深部病变所需的有限空间时，立体视觉就会丧失。一般来说，放大镜适用于牙医和外科医生在较宽或较浅的术区工作。在外科医生还没有意识到的情况下，立体视觉可能就已经丧失。亚萨吉尔的指导原则之一是，通过尽可能狭窄的缝隙进行手术才能获得最少的大脑操作和牵拉，从而确保最佳临床疗效。

注 释

① Yasargil MG. A Legacy of Microneurosurgery, p 1087.

Frustration and Opportunity

第 17 章　挫折和机遇

随着 1967 年的事业进展，亚萨吉尔也开始吸引非专业媒体的注意力，特别是在土耳其。他的邻居兼文法学校同学埃明·居罗在伊斯坦布尔的一家报纸上读到了老朋友的成就，居罗当时是一名国际商务律师，经常去苏黎世。12 月，他顺道造访了亚萨吉尔在苏黎世大学医院的办公室。

他们面带微笑，张开双臂拥抱，当晚在亚萨吉尔的家中交谈了几小时。亚萨吉尔很少有机会与来自土耳其的人在一起，他质疑瑞士媒体对来自土耳其的消息的报道。与居罗重建友谊堪称一次愉快的经历。

然而，他们的下一次会面将充斥着紧张的气氛。

次年 3 月，居罗的妻子连续几天经历了短暂的视物模糊，然后开始出现复视。不久，随着复视连续出现，右手动作变笨，她开始恐惧了，甚至可以想象到自己失明和瘫痪的情景，死亡可能就不远了。但伊斯坦布尔的医生告诉她没有什么可担心的，症状将在一周内消失。当时的神经系统检查结果还没有明确，为了确保健康，她还预约去看了眼科医生。

不到 2 周，她的右臂就明显变得虚弱乏力了，而且说话也有困难。最后，甚至连医生都清楚地知道，居罗夫人存在严重的问题。第二天，神经科医生做了颈动脉造影检查。

与恐惧和失眠做斗争时，她发现动脉造影是一种可怕的经历。医生告诉她，这只是一个小手术，就如同“蜜蜂叮咬”般的局部麻醉剂，她会感到舒服的。但疼痛不是问题所在，这是用针反复探查她的颈部，检查进行了 1 小时后才做了一次 X 线检查。

她默默地忍受着折磨，但医生们口罩上方忧心忡忡的眼神让她的焦

虑飙升。过了一会儿，医生们的话语也呈现出惊人的相似之处，起初是道歉，然后是几乎不加掩饰的沮丧。“你的动脉很滑。”其中一个人说。然后另一个人又说：“不可能。”最糟糕的是随之而来的寂静，那些目光都紧盯着她。希望开始消失了。

当针从一根或另一根颈动脉掠过时，她开始数注射和扎针的次数，从左侧第四次尝试开始，还是说这是第五次？她最后清点了一下，一边至少扎了 12 次，另一边可能更多。她并不知道她的医生们仍然在努力掌握亚萨吉尔 14 年前就已经完善的技术。

随后的阅片发现了一个颅内动脉瘤，伊斯坦布尔的神经外科医生认为这个动脉瘤不适合手术。它非常大，一面紧靠颅底。医生一致认为手术风险太大，但他们没有给她提供替代治疗。

居罗立即打电话给亚萨吉尔，慌忙地重复了他被告知的事情。“立即把她带到苏黎世，”亚萨吉尔回答说，“还要带着她的 X 线片。”

2 天后，亚萨吉尔意识到居罗夫人的 X 线片质量很差，肯定达不到诊断标准。动脉瘤是存在的，但它与邻近血管的关系尚不清楚，可能还有另一个动脉瘤，甚至多达 3 个。他通知她，动脉造影必须再做一次。

“有没有别的方法可以得到你需要的信息？”她回答道，因为恐惧和担心而闷闷不乐：“他们告诉我，我脖子上的动脉几乎不可能用针刺穿，它们会来回滚动。”

亚萨吉尔委婉地表达了他的不同意。他对伊斯坦布尔动脉造影的分析是，她颈部的动脉完全正常。他预计再次检查不会有任何麻烦，并向她保证在苏黎世会有不同的体验。只有当他告诉她，手术可能最终会有帮助时，他才说服了她。但在没有更好的 X 线片的情况下考虑手术是不可想象的，他的话既坚定又有说服力。

第二天早上，他顺利进入了 2 条颈动脉，每根动脉只需打一次针。在几秒钟内就准备好了注射对比剂！

新的 X 线片显示，居罗夫人的动脉瘤几乎可以夹闭。这是一个颈内动脉的动脉瘤，没有在土耳其检查结果中认为的那么大。动脉造影甚至显示她的颈部可能很好。亚萨吉尔很受鼓舞，并向居罗解释了检查结果，然后去找库雷因布尔。

库雷因布尔同意动脉瘤可以手术的观点，并指示亚萨吉尔将手术安排在第二天早上。当亚萨吉尔告诉他们他不会亲自做手术时，居罗一家大吃一惊。自从亚萨吉尔 13 个月前在意大利药剂师杰尼尼先生的动脉瘤手术中救火之后，库雷因布尔允许亚萨吉尔独立对某些颅内动脉瘤进行手术。他是除了库雷因布尔之外唯一获准对动脉瘤进行手术的神经外科医生。不过，库雷因布尔仍然保留自己进行所有手术任务的权利。他的判断是，这个特殊的动脉瘤远远超出了亚萨吉尔的经验和能力。毋庸置疑，这是库雷因布尔必须亲自做的一件事。

这对居罗的家人来说是远远不能接受的。当然，库雷因布尔会为亚萨吉尔儿时好友的妻子破例。亚萨吉尔是他们来到苏黎世的原因，居罗不会考虑让其他人做手术。他向亚萨吉尔表达了他的观点，并要他作为手术的主刀医生。

亚萨吉尔同意转达居罗的心愿，但他还是指出库雷因布尔不会重新考虑此事。库雷因布尔的决定是以他的经验和良知为指导的，但他的权威是立足于整个欧洲大学的传统。作为科室主任，他对苏黎世大学医院进行的每一例手术都负有最终责任。最困难的手术是由最有经验的外科医生进行的。就在 3 年前，也就是 1965 年 4 月 16 日，亚萨吉尔才从住院总医师晋升为助理教授，而库雷因布尔担任科室主任已有 30 年之久。

亚萨吉尔感到尴尬又沮丧，他知道自己应该为居罗夫人做手术，但他不准备与库雷因布尔争辩。当然，他也并不想提醒库雷因布尔一年前在杰尼尼术中遭遇的麻烦。公开质疑库雷因布尔的权威或能力不是亚萨吉尔的本心，他完全忠于导师。但这一次，他对库雷因布尔的决定完全没有信心，这使他很担心，纠结是否应该奋起抗争。但他没有这样做，因为确信自己不会获胜。

当居罗向库雷因布尔施压，要求他允许亚萨吉尔为妻子做手术时，亚萨吉尔默默地站在一旁。亚萨吉尔可能会向惯例低头，但居罗不会。他知道金钱的力量，他可是自掏腰包付账的。

“因为在这里的所作所为，亚萨吉尔在土耳其很出名，”他解释道，“神经外科医生从世界各地赶来这里观看他的手术、学习他的方法。我们是土耳其人，我们想要他来做。”

“你说得对，亚萨吉尔是一位非常优秀的外科医生，”库雷因布尔回答道，“但他还没有准备好为这样的动脉瘤做手术。这对他来说太难了，风险太大了。”

“但是，他的方法，他的显微镜，不管他做什么，都是如此特别……我想……”

“先生，显微外科在脑外科的应用还处于试验阶段。这不是你想要给你妻子的，它的价值还没有明确，也许是3～4年后吧，但不是现在。”

“但如果我真的想要呢？”居罗喊道：“如果我特别要求亚萨吉尔给她做手术呢？先生，您作为外科医生有很好的声誉，但我对他有信心。你难道不明白吗？他会救我妻子的命的。”

库雷因布尔一动不动地站着，一句话也没说。

居罗振作起来，深深吸了一口气。“你说多少钱我都付。”他慢吞吞地说。

“先生，这不是钱的问题。这是我的责任，我不同意。”

第二天早上，库雷因布尔进行了手术，但情况并不顺利。作为库雷因布尔助手的亚萨吉尔只能惊恐地看着这个病例的奥秘揭开。

手术后，居罗夫人不能说话，右侧身体也不能活动。不到1周，她的右脚开始稍微可以活动，1个月后，就可以在丈夫的帮助下带着支架走路了。几乎过了1年，她才能完整地说几句话，并或多或少地在其他方面正常运转。她的右臂仍然乏力和笨拙，基本上毫无用处，她也几乎不识字了。

亚萨吉尔连续几周都心烦意乱。他为没有强迫自己与库雷因布尔摊牌而自责，没有坚持让他用显微镜为居罗夫人做手术。他以前从未公开质疑过库雷因布尔的判断力，他还能继续克制自己的意见吗？这一次，库雷因布尔的保守态度影响了他个人，因为他被迫袖手旁观，一位老朋友的妻子就遇到了可以预见的命运。他确信显微手术会带来不同的结果。

在居罗妻子术后的几周和几个月里，亚萨吉尔花上了几小时和他在一起，安慰他，鼓励他，向他保证，随着时间的推移，康复的努力会奏

效的。他坚持居罗不要往回看，而是只看未来。他开始与居罗分享自己的一些挫败感。现在是时候考虑自己的未来了。库雷因布尔一直是一个很棒的导师，甚至是一个值得信赖的朋友，但亚萨吉尔感觉到，是时候让自己成为自己的老板，为自己做出决定了。他应该考虑在苏黎世以外的地方寻找其他选择。他当时还不知道，日后当居罗夫人的生命危在旦夕时，他会再次挺身而出。

在不到 3 年后，也就是 1971 年年初，他的未来命运就遭受了戏剧性的威胁。一位德国医生访问了苏黎世，他粗鲁而且喜欢多管闲事，自称是一个重要人物，但举手投足却是绅士们都希望无视的那种人。他怒气冲冲，满腹牢骚地走进亚萨吉尔的手术室，解释说正在努力寻找预约过的心血管手术室。亚萨吉尔刚刚缝好了最后一针，关闭了大脑中动脉取栓的切口，当他取下最后一个临时夹时，看到血管随着新的血液流动而搏动，松了一口气。动脉切开的缝合口完全没有渗漏。正常情况下，他在工作时不允许最轻微的干扰，但手术成功让他的情绪高涨。他转向来访者，做了自我介绍，然后仔细听取了这名男子的要求。最后，他告诉客人如何去心血管手术室。

但这位德国人并没有立即离开，而是停下来仔细查看亚萨吉尔手术台上的复杂技术。显微镜和安装在显微镜上的摄像机覆盖着柔软、浅白色的布料，两台电视屏幕面对面，一台从麻醉机后面过来，另一台在辅助仪表台对面。一对分叉的钢链从手术台的头部升起，每条链控制着一个小的扁平的刀片状牵开器，一个固定颞叶的尖端，另一个轻轻地抬起患者的额底。2 名洗手护士高效地来回走动，时不时地喃喃低语，但却没有手术助手！这个人独自做着手术。

这位参观者在电视屏幕上看着亚萨吉尔的一举一动。亚萨吉尔让巡回护士重新播放手术录像，解释他刚刚进行的手术，并指着小血管的缝合线，从一个放大倍数切换到另一个放大倍数。他很享受参观者对此的兴趣。这名男子一直待到亚萨吉尔缝好最后一根头皮缝线，盖上敷料，然后跟着他到办公室，询问他的背景、伯灵顿之行、实验室经历、治疗过的患者，以及他从显微手术的角度对神经外科的看法。随后，这位德国客人去了库雷因布尔的办公室，进一步讨论他所目睹的情况。

几个月后，亚萨吉尔收到了一封从柏林寄来的信。这是一份正式的邀请函，邀请他就任柏林自由大学神经外科主任！信中请他在最方便的时候前来面试。

他对此很感兴趣。在他心中，德国、德国风物和德国人本身都有着特殊的地位，他对耶拿的医学院有着美好的回忆，即便在战争时期也是如此。在他年轻的时候，有很多德国人对他有重要影响——瑙堡的那对夫妇、施纳弗特夫妇、耶拿的潜艇指挥官，甚至当他在巴塞尔和因特拉肯的时候，也完全想有一天回到德国。现在这也许是可能的，柏林可能是他拥有自己科室的最好机会，正是他觉得自己需要的那种自由和学术保障。

柏林自由大学及其医院从久负盛名的柏林大学著名的夏利特（Charité）医学院中分离出来，该大学拥有鲁道夫·维尔肖（Rudolf Virchow）、阿尔伯特·爱因斯坦、埃米尔·菲舍尔（Emil Fischer）、马克斯·普朗克（Max Planck）和弗里茨·哈伯（Fritz Haber）等教职员工，毕业生中也有奥托·冯·俾斯麦（Otto Von Bismark）和卡尔·马克思（Karl Max）。库雷因布尔上过那里的医学院，亚萨吉尔青年时期就关注的外科哲学家奥古斯特·比尔也在夏利特作为教员工作了数年。该校于1928年更名为弗里德里希－威廉斯大学（Friedrich-Wilhelms-Universität），1933年之后由纳粹运营，第二次世界大战期间完全关闭了学术课程。由于地处苏联占领区，1946年该校重新开学后，俄罗斯人接管了学校，将不符合共产主义意识形态的学生降为二等学生。1948年，学生和教职员工举行抗议，在西柏林组织了柏林自由大学。在约翰·F.肯尼迪（John F. Kennedy）总统1963年访问期间，柏林自由大学授予他“荣誉公民”称号。

亚萨吉尔在访问柏林时带着家人们，在许多方面都留下了深刻的印象。神经外科被安排在一栋新的建筑里，手术室里的墙壁和地板闪闪发光。他对遇到的教职员工都很满意，他们衣着光鲜，他的雇主承诺资助购买显微手术器械和任何需要的设备。据说在那里也进行了心血管手术，他遇到的每一位外科医生都很用心，对他的想法和观点都表现出了兴趣，一些人似乎对他用显微手术革新神经外科的目标留下了深刻印象。

但他仍有所保留。在那场由越南战争引发的席卷德国的政治动乱之后，柏林学生抗议活动与巴黎和加利福尼亚州相似，他们对被视为帝国主义的美国外交政策大发雷霆。但由于冷战的原因，美国的存在对德国来说仍然至关重要，这让德国政府陷入了困境。联邦政府对大学的拨款因此减少，大学董事会别无选择，只能限制德国各地大学的政治活动，并解释说，科学必须始终保持中立，这基本上就是第三帝国时期告诉学生的话。这也进一步激怒了学生们。在过去的两年里，和平示威演变成了暴力行为，随后出现了对警察施暴的指控。学生们短暂地控制了柏林自由大学。激进的学生运动标志着德国政治的急剧“左倾”，看不到结束的迹象。

亚萨吉尔见了联邦政府的两名官员——卫生部长和教育部长。这位教育部长来自一个传统的德国家庭，很快就表达了战前保守的理想。亚萨吉尔发现两个人都很友善和吸引人，但他们对他的答复的潜台词相当于一个明确的警告，即未来充满了不确定性。这里的神经外科将与苏黎世的大不相同，这所大学被一种等级制度所支配，这种等级制度似乎为僵化设定了新的标准。每个教员的角色和行政程序都被明确界定，并制订了严格的规矩。作为神经外科主任，他将被限制在教学和研究，几乎不能直接控制患者的治疗。诊所的运作由一个委员会负责，表面上由一名临床主任和各种助理组成，护士长、护理管理人员等，这似乎用来限制最高权力。库雷因布尔会认为这样的安排是荒谬的。

他的雇主承认对做出必要的政策改变感到沮丧，尤其是将要花费的时间。首先，必须以书面形式提出正式的建议，然后，假以时日，也许 5 年甚至 10 年后，可能会有一个令人满意的结果。这个科室的工作似乎异常复杂，亚萨吉尔将不得不寻找在系统内提升自己的方法，并牢牢掌握权力，或者说无论如何都要有足够的权力来控制临床神经外科。这需要时间，但可能是可行的。德国的研究机构毕竟不能忽视内科和外科领域通向未来的发展，他遇到的每个人看起来都那么精力充沛，思维超前。

回家的旅途几乎让他下定决心，然而这并不是他一个人的决定。他发现自己在边境上排起了长队，所有车辆都被要求停车，每辆车都要接受详细的搜查。官员们检查他们的私人物品时，多莉和孩子们被要求下

车。然后对汽车内部和后备厢进行了详细检查，官员们在地毯下进行了搜查，并在一些地方拆卸了软垫。最后，亚萨吉尔被命令将座椅上的坐垫移开。这是一个他不确定自己能否执行的命令。他根本不知道如何拆卸汽车座椅！

当亚萨吉尔正在犹豫不决时，这名警官变得愤怒起来，坚持让他立即执行命令。这个男人的举止傲慢而粗暴，让人联想到第三帝国的警察。这吓到了孩子们，也助长了亚萨吉尔的怒火。双方你来我往，亚萨吉尔甚至受到正式逮捕的威胁。

“你们不能逮捕我！我是瑞士公民！”他知道自己正处于失控的边缘。

“用不着告诉我能做什么，不能做什么，”这位警官厉声说道，“我们会扣押你的车。”

“你可以带走我的车。你愿意也可以把它烧掉，但是你不能逮捕我。”亚萨吉尔怒不可遏，20 世纪 40 年代中期与官员发生冲突的记忆在他心中激荡：“我坚持让你带着敬意跟我讲话，我不是你们中的一员！”旁观者聚集在一起，其中一人挽着他的胳膊，恳求他冷静下来。对在场的每个人来说，这都是可怕的时刻。

那天下午，亚萨吉尔一家带着极不愉快的记忆离开了。孩子们回到苏黎世，憎恨德国和一切德国人。他们坚称不会在那里定居。亚萨吉尔也被震惊了，但他仍决定在尽可能长的时间里将柏林作为备选之一。

Tensions and Conflicts Lead to Thin Ice

第 18 章　手术室冲突

最终还是库雷因布尔说服亚萨吉尔拒绝柏林的工作：“德国那边的局势目前还没有稳定下来，瑞士是更加适合你的，你应该留在这里，也可以避免那些政治相关的各种琐事。你还需要我们帮忙提供什么呢？保持耐心吧，一切都会好起来的。”

亚萨吉尔仔细听着，并认可了导师的观点。库雷因布尔已经是他生活中不可或缺的支柱。

临近 1968 年的时候，亚萨吉尔成功的消息开始吸引越来越多世界各地的神经外科医生前来参观，从而得以目睹显微神经外科手术。起初他非常乐于能够在更大范围内宣传显微外科技术，并享受这种关注带来的科室内部地位的提升，但很快他就意识到接待手术室里的访客是一件苦力活，伯灵顿实验室里那种四寂无人、独上高楼的快感已经一去不复返了。

亚萨吉尔并非不喜欢有同道中人围着他讨论问题，他只是觉得在实施高难度手术的同时回答各式提问会扰乱心神。1943 年在瑙姆堡的经历让他下定决心配得上自己术前给予患者的鼓励，对他来说，这永远是最重要的。每一位患者都是活生生的人，而不可视为单纯的肿瘤、动脉瘤或待解之题。

此外，他不喜欢在实施高难度手术的同时和他人讨论解剖变异或外科技术等学术问题。对临床完美的追求永远是首位的，相比之下，在焦灼的手术氛围中教学或者和他人交流就不那么重要。库雷因布尔也是如此，高度专注和紧张导致他在手术中也会有周期性的大发雷霆，对此亚萨吉尔深为理解。而大多数的其他外科医生会相对温和，在面对手术压

力时更少受困于外界的干扰。

显微镜的引入毫无疑问地将神经外科手术艺术提升到一个更高的层次，亚萨吉尔对此深信不疑而无法忍受相关的质疑。他就像开阔田野上的松鼠去搜寻盘旋的秃鹰的踪迹一样，对质疑的声音极度敏感，均视为对他个人的侮辱。

语言差异也带来了更多的困难，他习惯于土耳其语、德语乃至瑞士德语，但被迫用另一种真正实用的英语思考，有时让重压之下的他更为易怒。尽管精通 10 种语言，他从来都不是口若悬河之辈，也丝毫没有伦尼·马利斯的温润如玉或皮尔顿·多纳吉的安静平和。

亚萨吉尔更喜欢在完全安静的情况下手术，从来没有背景音乐。他似乎需要听到所有和手术相关的声音，比如麻醉机稳定的咔嗒声、吸引器柔和的沙沙声，或许还有显微镜下动脉内的血流声。他很少插科打诨，将自己的每一分精力都全神贯注到每一个操作中，如此日复一日。无论手术进行得多么顺利，他都认为台上无小事，拒绝任何想当然的操作。因此，在手术室里，你永远见不到一个放松的亚萨吉尔。

他将不合时宜的评论或提问均视为品味低下。通常在他看来，自己就像一位主厨，邀请客人到家里用餐，顺道来厨房看看他如何准备这顿佳肴，而怎么会有如此粗鲁的人用咄咄逼人的问题和愚蠢的评论来分散他的注意力呢？他经常把这个比喻讲给来访的同道。

但亚萨吉尔不惧怕这些挑战或困难，他迷恋在聚光灯下展示新的手术。因此，尽管在手术中与其他医生的互动有时会引起他的极度不适，他仍毫不犹豫地接收各地的来访者。有时，学术理念的火花碰撞会演变成熊熊怒火，进而引起误解，有人的自尊心会受到伤害，怨恨也随之而来。

但大多数来访的外科医生都理解亚萨吉尔的这种脾性，他们自己可能本来也是手术台上的“暴君”。即使像库欣这种魅力非凡而又生性敏感的人，也因为在追求手术完美的重压之下辱骂助手而臭名昭著①。

有些人并不认为手术压力是主要原因，而可能是本性使然。亚萨吉尔最好的美国朋友马利斯性情非常温和，他曾说：“亚萨吉尔在手术室里的焦躁表现和在其他地方并无二致。一个黏黏的门把手也会激怒他，

就像洗手护士把手术器械慢半拍递给他一样，根本不能容忍任何事情出错，这就是他的性格。”马利斯曾讲述一则广为流传的轶事。亚萨吉尔在苏黎世的停车场里试图通过各种急转弯和倒车来驯服一辆不顺手的租赁汽车，燃烧的怒火使他几乎要毁灭一切，直到马利斯从他手中抢过方向盘来制止可能发生的惨剧。

有一位来访者提出了一个解决方案。霍默·G. 麦克林托克（Homer G. McClintock）是来自科罗拉多州丹佛市的神经外科医生，自从 1964 年访问苏黎世以来，即和亚萨吉尔熟识，曾将《脑血管造影》（*Cerebral Angiography*）翻译成英文。他们彼此欣赏和尊重。

为了向麦克林托克介绍过去 4 年中所做的工作，亚萨吉尔整理了一系列幻灯片和显微外科手术视频，涵盖动脉瘤、动静脉畸形、脊髓血管瘤和脑肿瘤等病种，总共有 100 余例。亚萨吉尔在办公室里边喝咖啡边向麦克林托克做了展示。

“哇，老兄，你的这些工作太棒了！何不开个会议展示一下？邀请像我这样的神经外科医生们过来，还可以在实验室里用显微镜演示，让大家都开开眼界。”

亚萨吉尔立刻接受了这个提议。他的许多访客至今从未使用过显微镜开展手术，而通过这种展示和实验室教学可以激发他们的想象力并强化他们作为旁观者的代入感，从而真正体会到显微镜下的手术是可行的。此外，一起探讨手术录像也是相对轻松的，他可以全身心地投入到教学过程中，详细回答每个问题，而不用像术中那样担心患者的状况。这种专注会告诉他们真正想了解的知识，从而激励他们回去组建自己的动物实验室。蔡司公司肯定乐意为此提供一些显微镜用于教学，这势必能帮助他们培育潜在的用户黏性。

亚萨吉尔在 1967 年 4 月参加了罗伯特·兰德在洛杉矶举办的会议之后，经过深思熟虑，接纳了麦克林托克的提议。在这次会议上，特德·库尔策、皮特·珍妮塔和兰德向一些神经外科医生介绍了他们使用固定显微镜进行手术的技术方法，并将这一结果发表，引起了更广泛的关注[②]。而亚萨吉尔已经比他们做得更好，他可以展示用嘴控制显微镜移动的同时双手完成动脉瘤手术的视频。

库雷因布尔完全支持这个想法，具体计划是让亚萨吉尔次年 11 月筹办一场显微神经外科的培训会议。他马上写信给美国和其他地方的一些科室主任，介绍这次会议并邀请他们参加。培训预计将持续 3 天，包括一系列讲座及之后的答疑，还有实验室的动手练习。虽然以前没有组织过这样的会议，亚萨吉尔确认自己能够胜任。

但事实证明，这比他想象的要更困难。

亚萨吉尔在手术室的易怒表现导致了一场针对他的罢免风波，并险些毁掉他的职业生涯，也从某种意义上延迟了显微神经外科的发轫。他将会发现，手术室政治可能也会引起致命的后果。

包括洗手护士和巡回护士在内的手术室工作人员都是受雇于库雷因布尔并直接对其负责，他们中的许多人在亚萨吉尔到来之前就已经在这里工作，都受训于库雷因布尔的传统外科手术技术。这些员工不仅称职且经验丰富，而且都充分了解库雷因布尔的每一个偏好、倾向和特质。而这里的其他外科医生，当然也被希望按照护士们习惯的风格来。

但在显微镜下，主刀医生对护士的要求就完全不同了，这不仅表现在要处理特殊的手术器械，而且医护之间的互动关系也发生了变化。通过电视屏幕观察实时手术状况让护士能够发挥更积极的作用，进一步提高外科医生的效率。仅仅在细心地观察一段时间之后，一名积极主动的洗手护士就完全可以了解手术的每个步骤，从而提前预判外科医生在何时需要何种器械，而几乎不需要等待外科医生的指令。亚萨吉尔就曾经看到多纳吉和杰基·罗伯茨在几小时的镜下手术过程中几乎没有言语交流。在显微外科时代，一名合格的护士再也不能仅满足于叫得出器械名称和知道如何穿针引线了。

而新技术又提出了另一个要求，亚萨吉尔的手术团队不仅负责设置和维护手术显微镜和显示设备，还需要保养各式尺寸和性状的高速磨钻，这对亚萨吉尔暴露颅底病变至关重要。库雷因布尔发现，虽然亚萨吉尔拥有他需要的设备，但其他外科医生从来都不会去使用这些分门别类的特殊器械。按照惯例，库雷因布尔的护理团队并不负责设置、保养这些器械，更不需要在手术中及时调整它们的运行状态。此外，显微外科手术需要比传统手术多数倍的各式大小的脑棉，这些都要根据亚萨吉

尔的要求裁剪并贴上放射线可见的标记。这对护士来说意味着更多的工作，更不要说是为了一个她们都讨厌的外科医生。

亚萨吉尔尽量从临床和实验室的工作中抽出时间来教护士们这些新的技能，但却碰了一鼻子灰。决定护士工作保障和晋升的关键人物是库雷因布尔，而非亚萨吉尔。他只能寄希望于她们中的一两位来参加在职培训课程，然后实际感受到显微外科手术的效果。然而，他的处事风格一贯强硬而缺乏变通，这必然会带来麻烦。

很快，护士们就不断遭受到来自亚萨吉尔的中伤，人性驱使满怀复仇之心的她们在很多时候故意不听从亚萨吉尔的指令。这本就是她们可以行使的权利，毕竟亚萨吉尔不能要求她们做任何事情。亚萨吉尔的抱怨只会让事情变得更糟，有些护士尽其所能避免排班到他的手术室。紧张的局势持续加剧。

亚萨吉尔比他想象的更脆弱，同事之间的抱怨也伤害到他，甚至影响到临床工作。而他当时并不知道，天无绝人之路，一位拯救他的天使即将到来。

黛安·巴德－吉布森（Diane Bader-Gibson）是伦敦一家皮具公司秘书的女儿，长大后受训成为一名手术室护士，却遭到父母的竭力反对，他们甚至想方设法购买到一家小企业，以便为她提供一种他们可以接受的谋生手段。但这都是徒劳，最终她离开英国前往加拿大，并因为经商的新婚丈夫工作调动，于 1968 年底从蒙特利尔来到苏黎世。黛安年轻乐观、机智沉静，还拥有电影明星般的美貌。最重要地，她是一位富有经验的天才型洗手护士。

10 月初，她到一家职业介绍所找工作。虽然在伦敦时是在手术室里工作，她后来在蒙特利尔找机会学习了肾脏透析，对此她很享受并将肾病护理作为未来的职业方向。但令人失望的是，介绍所的工作人员告诉她并没有空缺的肾脏科护士的职位，甚至目前整个城市都没有护士的招聘！这让黛安倍感惊讶，此前她还看到报纸上写着各地护理人员短缺。

黛安仍然执意想要工作，她马上想到可以通勤去附近的城镇。虽然考虑到丈夫的工作在苏黎世，这个想法多少有些令人沮丧。

黛安和面试官相处很愉快，两人都曾在加拿大短暂生活过，所以

面试官对黛安关于 1967 年蒙特利尔举办的世界博览会的描述很感兴趣，虽然并没有什么实际的工作岗位可以提供，30 分钟的面试还是催生了她们的友谊。正当黛安准备离开时，电话铃响了。

这是苏黎世大学医院打来的，他们要发出一则手术室护士的招聘启事。

“你有兴趣吗？”面试官一边捂着话筒一边小声询问黛安。

黛安犹豫了，虽然喜欢在手术室工作，但她已经准备好做些不一样的了，肾脏科的压力要小得多，挑战也不同。而接受这项工作可以让她留在城市里，会有更多的时间陪伴丈夫，最终这个想法占了上风。

“好的。”在面试官还在继续与医院沟通时，黛安迅速回应道。她想一只脚先踏进医院的大门，未来一定可以找机会申请到肾脏科的职位。

第二天，库雷因布尔就面试了她。当她讲述在伦敦历史悠久的 Saint Bartholomew 医院接受培训时，库雷因布尔的眼睛一亮，他对这家医院非常熟悉，曾和休·凯恩斯在那里共事。

在刚入职的几周，黛安和一名来自南非的护士阿普里尔（April）搭档，后者经常负责亚萨吉尔的手术房间。阿普里尔的德语勉强够用，黛安也非常流利，这使得阿普里尔成为黛安在手术室里的最佳引路人。黛安的出现立刻提升了与亚萨吉尔的交流效率。阿普里尔计划几个月后返回南非，但在那之前，她几乎每天都会担任亚萨吉尔的洗手护士。

自亚萨吉尔从佛蒙特州回来后，阿普里尔显然是分配给他的最好的护士，他非常害怕失去她。而最近一位南非神经外科医生来访数日，观摩一系列动脉瘤和垂体瘤手术。阿普里尔引起了他的特别关注，因为整个房间里他只能听懂她讲的英语。于是他抛出了橄榄枝，邀请她到了开普敦工作，后来他又写信邀请亚萨吉尔去南非演示治疗动脉瘤的显微外科手术。

通常亚萨吉尔都会拒绝这类邀请，主要因为不喜欢在陌生的地方和不熟悉的团队开展手术，但得知阿普里尔将在手术台上洗手后，他欣然接受了。

黛安很快就受到了其他护士的欢迎，她安静的背后更多的是英国人

的矜持而非害羞。她思维敏捷、做事踏实，最重要的是，对遇到的每个人都很友善和体贴。如此阳光的生活态度感染了周围的人，也赢得了大家的信任。

最初，同事们尽量保护她免受亚萨吉尔的伤害。他暴君的恶名在护士中广为流传，没有人希望看到一个新员工被他责难，而后来他俩的天作之合真是超出所有人的想象。亚萨吉尔从不认为他对手术室护士的期望是不切实际的，他要求其他人也像他一样永远把患者放在第一位。为什么不呢？患者们如此脆弱，而且他们往往是由于其他医生束手无措才来到苏黎世大学医院。这里是他们最后的希望，手术室里的每个人都应该排除万难为患者服务。亚萨吉尔对此深信不疑。当患者把生命相托时，他为什么还要瞻前顾后去考虑护士的感受呢？

亚萨吉尔对任何人都没有个人敌意。对于人们在手术室里对他的不满，他并不奇怪，实际上他自己也并不舒服。外科手术从来都没有给他带来快乐，对他来说，这就是爬山、打仗，除此之外别无其他。他曾解释说，88%～90% 压力都来自于对自己的失误或误判导致患者遭殃的恐惧。其余的压力则和工作受限制或者行政事务有关。他经常说："狗吠不是因为生气，而是因为害怕。"周围的人也意识到他一直在和内心的大毛怪做斗争，试图克服恐惧和冲动。他总是在担心一些事情，即使患者已经在顺利康复，他仍然很紧张，从来无法放松，不停地焦虑接下来会发生什么。这种临深履薄的心态源于临床经历，毕竟的确有很多本以为无恙的患者出现过病情恶化。

亚萨吉尔从护士那里其实也学到很多。有一次，一名年轻女性患者肿瘤血供极其丰富，亚萨吉尔在浴血奋战时感到了真正的恐惧。正当他又开始对周围的一切抱怨时，洗手护士恰是库雷因布尔手下最优秀的一位，她冷静地棒喝他："别抱怨了，医生。继续努力吧！这个女人的生命就交在你手里了。"

这句话不仅对他提出了挑战，也让他平静下来、重新集中精力手术。他后来多次提起，这个小插曲所提供的警示已成为他身体的一部分。

在阿普里尔离开后，黛安开始担任亚萨吉尔的主要洗手护士。有几个月的时间，她几乎每天都和亚萨吉尔搭档，她重压之下泰然自若的性

格，简直就是亚萨吉尔的绝配。从一开始，他们之间就几乎不需要言语交流，黛安可以让他平静下来并激发对自己的信心，她似乎有种诀窍，立即就会知道他想做什么，然后准备好需要的器械，有时甚至在他自己意识到需要什么之前。黛安可以完美读懂这位天才的各式古怪情绪，并不为此感到惊讶。当手术不顺利时，亚萨吉尔仍然会暴躁，但黛安从不会让个人情绪受到影响。亚萨吉尔的超人天赋感染了黛安，驱使她心甘情愿去倾力帮助他和患者，他们逐渐形成了完美搭档。

但他们不可能每天都安排在同一间手术室。当黛安不在的时候，亚萨吉尔会非常想念，黛安给予的安慰让他觉得自己并不孤单，因为他知道旁边的这位正在拼尽全力提供帮助。曾经沧海难为水，这也导致亚萨吉尔与其他护士的合作更加困难。

亚萨吉尔意识到护士们不愿接受显微外科手术及他本人强加的要求，她们的冷漠使他心烦意乱，而更无法信任她们，这甚至导致很多无中生有的疑虑。甚至有一次，他在手术室准备坐下时都突然犹豫，担心护士拿走了身后的椅子。

库雷因布尔任命的手术室护士长是一位经验丰富且精明敏感的年轻小伙子，排在其次的是一位法国女移民，她和其他 5 位手术室的法国移民护士形影不离，上班时一起吃饭、下班时一起参加派对，她们被私下称为“法国小团体”。仰仗彼此的密切关系和库雷因布尔的宠爱，她们在员工中拥有一定的特权，只想方设法取悦并效忠于库雷因布尔，而视其他外科医生视为二等公民。大家长期以来也只能默默忍耐。

亚萨吉尔想给手术显微镜配置新的消毒保护套，于是去找“法国小团队”的那位首脑，让她去购买制作保护套的特定材料。当时在使用的棉袜状保护套非常笨重，且已经破烂不堪，套上显微镜也不够匹配。为此亚萨吉尔想到了更好的材料，但他的要求只得到了一个不屑的回应，对方斩钉截铁地告诉他压根儿没有这种材料。

亚萨吉尔怒不可遏，他没有去求助库雷因布尔，而是当天下午就跑去班霍夫大街的一家商店，自掏腰包买了 50 米长的这种材料，然后拿给法国女人看，只冷冷地说了一句话：“它确实存在。”

新的显微镜套制作好了，但这也结下了亚萨吉尔和护士们的梁子。

“法国小团体”的首脑感到憋屈，毕竟她不能否认维护手术室设备的确是她们的职责，甚至库雷因布尔都改变不了这一点。

1969 年，库雷因布尔已届 67 岁，关于他即将退休的传言在外科医生们的口无遮拦之下开始甚嚣尘上。按照惯例，新的科主任应来自其他地方，但库雷因布尔的个人意见将会在选拔委员会和政府的决策中占有重要地位，他很清楚，如果下届科主任是自己培养的学生，就更有可能“萧规曹随”继承自己所建立的传统。他甚至没有试图隐瞒在考虑请埃里克·桑德尔从洛桑回来就任。

但库雷因布尔又深知，在对学科的贡献上，目前欧洲没有人能与亚萨吉尔相媲美。虽然显微外科技术在神经外科中的应用尚未普及，但在亚萨吉尔的推动下，这必将成为苏黎世大学医院乃至瑞士引领世界神经外科发展的独门绝技。

为此，库雷因布尔尽力安抚其他神经外科医生，消除他们的顾虑，他指出亚萨吉尔其实是风险最小的选择。这里已有的规矩不太会改变，也没有人会因此被排挤离开。然而，库雷因布尔的努力反而让事情变得更糟。针对亚萨吉尔的嫉妒变得公开化，科室内部的关系也更加紧张。一些外科医生认为，如果亚萨吉尔上台，他们的手术排班会受到挤压，脊柱外科和立体定向外科等亚专科生存空间也将被显微外科所侵蚀。没有人愿意做出改变，而他们不相信亚萨吉尔上台后会完全维持现状。

手术室的护士们也同样担心，几乎人人都讨厌亚萨吉尔，没有人希望看到他成为新的主任。而这种暗流涌动在一天早上到达顶峰，当时库雷因布尔的护士长对亚萨吉尔在手术中讲的话表示不满，亚萨吉尔立刻不留情面地训斥了他。护士长血气方刚，直接做出来回击，让亚萨吉尔有些吃惊。亚萨吉尔马上明白了，这个护士以为他很懦弱，所以竟敢做出这种在苏黎世大学医院前所未有的反抗医生的举动。他再也无法克制自己了，愤怒地脱下手套扔在地上，而冲动过后，他突然意识到已经无力为自己辩护了。

当天下午，手术室护士们聚集在库雷因布尔的办公室一起控诉亚萨吉尔，每个人都发誓不肯再和他在同一间手术室，这种场景似乎在表明库雷因布尔除了解聘亚萨吉尔别无选择。这个可能性虽然并不大，但他

们的抗议肯定会给亚萨吉尔的顺利接班蒙上一层阴影，他们甚至认为库雷因布尔真有可能为此改变主意而废储。

库雷因布尔厌恶公开冲突，这已经不是什么秘密了。护士们绘声绘色描述了亚萨吉尔的粗鲁态度，强调当天发生的事情并非偶然，与他一起工作要承受巨大的压力和侮辱。据他们控诉，亚萨吉尔通常会在手术的头几小时里完全沉默，没有任何迹象表明有什么不对劲；然后突然爆发，置在场所有人于难堪境地，甚至他们的声音里都流露出对亚萨吉尔的强烈恐惧，以致没有人能忍受继续与他合作。这次抗议如此面面俱到，几乎可以肯定是提前策划的，显而易见，亚萨吉尔落入了护士设计的陷阱。

库雷因布尔不想责难自己的天才助手，他亲手培养了亚萨吉尔，这名注定要为学科发展做出巨大贡献的冉冉星星，他已经在这里勤勤恳恳工作了 15 年。护士们要来做什么？难道真的想解雇他？库雷因布尔决定必须要出手来解决这个问题了。

他叫来了没有参与这场抗议的黛安，问道："你的朋友们和亚萨吉尔医生之间究竟有什么问题呢？"

"主任？"她没有参与这场阴谋，因此不知道他在说什么。

"他们投诉他脾气暴躁，很难相处。是这样的吗？"

"是的。他当然很不容易，他为这项工作倾尽全力，所以非常紧张。"

"可是，他吓到你了吗？你怕他吗？"

"当然没有。他是一位出色的外科医生。我敬佩他所做的事情，与他一起工作我感到非常荣幸。"第二天，库雷因布尔把亚萨吉尔叫到办公室。表面上，库雷因布尔非常友好，甚至可以说是和蔼可亲的。但亚萨吉尔认为这是一个非常糟糕的迹象，他知道库雷因布尔的平静背后总暗藏着暴风雨。他意识到自己即将受到谴责，或者比这更糟糕。一想到此，他不觉后脊发凉。

果然，转瞬之间，库雷因布尔的脸色变得严肃："我的朋友，你现在的处境很糟糕。护士们都在向我控诉你，他们不愿意和你一起工作。

但显然，我们不可能没有护士，否则无法开展工作。”

亚萨吉尔有些口干舌燥。他还能说什么呢？他似乎看到自己对未来的宏伟规划正在瓦解。

“说实话我本来真的不知道该怎么办。”库雷因布尔继续说到。然后他开始笑起来：“但是那个英国护士告诉我她喜欢和你一起工作。她是唯一的一个！是她暂时救了你，我的朋友。”他忽然又转为凝重，眼睛里似有火光烧起：“但我可以向你保证，这是你最后的机会。”

当然，亚萨吉尔并不是第一个因为在手术中的脾性而遇到麻烦的人，重压之下常会有攻击性和不耐烦，尤其是那些全情投入的人。迈克尔·布利斯（Michael Bliss）在2005年出版的那本精彩的哈维·库欣传记中指出：威廉·奥斯勒（William Osler）之于库欣，就像库雷因布尔之于亚萨吉尔，都是情同父子的师徒关系，他曾反复提醒库欣需要重视维系与护士和科室下属的关系[③]。

随着越来越多的世界各地神经外科邀请亚萨吉尔进行演讲和显微手术展示，他越来越难以拒绝在国外医院进行手术。亚萨吉尔对在苏黎世之外的地方开展手术并无兴趣，即使是在准备充分的“主场”，几乎任何手术都可能面临突发的意外情况，更何况在离家千里之外的地方演示高难度手术，这甚至可以说是不合伦理的。关于这一点，1966年和舍勒在圣路易斯开展的动静脉畸形手术已经给他上了一课。

但是黛安的出现带来了转机，她使事情更容易掌控，并最大限度地减少了亚萨吉尔对外界因素干扰手术的担忧。她能够营造一个安静的手术环境，并指导当地的护士随时解决问题。此外，她还可以打包他的特殊手术器械。只要当地可以提供合适的手术显微镜和马利斯双极电凝，他应该可以不时在其他神经外科中心开展手术。这一切的关键正是黛安。

他尝试了几次，黛安把手术器械打包在自己的行李里，在术后清洗并晾干，然后重新仔细包装，并确保在机场和边境检查站顺利通过。一切都很顺利。在1973年之前，亚萨吉尔尚没有行政职位带来的出国限制，他到很多医院开展了显微外科手术，包括开普敦[受德维利尔斯（de Villiers）教授之邀]、巴塞罗那[受费边·伊萨马特（Fabian Isamat）教授之邀]、马德里[受西克斯托·奥夫拉多尔（Sixto Obrador）教授

和何塞·杰拉尔多·马丁·罗德里格斯（José Gerardo Martin Rodriguez [Pepe]）之邀]、塞维利亚[受阿尔伯特·拉斯埃拉（Albert Lasierra）教授之邀]、墨西哥城[受冈萨雷斯（Gonzales）教授和海斯（Heiser）博士之邀]和波士顿（受斯威特、奥杰曼和克罗韦尔教授之邀）[4]。

人红是非多。由于黛安经常跟着亚萨吉尔去外地手术，开始有一些关于他俩的八卦流传，亚萨吉尔对此不以为然，但他担心这些评论会影响黛安的声誉。虽然有 70 万人口，苏黎世仍是一座各种关系盘根错节的城市，这些流言蜚语很快不胫而走，其中有些甚至带着恶意。这对亚萨吉尔来说顶多造些污点，却有可能彻底毁了黛安。

但他仍然无法摆脱这场八卦风暴，只能尽可能听而不闻。有一次在波士顿的会议上，同样来自苏黎世大学的一名颌面外科医生就这样冒犯了他。这名医生当时遇到了亚萨吉尔和黛安，在场的还有苏黎世大学医院的一名德国护士，也是年轻貌美，与黛安同住。这名医生在早餐的时候侃侃而谈功成名就的好处，他无不嘲讽地说，只有最有名的外科医生才能有美人相伴出行。亚萨吉尔对此置之不理，只是简要介绍了他的 2 名护士，随后对将要演讲的内容做了些评论。

后来，这名医生私下握着亚萨吉尔的手，窃笑道："有些男人不能只和一个女人一起生活。那又如何？谁规定必须要这样？"亚萨吉尔本来对这类粗俗而无害的玩笑不置一词，但他的坦荡换来了一个讥讽的笑容，随后他只能严肃地结束了这场对话。那一刻他明白，闲言碎语很快就会在苏黎世大学的职员中散开。他仍决定充耳不闻，相信绝大多数同事都是有品格之人，他们也应毋庸置疑他的正直。他没有做错任何事，完全掌控自己的情感和欲念。黛安也是大学医院最受欢迎和尊敬的护士之一，她的品行更加无可非议。

黛安和亚萨吉尔一起出国虽然在医院内部引起了人们的注意，但从未激起亚萨吉尔家中的一丝涟漪。多莉比任何人都了解丈夫的苛刻天性、多变的情绪、不安全感以及专横的冲动，她甚至有些同情黛安每天不得不与重压下的他打交道。她和黛安成了好朋友，黛安也和孩子们很亲近，她还曾经陪他们家一起去意大利边境附近著名的阿尔卑斯度假胜地采尔马特游玩。

很长一段时间里，亚萨吉尔其实没有意识到黛安正处于水深火热的个人问题之中。她的婚姻岌岌可危，丈夫的工作性质决定了他几乎常年在外旅行。到 1973 年，这段聚少离多的婚姻已经一团糟了。当亚萨吉尔终于意识到她的痛苦时，他试图给予安慰，并鼓励她不要轻易放弃，告诉她任何婚姻都会有起有落，而大多数都可以通过双方共同努力来挽救。他俩开诚布公地反复讨论这件事。她的幸福对他来说至关重要，看到她受伤和沮丧，亚萨吉尔非常伤心。在那之前，他对她的私生活知之甚少。黛安是神经外科团队的关键人物，对他个人尤为重要。他已经如此依赖她，可以说她就是他工作的核心，但他又不敢袒露心迹让他们的关系更进一步，他担心任何冒失的举动会导致失去她，如此谨小慎微，以至于多年之后他们的关系才进一步发展。

注　释

① Bliss: *Harvey Cushing—A Life in Surgery*, 419–426.
② Rand RW(ed): *Microneurosurgery*.
③ Bliss: *Harvey Cushing—A Life in Surgery*, 159–160.
④ Yasargil: *Neurosurg*, 1999(45), 1039.

Malis, Drake, and International Microsurgical Conferences

第 19 章　马利斯、德雷克和国际显微神经外科大会

由麦克林托克倡议的会议于 1968 年 11 月举行，并在伦纳德·马利斯等的建议下延长至 1 周。亚萨吉尔非常期待向四五十位同道中人传道解惑，这对他来说也是难得的放松时刻。他只需要租用医院的一件会议室，并在病理室准备数台培训用的显微镜。几个月前他获得了 1968 年罗伯特·宾奖（Robert Bing Prize）[①]，用两万瑞士法郎（5000 美元）奖金的 80% 购买了 8 台蔡司 OpMi1 显微镜。

而直到会议前 1 周，他才意识到自己低估了这次会议的关注度，万万没想到会有多达 150 名外科医生报名。皮尔顿·多纳吉、马利斯、劳伦斯·普尔、托尔·桑特、彼得·詹内塔、多伦多的拉菲德及其他许多素未谋面的医生均表示要前来参会。瑞士其他地区乃至德国、荷兰、比利时、英国、意大利和西班牙等国家的多位神经外科主任也均要过来，亚萨吉尔惊呆了。他没有预订足够的宾馆房间，有些医生还准备带家人同来，而他也没有安排晚宴。最要命的是，即使加上手术室的 2 台显微镜，整个医院也只有 10 台显微镜，巧妇难为无米之炊，他如何能向这么多远道而来的客人充分展示显微外科手术的魅力呢？

最终他找到一家酒店仓促安顿了与会者们，11 月 14 日上午，186 名外科医生挤满了酒店的会议厅，许多人连座位都没有。库雷因布尔的开幕致辞一如既往的严肃生硬，当极度紧张的亚萨吉尔起身欢迎他的客人们时，气氛一度降到冰点。他内心还在自责：有这么多求知若渴的同道，自己为什么不花更多时间精心准备呢？

讲课的第一张幻灯片是一张报纸上伊丽莎白女王的照片，当图像在亚萨吉尔头顶上方的屏幕上闪现时，不少观众开始窃笑。女王受邀参观一家工厂的实验室，她戴着一顶华丽的帽子，正透过一个长长的圆柱形光学装置细细凝视着，而那个装置看起来简直就是蔡司 OpMi1 显微镜的单目观察筒。这是一个滑稽的场景，女王低着腰，眯着眼，略显笨拙地张开高贵的双脚，帽子的宽边在微风中飘扬。

“如今，就连女王殿下也接受了显微技术。”他开口道。虽然声音仍有些紧张，但脸上却露出了狡黠而又充满希望的微笑。

整个会议厅爆发出经久不息的笑声，此前冰冷的气氛被打破了，大家在集体的欢乐中放松了。亚萨吉尔展示了显微手术的幻灯片和录像，多纳吉、马利斯、斯吉普·皮尔雷斯（Skip Peerless）、朱尔斯·哈迪（Jules Hardy）、乌戈·菲什和 M·津格（M. Zingg）也分别介绍了各自的成果，这些后来都成文后汇总并作为一本专著出版②。

在讲座和视频演示之后，亚萨吉尔每天下午都会在实验室示教麻醉动物和人类尸体的显微血管手术。由于实际参会者与显微镜的配比达到 19∶1，原本让每一位都练习显微操作的打算只好作罢。在亚萨吉尔示教时，参会者们聚拢在他身后，轮流通过一个延长的单眼助手镜观摩他的镜下操作。由于没有外接电视屏幕，只有不到 40 人有机会真正看到实况显微实验手术。会议期间的个人实验室操作机会有限，于是有些人多留了几天以使用亚萨吉尔新购置的显微镜，还有些人当场向蔡司公司订购了 OpMi1 显微镜。

马利斯在苏黎世住了整整 2 周，每天与亚萨吉尔彻夜长谈，交流显微外科的经验和想法。亚萨吉尔让马利斯讲一讲他在电子方面的背景，此外还非常好奇新泽西黑手党资助他读完大学的谣言。马利斯解释道，他自幼在电子产品方面展露的天赋就广为人知，在 16 岁高中时代的一个下午，有一群穿着黑色西装和亮头皮鞋的人找到他，他当时并不知道他们是黑手党成员。他被挟持到大西洋城一家赌场修理老虎机，虽然对老虎机的电子机械原理一无所知，但他别无选择，只能硬着头皮钻研。整整一个晚上，他都被锁在一个房间里，面对十几台坏掉的老虎机！到第二天早上，每一个都被他完美复原了。从此以后，周六晚上在赌场的

工作就是例行公事了，他得到了丰厚的报酬，支付了未来在弗吉尼亚大学的大部分费用。马利斯还和他分享了其他故事，包括 1965 年自己第一次在临床手术中使用显微镜。

当时马利斯为一个患有巨大颅咽管瘤的 14 岁男孩实施开颅手术，肿瘤挤满了视神经下方的空间，阻挡了他最喜欢的入路，唯一的选择只能分离右侧颈内动脉和视神经之间的间隙。然而，视神经受压向右明显移位，与颈内动脉之间仅有不到一公分的距离。在尚无 CT 和 MRI 的年代，术前检查只有气脑和血管造影，难以预知肿瘤是否囊变。如果肿瘤呈囊性，他只需释放囊内容物即可获得操作空间。但那个肿瘤完全呈实性，且自始至终质地坚韧，他没办法找到一条可以切除肿瘤的安全路径。

绝境之中，他突然留意到手术室走廊里传来的声音，那时是下午三点，隔壁房间的耳鼻咽喉科医生已经准备下班了。马利斯叫来了他们的洗手护士多蒂（Dotty），向她解释了目前的情况，告诉她亟须借用耳鼻咽喉科的显微镜。虽然他在实验室中经常使用显微镜，但西奈山医院的神经外科医生在手术室里并没有显微镜。他希望显微镜可以给他一个机会，“我知道你已经工作了一整天，但医院里只有你知道如何设置和套显微镜（为了保持显微镜周围无菌）。你会可否多待一会儿，帮帮我呢？”

就在多蒂准备显微镜时，马利斯赶去实验室取回了他自制的显微手术器械。然后他和多蒂配合默契，一直工作到深夜。接近黎明的时候，他终于完全切除了男孩的肿瘤。当 30 年后好事者去证实这个故事时，男孩早已结婚生子，证实颅咽管瘤术后激素水平并未受损，20 世纪 60 年代的手术竟未遗留这一常见并发症，几乎不可想象。

随着交流的深入，马利斯和亚萨吉尔的友情愈发深厚，两位天才的思想在各个领域碰撞出火花，包括显微镜技术、器械设计、手术摄影乃至正蓬勃发展的录像技术。此后多年，马利斯每年夏天都会在苏黎世盘桓数周，而亚萨吉尔也多次到纽约拜访他。

1968 年苏黎世显微外科大会在大多数方面都超出了亚萨吉尔最乐观的预期，他认为这次会议清晰地证明，显微外科正在成为神经外科的

主流。

但在接下来的几周里，医院内部的抱怨和批评之声不绝于耳。同事们仍然对亚萨吉尔的所作所为持怀疑态度，他们开着酸溜溜的玩笑，说亚萨吉尔和他的堂吉诃德式的外国朋友们花了一周的时间自欺欺人。在他们看来，显微外科技术在神经外科永远不会获得主流地位。修剪和缝合血管固然是优雅的实验室技艺，显微镜也可能有助于治疗某些动脉瘤，但它对脑肿瘤永远没有什么价值，那又有何意义呢？为什么要把原本简单的手术变复杂呢？更何况，库雷因布尔目前的态度也很暧昧。

亚萨吉尔让马利斯向纽约的神经外科医生们宣传显微外科手术，甚至考虑在那里举办一次显微神经外科会议。他迫切希望将显微神经外科的浪潮助推到苏黎世以外，而在纽约举办的会议将向全世界展示它。

马利斯压根不需要亚萨吉尔的敦促，1966 年，仅仅在马利斯用耳鼻咽喉科显微镜切除 14 岁儿童的颅咽管瘤几个月之后，亚萨吉尔就首次访问了西奈山医院。近期的一系列经历激励着马利斯下决心全职致力于显微神经外科手术。20 世纪 50 年代中期，他的主要兴趣仍是实验室研究，平均每年获得约 25 万美元的基金资助，这在当时已经非常可观。近 10 年来，为了保证一定的收入，他每周仍需要抽出一天时间开展临床手术。虽然有足够的研究经费，他还是需要临床收入来填补不断壮大的家庭的开销。而在 1966 年亚萨吉尔来访后不久，他决定关闭实验室并提前中止科研工作。在解决了实验室工作人员的就业问题后，他立刻投身于显微神经外科的临床实践，同时在坐落于皇后区的家的地下室里研制显微外科器械。很快，在双极电凝之后，Codman 公司又接连推出了马利斯设计的显微剪刀和剥离子。到 1968 年，纽约有越来越多的脑肿瘤患者慕名前来就诊，其中主要是垂体瘤和幕下肿瘤，此外他还开展了各种脊柱手术。当会议结束他离开苏黎世时，脑海中已经在酝酿一届更完善的显微神经外科会议，与梦想和憧憬一起起飞的还有一架全新的蔡司 OpMi1 显微镜。

就在苏黎世会议召开前夕，马利斯为西奈山医院耳鼻咽喉科主任的妻子切除了脊髓肿瘤，术后患者得以痊愈。出院时他拒绝收取费用，他的同事只好问他是否愿意接受一份私人礼物。马利斯立即应允，提出

请那名叫多蒂的护士担任他的私人手术室助理，在耳鼻咽喉科主任的征询下，多蒂爽快地答应了。她的全名是多萝西·卡明斯基（Dorothy Kaminski），就像亚萨吉尔的黛安一样，她日后成为西奈山显微神经外科腾飞的关键。她招募并培训了更多的手术室人员，与马利斯并肩工作了近 30 年。

250 名神经外科医生参加了 1969 年在纽约举行的显微神经外科大会。亚萨吉尔不仅作为主讲人出席了会议，而且还进行了显微外科手术演示。会议形式类似于苏黎世会议，不同之处在于为实验室上手操作准备了一间巨大的房间。蔡司公司提供了 40 台 OpMi1 显微镜，160 名与会者 4 人一组，每组一台显微镜，每天下午轮流进行显微手术练习。亚萨吉尔亲自演示了镜下分离技巧并通过电视在房间里直播，然后他到逐台显微镜前对外科医生们的操作进行纠正并提出建议，许多美国神经外科医生第一次体会到了显微外科手术的滋味。

1969 年之前，整个西奈山医院只有 3 台 OpMi1 显微镜，2 台在耳鼻咽喉科，剩下 1 台就是马利斯前一年从苏黎世带回来的。为了提供这次会议所需的另外 38 台显微镜，蔡司公司推迟了美国区域的订单配送。在会议前 1 周，这些显微镜运到纽约，而在会议结束后，它们被装回原来的板条箱再发往美国各地。不知道是否有神经外科医生发现他正在拆箱的是一台“二手”显微镜！

尽管马利斯事先安排周到，但仍有一个小插曲发生。实验室练习的第一个下午，亚萨吉尔在显微镜下看了一眼就勃然大怒。“太黑了！我看不见！这个光线实在太糟糕了！”他猛地站起身把椅子向后推开，发着无名怒火：“我今晚就回苏黎世！我无法在这种条件下工作！是可忍孰不可忍！”

当时围在旁边显微镜的十几名神经外科医生只好尴尬地王顾左右而言他，马利斯冲到亚萨吉尔身边，检查他的显微镜，发现并不是没有照明，只是未达最佳。他立刻意识到发生了什么，后悔没有提前检查亚萨吉尔的显微镜。不过有些显微镜是当天早上才到的，他也实在没有时间一一核对。亚萨吉尔的显微镜只是配备了一个老款的 9∶1 分光比的分光镜，其实和他多年来一直使用的一样！最近为了获得足够的照明用于

视频录制，重新设计了新的 50∶50 分光比的分光镜，才刚上市几个月。蔡司公司可能作为福利已经帮亚萨吉尔提前升级，于是他习惯了更亮、更有效的照明，而忘记了以前的配置。好在马利斯会前已经预料到了显微镜升级的问题，手头就备有最新的分光镜，他一边低声嘟囔着对组装显微镜的蔡司工程师的不满，一边赶紧下楼去取新的分光镜。

他回来后发现亚萨吉尔比之前还要愤怒，已经引起了整个房间所有人的注意，甚至要到崩溃的边缘了。马利斯明白亚萨吉尔的脾气一如既往，他希望每一次每一个步骤都完美进行，尤其是在展示自己的工作时。他讨厌显得笨拙或手忙脚乱。他认为自己不是一名鸡肋般的寻常外科医生，也不希望其他任何人看轻自己。

“冷静点，亚萨吉尔，”马利斯温和地赔笑道，“你的显微镜配备了一个旧的分光镜，仅此而已。”随后他意识到这样解释并无必要，他的朋友其实很清楚显微镜是如何工作的！

马利斯在几分钟内就装好了新的分光镜，然后他微笑着轻声说：“搞定，现在再试试看吧。”

亚萨吉尔将信将疑地坐下来，镜下看了一眼便说：“好了，这才对，我现在可以演示了。”没有道歉，没有任何感谢，也没有对自己的行为做出任何解释。他难道没有感到尴尬吗？他完全投入到操作中，好似没有丝毫的自我意识。

除了提供上手实操的培训之外，纽约显微神经外科会议与苏黎世会议还有一点不同，就是不收取参会者任何费用。为了尽可能扩大参会人数和影响力，马利斯自掏腰包支付了所有费用。他那时的临床业务欣欣向荣、收入不菲，但他尚无法获得科室的赞助。直到第二年他才成为西奈山神经外科的主任。

亚萨吉尔同意在纽约住 1 周并在西奈山进行手术。第一个患者是一位家境优渥的女性，因剧烈头痛发现颅内巨大动脉瘤，2 周前求医于马利斯。她曾试图去苏黎世，但被告知亚萨吉尔近 3 个月的手术已经排满。她知道自己不可能等那么久，而又担心其他医生无法开展这个手术，毕竟已经在不止一位神经外科医生那里碰壁。但马利斯宽慰了她，告诉她可以在纽约接受亚萨吉尔的手术。

亚萨吉尔以他一贯精准的风格快速完成了这台高难度手术。和在苏黎世一样，黛安是他唯一的助手。手术记录上的主刀医生马利斯只是短暂露面，甚至都没有穿戴手术衣和手套。亚萨吉尔的名字既没有出现在患者的病历上，也没有出现在医院里循环播放的手术排班表上。他在纽约乃至美国其他任何地方都没有行医执照，所以正式文书上完全看不到他出现过！

那一年晚些时候，马利斯第一次在苏黎世进行了手术。14 个月前他第一次来访，亚萨吉尔即邀请他为一名听神经瘤男患者手术，但遭到婉拒。马利斯有自己的原则，他习惯于自己在纽约舒适的手术室，因此不会在医院以外的任何地方进行手术。他尤其不适应亚萨吉尔的手术室配置，他俩的显微手术风格的差异就像他俩的性格一样迥异。马利斯有着异乎寻常的耐心，总是镇定自若，甚至从来都是轻声细语，而他的手术节奏也同样有条不紊。“我很高兴自己切除肿瘤的速度比它生长的速度更快。”他对无数同事和来访者如是说，眼中还闪过一丝戏谑。亚萨吉尔则完全相反，他的内心永远驱动着对更快、更强的追求。和对多纳吉一样，亚萨吉尔可能也羡慕马利斯这种天生的气质，但性格的差异并未影响他们之间的惺惺相惜。

为了这台手术，马利斯提前数日将他的显微镜和手术器械运到苏黎世，多蒂按照马利斯的风格重新精确布置了一间手术室。他俩手术风格的部分差异也源自治疗病种的不同。亚萨吉尔通常专注于颅内动脉瘤，而马利斯则更擅长垂体瘤和脑干肿瘤，由于这些病变占用的空间狭小，他会像耳鼻咽喉科医生一样基本固定显微镜，不需要频繁地上下左右移动。亚萨吉尔通过或多或少地连续移动显微镜来保持聚焦，而马利斯则只需要不时地调整显微镜的景深即可。亚萨吉尔曾改装了 Contraves 支架，从而可以保持不断移动的显微镜的平衡，而这对马利斯来说则显得多余。显而易见，他俩的特长病种、手术风格和个人喜好完全不同。

在马利斯主持纽约显微神经外科大会 1 个月后，第四届国际神经外科医师大会在纽约希尔顿酒店举行。来自世界各地的资深神经外科医生济济一堂，其中大多是美国人，包括以下业界大佬：耶鲁大学的比尔·斯科维尔（Bill Scoville）、杜克大学的盖伊·奥多姆（Guy Odom）、

华盛顿大学圣路易斯分校的亨利·施瓦茨（Henry Schwartz）、美国西北大学的保罗·布西（Paul Bucy）、哈佛大学的比尔·斯威特、明尼苏达大学的莱尔·弗伦奇（Lyle French）、达拉斯－西南大学的肯普·克拉克（Kemp Clark）、Bowman Gray 医学院的埃本·亚历山大（Eben Alexander）、加州大学洛杉矶分校的吉恩·斯特恩（Gene Stern）、西安大略大学的查尔斯·德雷克（Charles Drake）、密歇根大学的埃迪·卡恩（Eddie Kahn）和辛辛那提大学的弗兰克·梅菲尔德（Frank Mayfield）。

后来在田纳西州查塔努加从事神经外科工作的查尔斯·斯坦伯格（Charles Sternbergh）当时还是一名第一年的住院医师，会议开始之后，他与一群住院医师还有学会的特邀嘉宾参观了蔡司公司的展台。他们在深深的震撼中静静观看了来自苏黎世的 16 毫米显微神经外科手术录像。亚萨吉尔每天在这里讲解视频并回答问题。这些年轻人代表着美国神经外科的未来，他们被所看到的惊呆了。当他们回到各自的培训医院时，不得不重新思考学科发展的方向。

略带讽刺的是，并没有多少美国神经外科学会的会员注意到展厅里的这一幕。会议讲台上无人对显微外科手术流露出丝毫兴趣，更遑论支持，但是他们渐渐无法忽略亚萨吉尔给他们手下的住院医师们带来的深刻影响。

这些资深外科医生对亚萨吉尔的显微外科手术持怀疑态度，历史又在重演。20 世纪 20 年代早期，沃尔特·丹迪首创脑室空气造影，认为这将大大有助于术前明确诊断，却遭到哈维·库欣这代人的漠视[③]。神经外科医生往往自视甚高，在库欣看来，丹迪的发明若真有优势，自然会得到大家的认可，而目前并非如此，所以毫无价值。此外，和丹迪一样，亚萨吉尔也不混圈子，并不在美国神经外科大佬们所有意栽培的未来精英之列。

亚萨吉尔当然也感受到了这一点，他讨厌被权势之人看扁，但也知道他们其实已经注意到他的存在。他们现在的态度就如同几年前还没有实际看到显微手术疗效的库雷因布尔，虽然库雷因布尔现在仍没有全盘接受这项新技术，但这只是迟早的事情。同样，亚萨吉尔坚信美国的大

佬们也早晚会拜服于显微神经外科手术。

这届国际神经外科医师大会从侧面说明，显微外科技术在被行业精英们完全接受之前还有一段路要走，也许只有等新一代神经外科医生们逐渐崭露头角，才会有全面普及。新技术的发展需要年轻人的想象力和漫长的学习曲线，而这正是老一代人所缺乏的。功成名就者不会轻易丢掉他们数十年来赖以生存的技术，对他们来说，显微外科手术只会让手术变得更复杂，而不会带来任何好处。

在接下来的 10 年里，随着国际会议在世界各地的频繁举办，显微神经外科手术逐渐在各地开展。1968 年苏黎世会议的参会者们开始在亚洲、北美、南美及其他地区举办会议，都邀请亚萨吉尔亲临指导。1969 年 10 月，多纳吉在伯灵顿首先举办会议，“星星之火可以燎原”，随后 H. 茅崎（H. Chigasaki）和 H. A. 基库奇（H. A. Kituchi）在东京、梅洛（Mello）在巴西积极响应[④]。1971—1977 年，约翰・图（John Tew）在辛辛那提连续举办了实用显微外科学习班。H. 汉达（H. Handa）和 H. A. 基库奇于 1973 年在京都也召开一次显微外科会议。后来亚萨吉尔与保罗・扬（Paul Young）合作在旧金山、芝加哥和纽约等地开办学习班，1984 年扬创立了圣路易斯显微外科和脑研究所，这成为显微神经外科的永久性培训基地。

1976 年，亚萨吉尔邀请受人尊敬的基底动脉瘤手术先驱德雷克到苏黎世担任客座教授。他对德雷克的钦佩不仅来自于他高超的手术技巧，更因为他在基底动脉瘤这一极高风险领域所展现的远见卓识和过人勇气。德雷克是名副其实的绅士，宽容大度、和蔼可亲。他对在苏黎世看到的一切都赞不绝口，唯独在手术方式上坚持自己的选择。“我只是不需要显微镜，亚萨吉尔，”他在一次教学查房中说，“真的不需要。”而谁又能质疑他呢？他的手术结果如此令人信服，堪称传奇。

亚萨吉尔花很长时间认真思考了德雷克的观点，最后得出结论认为他是完全正确的。就像 20 世纪 20—30 年代的哈维・库欣一样，德雷克拥有超乎想象的天赋，是一个真正的外科天才。这两位，或者还可以加上其他几个比如沃尔特・丹迪，是不需要依赖任何技术或设备优势就可以完成远超同行的手术壮举的。即便如此，亚萨吉尔仍坚信，显微镜若

加持于这些巨人们的工作，也会有锦上添花的效果。在他看来，显微神经外科的发展前景一望无际。

德雷克的个人天赋使他能够在其他外科医生望而却步的地方游刃有余。例如，他钟爱的颞下手术入路所暴露的空间非常狭小，当时没有外科医生可以看清里面的微小血管，而德雷克却可以在手术中完美保护它们，当然他的住院医师们也不能。临床带教不能仅依靠口耳相授，住院医师们需要亲眼看到难题是如何解决的。如果德雷克手术时使用显微镜，住院医师们就可以从电视屏幕或手术录像中见识他如何施展魔法，然后方能学以润身、传承老师的独门绝技，哪怕只是一招半式。

由此可见，真正受益于显微外科手术的是那些并无天纵奇才的大多数神经外科医生，他们占到了这个群体的 99% 以上。手术显微镜、双极电凝器和显微操作技术给他们插上了翅膀，尤其是通过实验室的刻苦训练，普通人也有希望无限接近德雷克这种不世出的天才。

但亚萨吉尔也无法忽视这样一个事实，即德雷克其实无意中阻碍了显微神经外科的全面推广。除了马利斯之外，德雷克当时是北美最受尊敬的脑外科医生。他的名声和影响力在 20 世纪 70 年代达到顶峰，也直接导致世界上最大的两个神经外科组织——美国神经外科医师协会（American Association of Neurological Surgeons，AANS）和美国神经外科医师学会（Congress of Neurological Surgeons，CNS）对显微神经外科手术正在搅起的波澜漠不关心。只有在日本，亚萨吉尔才感受到对显微外科技术全方位的接纳。他 1970 年在东京和 1973 年在京都的学习班有 200 多名神经外科医生参加，他多次在日本神经外科学会举办的会议上作特邀大会报告，而且对于讲座的主题或时长从来没有限制。查理·德雷克从不质疑亚萨吉尔，他坦承显微外科手术对未来几代神经外科医生至关重要，1988 年他们还一起主持了芝加哥的显微外科学习班⑤。当时德雷克传奇的职业生涯临近谢幕，除了仅有的几次为了录制基底动脉瘤手术的视频，他从未出于自己的角度主动使用过显微镜开展手术，但他仍然支持亚萨吉尔的工作并肯定他对神经外科年轻一代的影响。

1969—1972 年，亚萨吉尔又在苏黎世举办了 4 次显微神经外科大会。许多学员从此下定决心开展这项新技术，他们日后即被视为第一代

显微神经外科医生，致力于推动前沿，并相互砥砺，显微神经外科的发展开始呈现滚雪球效应。最终亚萨吉尔在苏黎世大学医院设置了永久性显微神经外科培训体系。年轻的神经外科医生来访的时间长短不同，他们一般上午在手术室观察亚萨吉尔手术，下午在动物实验室练习显微外科技术，实验室空间和设备可以同时满足 4 个人的需要。培训时间相对灵活，从一周到长达一年不等。到 1971 年，亚萨吉尔将实验室的教学任务转交给了他的住院医师们，一开始是延川康弘（Yasuhiru Yonekawa），后来是西卡瓦（Nishikawa），最后是他亲信的行政助理罗斯玛丽·弗里克（Rosemary Frick），后者在长达 20 年的时间里也成为显微外科实验室学员们的“杰基·罗伯茨”。到 20 世纪 70 年代后期，也就是亚萨吉尔提出显微神经外科理念 10 年之后，世界上的每一位神经外科医生都有足够的机会观察专家使用显微镜手术并学习显微外科基本技术。很快，手术疗效的提高不再局限于亚萨吉尔、马利斯、桑特和洛杉矶的几位神经外科医生。几乎每一本神经外科杂志都有关于显微外科进展的论文，此时每个人都已清楚，未来神经外科的至臻之境在于炉火纯青的显微外科技术。

注　释

① 巴塞尔大学的神经病学家罗伯特·宾（Robert Bing）对脊髓小脑束有许多重要的观察，撰写了一本再版 8 次并被翻译成 6 种语言的教科书，他在 1956 年去世之前设立了一个奖项，授予在治疗神经系统疾病方面卓有建树的瑞士年轻科学家。

② Yasargil: *Microsurgery Applied to Neurosurgery*.

③ Bliss: *Harvey Cushing: A Life in Surgery*, 370–382.

④ Yasargil: *Neurosurg*, 1999(45), 1039.

⑤ Yasargil: *Neurosurg*, 1999(45), 1039.

Teaching Microneurosurgery
第 20 章　讲授显微神经外科

在 1968 年显微神经外科大会之后，源源不断的外国神经外科医生涌到苏黎世学习显微外科技术，特别是那些有志于成为大学神经外科医生、脑血管外科医生或颅底外科专家的人。对他们来说，朝圣亚萨吉尔是必经之路。尽管在 1972 年之前亚萨吉尔还是苏黎世神经外科的二号人物，库雷因布尔仍处于领袖地位。

亚萨吉尔似乎对待每一位访客都有不同的方式，他会考验每一个人，对不同的需求和预期有近乎直觉的敏锐。他看似与每个人刻意保持距离，而又经常在最出人意料的时候表现出温暖的一面。

他早期的学生马丁·拉扎尔（Martin Lazar）出生于蒙特利尔，是达拉斯得克萨斯大学西南医学院的高年资神经外科住院医师。1970 年 1 月，他在苏黎世大学医院度过了 2 周，没过多久，他就意识到自己正师从一位奇人。拉扎尔对亚萨吉尔的暴脾气早有耳闻，但没想到的是，面对他所认可和尊重的学生时，他会毫无保留展露自己内心的温情。例如，在意识到拉扎尔的求知若渴之后，亚萨吉尔会每天花 1 小时与他进行敞开心扉的一对一讨论，不仅鼓励提出难题，而且爽快地给出答案，甚至还会结合手术视频或手绘示意图讲解动脉瘤手术的精髓。亚萨吉尔对神经外科和教学的兴趣激励了拉扎尔，为他日后的事业奠定了基础。

亚萨吉尔的言传身教并不局限于解剖和手术，拉扎尔还曾目睹了一个小插曲，不仅展示了亚萨吉尔患者高于一切的原则，还显露了他在面对上司压力时的机智和坚韧。

库雷因布尔指示亚萨吉尔采取经蝶窦入路切除一名患者的垂体瘤，这种入路在 50 年前由哈维·库欣推广，手术显微镜使其变得更简单、

安全、准确。在抬起上唇后切开牙龈，就可以暴露鼻子后方的蝶窦。一旦进入蝶窦内，外科医生就可以通过磨除鞍底骨质暴露垂体。术前通过影像增强器提高 X 线的成像效果，从而精确定位、保证安全，而大脑位于垂体上方，受损的可能性也很小。

这名患者由西班牙转诊过来，手术当天上午首诊医生也到场观摩。在显露了垂体的前缘之后，亚萨吉尔推开显微镜，说自己迷失了方向，必须改为开颅手术。此外他什么也没说。

库雷因布尔穿着一尘不染的白大褂、系着考究的领带，刚走进手术室。他静默地脱下外套，由巡回护士协助穿上手术衣。然后略带责备地看了一眼他的爱徒。迷路？亚萨吉尔不可能迷失在任何人的脑袋里。最后，库雷因布尔也无计可施，他瞪了一眼那名来访的西班牙医生，随后扯下手术衣，怏怏而去。

接下来，亚萨吉尔开颅切除了这个肿瘤。

事后拉扎尔问亚萨吉尔那天早上为何没有使用影像增强器来提供实时 X 线成像，亚萨吉尔垂下了头，轻声答道："我没有那个选项。"这就是所有他要说的。

原来是没有便携式影像增强器可用！在这种情况下尝试经蝶切除垂体瘤就如同在没有指南针的情况下驾驶一架小飞机飞越大西洋，这会置下丘脑、双侧颈内动脉和基底动脉等重要结构于不必要的风险之中。亚萨吉尔知道这一点，而库雷因布尔显然不知道。当时在苏黎世还没有常规进行神经外科术中荧光成像，也没有影像增强器。亚萨吉尔可能迫于压力执行了库雷因布尔的指示，但最终为了患者的安全，不惜在来访者面前示弱，更改为更有把握的手术入路。这为拉扎尔上了刻骨铭心的一课。

1972 年 12 月，我第一次到访苏黎世大学医学院。我当时已经完成了 3 年多的神经外科住院医师培训，正在位于伦敦皇后广场的国家神经疾病医院学习神经病学，我在那里给亚萨吉尔写了申请信。他很快以一封单页手写信回复，告诉我将可以每周观摩他的至少 3 台脑部手术，并欢迎我参加显微外科实验室培训（当时已经培训了 400 多人，在接下来

的 20 年内，全世界神经外科医生也不到两万名，而其中有将近 4000 人曾来此培训）。他还在信中有些歉意地提醒我，实验室培训需要支付一定的费用（每周 450 瑞士法郎或 345 美元）用于购买实验动物、缝合材料和维护仪器等，不过他也提到，他当年在只有 2000 美元的资助下赴美培训 14 个月，其间还要想尽办法维持一家人的生计。

当我看到他在手术室里总是独自工作，并没有住院医师在旁协助或学习时，感到非常震惊。的确，当时库雷因布尔是科室主任和住院医师培训的导师，但我还是无法理解苏黎世的住院医师们竟然不识泰山，对这位全世界年轻一代都奉为神经外科未来巨擘的天才视而不见。美国年长的神经外科医生都对亚萨吉尔存在偏见，我的住院医师培训导师就对亚萨吉尔的技术、能力、疗效、品格乃至关于他的一切都持怀疑态度。他告诫我不要去苏黎世附近的任何地方，那只会浪费时间！他同苏黎世大学医院的住院医师们一样，完全忽略亚萨吉尔做出的巨大贡献。这种现象非常奇怪，令人费解。

整个 1 月份，几乎每天早上都有一台高难度的神经外科手术，大部分是最近 7～10 天内破裂出血的动脉瘤。亚萨吉尔通常在上午 8 点钟开始手术，1～2 分钟即切开头皮，10～15 分钟完成软组织分离、骨瓣成型等开颅操作。然后他就会上显微镜，从来都是在显微镜剪开硬脑膜。

第一次清晰地看到其他外科医生的每一个动作细节，真实令人着迷。在没有显微镜和手术录像的时代，成长期的外科医生很少能看到他们的老师在手术中所做的一切。整形外科医生一般都在身体的表面操作，相对容易观摩。而胸腹部术区较深，通常除主刀医生以外的任何人都无法看清手术视野。而脑部手术往往暴露范围小、病变深在，进一步限制了视野。很多住院医师和实习医师没有机会作为手术一助，只能依靠术后主刀画的示意图或者口头解释来粗略理解手术步骤。但带有录像功能的显微镜改变了这一切，如今每位护士和参观者都可以清晰地看到亚萨吉尔的一举一动。我当时立即明白，这会是我人生中最珍贵的学习经历。黑白画面在当时看来毫不费力，它们清晰、干净，呈现着难以置信的细节。

他的动作从不匆忙或特别迅速，但总是有着完美的节奏，有条不紊地前进。在具体颅内操作之前，他总是先耐心地释放脑脊液，降低颅内压，准备好操作空间，而后一旦显露好动脉瘤及附近的血管，他从不需要停下来瞻前顾后。他似乎已经提前预演了每一个可能的步骤，并相应地调整和凝练了自己的动作。

他的手大而有力，指尖很宽，看起来一点也不精致。这可能决定了他偏爱更大、更重的器械，而不像包括我在内的很多医生一样喜欢轻巧的器械。他最喜欢的分离工具显微枪状镊的闭合压力比其他人的都高，这是专门为他设计的，他习惯将闭合的镊子尖端伸入疏松的组织比如蛛网膜，然后依靠指尖松开镊柄、撑开乃至松解组织，如此在稳定的控制下完成分离操作，他的动作轻柔而精确。而很多外科医生没有这么精细的触觉，或者对蛛网膜和粘连组织的性质及张力认识有限，很难优雅完成这项操作。早年的亚萨吉尔提倡用尖头刀或者剪刀锐性分离，这对周围重要的神经和血管结构损伤较小①。而后来已臻化境的他仅通过调整枪状镊的张力即可安全而更加高效地分离这类组织。

亚萨吉尔认为，每天使用显微镜进行手术的外科医生不仅很快可以完成更准确的解剖分离，而且随着时间的推移，手法将变得更加轻柔。显微镜对镜下操作提供即时视觉反馈，堪称外科医生的最佳私人教师。很多初学者第一次通过显微镜手术时，都感到自己的镜下操作粗暴、混乱。此后他们会逐渐练就更轻柔的动作风格，这会显著减少分离损伤，从而将脑组织损伤降到最小化。亚萨吉尔坚信，脑组织受损越少，术后水肿的程度越轻。70 年前的库欣也持同样观点。在这种情况下，脑组织恢复更快，甚至可以避免一过性的神经功能障碍，真切地看到比肌肉记忆更重要。即使在黑暗中，人们也可以在凭借肌肉记忆系鞋带。但对于外科医生来说，处理脆弱的脑组织需要始终看到每一个细节，这更加可信！

亚萨吉尔处理动脉瘤时，就好像它们的主人一样，似乎确切地知道每个动脉瘤会对他的操作做出何种反应。对于较大的大脑中动脉动脉瘤，他经常先使用临时夹阻断主要血供，将瘤体内部的张力降到最低，再从容地暴露瘤颈和周围细小血管。在使用永久夹夹闭复杂动脉瘤的瘤

颈时，亚萨吉尔经常反复调整动脉瘤夹的位置，有时需要 3～4 次甚至更多，直到他确认夹子完全夹闭了整个瘤颈而周围的正常血流又丝毫未受影响。这在当时年轻的我看来，这就像为了更好地抓住一条毒蛇的脖子而临时将它释放，凶险异常，而每次调整可能仅精确到 1°～2° 的差异，旁观者极难察觉。

每次手术后，他都会花几分钟时间讲解与之相关的局部解剖结构。尽管在手术中通常保持沉默，此时他总是热情洋溢地描述当天的病例在解剖学上的典型特征和细微变异，往往还要邀请我们中的一个人在草稿纸或纸巾上画出相关解剖结构的草图，然后他会迅速甚至有些粗暴地纠正，随之而来即兴演讲。他要确保每个要点都得到清晰的传达，因此罕有温和的语气。

亚萨吉尔引导我们换一个角度思考问题，始终关注手术实际遇到的解剖结构，并一再强调不同患者之间的解剖差异。他告诉我们，当前遇到的血管解剖变异往往提示接下来可能面临何种异常，这是任何脑血管外科医生都不能忽视的。他特别强调了大脑前动脉复合体的各种变异以及大脑后动脉和脉络膜前动脉与颈内动脉动脉瘤壁之间的不同关系。每个患者都需要个体化的分离策略。

亚萨吉尔始终坚持实验室训练的不可替代性。在他看来，买一台显微镜然后直接对患者实施手术是不道德的，任何人都只有经过长期的实验室实践才能精通显微外科技术。多年来，他反复重申这一点。

那年冬天，和我一起在实验室的有美国同道菲利普·卡特（Philip Carter），他后来成为亚利桑那州和俄克拉荷马州的一名研究型神经外科医生，以及沃尔特·勃姆（Walter Boehm），他将在田纳西州的查塔努加执业。显微外科实验室一尘不染、空气清新，位于大学医院附近的一栋大楼里，我们每天下午在那里受训。

1973 年年初，亚萨吉尔亲自带教了许多实验室培训。当时负责实验室教学的住院医师延川康弘（Yasuhiru Yonekawa）正在日本度假，至此他已与年轻的妻子分居 2 年了。赫尔·卢蒂（Herr Lutti）是一位和蔼可亲的年轻实验室技术员，几乎不会说英语，每天下午 2 点钟之前他都会准备好实验动物并实施麻醉，然后我们很快就开始紧张地进行前一天

演示和分配的练习内容。亚萨吉尔会在1小时后出现，精神状态一般都很好。回到实验室好像让他很开心，实验室可能是他逃离行政杂务、寻求灵感的桃花源。

他会依次站在每个学员身后默默观察很长时间，然后以足够响亮的声音给出建设性的意见，从而使房间里的其他学员也能听到。虽然他以鼓励为主，但对于明显的错误或有瑕疵的操作，他也容易揪住不放，尤其是双极电流过大或双极尖端离开镜下视野。没有直视下的“盲操”可能导致灾难性的后果。实验室里没有手术转播屏幕，但亚萨吉尔似乎可以超越他实际看到的视野，敏锐捕捉到学员的错误。

亚萨吉尔极端重视术中精确止血的价值，当他看到学员镜下有哪怕一丝出血时，就会马上离开而去指导下一位。如果没有人在完全无血的情况下工作，他会立即离开实验室。出血似乎对他冒犯极大，他认为不能保持无血手术创面的医生是不配开展显微手术的。亚萨吉尔每天上午会向学员们展示近乎完美的止血技术，而到了下午他也无法接受其他人对这项技术的亵渎。

他从不责难任何他视为勤奋的人，这很容易解释。“学习显微外科技术让愚钝的外科医生达到及格，让平庸的外科医生变得优秀，让优秀的外科医生变得卓越。”他经常以不同的表达方式反复强调这一观点。“卓越从来都不是一蹴而就的，”他还时不时说，“一分耕耘，一分收获。”他身体力行这些箴言，也极大鼓舞了我们。

1月中旬，亚萨吉尔手术了一台不寻常的病例，动脉瘤起源于大脑前动脉远端胼缘动脉的起始处，手术转播屏幕显示着他的一举一动。同往常一样，他的手速并不快，但整个手术的进程流畅无比。吸引器和双极电凝这些器械仿佛被赋予了生命，在显微镜下翩翩起舞，逐渐暴露出动脉瘤的颈部。它们的跳动充满了勇气和活力，哪怕是最轻微的失误，都可能引起动脉瘤破裂，瞬间让鲜血四溅。这完全就像在拆除炸弹。

那天他没有像最近处理的其他动脉瘤一样用双极电凝对动脉瘤的瘤颈进行塑形，显然他认为这例没有必要。他一般只需在保证双极电凝尖端不粘连的情况下对瘤颈施以电流使其皱缩，仅仅旁观这项操作都会让人提心吊胆。很多人严厉批评这种做法，认为是多余的，而且危险到愚

蠢的地步。

他为什么仍坚持这样做呢？皱缩瘤颈不仅可以方便上动脉瘤夹，而且可以帮助医生看到躲在后面的细小但重要的穿支血管，牺牲这类血管通常会导致灾难性的后果。很多不明就里的外科医生将不良手术后果归咎于“脑血管痉挛”，然后给予大量静脉输液，甚至是扩容剂，以对抗血管痉挛。亚萨吉尔对此不以为然。血管痉挛似乎从来没有发生到他的患者身上，而且他严格限制患者术后 3 天入液量在 1000 毫升以内。

言归正传，这台胼缘动脉瘤夹闭术很顺利。晚上 11 点钟左右，患者就清醒地运送到了术后恢复室。

第二天却风云突变。我到达手术室准备去观摩当天的第一台手术，但一下电梯就被告知已经有一台手术在进行，传言说亚萨吉尔前一天手术的动脉瘤夹位置不佳，导致一根重要动脉变窄从而影响血流灌注。我对此表示怀疑，因为当时看到夹闭过程非常完美。

我匆忙走进手术室，发现亚萨吉尔毫不掩饰地慌张失措。的确，昨天的手术患者夜间出现病情恶化，而并没有人通知他。早上 7 点钟，患者左侧肢体瘫痪。亚萨吉尔脸色铁青，用至少 3 种语言咒骂着。当检查结果显示是胼周动脉的胼缘支闭塞时，他开始逐渐冷静下来。他毫不留情地责骂自己，坦承昨天术中他的确感到血管中有可疑的僵硬感，但并没有按照自己的直觉采取行动。“哎，我真是个傻瓜，”他一遍又一遍地说，“我昨天为什么没有打开看看？”他不停地骂自己“笨蛋”，羞愧难当，他好像在赎罪一样，要把这件事情昭告所有人。

“血栓！急性血栓！”他反复咕哝着，已经没有精力继续生气，只剩下疲倦和悲伤。他在动脉瘤载瘤血管的近端和远端分别放置了临时阻断夹，然后取下夹在瘤颈的永久夹，切开瘤体，探查瘤内，这都让我大开眼界。他毫不犹豫地用镊子夹住了胼缘支里的血栓尖端，然后将其拉出。这时有来自未阻断的胼缘支的血流逆向涌出，他迅速上了一枚临时夹将其阻断，出血随之停止。然后他再次通过动脉瘤的切口仔细向内探查，在血管的交界处发现一块小的钙化斑块，于是迅速将其取出。然后，他取永久夹重新夹闭动脉瘤颈，并从不同的角度确认位置，又重复多次调整夹子位置。终于满意后，他从胼周动脉上取下临时阻断夹，恢

复血流。没有一滴血由动脉瘤渗出。

我全程几乎无法呼吸。我从未想象过这样的技巧和专注，也不相信会在其他人身上看到。

亚萨吉尔意识到，昨天的夹子影响到那个小钙化斑块，从而导致继发血栓形成。如果他能早几小时在偏瘫迹象刚刚出现时就手术取栓，这个人有很大的概率恢复。但目前事态发展至此，这位患者的余生都会或多或少残留运动障碍。

33 年后，他向我讲起这个故事，并没有意识到当时我就在现场。他牢牢记得这个极其罕见的病例，讲述过程中仍在表露对自己的不满。这就是亚萨吉尔，实事求是承认错误，永远不试图隐藏或寻找借口。他本性里严于律己，对他来说，每一个并发症都有明确的原因。这又是无价的一课，令我感触极深。

亚萨吉尔让菲利普·卡特帮他收集分析之前开展的胼周动脉瘤手术的病例记录和手术录像，数周内即总结完成 1 篇论文[②]。文中提出，此类动脉瘤破裂时的尺寸通常较其他部位动脉瘤要小。因此，将来即使偶然发现的大脑前动脉远端小动脉瘤也具有明确的手术指征。

亚萨吉尔发现卡特富有天赋而又勤勉不倦，于是邀请他协助负责实验室教学，直到延川康弘回来。他们有着良好的私交，亚萨吉尔会请卡特和妻子到家里吃晚饭，偶尔早上也会捎带这位美国小伙子去医院。卡特回国后一直在凤凰城 Barrow 神经医学中心工作至 1988 年，亚萨吉尔在一次到访中将最新款的双极电凝镊送给他，此外还给孩子们准备了一盒巧克力礼品。

后来，卡特曾主管图森亚利桑那大学医学院神经外科住院医师培训并多年担任俄克拉荷马大学神经外科主任，他感恩亚萨吉尔不仅通过传授显微外科技术使他完成职业生涯的飞跃，更始终激励着他追寻来自神经外科的召唤。在退休的时候，他盛赞亚萨吉尔不仅是一名科学家，更是一名艺术家，他易变的性情何尝不是一种典型的艺术家气质。

如果说我在苏黎世大学医院的日子有什么遗憾的话，那就是很少有机会去病房看看术后患者的情况。我们每天下午都在动物实验室里苦练

本领，心里其实也默认术后患者都恢复顺利。我相信哪怕出现最轻微的问题，他就像一头秃鹫，紧盯着患者病情变化的蛛丝马迹。

有一次偶然的机遇，我发现简直不能单单用顺利来形容他的患者的康复情况。

那天我和菲利普正在拉米斯特拉斯大街的一家餐馆吃午饭，一个瘦高个子男子走了进来，一撮灰白的头发垂到右侧眼眉，头皮上仍清晰可见连续缝合的 4–0 尼龙线，这表明他过去 5 天内刚接受了亚萨吉尔的动脉瘤手术。显然他认为自己已经足够好了，甚至为了饕餮一顿可以独自溜出医院，在冰天雪地里往返 600 码！

面对每周 345 美元的实验室费用，我囊中羞涩，知道自己只能待 1 周。当亚萨吉尔发现后，他决定免除我的费用，前提是我可以通过担任他的手术助手来半工半读，这就解了我的后顾之忧，可以心无旁骛继续学习。

感激涕零已经不足以表达我当时的心境。

其实他根本不需要助手，黛安在洗手的同时也胜任了一助的工作。自动牵开器也能满足他每天的需要，再加 1 名全职助手只会画蛇添足。让我做他的助手，本质上就是给了我参观者的“皇帝位”，在那里我能看清他的手法、感受他的一举一动，并在转播屏幕上看到各类操作立竿见影的效果。我深知他想帮助我，但他不会提供任何直接的物质资助，那不是他的风格。

我上岗后，马上就开始在手术室里接受他的定期“修理”，有时会连续数日。有一次他发现我术前刷手时间少了 1 分钟，马上责令我回去重来。另一次我在关闭头皮切口时没有采用器械打结以节约缝线，又遭到他的训斥。

我见过他最生气的一次是，有一天早上，术中动脉瘤爆了，而我搞砸了手术录像。当时面对突如其来的大出血，我手忙脚乱地误踩了显微镜的脚踏，导致录像停止。“我的天啊。”他吼叫着，然后用混杂着瑞士、德国脏话的英语不停地斥责我。他并没有被危及生命的手术时刻所激怒，而是因为它没有被记录下来！他非常渴望能够录下自己如何应对术

中的突发情况，从而向那些责难他谎报疗效的美国神经外科医生证明他的能力。

1970 年，在西北大学德高望重的保罗·布西博士的建议下，当时还是一名医学生的鲍勃·斯佩茨勒（Bob Spetzler）第一次来到苏黎世大学医院见习了 3 个月。他对显微外科的初次印象就是观察亚萨吉尔在库雷因布尔的要求下用一台新的手术显微镜切除垂体瘤。虽然尚无手术经验，年轻的斯佩茨勒也被亚萨吉尔镜下一点点切除肿瘤的视觉美感所震撼。在看过更多的手术后，他坚信若要在神经外科做到顶尖，最好的办法就是模仿亚萨吉尔的每一个动作。5 年后，作为一名神经外科住院医师，他已积累了一些经验，再次回到苏黎世，郑重踏上登顶之路，尽自己所能复制亚萨吉尔天纵奇才的每一个细节。数年之后，斯佩茨勒逐渐成长为新一代显微神经外科医生的领军人，长江后浪推前浪，他也将重塑神经外科的未来。

其他注定要成为美国神经外科领袖的年轻人也有类似的经历。杜克·萨姆森（Duke Samson）在住院医师阶段即着迷于亚萨吉尔的传说。为了将显微外科技术应用于垂体手术，他决定花 1973 年整整一年时间跟从巴黎 l'Hôpital Foch 的垂体瘤手术传奇杰拉德·吉奥特（Gerard Guiot）学习经蝶入路。他对这趟旅程满怀期待，一个土生土长的得克萨斯州西部人肯花一年时间学习法语，他的决心也可见一斑。

然而，事与愿违。萨姆森刚抵达不到 1 个月，吉奥特的严重心脏病发作，他只能重新规划如何度过在欧洲的这 1 年。还有什么比收拾行囊搭上前往苏黎世的火车更好的出路呢？他将在亚萨吉尔身畔度过余下的 1 年，观摩他，请教他，每天在显微外科实验室操练。萨姆森当时正是热血青年，痴迷于外科解剖和手术技术。他的笔记本上满是解剖草图、手术总结和奇思妙想。虽然他的个性与亚萨吉尔时有冲突，但他学会了忍耐克制，他心里清楚，自己面对的是一位天才。在苏黎世的宝贵经历深刻影响了萨姆森的职业生涯，也助推他成长为 1 名显微神经外科的领袖人物。后来作为达拉斯的德州大学西南医学中心教授，他坚持要求自己手下的住院医师赴苏黎世完成深造，在就任神经外科主任后，他又将这一规定扩展到整个科室范围。

史蒂夫·布恩（Steve Boone）来到苏黎世学习颅内动脉瘤的显微外科手术，他对亚萨吉尔也早有耳闻并读过他发表的论文。盖伊·奥多姆（Guy Odom）曾在杜克大学教他采用传统方法处理动脉瘤，但他知道亚萨吉尔报道的治疗效果更佳。他在杜克大学尝试过耳科医生的显微镜，但并不满意，于是决定于 1976 年冬天来到苏黎世朝圣。

布恩叹服于亚萨吉尔广播的颅内解剖知识和在脑内间隙自如穿梭的速度，他总是在寻求更安全的操作方法，从不将患者置于危险境地。他同样感到惊奇的是，似乎医院里的每个人都对亚萨吉尔的天才习以为常。

到那里不久，布恩就在手术室里大胆质疑了亚萨吉尔对某个解剖学问题的看法。他身材高大、肌肉发达，而又沉稳自信，气场已压过亚萨吉尔。虽然被贬得一文不名，他仍坚持自己的立场。第二天早晨，出乎他的意料，亚萨吉尔不仅主动承认了前一天的错误观点，还让他接下来 3 个月给自己担当一助，共同完成了 46 例手术。

成为亚萨吉尔的助手意味着升任学员的“班长”，布恩得以近距离学习他的手术。亚萨吉尔倾囊相授，和布恩讨论每一台手术，鼓励他将所学所思都记录下来。两人惺惺相惜，终成挚友。

当亚萨吉尔发现布恩和妻子租住在离医院有一段距离的廉价小旅馆里时，立即为他安排了一套步行可到医院的公寓。后来，布恩在 1984 年就任北卡罗来纳州神经外科学会主席，他带领 15 名神经外科医生到访苏黎世，亚萨吉尔帮忙安排了酒店，并在家中为来访医生和家人们举行了盛大的招待会，同时为小孩子们准备了泳池。亚萨吉尔不喜社交，布恩深知这一点，所以当他看到亚萨吉尔为了仅相识几个月的朋友而忙于应酬时，尤为触动。亚萨吉尔在布恩身上看到了勇气和正直，对他来说，这就是最重要的，值得他倾力相交。

理查德·霍多什（Richard Hodosh）是杜克·萨姆森在达拉斯的学生，也于 1976 年来到这里，度过了住院医师培训的最后 8 个月。

亚萨吉尔非常关照霍多什，并确保给予他神经外科各个领域的指导。尽管两人在年龄上隔了整整一代人，文化和语言背景也迥异，但霍多什可能是所有来访的美国年轻人里与亚萨吉尔私人关系最近的。

霍多什曾于 1988 年重返苏黎世，他正好要顺道访问卢布尔雅那，在那里花一周观摩海绵窦手术。当时医院已正式命名为苏黎世大学医院，神经外科也进行了大规模的翻新。亚萨吉尔的手术室焕然一新，比霍多什记忆中的更大、更先进。一群来访的外科医生挤坐在一个摇摇欲坠的金属“看台”上，认真观看远处墙壁上的宽屏显示器转播。全场鸦雀无声，代表了他们对亚萨吉尔至高的尊崇。

当来自巴西圣保罗的年轻神经外科医生赫尔德·泰德斯基（Helder Tedeschi）闯进房间时，霍多什警觉地抬起了头。亚萨吉尔时年 63 岁，担任科主任已 15 年之久，平日里早已慈眉善目，但在手术室工作时，他仍然无法容忍外来噪音或不速之客的干扰。

那天早上的手术是一台优势半球内侧面的动静脉畸形切除术，畸形团血供源自左侧大脑中动脉、大脑前动脉和大脑后动脉。在手术的开始阶段，亚萨吉尔很快暴露了天幕游离缘，并经纵裂打开胼周池释放脑脊液。直到亚萨吉尔已经离断了两根主要供血动脉，来访者们还几乎没有在大屏幕上看到畸形团本身。他一言不发，完全沉浸在手术中。

霍多什几天前刚刚在斯洛文尼亚遇到过泰德斯基，他跟随温科·多伦斯（Vinko Dolenc）学习了 6 个月。有感于这个年轻人的天赋和刻苦，多伦斯安排他在回圣保罗之前到访亚萨吉尔。对他来说，做梦都想不到有机会可以观看亚萨吉尔的手术。

“出去！”亚萨吉尔口中吼道，眼睛仍全神贯注于显微镜。

这令在场的所有人大吃一惊，有些还不明白发生了什么。

泰德斯基愣住了，本能地向后退了一步，就像一只在车灯照耀下突然僵住的小鹿。他咽了口唾沫，结结巴巴地说：“可是，先生。我——”

“我再说一遍，出去！”亚萨吉尔咆哮道，“立刻马上！我才不管你是谁。”他的话像炮火一样在房间里回荡。20 年来，有多少科室主任或手术名流也都被亚萨吉尔这样从手术室里撵出去。他在手术时对分神之事零容忍。颤抖着，低着头，泰德斯基蹑手蹑脚退下，靠近门口时稍微加快了脚步。

1 分钟后，霍多什悄悄从他最后一排的座位起身，离开房间。他在

更衣室里找到了浑身颤抖、脸色煞白的泰德斯基，小伙子赤裸着上身，呼吸急促，似乎隔着胸壁都能看到他心脏的搏动。他正试图套上衬衫，双手捏着纽扣不听使唤。

泰德斯基用蹩脚的英语描述了先从卢布尔雅那乘巴士通宵抵达瑞士边境的艰难旅途，然后还延误了 5 小时，因为收到毒品走私的举报，警察搜查巴士并盘问每位乘客，甚至还进行了搜身检查。

讲完之后，泰德斯基几乎落泪，他错失了观摩这位传奇外科医生手术的机会。霍多什之前已经提醒过他，分散亚萨吉尔的注意力或者以某种方式冒犯他，都会导致糟糕的境地。机会稍纵即逝，难以再来。

这似乎太不公平了。年轻的巴西小伙子已经尽其所能，但客观因素让他不可能准时到达。

当看到霍多什领着泰德斯基再次进入手术室时，坐在看台上的访客们已经准备好再次迎接亚萨吉尔的怒火。“是边境有突发情况，教授，”霍多什简明扼要地说道，“他不可能准时到这里。”

亚萨吉尔从显微镜上抬起头来，浓密的眉毛似乎在收缩、变黑，而后又莫名放松了。“好吧，”他停顿了许久之后盯着泰德斯基说道：“那么请就座，我们以后再细谈。请保持安静，仔细观看。”他很快回到镜下，指着颞叶下方已经离断的大脑后动脉分支：“不要错过我正在做的。”

然后他冷静地完成了动静脉畸形的切除。手术在午饭前就结束了，术中失血不到 200 毫升。

到 1988 年的时候，亚萨吉尔的暴躁脾性已经缓和了很多，但对于访客在手术中打破沉默的提问或点评行为，仍然会毫不留情地斥责，不管对方何等地位。例如，当他发现鲍勃·拉切森（Bob Ratcheson）是一名来自圣路易斯的神经外科医生时，立即将他赶了出去。尽管这些年他已经成熟沉稳了许多，但对于 30 年前的一件事始终耿耿于怀，那就是圣路易斯神经外科医生们对舍勒和他录制的电视节目的激烈抨击。

并非每位来访者都是神经外科新手或在接受培训的医生。特德·库尔策于 1963—1979 年担任南加州大学神经外科主任，年长亚萨吉尔 3 岁。他在 1957 年采用显微镜切除一名儿童的听神经瘤，属国际首例，

为此声誉卓著。库尔策以高超的手术技巧和良好的疗效而闻名，亚萨吉尔两次造访洛杉矶时他都恰巧不在，缘悭一面。1967 年 4 月，他们终于有机会见面，很快就成为至交。后来他们多次共同主持在国际会议的显微外科专场。

库尔策曾多次到访苏黎世，他喜欢在动物实验室消磨下午时光，晚上则通常和亚萨吉尔在一起。他并不开展脑血管手术，这往往是年轻人的挚爱。每次他过来时都会和大家打成一片，似乎所有人都喜欢他，以至于在他离开后很长一段时间内，仍有他的奇闻逸事传布，据说就连亚萨吉尔也被他的浪子风格所吸引。他穿着前卫，开着五颜六色的跑车，经常和好莱坞当红明星勾肩搭背。他钟情于高挑金发女郎，也为人津津乐道。

在 1973 年年初库尔策的一次来访中，亚萨吉尔被库尔策描述的他在加利福尼亚海岸驾驶帆船的冒险故事所吸引。当得知亚萨吉尔将在春天赴洛杉矶参加美国神经外科医师协会会议时，库尔策便说服他提前 1 天过来，和他一起去体验一把。

而库尔策显然没有搞清楚亚萨吉尔的确切到达日期，导致他在洛杉矶机场滞留了 14 小时。亚萨吉尔没有预订晚上的酒店，也无法通过电话联系到库尔策。于是他选择原地等候，以后库尔策终会赶来。

几小时后，亚萨吉尔始觉不安，他发现两名保安开始怀疑地盯着他。随着络腮胡子的生长，他的脸色也渐渐阴沉下来。临近凌晨的时候，情况好像变得更糟了。第三个保安出现了，他们慢慢地在周围转来转去，从不让他离开他们的视线。

欧洲人曾嘲笑美国人对俄罗斯间谍极度敏感的神经质。当时冷战仍在肆虐，俄罗斯军队还驻扎在捷克斯洛伐克，而尼克松几个月前刚访问过中国。土耳其人和俄罗斯人有共同的祖先，亚萨吉尔知道他不仅在美国人眼中看起来是个外国人，更要命的是，他非常像“俄罗斯人”。他开始为将面临的来自美国联邦调查局的一连串问题做准备，想象着审讯灯发出的强烈眩光以及他的故事听起来有多么蹩脚。还有，他的照片可能也会登上报纸。

好在天一亮库尔策就出现了，满是歉意地开着玩笑，一切可能的误

会瞬间就消散了。库尔策提着一个纸袋，里面装着合身的衣服、一顶棒球帽和一瓶防晒霜。

那个上午，他们一直沉浸在扬帆航行中。

注　释

① Yasargil: *Microsurgery Applied to Neurosurgery*, 1969, 120.
② Yasargil and Carter: J Neurosurg, 1974(40), 218–223.

Slovenia—A Special Disciple

第 21 章　斯洛文尼亚：一个特殊的门生

1966 年 9 月 1 日，亚萨吉尔正在造访多家美国神经外科中心（参见第 14 章），从伦敦起飞的不列颠航空公司 105 航班在斯洛文尼亚的卢布尔雅那 – 布尔尼克机场降落时坠毁，斯洛文尼亚当时还是南斯拉夫最北端的省份，117 名乘客和机组人员中有 98 人死亡。幸存者中一些人头部受伤，被转运至卢布尔雅那大学医院接受治疗。

温科 · 多伦斯（Vinko Dolenc）是一名 25 岁的医学生，他精通 7 种语言，正在学习第八种——英语，跑到急诊室自愿提供翻译帮助。他去年夏天在伦敦度过，磨炼了英语听说技能。

6 个月后，英国政府向卢布尔雅那大学医院特别是神经外科主动提议，希望可以提供一份礼物，以感谢他们在那个悲惨的下午提供的人道主义援助。科主任米兰 · 祖默（Milan Žumer）教授听说过亚萨吉尔的工作，于是建议英国政府考虑捐赠 1 台手术显微镜，因为当时显微神经外科刚刚发轫，在南斯拉夫还仅限于道听途说，更不要说去买 1 台神经外科显微镜了。

“别担心，老伙计，”政府官员回答说，“并不清楚他要的是什么，如果它值得被拥有，而英格兰没有，那么其他任何地方都不会有。”

祖默只是笑了笑，暗想英国人的自大果然名不虚传。

6 个月后，一个板条箱送达，里面装着一台耳鼻咽喉科显微镜，专为中耳和内耳手术所设计。多伦斯非常兴奋，虽然还是一名医学生，但他对神经外科的兴趣与日俱增，甚至着急帮忙拆箱。祖默告诉他，显微

外科手术是神经外科最前沿的技术。

这台显微镜又大又笨重。神经外科的医生们看看它，上手玩一玩，然后便敬而远之，没人愿意真的去使用它。仅仅 1 周，它就被放到手术室的角落吃灰了，就像 3 年前亚萨吉尔在苏黎世的第一台显微镜一样。于是，多伦斯把它推到科室实验室，开始学习操控各种按钮开展实验，最终自学了显微镜下的动物解剖技术。

1970 年，当时还是第二年神经外科住院医师的多伦斯已经可以熟练使用耳鼻咽喉科显微镜，并开始将其推到手术室，尝试在镜下分离受损的周围神经、切除瘢痕组织并研究内部的神经纤维束结构，甚至重新缝合意外离断的神经。随着多伦斯经验的增长，越来越多的周围神经损伤的患者开始涌向卢布尔雅那。

那一年晚些时候，多伦斯在维也纳的一个研讨会上第一次见到了亚萨吉尔，那也是在该市召开的第一次显微神经外科会议。汉诺·米莱西（Hanno Millesi）是当地的周围神经专家，许多来自美国的神经外科医生出席了会议。会议的主题围绕周围神经手术，但亚萨吉尔展示了显微脑血管手术并介绍了一些有用的实验室练习方法。多伦斯在讲座结束后找到了他，询问是否可以到苏黎世去跟随他学习。

几个月后，他到了苏黎世并在那里住了 10 天。他对亚萨吉尔使用的蔡司显微镜印象深刻，它移动灵巧，并被亚萨吉尔随心所欲地操控。很显然，蔡司显微镜比他在卢布尔雅那的那台要好得多。亚萨吉尔还带他到实验室并展示了分离大鼠股动脉脉和股静脉精细操作，他还用 10–0 缝线对大鼠颈内动脉进行了吻合。

多伦斯大为震撼。早上他在手术室里观摩亚萨吉尔手术，下午就在实验老鼠身上练习显微技术。他几乎无法控制自己，深知已被“显微手术病毒”感染。几十个关于改进他自己工作的想法，不断涌进脑海。

回到卢布尔雅那的家中，多伦克搞到了一套制表匠的精细镊子，开始不断重复在苏黎世神经外科实验室学到的血管练习。他开始尝试吻合颅内血管，这在亚萨吉尔的手下看起来是如此简单。

6 个月后，多伦斯回到苏黎世度过了一个长周末，不久又回到那里

待了整整 1 周。这些旅程的背后都有很多牺牲。他要协调在卢布尔雅那的临床工作，而且短于旅资。住酒店是压根儿不要幻想的，他有 1 辆二手小轿车，汽油也是一笔巨大的开支，而且这辆旧车随时都可能抛锚，把他困在苏黎世和卢布尔雅那之间的某个荒郊野岭。

多伦斯在手术室里认真观摩亚萨吉尔的手术，每一个动作都那么井然有序，手术室安静得像一座墓地。大多数时候，亚萨吉尔都心情愉悦，有时还主动指点，详细解释当前操作的要点。

多伦斯为亚萨吉尔的天才所着迷，他使最复杂的动作看起来简单明了，甚至堪称优雅。他重新定义了手术的天花板，镜下分离迅捷无比，手速并不快，但神经组织好似听从命令自行打开，重要结构很快便显现出来，几乎没有出血，也未见一个多余的动作。

但亚萨吉尔并没工夫将所有细节和盘托出，来访者需要积极主动去探究他手术的精妙之处。他把一举一动完全展示给大家，相信真正的知音会发现其中的奥妙。多伦斯感觉每次观摩都像一场考试，术后他会仔细记录，试图理解他所看到的全部，不想遗漏每一个细节，但一切又发生得如此之快。在多伦斯看来，亚萨吉尔魔法的秘诀仍超出了他的理解范围。

在一台动脉瘤手术中，开颅完毕后，亚萨吉尔即上显微镜，剪开硬脑膜，轻轻牵拉连接颞叶和额叶薄层侧裂蛛网膜，在错综复杂的静脉之间找到切入点，然后充分切开。转瞬之间，视神经和颈内动脉便依次暴露。亚萨吉尔没有任何停顿，进一步分离蛛网膜，轻轻固定牵开器，前交通动脉瘤即跃入眼中。口中无言，手上不停，他持续进击，从不瞻前顾后。在充分暴露动脉瘤颈后，他会轻声解释动脉瘤和周围血管的关系，然后即持双极电凝重塑瘤颈、放置动脉瘤夹、切开瘤体、吸除积血。整个过程行云流水，一气呵成。

手术似乎刚刚开始就结束了。怎么几乎没有时间流逝？出血极少，所有关键结构都充分暴露。这怎么可能？如此不真实，以至于多伦斯确信这是上帝的魔法！回到卢布尔雅那之后，他做了一系列尸体解剖，试图复制亚萨吉尔的操作，掌握分离侧裂的技巧。理论上来说，尸体经过福尔马林浸泡又不会出血，整个过程应该非常简单。但事实并非如此，

亚萨吉尔在患者身上只需几分钟就完成的工作，多伦斯在尸体上却要消耗更长的时间，而且亚萨吉尔的操作又看起来如此简单。

随着自己经验的增长以及多次赴苏黎世取经，多伦斯终于开始理解亚萨吉尔控制颅内压、松弛脑组织的一个技巧。在暴露颅底硬脑膜后，他会剪开一个小口，塞入一块球状小脑棉，整个过程很快，像是变戏法似的。此后他会每隔一段时间在特定部位轻轻按压硬膜，这几乎不可察觉，因为观摩者的注意力都集中在当时正在进行的主要操作上。多伦斯苦思冥想后终于理解亚萨吉尔的用意，他看似无意识地用吸引器抵在硬脑膜切口的小脑棉上，其实在缓慢释放基底池脑脊液。当他完全暴露颞叶和额叶边缘并开始分离蛛网膜时，大部分脑脊液已经被放掉，脑组织充分松弛，解剖界面自然显露。

原来谜底就是他藏在硬膜下的小脑棉！它就像一根芯子，偷偷吸走大量脑脊液，让脑组织松弛而可塑。

“啊哈，”多伦斯情不自禁说道，“原来您是这么做的！现在我终于知道了！”随后他的心便提到了嗓子眼儿，自知失言打破了沉默。

“是的，”1 分钟后亚萨吉尔咆哮道，“但你来了这么多少次才发现啊？”他没有抬头，但多伦斯知道他在口罩后得意地笑。

多伦斯知道这是句玩笑话。长久以来，亚萨吉尔喜欢和他开涮，其实也在考验他专注、观察和思考的能力。纸上得来终觉浅，绝知此事要躬行，亚萨吉尔深以为然。所以对于还没有证明自己能力的人，他不会简单地授之以鱼。

1974 年春天，当时多伦斯还没有正式成为一名神经外科医生，祖默教授放手让他夹闭动脉瘤，这次经历他毕生难忘。祖默教授先用传统方式依次暴露血管和动脉瘤颈部，然后多伦斯架上升级过的那台耳鼻咽喉科显微镜，夹闭了动脉瘤，瘤体瞬间就塌陷了。他切开动脉瘤体，确认里面已无血流；然后检查了周围的正常血管。每根都很通畅。他感受到巨大的成就感，为了这一天他已经走了很长的路，突然之间，未来看起来如此光明。

在接下来的几个月里，他夹闭了更多动脉瘤，有时会被允许自己完

成分离和暴露操作。他总是会使用显微镜，在看过亚萨吉尔的工作后，他确信这就是最好的选择，甚至连祖默也对此热情高涨。显微神经外科手术在卢布尔雅那就此起步。

卢布尔雅那大学医院已成为周围神经损伤的转诊中心，涵盖了股骨骨折和刀伤所致的坐骨神经损伤、桡神经撕裂伤、复杂臂丛神经损伤等病种。患者来自巴尔干半岛各地：1974 年有 24 例；接下来的 2 年分别是 40 例和 100 例；很快每年达到 150 例（在将这项工作移交给其他同事之前，多伦斯已经完成超过 1500 例手术）。即便在刚起步时，多伦斯也没有把周围神经手术视为毕生事业，每个病例都需要分离 6～8 小时，甚至更长，手术本身的挑战性却逐渐减弱。不过，这段周围神经手术的经历对他有仍有很大帮助，显著提高了他的显微外科技能。1974 年，多伦斯举办了一次研讨会，邀请来自整个南斯拉夫的神经外科医生，讲授他在显微外科领域积累的经验。他期待其他显微神经外科中心也会如雨后春笋般涌现。这次会议非常成功，第二届也计划在下一年举行。

The Trials of Chairmanship:An Ending Leads to a Beginning

第 22 章　权力交接："旧王谢幕，新王加冕"

1972 年年底，秘书通知亚萨吉尔，他已被选为库雷因布尔的继任者。当时，他和黛安正在塞维利亚，也是参观西班牙 3 个神经外科中心并演示显微外科手术的最后一站。此前他们已经到过巴塞罗那和马德里。他把电报反复读了几遍，再自豪地拿给黛安分享喜悦。然后，他把电报折好放在口袋里，带去当天的晚宴。在东道主的家里，他当众念给几十位客人，随之而来是发自肺腑的热烈鼓掌和起立祝贺，所有人为此干杯。这是一个庆祝的时刻，同时也是一个解脱的时刻。此前如阴云密布的谣言和攻讦终于可以烟消云散。

1973 年 4 月 15 日，在履新科主任的第一天，亚萨吉尔的第一把火就是调整手术室团队，尤其是护理人员。此前，库雷因布尔的护士长已经递交了辞呈并被分配至其他部门。

令亚萨吉尔大吃一惊的是，"法国小团体" 的首脑竟主动提出要留下来："主任，为你工作是我莫大的荣幸"。虽然被她的胆识所触动，但亚萨吉尔并无意答应，他坚持不留用任何一位 "法国小团体" 的成员。

他将自己办公室外厅对面的行政区域改造为 4 个额外的重症监护房间，这样没有手术的时候他就更方便查看术后的重点患者，甚至每小时就可以去观察几分钟。一天去床旁查看重点患者十几次，对亚萨吉尔来说并不稀奇。有时并没有什么特殊原因，就像他父亲过去常常在他的玫瑰园里漫无目的地闲逛。有些访视的确会捕捉到重要的病情恶化线索，从而尽早干预接下来可能出现的问题。有了这种经历，他对 1～2 小时

没有查看患者就更无法忍受。

亚萨吉尔的床旁查体偏重直觉，主要关注当前高危的局灶脑区。他对一瞥之下所捕捉的细节明察秋毫：患者的意识水平，如何注视他，对声音或触摸如何反应，呼吸的深度和节律，言语反应。这与他的老师兼好友格韦伯形成鲜明对比。韦伯严丝合缝的神经系统检查已成为苏黎世大学医院的金标准。他每天对每位患者进行 2 次全面查体，不管他们已经昏迷了数周还是正在从腰椎间盘手术中恢复。

韦伯离开苏黎世，前往 1 小时车程外的圣加仑就任神经外科主任。他坚信亚萨吉尔领导下的神经外科会焕然一新，成为显微神经外科的圣地，但道不同，不相为谋，他自己的专长与此并不相容。亚萨吉尔明白他的想法和感受，但看到他离开，还是非常难过。韦伯注定会有失落感，但他希望那不会沦为痛苦或难过。他始终对韦伯满怀尊崇和钦佩。

黛安升为科室护士长，对于科室的高效运行机制、员工的职能要求、手术室团队尤其是护士的培训流程，她有诸多想法，终于可以付诸实践。新职位对她来说，是机遇，也是享受。

亚萨吉尔的行政职责一夜之间增加了 2 倍，他意识到若想在担任科主任的同时不减少临床工作量，唯有提高个人效率。他马上启动设想已久的重组重症监护室和扩大显微外科实验室的方案，这些都需要时间和精力的大量投入。另外，他在大学医院的社交生活也瞬间就翻开了新的一页。尽管此前他努力变得平易近人并参与人际交往，但仅局限于对他感兴趣领域的同道。而现在，与医院各个部门的头头脑脑建立稳固的关系，从未如此重要。

各地转诊而来的手术人数立即就增加了，使原本已经超负荷的工作量更加难以承受。他继续会收到前来观摩手术并在显微实验室训练的申请。每天去手术室仍然是他的首要任务，他继续亲力亲为开展最复杂的手术并严密访视每一例术后患者。而对于横在眼前的新任务，他也尽其所能圆满完成。必须要找到一种办法，压榨出更多的时间。

一个显而易见的节省时间的方法就是改变他的手术习惯，不同于世界上任何一家中心的资深外科医生，他要亲自完成每一例手术从切皮到缝皮的所有操作。他只是觉得自己需要在场，掌控住哪怕最末枝

的细节。后来在1976年，他曾试图改变，但发现自己根本做不到。查理·德雷克也曾在来访时建议他让助手来开关颅，这将为他白天的文书工作赢得时间，也可以使他早点儿下班，甚至有时有机会回家吃晚饭。于是几天后，亚萨吉尔让延川康弘完成一例动脉瘤手术的开颅，切开头皮、分离颞肌、取下骨瓣，然而，在处理骨头的时候，动脉瘤发生破裂。实在是天意弄人，从那天起，亚萨吉尔发誓他会在每一台手术的每一分钟都在场。

还一种办法就是放手颅脑创伤的工作，但亚萨吉尔对此持矛盾态度。多年来，他会分级评估脑脊髓损伤患者的病情，对合适患者施以手术，监督术后的日常护理。创伤手术有时很耗时，需要主刀数小时的全神贯注。但无论颅脑创伤多么重要，他必须承认，其挑战性无法与颅内动脉瘤和脑肿瘤相提并论，这些病例才是他的热情所在。然而，他始终有种挥之不去的直觉，就是显微外科手术也可以革新创伤治疗的现状。

1966年，当时亚萨吉尔还在伯灵顿，库雷因布尔、森宁和2名普外科医生共同组建了创伤外科。在手术室的下一楼层重新装修，专门为“创伤手术”服务。新任的创伤外科主任花了1年时间跟随骨科学习处理脊柱损伤，库雷因布尔也教他开展紧急情况下必须要熟悉的脑部手术。

将颅脑创伤的工作交给其他人不仅为亚萨吉尔节省了大量时间，还提供了额外的床位。作为神经外科主任，他只需要担任创伤外科的顾问。脑脊髓损伤的患者收治于创伤外科的专门重症监护室，从而无须和脑瘤及动脉瘤患者争夺床位。

但是亚萨吉尔对创伤外科为颅脑创伤患者提供的治疗质量忧心忡忡，创伤外科主任没有表现出任何想学习显微外科技术的意愿，更甭提将其应用于脑脊髓损伤手术。在亚萨吉尔看来，脑外伤的治疗现状堪忧，超过90%的患者无法回归正常生活。他认为，显微外科技术至少可以将疗效提高5%甚至10%，考虑到大学医院的创伤患者诊疗量，每年至少会有100位患者因显微外科的引入而获益。更何况他希望在苏黎世建立显微神经外科的典范并向世界推广，这样获益的患者将数以千计。

因此，他考虑再次将创伤外科并入神经外科，尤其是脑外伤的治疗。但他很快发现自己没有时间，精力过于分散只会导致糟糕的后果。

但他完全不赞同创伤外科的处理流程。在 CT 和 MRI 普及之前，每位昏迷患者都要接受血管造影，再判断是否有硬膜下出血或脑出血，从而决定是否手术。亚萨吉尔认为这不仅荒谬，而且有害。多年来，他只对经过详细查体之后判定真的需要血管造影的患者采取这一检查，事实证明这只约占脑外伤昏迷患者的 5%。他深信，相比于 X 线尤其是血管造影等辅助检查，临床经验和判断对于及时而适当的施治，更为重要。

当时放射科医生已经可以经腹股沟小切口置入导管，从而到达脑部完成血管造影。亚萨吉尔开创的经皮方法早已过时。但他知道，无论采用何种方式，血管造影仍是一种有创操作，伴有明显的风险，且会对患者造成一定压力。对于脑外伤患者来说，它更多的是有害无益，极有可能影响保守治疗患者的预后。

但他也不愿意侵占创伤外科主任的地盘，如果不准备争取让创伤外科并入神经外科，那他便没有理由去决定它的运作流程。公开批评创伤外科主任更非上策，他为了自己的项目还要寻求其他部门的支持。目前只能临深履薄，不可轻易交恶。过去他几乎不会花时间担心政治，因为库雷因布尔一直在帮他遮风挡雨，但现在他必须要自己做出调整了。

他偶尔会被私下请去会诊脑外伤重要患者，有一次是美国医学杂志一位资深编辑的妻子，她在附近山区滑雪时不慎摔倒，随即昏迷。她丈夫久仰亚萨吉尔大名，半夜打来电话，坚持请他出手相助。亚萨吉尔匆忙赶到医院，最终做了手术。当他坚持要将患者转移到楼上自己的手术室以便使用显微镜时，激怒了创伤外科主任，也伤及他的自尊心。患者丈夫显然不能忍受这些人事纠葛及随之而来的治疗延误，他告诉所有人，他无意遵守为瑞士公民制订的保险计划规定的诊疗流程。他用的是现金，而且不在乎金额！

另一次情况类似，患者是一名来自瑞士名门望族的中年女性，在一次骑马事故中失去知觉。她被送至医院不久，当地政界人士和社会名流就接踵而来。患者重度神经功能障碍，治疗前景黯淡，她丈夫坚持由亚萨吉尔主持治疗。

创伤外科主任认为患者生还希望渺茫，她丈夫着实被吓坏了。双侧大脑半球的额叶和颞叶都有血肿，亚萨吉尔耗时数小时仔细清创、精确止血，其间还不断地教训协助他的创伤外科年轻医生。辛苦终有好报，患者术后完全康复。但这次奇迹的口耳相传只会加剧他与创伤外科的摩擦。

这件事迫使他重新审视苏黎世大学医院的创伤手术质量，但改革的代价太大了。他没有时间亲自开展或监督颅脑外伤手术，而且勉强创伤外科并入神经外科会带来不容忽视的政治后果。此后几十年他一直为此遗憾，在他看来，没有竭尽全力引进显微外科技术革新颅脑外伤的治疗，是他个人重大的失败。

医院和大学的政治波云诡谲、扰人心智，只有手术可以带来片刻的安宁。在整个 20 世纪 70 年代，亚萨吉尔的手术量每年都在增加，每周都有动脉瘤手术，动静脉畸形也是常客，此外还有一些脑实质外肿瘤比如听神经瘤和脑膜瘤。他对颅咽管瘤越来越感兴趣，这是一种起源于视觉通路和内分泌中枢附近的肿瘤，通常累及下丘脑并使三脑室变形，其手术堪称脑肿瘤领域的至高挑战。尽管各地的神经外科医生都在声称“全切除”颅咽管瘤，但实际能做到的人寥若晨星。亚萨吉尔就是其中之一，他的患者不仅活下来了，甚至可以继续积极地生活！颅咽管瘤的治疗置神经外科医生于两难境地，保守治疗几乎无法延缓病情的进展，积极手术则可能导致患者术后深度昏迷，并最终因严重内分泌紊乱而死亡，尤其是多数患者均为儿童或青少年，更给医生个人带来更多的情感困扰。然后，亚萨吉尔同时具备精湛的显微外科技术和世界级的解剖功底，正是完成此类手术的最佳人选。他有时 1 周就会完成 2～3 台颅咽管瘤手术[①]。

这类手术极大地消耗了体力和精力，但带来的无与伦比的成就感也令他乐此不疲。一个典型病例是 1976 年接诊的一名 15 岁的女孩，完全静默的手术过程约持续了 1 小时，亚萨吉尔对自己的怒火突然爆发了。

“你在搞什么？”他开始咆哮，“多么美丽的小女孩，你却杀了她！你这个杀人犯！你下半辈子应该永远被关进牢里！”他的脸色不祥，夹杂着愤怒、失望和羞愧，黑色浓密的眉毛皱了起来，如炬的目光投射到

显微镜的目镜里。

理查德·霍多什还能想起当时手术室里每个人面面相觑的表情。到底发生了什么？他在和谁讲话？霍多什与黛安的眼神碰到了一起，她冲着亚萨吉尔点了点头。实际上，他只是在自言自语，这并非提示情况真的有多糟。颅咽管瘤手术好比钢丝上的舞蹈，每一次决定都有可能带来灾难性的后果，他需要这样来释放巨大的压力。黛安似乎在示意他保持冷静，他的愤怒渐渐平息。

第二天，小女孩完全清醒，非常开心，如释重负的家人在早餐时围坐在她旁边。霍多什在查房时冲他的同事埃德·塔洛夫（Ed Tarlov），比尔·斯威特在哈佛的住院医师，会心一笑，“看来教授昨天太急于对自己定刑了”。

塔洛夫深以为然，这台手术堪称完美。他还暗暗思忖，在他们波士顿，这种病例术后几乎只有昏迷一条路。

神经外科重症监护室为颅咽管瘤术后患者配备了专门的软硬件，由格特鲁德·西格恩塔尔（Gertrud Siegenthaler）负责，她是一位极具天赋的内分泌科医生。她的丈夫是院内颇有影响的内科主任，作为聘用他妻子的回报，他曾向亚萨吉尔许诺在他角逐科主任一职的提名阶段给予支持。事实证明这是一个双赢的局面。西格恩塔尔对亚萨吉尔的患者照顾得很好，在维护她的权威和自主权上寸步不让，在未经她同意的情况下，甚至没有医生敢开出阿司匹林的医嘱。这和亚萨吉尔真是天作之合。

动脉瘤和颅咽管瘤手术所提供的过山车般的刺激也需要一些更简单的病例来平衡，而这些病例也会带来了其他回报。随着名气的与日俱增，前来请亚萨吉尔开腰椎手术的人也越来越多，包括同事、朋友和当地商界名流。著名的柏林爱乐乐团指挥赫伯特·冯·卡拉扬（Herbert von Karajan）就是他的一位椎间盘破裂患者。手术次日，亚萨吉尔与他交谈时，忍不住就聊到了音乐。他自己观察到音乐对患者的恢复是有影响的，并提到他在 1962 发表的关于这个问题的论文[②]。令他高兴的是，指挥大师对此一点也不感到惊讶。很快，他们便深入到关于毕达哥拉斯的乐音概念和音程数学的讨论之中。

卡拉扬邀请亚萨吉尔在萨尔茨堡音乐节上就音乐和大脑的关系发表演讲。起初亚萨吉尔犹豫不决，说他的临床工作安排和去奥地利的日程有冲突，但卡拉扬一再坚持。他承诺派自己的私人飞机提供接送，这样亚萨吉尔第二天就可以返回苏黎世。最后亚萨吉尔同意了，周五晚上赴奥，参加过音乐节后，周日早上返回。

库雷因布尔的住院医师延川康弘早先负责显微外科实验室的运营，现已成为一名出色的显微神经外科医生，他的主要临床工作是进行搭桥手术。西格弗里德仍然是立体定向专家；来自萨格勒布的马里恩·库尔契奇（Marion Curcic）和来自贝尔格莱德的米拉·基斯（Mira Kiss）接管了需要耐心和细致的神经麻醉工作。新任介入神经放射医师阿尔顿·瓦拉瓦尼斯（Alton Valavanis）致力于通过向动静脉畸形注射栓塞颗粒来减少血供，从而为后续的显微手术切除提供保障。

尽管神经外科的日常工作表面上风平浪静，其实暗流涌动，仍有极具张力的时刻，主要是来自西格弗里德和能干的垂体外科医生亚历克斯·兰多尔特（Alex Landolt）。亚萨吉尔从一开始就已经察觉到，但因为都是些芝麻小事，他选择睁一只眼闭一只眼。但有时，事态的发展不允许这样了。

当时，亚萨吉尔的患者开始在手术后不久即出现癫痫发作。在1周多的时间里，几乎每个患者都在术后几小时内即出现这种症状，尤其是很少伴发癫痫的动脉瘤病例。这成为一个谜，引起大家的关注。这些患者都没有癫痫发作史，他们的手术过程也与以往的数百人没什么不同。

兰多尔特提出，问题源于亚萨吉尔在每例动脉瘤术中都分离侧裂，在他看来，这不仅多余而且有害。他认为分离侧裂将额叶和颞叶的皮层表面暴露于环境空气中，使神经组织更易激惹，进而导致癫痫发作。他坚决主张应摒弃分离侧裂的做法。

亚萨吉尔认为兰多尔特的理论荒谬至极，当时他已开展超过500例动脉瘤手术，所有暴露都采用翼点入路，这由他在1967年首创，此后再未改变。长期以来，他的治疗效果都很出色，因为坚持分离侧裂蛛网膜从而方便牵开额颞叶。此前没有一例患者发生术后癫痫，为何现在开始出现了呢？他愿意承担作为主刀医生的责任，但坚持认为自己现在采

用的技术和过去并无二致，这不可能引起癫痫。他强烈考虑暂时封刀，直到问题解决。

这件事引起了整个医院的关注，尤其是在人多口杂的职工餐厅和医生休息室。手术室和复苏室的护士又在其中添油加醋，一时间谣言甚嚣尘上。

亚萨吉尔对兰多尔特大发雷霆，但为了避免疯狂报复，他能做的也仅限于此。兰多尔特反而利用亚萨吉尔封刀的机会加量安排自己的手术。他俩过去即有分歧。兰多尔特有不少手术并发症，包括大意之下损害了动眼神经，在髓外肿瘤切除术中横断患者的胸髓，这都给患者带来了严重的后果。兰多尔特却并不放在心上，亚萨吉尔对此颇有微词并私下表露了自己的看法。而这次癫痫事件已演变成一个公共问题，给整个医院蒙上了一层疑云。对于罪魁祸首及处置办法，医院里的每个人都可以侃侃而谈，似乎卓有见地。

最终，一个跨越大西洋的电话改变了事件的进程。亚萨吉尔与最信赖的同道马利斯进行了长时间的讨论，方才意识到根源可能在于麻醉师。他们可能使用了某种新药，从而降低了患者癫痫发作的阈值。

果然，罪魁祸首是库尔契奇和基斯术后使用的用于苏醒的一种新型麻醉抑制药。他们马上更换为以往使用的药物，术后癫痫就不再发生了。

这对亚萨吉尔是一个巨大的解脱。他和黛安开玩笑说，这下终于可以重新打开侧裂，而不必担心闲言碎语。此次癫痫事件也充分暴露了他和兰多尔特之间的分歧，接下来需要小心提防兰多尔特，他的不忠已经显而易见。

兰多尔特并未就此罢休，直到 20 世纪 80 年代，他还会在背后做一些小动作。他和党羽似乎有意监视亚萨吉尔的一举一动及治疗效果，试图捕风捉影。亚萨吉尔为此很沮丧，但也学会了容忍。

对于亚萨吉尔来说，科室主任面临的巨大职责令人振奋。随着时间的推移，他感觉到在逐渐实现曾经拥有的每一个梦想，但他并未意识到工作成就给家庭带来的副作用。几个月后，这变得越来越明显，他对家庭和孩子的付出，已不能满足多莉的期望。他仍视若无睹，没有想到对

家庭的疏于陪伴终有一天会酿成苦果。

很长一段时间里，他专注于救治一个又一个无助的患者，试图通过这一崇高的目标带来虚假的安慰，从而宽宥自己对家庭的日益忽视。他不认为工作和家庭需要二选一。在他看来，通过工作，家人也无形中像医院的护士一样对患者尽责。他以为多莉和孩子们都很坚强，可以照顾自己，不需要定期的嘘寒问暖。多年以后，他才明白，这种行为被心理学家视为病态，完全无视家庭责任所带来的情感上的债台高筑，终须偿还。他感觉到有些人会形容他在工作上自视过高，从而刻意逃避普通人应尽的义务。固然，忽视家庭会带来困扰，但他仍欺骗自己能够保持平衡，妄想以后再加倍补偿多莉和孩子们。他认为自己并非每天都需要家人，而由此带来的潜意识是，家人也并不真正需要他。

亚萨吉尔其实身不由己，尽管已贵为科室主任，他每天仍有一种职业上的危机感，担心所取得的成就在一夜之间化为乌有。他始终对自己的外国人身份极度敏感，尤其是在瑞士这个非常保守的国家。作为土耳其人，他坚信必须付出成倍于其他人的努力才能获得设想中的成功。有时，他也将自己工作狂的习惯归咎于库雷因布尔的言传身教及殷殷期望。库雷因布尔每天直到深夜才离开医院，这早已被亚萨吉尔视为科主任的成规。此外，库雷因布尔从未停止思考，他一直有新的想法冒出并不断修正老的想法，从而持续地给亚萨吉尔提出新的课题去完成、新的灵感去验证，永无止歇。

多年来，亚萨吉尔一直试图压榨睡眠，每次在床上睡觉的时间也就5～6小时。这导致他的睡眠逐渐恶化，变得经常断断续续和疲惫不堪，有太多事情要做，太多责任要平衡。他似乎沉迷于高风险手术的持续压力、患者诊疗的单调乏味、旅行、讲座以及频繁的通信。还有新近附加的人际冲突的暗流涌动，而他对此更无法掌控。另外，编著书籍、撰写论文的工作似乎没有尽头，周而复始，令人厌倦，而又无法自拔。

他常常累得筋疲力尽，即使有了空闲时间也无法入睡。他发现自己已经刻在骨子里的信条，即越疲惫，越要努力工作。他甚至害怕停下来，把自己看作一个高速运转的机器，而稍事休息可能会带来再也无法启动的风险。他明白这在生物学上是荒谬的，但却无力打破循环。

其实婚后不久，多莉就开始抱怨，通常是开玩笑的。“你的妻子是工作，而不是我。”她经常这么说，即使是在新婚宴尔住在因特拉肯的时候。后来就变成“库雷因布尔教授比我更像你的妻子”。亚萨吉尔对此不以为然，只当作多莉不理解他以及正试图完成的伟业。

他似乎渴望完成 5 个人的工作量，即使在伯灵顿的那一年，也没留有喘息的机会。原本多莉天真地以为美国之行将是一次度假，他没有患者需要照看，必然就有了陪伴家人的时间。然而事实证明并非如此，他每天要在实验室工作 12～14 小时。诚然，他会在周日带孩子们去乡野旅行，但下午总是要赶回动物房，他要检查上周做过手术的狗。孩子们似乎很喜欢这些狗，以及爸爸对它们的反应。如果狗不吃摆在面前的食物，孩子们就会用勺子喂它们。这就是亚萨吉尔家庭生活的生动回忆，他的孩子们与他的患者交往，即便它们是狗。

当他执掌神经外科后，多莉对改变寄予厚望，希望能看到一个正常回归家庭的丈夫。“你已经是主任了，应该留更多的时间给我们了。你已经功成名就，没有人会要求科主任每分钟都待在医院，现在你将有更多时间陪伴家人。”但事与愿违，亚萨吉尔对于工作的态度就是多多益善、永不满足，他会不停地去追寻下一个目标或机遇。这就是他骨子里的特性，家人必须为此迁就。

他已经出走太远了，以至于无法谨遵儿时学到的关于知限的教训。虽然时有反思，但却没有听从自己的警告。

多莉误解了他渴望成为科主任的动机：他并不是看重这个职位及随之而来的权力，而是把它看作一个实现自己目标的机会，那就是将显微神经外科发扬光大。他甚至很少出去和来访的客人们共进晚餐，而是和他们在办公室里讨论手术、特殊技巧和显微外科的潜能，有时直到午夜。很长一段时间里，他觉得自己的工作没有得到应有的赞赏或支持，由此变得对批评的声音更加敏感，而这又驱使他坚忍耐烦、劳怨不避，去取得更大的成就。

多莉的支持从未动摇，但她的焦虑暗长。“做了科主任之后，你似乎工作得更多了，多了很多，”她说道，“我们看到你的时间更少了。”她慨叹过度辛劳甚至都已经危及他的身体健康，但他对此毫不在意。雄

心似火，早已无暇回头。

世事无常，伤痕累累的家庭关系最终被一些超出控制的事情推到了深渊。多莉的父亲于 1974 年去世，他年事已高，这本在意料之中。多莉继承了不少家具，包括一些价值不菲的古董，家里已没有空间放置，但她也不愿出售传家之宝。夫妻俩一起探访了附近可能的存储空间，但成本高得令人望而却步。亚萨吉尔为此困扰，甚至无法专注于工作。

神经外科的一位摄影师住在离医院步行范围内的老房子里，知道附近有楼上的公寓空闲，房间很大，空间充足。更关键地，租赁条件很优惠，租金不到他们之前打听的 1/10。多莉实地查看后表示非常满意。

多次考察该公寓后，就会明白租金为何如此便宜。这里紧邻一座教堂，塔楼的钟声在日日夜夜里回响，让每个附近的居民都会觉得自己正困于一个巨大的钟罩之内！这里几乎无法居住，但作为一个储藏空间，却再好不过。然而，亚萨吉尔和多莉都没有想到，这个公寓就是最终压垮他们婚姻和家庭的最后一根稻草。

他们把多余的家具搬到那里，亚萨吉尔还搬进了一些书、幻灯片、16 毫米的手术录像带。这不仅为他们的家提供了更多的空间，还解决了亚萨吉尔在医院的一些存储问题，他甚至把换洗的衣服也留在了壁橱里。他们在斯塔法的家离医院有 12 英里，亚萨吉尔经常要午夜甚至更晚开车回家，凌晨 5 点半就要起床出发，而现在有了更近的这间公寓，似乎没必要再忍受这种通勤奔波了。

在公寓里住过几晚之后，亚萨吉尔开始觉得工作日住在那里比回家要方便许多。他搭了几张临时桌子，发现这真是一个很好的工作场所。很快，他就学会了屏蔽教堂的钟声。他可以在桌上摊开笔记和手稿，而不用担心杂乱的问题，书籍各归其位、井井有条，方便随时翻阅。不久后，他开始每周在那里待几个晚上，而渐渐就变成了每个工作日的晚上。

起初，这种安排似乎对家庭关系产生了积极影响。之前积聚的张力表面上小了许多，甚至多莉也看起来更快乐了。亚萨吉尔在周六早餐时回到家里并招呼孩子们，惊奇地发现，他一周的缺席几乎没带来什么不良影响。“你们想我了吗？”他想知道。“不，爸爸，并没有特别想。”他

知道孩子们正处于青春期，都沉迷于自己的小天地，但这种答复仍让心里很不是滋味。

在这种情形下，他反而很渴望在周末有家人相伴，但冲突随之而来。孩子们都已长大，有了自己的想法，常常与他相左。他当年离开安卡拉时，只比目前最大的孩子稍长，此后的生活经历使他一直将自己视为局外人、外国人。这在他内心造成了张力和纠结，不愿轻易信任周围任何人。因此，他也试图说服孩子们在发展人际关系时要慎之又慎，但他没有意识到，他们现在住在瑞士，而非德国。

他开始担心孩子们，想知道他们去了哪里、和谁一起交往。但孩子们生来就是瑞士人，根本不是外国人！他们的母亲和外祖父母是瑞士人，他们的朋友也是瑞士人。生于兹，长于兹，他们在这片土地上如鱼得水，远不像父亲那样拘束。亚萨吉尔却不理解为何他的意见不被采纳，这让他生出一股无名怒火。在他的原生家庭里，父亲以古老的奥斯曼方式教养子女，他也自然继承了这种封建大家长式的权威。结果显然是不断的争辩，甚至发展为公然的冲突。有时，恶语伤人，覆水难收。

多莉对乘坐飞机的恐惧进一步加剧了这些问题。每当受邀至世界各地神经外科会议发言时，亚萨吉尔希望多莉能够相伴左右，他对亲身体验不同文化的风土人情饶有兴致，以为多莉也有同样的爱好。

上任不久之后，他每年都要参加 5 次以上的国际会议，至少往返美国 2 次。他甚至潜意识里开始把美国视为第二故乡，除了日本，那里新一代的神经外科医生是最热情接受显微外科理念的，他在那里宾至如归，他也有责任顺势推动显微神经外科发展壮大。他经常拜访纽约的马利斯和乔・兰萨霍夫等人、辛辛那提的约翰・图、圣路易斯的保罗・扬，例行参加美国神经外科医师协会会议和美国神经外科年会，反复造访纽约、芝加哥、新奥尔良、洛杉矶和旧金山等地。

但旅行对多莉来说就是煎熬，她一点也不喜欢。她曾经陪亚萨吉尔到墨西哥城去过一次，之后就会找各种理由留在家里。在她看来，旅行充满了令人窒息的压力。

随着婚姻关系的恶化，亚萨吉尔感觉越来越孤单。黛安每天都在手术室里和他一起工作，是他接触最多的人。他们相互理解，彼此依赖，

过去都全心投入于工作，但是，黛安最近离婚了，他们似乎有了发展一段新关系的共同需要。但即使在 1974 年年底，亚萨吉尔常住公寓后，他与黛安之间虽然不再是严格意义上的工作关系，却也从未越界。

到了 1977 年，他俩开始共度更多的私人时间。他向黛安坦承，自己不再有回家的愿望，在接下来的几年里，他俩变得形影不离。同事们都注意到了这一点，闲言碎语开始引发空前的压力。在保守的苏黎世，社会风评和道德观念给社交行为限定了严格的条条框框。同事和助手们都或多或少地揣测，在那些工作日的晚上甚至每天晚上，在医院旁的公寓里，亚萨吉尔并非独身一人。一时之间，八卦甚嚣尘上。他是欧洲神经外科的领军人，需要注意社会影响。瑞士政府开始介入其中，包括马利斯在内的密友们都确信政府要求他必须与多莉离婚，而且如果黛安要继续留在医院工作、与他朝夕相处，两人就必须举办婚礼。这对亚萨吉尔并无勉强。他和多莉于 1981 年离婚，在 2 年内与黛安终成眷属。

正如大多数失败的婚姻一样，亚萨吉尔与多莉未能白首偕老可以归咎于很多因素，但其中不容忽视的一点是，他始终将工作置于她和孩子们之上。库欣最新的传记作者迈克尔·布利斯指出，库欣也有同样看似分裂的倾向：对家人自私漠视，对患者无私奉献。

当亚萨吉尔与多莉结婚时，他们都不知道将要面临什么样的未来。而当他与黛安结婚时，他们已经充分了解彼此，深知接下来要携手穿过的风风雨雨。黛安了解亚萨吉尔的目标和抱负，对这段婚姻将带来的考验了然于胸。爱情如此伟大，以至于黛安将亚萨吉尔的工作视为己任，甘愿为每一位神经外科医生和每一位神经外科患者无私奉献，甚至每个人都可能成为下一个患者，也值得她的关怀。几乎没有婚姻是完美无缺的，可能也包括他俩的。但毋庸置疑的是，他俩深爱彼此。更不可否认的是，如果没有黛安，亚萨吉尔的封神之路将举步维艰。

嫁给任何一名神经外科医生，充其量会经历一些坎坷。而嫁给一名决心改变神经外科的天选之人，则将面临孤灯孑影的生活和难以想象的牺牲。凯特·库欣（Kate Cushing）和黛安·亚萨吉尔无疑都是如此“不幸”而伟大的妻子。

注 释

① Yasargil: *Microneurosurgery, Volume Ⅳ-B*, 205–211.
② Yasargil: *Schweiz Arch Neurol Neurochir Psychiatr*, 1962(90), 301–326.

Stormy Relationships: Disciples' Perspectives

第 23 章　风雨如磐师徒情：学生们的回忆

温科 · 多伦斯已成为斯洛文尼亚一颗冉冉升起的新星，1976 年，在筹划卢布尔雅那的第三次显微外科研讨会时，他决定加入关于血管手术的内容，这个领域也越来越吸引他。他试图邀请亚萨吉尔出席并介绍在颅内动脉瘤和颅内外血管搭桥手术方面的经验，或许还有机会请他在实验室演示，这将会吸引更多的人前来参会。

但此举只换来了科室其他人的嘲笑。亚萨吉尔的脾性众所周知，他怎么会看得上南斯拉夫举办的国际神经外科研讨会，甚至连科主任也表示怀疑。“他不会来的，”祖默说，“他会认为你疯了，甚至会怀疑你在和他竞争。”亚萨吉尔举止无常，被一些人视为偏执狂。“你这个想法太疯狂了。”祖默很固执地说。

“也许会这样，”多伦斯答道，“但他也可能会来。如果我们不问，就永远不会知道他的态度。”问一下又有什么损失呢？

发出的邀请石沉大海，对此多伦斯并未沮丧。亚萨吉尔日理万机，可能早就忘了多伦斯是谁。虽然到访苏黎世七八次，但亚萨吉尔一次都没有叫出过他的名字，多伦斯决定再次以个人的名义给亚萨吉尔写信。

亚萨吉尔的回复彬彬有礼，并对这个想法表现出惊人的兴趣：“到我办公室来吧。我们讨论一下南斯拉夫的神经外科。”

多伦斯并没有畏缩于亚萨吉尔那略带傲慢的笑容。亚萨吉尔可能不知道卢布尔雅那在哪里，卢布尔雅那不是柏林或斯德哥尔摩，并没有承袭欧洲其他地方的神经外科传统。

多伦斯精心准备了自己国家的介绍，他送给亚萨吉尔一本小书："教授，你可能不了解我的国家。有空时请翻翻这本书吧。"随后他又简明扼要介绍了卢布尔雅那，那里目前有接近 20 万人口，历史可以追溯到罗马时代。这座城市在 19 世纪后期被一次地震夷为平地，此后的几代人都在复刻他们独有风格的建筑，其中建筑大师约瑟夫·普莱奇尼克（Josip Plečnik）还曾为维也纳和布拉格设计过建筑。由于在此前的接触中已经发现亚萨吉尔对艺术和历史的兴趣，多伦斯专门挑选了这本涵盖了 11 世纪以来的斯洛文尼亚艺术和文学的书。

亚萨吉尔默默翻了几页，看了看图片，以及一张地图。"好的，我会好好读一读的。谢谢。很高兴能了解这些。"他微笑着把这本小册子放在桌面背面。

多伦斯继续向他概述了卢布尔雅那大学医院的情况，每年诊治的患者人数、开展的手术、硬件设施、床位数及重症监护室的配置。"请再让我介绍一下发表的论文，您好了解我正在做的工作。"他向亚萨吉尔展示了周围神经手术的数据（当时已有接近 300 名患者），详细说明了典型病例及治疗效果，然后把已发表论文的复印件递给亚萨吉尔。

亚萨吉尔的注意力停留在一篇文章上，这是一篇涉及罕见解剖变异的病例报告。该患者的大脑中动脉分叉处长有 2 个动脉瘤，多伦斯直接夹闭了其中一个，但对另一个却只能选择切除，这导致大脑中动脉主干和分支离断，于是他取了颞浅动脉的一段作为供体，以 11–0 缝线吻合断端，术后血管造影证实供体血管通畅。

亚萨吉尔把论文扔到地上，满脸通红："什么？你竟然可以完成这个？"他咆哮着，眉头紧蹙。

"是的，教授，"多伦克淡淡答道，"这个很简单，我也只能这么做。我是从您的书里学到搭桥手术的。"他有些困惑，难道亚萨吉尔不希望别人发扬光大他的技术吗？

"但是，这个！"亚萨吉尔尖叫着，不停摆动双手，甚至他的秘书都闻声赶来。"这个我都没有做过！从来没有！"他的呼吸突然急促，下唇开始颤抖，秘书都被吓得退了出去。"无论如何，都还没有做过。"他继续咆哮道，不过声音渐渐蔫下来。

多伦斯微笑着向后靠在椅子上。“也许是这样，但是，教授，这对您来说只是雕虫小技，”他平静地说，“如果您来做肯定比我好得多。”他内心也深以为然。

过了几分钟，亚萨吉尔慢慢冷静下来，俯下身来捡起论文，开始仔细研究术后的血管造影资料。

“既然如此，”他最后说，“你能做到这一点，那就应该留在我们这里。我可以教你很多你还不知道的东西。”他看着多伦斯，眼神里夹杂着责备和尊敬。

多伦斯知道自己无法在苏黎世继续逗留，他在接下来的 2 周都安排了手术。他深吸一口气，试图组织语言，恰当应对。

“亚萨吉尔教授，”他缓缓说道，“这真是莫大的荣幸，也是我梦寐以求的，肯定能受益终身。但是，我没有时间。”

亚萨吉尔难以置信地瞪着他，马上又重新愤怒起来，张手推开桌上推挤如山的文书，从座位上一跃而起，双拳攥紧。“你说什么？”他尖叫道，“你没有时间？你是在拒绝我？”他转身背过去，面对窗户，浑身发抖。

“不，教授，您误会了。我——”

“出去！滚出我的视线！”亚萨吉尔转身向多伦斯倾来，怒目圆睁，脸色阴沉，颈部青筋暴起：“对我来说，你已经不存在了！我再也不会和你讲话了！”

多伦斯禁不住后退了一步，他从未见过一个成年男子如此失态。很快他又试图再做解释：“但是，教授，让我解释一下。您——”

对亚萨吉尔来说，这场谈话已经结束了。“出去！离开！”他吼道，“滚出我的视线！”

“非常非常抱歉，教授。这是一场天大的误会。我的英语很差，一定是用错了词句。我不应该说‘我没有时间’。我的原意是我现在没有时间，即这周或这个月。”“我不会听你解释的！”亚萨吉尔咆哮道，“不要再讲了，我不喜欢你这样洋洋自得的人！”他把多伦斯逼到走廊里，站在秘书办公室里继续吼道：“我不喜欢和你讲话！你这个魔鬼！”他

继续絮叨，言语中夹杂着德语和英语。

多伦斯的心怦怦直跳，哑口无言地站在走廊上，试图避开站在办公桌前的秘书和路过的实验室职员投来的惊奇的眼神。他刚刚做了什么？怎么可能得罪了这个人？这是亚萨吉尔，他在世界上最尊重的人。但此刻的教授让人没有安全感，他不讲任何道理。

多伦斯甚至下意识地盘点了他们之间的体格差异。他年轻 20 岁，比亚萨吉尔高六英寸，还多了 50 磅的大块头肌肉。他不得不担心在绝境之中会做出自卫举动，但这似乎又迫在眉睫，除非他能让亚萨吉尔重新倾听。

多伦斯挺直身板，向亚萨吉尔走来，努力让气场配上自己的敬意：“教授，请听着，现在请听我讲！”他都被自己的音调震惊了：“我怀揣满腔赤诚来到这里。我自付费用，这并不容易，我没有多少钱。”

“我不是有意得罪您。如有冒犯，那只是因为我的英语太差了。对不起，我道歉，诚挚地道歉。但您必须听听我的！您是我的老师，我非常尊敬您。”他顿了顿，盯着亚萨吉尔的眼睛，虽然讲出这些话连他自己都吃惊，但毕竟句句肺腑：“您必须听我的，因为您代表着神经外科的未来，理应对我们负责！”

“你不要这样跟我讲话！”亚萨吉尔的声音在走廊上下不断回荡，只是稍弱了一些。

“但您也不应该这样跟我讲话！”多伦斯冲他吼道：“我是您的学生，您要配得上我的尊重！”

突然，亚萨吉尔安静了下来，似乎泄了气，但仍然残留着怒火，以至于没有注意到办公室外已聚集了不少人，都来看看到底发生了什么。

终于，他喃喃道：“这倒是真的。”

“这是真的。”现在他感觉到亚萨吉尔终于开始听他讲话了。多伦斯继续说：“卢布尔雅那的神经外科医生很少，我下周必须要值班。虽然短于旅资，但我还是来了，开着我自己的车。我甚至没有钱付停车费，必须每 2 小时就去移动车位，以免罚款。我几乎没有足够的钱吃饭！我说的都是实话！”

亚萨吉尔盯着他，目光终于开始柔和下来。“这是真的吗？”他终于开口了，“这确实是真的吗？”

“当然，句句属实。”

“所以……或许你不能长留在这里，但你必须留 2 天。”亚萨吉尔王顾左右而言他，好像这场争论从未发生，然后视线又停留在手表上。

“当然，我会住 2 天的，我非常愿意。实在抱歉不能更长了，不过不久我就会回来的，毕竟我需要回去做一些准备。”

“好了，就这么定了！你再待 2 天。”亚萨吉尔的声音有些颤抖，但已经不再喊叫。“但我还是觉得你很傲慢，”他缓缓说道，“现在我会忽略这一点。”

当天下午，多伦斯跟着亚萨吉尔进了手术室。患者是一名 10 岁的男孩，患有颅咽管瘤，肿瘤累及了小孩的下丘脑，压迫视神经，并将三脑室挤向上。亚萨吉尔选择经纵裂入路，在显微镜下切开胼胝体，进入脑室系统，然后开始处理肿瘤。

“这是什么？”他厉声问道，一边调整牵开器一边指着一根小动脉。

“大脑前动脉的第二段。”

“那这个呢？”亚萨吉尔用镊子尖端指着沿右侧脑室内侧面走行的一根细小静脉。

“透明隔静脉，”多伦斯答道，声音里充满了肯定。这其实是他完全不熟悉的解剖结构，他只协助祖默开过 1～2 个这样的病例，从来没有采用经纵裂入路，更没有使用显微镜。他从未见过如此清晰的解剖结构，它们在显微镜下如此美丽。

考试并没有结束，当没有听到满意的答复时，亚萨吉尔就会继续咆哮着提问。多伦斯知道自己别无选择，只能硬着头皮回应。他努力振作起来，调动身上的每一份能量，这是他参加过的最重要的考试。当一连串的回答得到了不置可否的嘟囔回应时，他的信心开始逐渐回升，因为这其实就已经堪比试卷上的对号。但教授的解剖学知识实在广博，而且独一无二，他对这种病例的手术经验举世无双。

当多伦斯没有准确讲出他暴露的一个解剖结构时，亚萨吉尔咆哮

道：“不，不，不，就在这里，我 1 小时前就给你看过。你怎么什么都不知道，这样还能指望给什么人做手术呢，你有没有用心？”

手术持续了 6 小时，当肿瘤终于全部切除并关好颅后，天已经黑了。多伦斯被亲眼所见的手术之美所震撼，这真的堪称艺术。每一个结构都那么清晰干净，术野几乎没有出血，血管似乎能感知到是谁在操纵它们，而且知道必须乖乖服从！毫无疑问，这是他见过的最完美的手术。这个肿瘤包绕重要结构，令人望而却步，竟然被完整切除。且了无痕迹，相邻的组织都完好无损。这怎么可能！如果不是亲眼所见，他简直不敢相信！多伦斯明白了，面前这位是真正的天才。

终于，拷问停止了。亚萨吉尔默默地打好头皮伤口的最后一个线结，也许这是他残存的最后一点能量。没有脱手套，他开始撕下胶带、包扎伤口。

“亚萨吉尔教授，”多伦斯小心翼翼地说，“我知道不该这么说，但实在忍不住，我的心让我非这么说不可。”

“什么？快说！你到底怎么回事？”他的火气又上来了。

“我想祝贺您。”

“哈！你什么意思？你祝贺我？”他开始大笑，伴着咆哮和嘲讽。

“当然。我做梦都想不到手术还可以这样做，我甚至以为这个肿瘤是无法切除的。”

亚萨吉尔脱下手术衣递给巡回护士，然后扯下手套。“我同意，”过了一会儿他说，“我之前也认为这是不可能的。我从未使用过这个入路，没想到它这么简单有效。”

多伦斯茫然地看着他，开始明白为什么他整个下午都如此焦虑。

“我会去卢布尔雅那的。”亚萨吉尔朝门口走去，厉声说道，再也没有一句多余的言语。

多伦斯松了一口气，这场严苛的考试通过了。

但亚萨吉尔想展示给他的还不止于此。那天晚上他又做了一台手术，术前血管造影显示大脑中动脉的角回支完全被肿瘤包绕。手术中发现，即使亚萨吉尔也没有办法保留它，但这根直径不足 1 毫米的动脉对

患者的语言功能至关重要。多伦斯意识到为此必须要残留部分肿瘤，别无他法。

只见亚萨吉尔一言不发地将血管临时阻断，然后在其进入和穿出肿瘤的边缘分别切断，重新调整显微镜的放大倍数，用细线将血管断端吻合。再取下临时阻断夹，很快，血液就通畅流过了吻合口。

“看到了吗？我也可以这么做！”随后他切除了剩余的肿瘤。

多伦斯只是默默看着，未置一言。他已经说得够多了。令人毛骨悚然的是，这个病例与他当天上午激怒亚萨吉尔的那例大脑中动脉瘤手术如此相似。多伦斯术前从未料到，竟有这种巧合？

亚萨吉尔在访问卢布尔雅那时平静了很多。他乘坐的飞机降落在克罗地亚西部的萨格勒布，多伦斯开着自己的旧车去接他。当亚萨吉尔死活不愿意坐上这样一辆老爷车时，多伦斯已经开始担心暴风雨的到来。好在亚萨吉尔最终服软了，毕竟那天已经没有回苏黎世的航班，徒步100英里简直天方夜谭。

在向西北驱车前往卢布尔雅那的路上，多伦斯向亚萨吉尔介绍沿途的地理风光，顺便也聊起了自己的成长背景，尤其是家庭。他的祖父参加过第一次世界大战，在希特勒上台后，看到4个十几岁的儿子就政治问题进行激烈的政治辩论，老人家大为恼火。巴尔干半岛几个世纪以来饱受分歧之苦，他决不愿自己的家庭也受此影响。于是，矮小的老人把4个儿子一并收拾了一顿，一直打到他们屈服。

然而，收效甚微。1941年德军进入南斯拉夫时，多伦斯的2个叔叔加入了他们，还有1个则在北非与德军一起作战。只有他的父亲留在家里，加入了马歇尔·铁托（Marshall Tito）组织的“游击队”，保家卫国。父亲还导演过一场小战斗，向自家的前门开了一枪，然后让妻子四处散布他被绑架的消息。这使得他在数日后德军到来时逃过一劫。在此之后，他昼伏夜出，在卢布尔雅那北部和东部山区的指挥所之间传递消息。他后来给儿子讲述过很多死里逃生的经历。

午后，亚萨吉尔坚持要停下来参加一个艺术节。人群聚集在一个村庄，空气中弥漫着民谣的曲调，节目上列了一名亚萨吉尔喜爱的巴伐利亚艺术家，当小提琴和手风琴奏响新的旋律时，亚萨吉尔甚至开始谈论

起舞蹈。

事实证明，南斯拉夫神经外科医生在卢布尔雅那的参会人数创下了纪录，亚萨吉尔进行了一系列讲座，并配有大量的幻灯片。观众的问题似乎也激发了他，他回答了每一个问题。多伦斯都为他的耐心和持续的高昂状态所惊讶。

然而，在最后一天下午讲座之后的一次非正式讨论中，克伦（Klun）教授展示了一个病例，这个病例已经困扰了多伦斯 1 周，此时他感到既尴尬又焦虑。这无疑将让斯洛文尼亚神经外科的落后暴露于聚光灯下。祖默教授刚退休，接班人克伦在手术方面的诸多蹩脚之处已逐渐显露。这个患者颈部生有脊髓肿瘤，克伦在术中未能找到清晰的分离界面，在这种情况下已没有外科医生有绝对的把握顺利摘除肿瘤，但他仍坚持做下去，手术结束时，其实几乎整个肿瘤都残留了下来，而患者颈部以下完全瘫痪。这的确不是一个简单的病例，但为什么现在要拿出来讨论，尤其是在像亚萨吉尔这样的外科医生面前？

克伦讲完以后，亚萨吉尔枯站了将近 1 分钟，眼神似乎在躲避多伦斯的方向。最后他建议克伦把患者转至苏黎世，他知道神经功能障碍已经无法恢复，他也是这么说的，但他至少可以切除肿瘤。这可能会有一点儿帮助。除此之外，他还能做什么呢？还有其他人能做什么呢？

多伦斯感到两耳发烫，它们很快就变成了消防车般的火红色。

2 周后，克伦亲自陪同患者去了苏黎世，但回来之后，他对发生的一切只字不提。事实上，接下来的几天，他几乎没同任何人讲话。多伦斯担心最坏的情况发生了。

后来，在巴黎的一次神经外科会议上，多伦斯和亚萨吉尔谈论了此事。“我真的疯了，”亚萨吉尔坦承，“那人是个蠢材，我无法与他交流。”他深吸了口气，解释说手术很顺利，整个肿瘤都被摘除。但随后克伦却抱怨说，他的手术没有意义，患者仍然瘫痪。亚萨吉尔的眼中闪过一丝愤怒，肩膀塌了下来，感叹克伦的无知：“我邀请他来观看手术，但他 1 小时后就溜了。而且第二天他很不高兴，因为我没有时间整天坐在办公室里陪着他。”

多伦斯唯有苦笑，将手臂搭在亚萨吉尔的肩膀上以示安慰。这个世

界上的每个刚入门的住院医师都知道，严重的脊髓损伤一旦持续超过数小时，那么无论手术切除多么优雅而彻底，都几乎没有机会逆转。亚萨吉尔手术的意义只是为了切除肿瘤从而延长患者生存期。克伦更像是一名神经内科医生而非外科医生，他对神经外科知之甚少。

这就是亚萨吉尔，实际上在为克伦的无知而道歉。多伦斯意识到微妙的变化已经发生，他们的关系更亲近了，但他知道这不会持久。亚萨吉尔涉足神经外科的诸多前沿领域，显微神经外科不再仅仅应用于动脉瘤和难治性脑肿瘤，他又开展了一种新的术式治疗癫痫。而与此同时，关于搭桥手术的争论正甚嚣尘上。他在多个方向上陷入困境，面临着巨大的压力。对亚萨吉尔来说，保持理性、避免人际交往中的情绪化历来就是个挑战。多伦斯知道，未来还会有更多激烈交锋的时刻。

没有人可以被亚萨吉尔宠爱太久的。

与多伦斯一样，土生土长的得克萨斯人杜克·萨姆森也是亚萨吉尔的忠实门徒。从 1973 年开始，他在苏黎世度过了将近 1 年时间，早上在手术室协助亚萨吉尔，下午在动物实验室苦练显微外科技术。他学会了适应教授周期性的情绪爆发，在他看来，和教授每天在手术中表现出的惊人天赋相比，这些都不值一提。他试图用眼睛捕捉教授显微外科手术的每一个细节，将疑问留到适当的时间再提出。

从美国陆军退役后，他便致力于脑血管外科。到 1979 年，经过了 2 年时间，他已在达拉斯及周边地区小有名气。但最终，他觉得自己的能力还是不足以应对每天面临的挑战。于是，在实验室里刻苦训练，广泛阅读所有手头能拿到的材料，但进步甚微。他明白，自己的“中人之资”导致了手术效果一般，因此更渴求帮助。雪上加霜的是，他的个人生活正遭逢危机，无论和妻子如何努力，似乎都无法挽救这段婚姻的破裂。

在菲律宾当兵期间，他与亚萨吉尔仍保持着定期通信。1 年后在华盛顿的 Walter Reed 陆军医学中心工作时，他开始反思是否要重返苏黎世开启“自新之路”。亚萨吉尔对此很赞赏，他们商议在萨姆森服役结束后落实具体时间安排。1976 年 4 月在旧金山举办的哈维·库欣协会会议上，萨姆森展示了一项关于未破裂颅内动脉瘤的工作，德雷克当时也参加了讨论，给予了极高评价，并邀请他造访安大略省伦敦市。

1979 年春天，萨姆森给亚萨吉尔去信倾述自己的失望和沮丧。亚萨吉尔很快就回信，提出在夏末初秋之时为他提供了一个在苏黎世 6 周的无薪工作岗位。萨姆森为之振奋，但他在达拉斯的老板——德州大学西南医学中心神经外科主任肯普·克拉克却对此感觉不悦，似乎每天都在找理由让他放弃苏黎世之行。好在大外科主任比尔·弗赖伊（Bill Frye）伸出援手，甚至帮他去和克拉克据理力争。最终，他拿到了为期 2 个月的“访问学者”许可，并带有全薪和津贴。为了挽救婚姻，他建议妻子陪他提前 1 周启程，共同游览欧洲的低地国家。接下来他会在巴黎举办的欧洲神经外科会议逗留数日，然后再奔赴苏黎世。他和妻子都满怀憧憬，和几周前相比，目前一切看起来都柳暗花明。

然而造化弄人，低地之行糟糕透顶，乃至萨姆森在前往巴黎之前在机场送走妻子后，方才松了一口气。他担心婚姻已无可挽回，但同时又热切希望在手术困局中找到出路。

在欧洲大会第一天全体会议的茶歇时间，他去展厅闲逛，竟偶遇黛安和苏黎世的几位工作人员及住院医师。在热情的寒暄之后，萨姆森表示正期盼着回到苏黎世与亚萨吉尔教授一起工作。黛安却露出困惑的表情，他不禁深吸一口气。沉默良久后，他告诉黛安，教授已经为他制订了接下来 6 周在神经外科的工作计划。

结果让他吃了一惊，黛安说神经外科手术室目前因升级改造而关闭，未来几周苏黎世只能开展脑外伤的急诊手术。

黛安看出了他的绝望，略显尴尬之后马上建议他一同去见亚萨吉尔。她把他带到展厅的另一区域，亚萨吉尔和德雷克正在与一群神经外科医生深入交谈。黛安自有办法，她穿过人群来到亚萨吉尔身边，和他耳语几句。萨姆森在远处无助地张望着。

德雷克看到萨姆森后热情得向他打招呼，给大家介绍了他在旧金山会议上展示的动脉瘤研究，并盛赞这项工作终将成为颅内动脉瘤治疗的里程碑。

但很快这群人都陷入了平静，大家都注意到亚萨吉尔可能收到了坏消息。黛安在向亚萨吉尔耳语着，萨姆森自然没有忽视亚萨吉尔所表现出的极度不自在。黛安的眼里饱含深情，但亚萨吉尔却目光游移不定，

脸色渐渐阴沉。

黛安讲完之后，亚萨吉尔望着萨姆森的头顶，嘟囔着说黛安说得没错，苏黎世的手术室正在装修，这的确无可奈何。但他接着补充道："萨姆森不管怎样还是应该来苏黎世，我们将在动物实验室做些有意思的。"

亚萨吉尔终于不情愿地与萨姆森进行了长久的对视，仿佛刚刚才注意到他，他似乎在逃避萨姆森期盼的眼神。萨姆森目睹亚萨吉尔在尴尬和不适中挣扎，越来越确信：在亚萨吉尔眼里，只有他自己值得尊重。

萨姆森没有再对亚萨吉尔说一句话。

亚萨吉尔突然暴躁起来，一把抓住黛安的手肘，一边嘟囔着一个荒谬的借口一边把她带走，黛安甚至要挣扎着以免跌倒。他头也不回，完全没有和德雷克道别。

一群人看着这一幕，个个目瞪口呆。德雷克也难免尴尬，随后温柔地看着萨姆森，打趣道："他有没有告诉你……"

萨姆森无言以对，虽然在努力平复情绪，但他还是讲不出话来。所有的思绪憋在心里，满是失望和愤怒。

看到此情此景，德雷克轻声说："看来你是满怀期待的。"没有任何回应，他继续说道："杜克，你要么和我一起回安大略伦敦？诚然，我们这里没有亚萨吉尔的手术，但我们也做了很多动脉瘤，我敢打赌你还可以教我们1～2个技巧。来吧，多久都可以，只要你愿意，我真的很高兴。"萨姆森仍然呆若木鸡，但也不禁惊讶于这两位神经外科巨擘的鲜明对比。他已无力回应这个世界上他最尊敬的人。德雷克没有再说什么，只是把手放在他的肩膀上，轻轻传递着安慰。

萨姆森花了几小时甚至几天的时间才走出这次屈辱经历的荫翳。他仍然坚信亚萨吉尔是这个世界上最伟大的神经外科医生，师从亚萨吉尔也是让他作为脑血管外科医生的职业生涯走上正轨的最佳机遇。但他已经明白，对亚萨吉尔来说，杜克·萨姆森根本无关紧要，他只是另一个随时听候差遣的大高个儿罢了。萨姆森长于得克萨斯州西部，自幼被教育男人要一诺千金。而这是亚萨吉尔所缺乏的，没有对他人真正的尊

重，也就没有必须要兑现的信用。

他现在面临两个问题，第一个更加迫在眉睫：无颜见江东父老。他耻于将这件事告诉比尔·弗赖伊和克拉克。克拉克或许不会感到惊讶，他只需放下自尊、忍气吞声就好。而在弗赖伊那里，他还是希望能有办法保留自己的尊严。

第二点其实更为重要：没有亚萨吉尔，他能到哪里寻求救赎？德雷克的邀请至诚至信，而且毫无疑问，在他那里可以学到很多东西。德雷克有着深不可测的勇气和技巧，已经向世界展示如何安全有效地治疗基底动脉瘤。他是一个真正的男人，值得信赖。任何人都能以德雷克为师，重塑自己的生活。然而，掌握显微外科手术秘诀的是亚萨吉尔，这才是通往神经外科未来的窄门。萨姆森在 1973 年已经见识过他的魔法，但他当时错过了什么呢？有哪些微妙之处未能理解？此外，德雷克对显微外科手术兴趣不大，只有亚萨吉尔可以解救他。

A Fresh Look at Temporal Lobe Tumors and Epilepsy

第 24 章　启航新世界：颞叶肿瘤和癫痫

脑内生性肿瘤起源于脑实质而非脑外结构如硬脑膜或脑神经。在 20 世纪 70 年代先进的影像学技术广泛应用之前，这类肿瘤根据起源的脑叶进行分类。此后 MRI 和 CT 展示了更为精细的解剖结构，亚萨吉尔故认为脑叶分类过于简单，根本无法反映这些肿瘤的真实解剖关系，且以颞叶肿瘤尤甚。

他在巴塞尔的神经解剖老师对大脑深处被称为边缘系统的复杂神经网络富有兴趣，边缘系统大部分位于颞叶深面，其中较关键的有海马和杏仁核，前者是一种质软、位于侧脑室颞角的弯管状结构，后者是位于海马前方的较小的葡萄状核团。颞叶皮层被公认为与更高级的神经功能有关，比如记忆和语言（包括表述和理解），但海马和杏仁核的确切功能仍是未解之谜。克林格教授激发了亚萨吉尔对海马和杏仁核的兴趣，一方面，它们的实验室标本美轮美奂，另一方面，它们的功能尚无人破解。随着时间的推移，研究提示，边缘系统不仅与特定类型的癫痫有着千丝万缕的联系，而且可能还与一类不寻常的脑实质肿瘤相关。

他从小就对恩斯特 · 海克尔（Ernst Haeckel）和查尔斯 · 达尔文的工作感兴趣，再加上在土耳其时周围环境的考古影响，他一直接受将人类大脑视为进化模型的理念。低等哺乳动物的脑干控制呼吸、心率和血压，在人类身上也有同样作用。此外，大脑皮层的结构在人类与其他哺乳动物之间是完全不同的，前者靠理性生活，后者靠本能生活。与低等灵长类动物（狐猴、懒猴和眼镜猴）相比，亚人类高等灵长类动物（大

猩猩和猴子）的皮质解剖学与人类更相似。可以推断，和生殖细胞类似，随着灵长类动物进化成人类，有些皮质和皮质下结构会保留下来。

他开始将颞叶视为两部分，人类特有的结构以及与低等哺乳动物共有的其他结构。显然，其他哺乳动物没有人类的“新”皮层（neocortex），但却也具有隔膜、胼胝体下回、无名质、杏仁核和海马，以及颞极、部分眶额皮层、岛叶、扣带回和海马旁回等皮质结构。在他那部著名的《显微神经外科》第ⅣA 卷，亚萨吉尔详细描述了这些结构及其复杂的关系[①]。

这些人类和其他哺乳动物共有的结构正是亚萨吉尔所谓的“边缘和旁边缘系统肿瘤”的好发部位。多年来，他发现这类肿瘤较为特殊[②]。与大多数脑实质肿瘤不同，超过一半的边缘和旁边缘系统肿瘤恶性程度低，因而肿瘤浸润和播散少。此外，由于此处解剖界面清晰，肿瘤可以实现全切，且对周围结构破坏小。在精准手术之后，严重神经功能障碍少见，大多数患者可以很快恢复工作[③]。这显然不同于常规的脑实质肿瘤。这类患者往往合并癫痫，但肿瘤切除之后一般也会改善。

在 20 世纪 90 年代，几乎只有亚萨吉尔一人呼吁对颞叶肿瘤重新分类，他还提出其他大脑解剖的观念也需要更新。150 年来，人类大脑四分叶（额叶、顶叶、颞叶和枕叶）的概念在解剖学家和神经外科医生心中已经根深蒂固。而亚萨吉尔在他教科书的第ⅣA 卷中，首次提出七分叶的理念，增加了中央叶、岛叶和边缘叶[④]。此外，他质疑临床上自 1926 年以来约定俗成的根据肿瘤组织学分级判断患者预后的做法[⑤]。其实不仅亚萨吉尔，其他医生也注意到，即使是组织学诊断为最恶性的“多形性胶质母细胞瘤”的患者，也有一些依靠治疗甚至保守观察便能存活多年。因此，他养成了在与患者交谈时从不使用“恶性”一词的习惯。

亚萨吉尔从不盲从主流思想和临床常规。长久以来，几乎所有神经外科医生都公认完全切除恶性脑实质肿瘤是不可能的。亚萨吉尔不以为然，当术后磁共振引入之后，他便证明了可以对很多这类肿瘤实施全切，至少肉眼和影像学技术看不到肿瘤残留。很少有神经外科医生尝试这样做，因为出力不讨好，要花费数小时纠缠于通常被认为无法治愈

的病变。大多数医生满足于通过简单的活检手术获取病理、明确“恶性肿瘤”的诊断，然后安排患者接受放化疗，而几乎没有人期望这类辅助治疗会有显著效果或延长生存期。相反，亚萨吉尔非常激进，尽力全部切除脑实质肿瘤，并常规通过术后核磁共振判断肿瘤切除程度。很多神经外科医生认为这种做法是不切实际的，但亚萨吉尔依然故我。事实证明，他的很多患者的确肿瘤复发更慢、存活时间更长。他的手术并发症率一直非常低，坚信自己为患者尽全力创造可能的奇迹。任何诊断都不代表注定的宿命，如果组织学诊断Ⅳ级（多形性胶质母细胞瘤）代表99% 的患者不管接受何种治疗都会在数月内死亡，他依然会将眼下的这位患者视为有机会存活多年的那 1%。寸土必争，责无旁贷。

他对颞叶癫痫依旧保持好奇。自 1958 年在巴黎圣安妮医院看到塔拉里奇使用电生理记录和脑功能定位的方法，对此的热情就从未消退。如果 1964 年或 1965 年那时科室有足够的经费支持，他可能就会将这些技术融入临床实践，甚至会成为一名癫痫外科医生，永远不会远赴伯灵顿，乃至开辟显微神经外科之路。

塔拉里奇和让·班考德（Jean Bancaud）继续改进电生理学技术，最终实现了从颞叶皮层下方记录脑电信号。由于脑深部结构之间存在无数错综复杂的连接，因此头皮脑电或皮层脑电的信号较为弥散，难以对癫痫灶精准溯源。新版的巴黎脑电监测系统虽然仍依赖于昂贵的设备支持，但提供了一种对多个远隔深部位点的记录方法。根据系统的规划将电极埋置于不同深度，持续记录一段时间脑电，可以更准确地捕捉癫痫发作特征，其目的即通过分析产生临床癫痫症状的多级电信号，定位起源灶。亚萨吉尔推断，切除致癫灶，同时保留颞叶主管高级认知功能的结构，应该可以控制癫痫，其效果至少和其他手术一样。他认为不会发生记忆受损或其他认知障碍，这样，手术就会造福于更大比例的癫痫患者。

塔拉里奇和班考德开发的“立体定向脑电图”（stereo-EEG，SEEG）最终证实杏仁核和海马是典型“颞叶癫痫”的重要起源部位。它们在边缘系统中发挥重要的中转连接作用，因此很容易成为诱发癫痫的源头。

在整个20世纪70年代，苏黎世大学医院的神经内科医生和癫痫专家H. G. 威瑟（H. G. Wieser）分析了80例颞叶癫痫患者的立体定向脑电图，到1980年，他证实其中大约四分之一的患者杏仁核和海马存在异常。此后，亚萨吉尔对这些患者均施行了海马杏仁核切除术。

为了避免其他手术常致的认知障碍，亚萨吉尔采用了细致的显微外科技术。他首先辨识所有相关血管尤其是动脉，包括颈内动脉、大脑前动脉和大脑中动脉及其分支、颞极动脉和颞前动脉，特别是后交通动脉和脉络膜前动脉以及供应颞叶钩回的动脉。然后在靠近大脑中动脉主干的颞上回做一小切口，经此抵达杏仁核和海马。得益于年轻时在克林格教授实验室的解剖经历，他才能在皮层下结构里游刃有余。

这种切除术需要非同寻常的天赋和敏锐，在大脑内部进行手术与在蛛网膜下腔中夹闭动脉瘤完全不同。技术高超的显微神经外科医生可能会毫不费力地识别和切除杏仁核，但却懂于解剖又长又细的海马。通过一个实质结构暴露另外一个，需要特殊的诀窍。亚萨吉尔对于几乎无法察觉的组织变化非常敏感，比如神经纤维方向的细微变化，或者微小血管走行如何突然从一个平面转向至另一个平面，或者原本有光泽的结构开始发暗、出现斑片状等变化。这种变化提示一个新的结构正在浮出水面。如果不能持续保持完美的空间方位感，那注定会迷失其中，甚至引起严重后果。一旦错失精准的软膜下分离层面，就可能危及重要的脉络膜动脉，从而导致神经功能障碍。很短时间内，亚萨吉尔就开发了一种新术式，至少在他手里，可以做到有效切除杏仁核和海马的同时不损伤周围结构。

1982年，亚萨吉尔和威瑟报道了27名接受海马杏仁核切除术的癫痫患者的疗效。除两人外，所有患者的杏仁核或海马内都有微小肿瘤，或者有明确的立体定向脑电图信号提示癫痫灶局限于此。与此前已报道的标准颞叶切除术或立体定向海马杏仁核损毁术相比，该术式对癫痫的控制效果更佳，大多数患者的智力有所改善，能检测到的学习和记忆障碍也不明显[⑥]。

该术式被称为亚萨吉尔选择性海马杏仁核切除术，此后9年内，100名仅有SEEG定位的癫痫灶而无肿瘤的患者接受了手术，其有效

性进一步得到证实[7]。在该类癫痫的各类手术治疗方案中，堪称一枝独秀[8]。

然而，选择性海马杏仁核切除术并没有受到其他神经外科医生的欢迎，根本原因还在于技术壁垒。解剖皮层下结构属于极具挑战性的显微外科技术，极少有外科医生愿意尝试。而且，对该区域脑血管应用解剖的透彻了解也是保证手术安全的关键。在实验室花费数小时解剖尸头标本，反复研习解剖从而避免术中迷失方向，大多数医生并不愿意这么做。从在巴塞尔的学生时代开始，亚萨吉尔就通过实验室训练领略了白质纤维结构的精妙之处。掌握精湛的技艺，并无捷径可走。同时代的其他癫痫外科医生都选择了更简单、更依赖先进科技的方法来治疗药物难治性癫痫。

此后的整个事业生涯，亚萨吉尔继续在选择性海马杏仁核切除术的道路上踽踽独行。而他早在其他人之前就放弃了自己首创的用于治疗脑血管病的术式，虽然仍称得上是 20 世纪最完美的融合了优雅技术和创新理念的神经外科手术，颅内外血管搭桥术依然会惹来越来越多的争议。

注　释

① Yasargil: *Microneurosurgery*, *Vol IV-A*, 136–139.
② Yasargil and Reeves: *Acta Neurochir*, 1992(116), 147–149.
③ Yasargil et al: *Acta Neurochir*, 1992(118), 40–52.
④ Yasargil, et al: *Microneurosurgery*, *Vol IV-A,* 2–114.
⑤ Yasargil, et al: *Microneurosurgery*, *Vol IV-A*, pp 121–122.
⑥ Wieser and Yasargil: *Surg Neurol*, 1982(17), 445–457.
⑦ Yasargil et al: *Neurosurg Clin N Am*, 1993(2), 243–261.
⑧ Feindel: *McGill J Med*, 1995(1), 166.

Death Knell for the "Brain Bypass"

第 25 章 “脑血管搭桥”的丧钟

在风起云涌的 20 世纪神经外科发展史上，“脑血管搭桥”无疑是最耀眼的。用肉眼几乎看不到的缝线吻合直径 1 毫米的动脉似乎是一项艰巨的任务，而到了 20 世纪 70 年代中期，该手术已成为神经外科医生评估自己显微技术和精细操作的常规方法。对于许多人来说，通过血流导向来保护大脑功能是一个长久以来的梦想。突然之间，梦想似乎照进了现实。这看起来是动脉闭塞引起的缺血性卒中的重要解决方案。就这样，前无古人，后无来者，“脑血管搭桥”掀开了显微神经外科时代的序幕。

到 20 世纪 70 年代后期，世界各地的神经外科医生都在开展亚萨吉尔于 1966 年在伯灵顿首创的手术，即颞浅动脉－大脑中动脉搭桥术。随着时间的推移，更多的术式由此演变而来，它们统称为“颅内外搭桥”。新的供体血管被发掘出来，最早是枕动脉，它行经耳后头皮下方，血流量较大，可被吻合至大脑中动脉分支。有些人为了提高侧支循环血流量，开始提出“双根血管搭桥”的策略，即在同一个患者同时将颞浅动脉和枕动脉搭桥至大脑中动脉。

其他人试图通过移植血管代替颞浅动脉，从而增加旁路血流量，一开始用大隐静脉连接颈段的颈内动脉和大脑中动脉，后来又采用桡动脉。它们的直径都比头皮动脉更大，因此有望转运更多的血流。虽然移植血管的管径与大脑中动脉分支并不完全匹配，但术后血管造影证实它们运作良好并可长时间保持通畅，为缺氧的大脑中动脉供血区补充血液。

为了实现更大体量的旁路血流，一些外科医生开始将吻合口选择于

侧裂内邻近大脑中动脉主干的粗大分支。这增加了手术过程中的卒中风险，也对血管搭桥的时长提出了更苛刻的要求。很快，最娴熟的外科医生已经可以在 25 分钟左右的时间内完成手术的吻合部分。

1973 年就任苏黎世大学神经外科主任后，亚萨吉尔终于可以自主决定开展哪些手术了，他不再搭桥，而是交给了助手延川康弘，以及后来的 B. 祖姆斯坦（B. Zumstein）和 H. G. 伊姆霍夫（H. G. Imhof）。他开始专注于颅内动脉瘤、动静脉畸形、颅咽管瘤和以听神经瘤为主的颅底肿瘤。虽然库雷因布尔对动静脉畸形手术存在偏见，但亚萨吉尔沉迷于在显微镜下切除它们。在其他人还在将显微外科手术视为通过构建人工侧支循环来治疗卒中的一种手段时，他已经着手革新整个神经外科领域的治疗局面，而不像他的一些同事那样满于现状。

20 年前，他提出了第一代颅内外搭桥术，试图挽救像森宁教授的 18 岁女孩那样的患者，她在开胸心脏手术后出现急性大脑中动脉闭塞。即使在开展了不少颞浅动脉－大脑中动脉搭桥术和直接大脑中动脉切开取栓术之后，他仍然不确信哪种手术更好，也不认为两种都是合理的。30 年前，他目睹库雷因布尔切除整个颈动脉分叉治疗卒中的效果，事实证明这极不合理，相比神经功能改善的概率，反而更容易导致死亡。1964 年，亚萨吉尔在对卒中后血管造影分析后提出，增加高危脑区的血流灌注理论上是合理可行的[①]。颈动脉内膜剥脱术的成功也证实了这一观点，但并非每个患者术后都得到改善，而且一些卒中患者在完全没有手术干预的情况下也可恢复！他依据自身治疗卒中患者的经验，并没有得出什么确凿的结论。

然而，其他显微神经外科医生认为，“搭桥”可能在预防高危患者卒中发作方面更有效果。研究证实，颈内动脉或大脑中动脉部分或完全闭塞并持续出现症状的患者（短暂性脑缺血发作）在未来仍有很大的卒中风险，对于已经由卒中恢复的有症状的患者也是如此。

根据推测，侧支循环不足的患者可以从搭桥手术提供的额外血流灌注中获益。反复“短暂性脑缺血发作”或“小中风”的存在强烈提示侧支循环不足，但细致的外科医生会希望有更扎实的证据。血管造影上的某些表现可以提示侧支循环不足，但却没有可靠的方法在非实验室条件

下直接测量局部血流量。在 20 世纪 70 年代，正电子发射断层扫描和单光子发射计算机断层扫描还只是很有前途的研究工具，尚不能应用于临床。只有明确的体位性缺血（站立时出现短暂性脑缺血发作并在卧位时缓解）患者可以确凿地从搭桥手术中获益，但这类患者本身非常罕见。

亚萨吉尔开始担心世界各地正在上涨的搭桥手术数量。固然，很多外科医生已具备完成这个手术的能力，但哪些患者真正需要它呢？哪些患者的潜在收益超过风险？毫无疑问，“脑血管搭桥”手术可以增加侧支循环灌注，但尚无法确定清晰的适用范围。

然而，大多数人仍相信“搭桥”会降低卒中的发生率，毕竟，有研究报道一些患者每天反复出现的短暂性脑缺血发作在术后再未发作。1977 年以前，有一些病例研究也证实这项手术死亡率低、术后并发症少。尤其是颞浅动脉－大脑中动脉搭桥术，看起来安全而有效。亚萨吉尔首先站出来质疑搭桥手术的滥用，很快也得到其他人的响应。最终，神经外科医生和内科医生决定联合开展一项研究。

大多数医生都很支持这项研究。新一代的美国医科学生被教育不要接受任何表面现象，而要质疑一切，即使是看似显而易见的事情。外科医生也深知，他们对患者是否从自己做的手术中获益天生就存在偏见，成功的外科医生甚至不会去尝试他们不认可的手术。因此，他们并不准备担任治疗效果的“判官”，搭桥手术有效与否不应取决于谁来判读结果。科学依赖于怀疑和检验特定假设，只有通过反复验证假设才能呈现真知。不带偏见的医生或计算机将决定每位患者的治疗方案，然后由对此不知情的人员判定治疗效果。接受内科治疗的患者将作为对照组，手术组和对照组的年龄和性别相互匹配，手术本身将是唯一的变量。外科医生对于搭桥手术的效果将被严格的科学方法证实，也喜闻乐见。也有些人对搭桥的理念很感兴趣，想要获得明确的证据，究竟哪些患者可以从手术干预中获益。

曾在苏黎世跟随亚萨吉尔学习显微技术的神经外科医生 S. J. 皮尔雷斯（S. J. Peerless）和神经内科医生亨利·巴内特（Henry Barnette）共事于伦敦西安大略大学（加拿大安大略省），他们在美国国立卫生研究院的资助下，设计和开展了一项多中心、前瞻性、随机对照临床研

究，旨在明确哪些患者将获益于搭桥手术。三大洲的71家神经外科中心参与了该研究，这将是医学史上同类临床研究中规模最大的一次[②]。预计不久之后即可以揭示搭桥手术的精确适应证，研究方案要求所有被认为可以接受手术的患者随机分为手术组和对照组，所有患者都必须从轻度中风中恢复或经历过至少一次和造影上血管狭窄征象吻合的短暂性脑缺血发作。每一位入组患者的姓名传至伦敦或京都（针对在日本或中国台湾入组的患者）后，计算机将进行随机化分组，分配到对照组的患者将接受针对高血压和其他危险因素的积极治疗，所有患者每天口服325毫克阿司匹林。首批患者于1977年8月入组。

将近一年时，研究者开始担心入组人数可能不足以使研究结果达到统计学意义，统计学家算出需要超过1000名患者。因此，研究团队进一步扩大，甚至纳入了私立执业的神经外科医生。研究最初的要求是神经外科医生、神经内科医生和神经放射科医生合作，并且外科医生要提供连续10次搭桥手术后至少80%通畅率的血管造影资料，以证明手术技术达标。各地的神经外科医生都热切期待这项研究的结果，但并不是每个人都甘愿放弃为自己的患者做出治疗决定。

到1982年9月，已有1377名患者入组，其中714名（52%）接受内科治疗，663名（48%）接受搭桥手术（几乎都是颞浅动脉－大脑中动脉搭桥）。患者由神经内科医生平均随访5年（至少33个月）。

统计分析于1985年9月完成，结果震惊业界[③]。在预防卒中方面，颅内外搭桥手术相比药物治疗并无优势。结果清晰明了，统计方法准确无误。

拥有搭桥手术经验的神经外科医生对此难以接受。激烈的讨论随之而来，最引人注目的是6周后在亚特兰大举行的美国神经外科医师协会会议上。亚萨吉尔的老朋友、已成为梅奥诊所神经外科主任的托尔·桑特，电话调查了参与该研究的同道，发现他们在研究范围之外仍做了一些搭桥手术。有些患者的临床症状和血管造影结果强烈提示需要接受最积极的治疗，于是他们并未入组，而是立即接受了手术。很显然，研究可能没有纳入病情最严重的这部分患者，从而导致结果偏倚。

这场辩论引起了不小的轰动，一些学院派神经外科医生对有人将患

者个人福祉置于科学利益之上表示不满。而这类评论又引发了专业人士和非专业人士的热烈讨论。

梅奥诊所的神经外科医生没有参与该研究。桑特在 1976 年发表了令人鼓舞的搭桥手术结果[4]，他推断有些患者为了避免随机分组，慕名前来手术。

当时临床尚未推行血流量测定技术，但血管造影上侧支循环的丰富程度也并未用来决定哪些患者应该入组以及入组后如何分类。否则，就有可能将预后最好的患者与预后最差的患者分层分析。在这项研究之前，一些外科医生曾依据血管造影上丰富的侧支循环表现来拒绝患者手术。但在目前较为宽松的入组标准下纳入足够数量的患者已经非常困难了，若剔除这类患者，显然将更难达到统计学意义。

1975—1985 年，笔者在行医期间连续开展了 124 例各种类型的搭桥手术，出于和桑特类似的原因，也均未参加该研究[5]。仅当血管造影显示高危脑区缺乏明显的侧支循环时，笔者才对患者进行手术。笔者不禁想到，如果将 1377 名具有这种血管造影表现的患者随机分组，结果将会怎样。当然，若一个亚组就这么庞大，入组的患者总数将增加数千人。这可行吗？

尽管存在这些问题，该研究的结果仍然站得住脚。此外，随着一些测量局部脑血流量的微创方法在临床应用，也没有人再尝试设计类似的研究。何况，政府用于科学研究的预算也在缩减！

1985 年以后，对于动脉瘤或肿瘤术中需要牺牲颈内动脉或大脑中动脉的情形，仍然会采用颅内外血管搭桥术，但该手术已不再用于预防脑动脉硬化引起的卒中。美国的保险公司给出了明确的政策：不会为颅内外搭桥手术买单。此外，美国的诉讼责任律师甚至集体在全国媒体刊登广告，寻找搭桥手术患者，向他们宣讲：即使是无偿为有缺血性卒中风险的美国人行搭桥手术，也是不允许的。

亚萨吉尔始终置身于这场争斗之外，非常谨慎地避免被卷入相关讨论。他拒绝发表公开评论，更不会因为自己首创了这项术式而为其辩护。从一开始他就将搭桥手术视为实验性的，对其适用范围的保留态度也众所周知。尽管这个手术本身优雅无比，但即使是亚萨吉尔也不

知道应何时对何人实施它。这种谨小慎微其实源自年幼时父亲和祖母的教导，他们通过一系列故事告诉他，人类的理解力是有局限性的，而在这种前提下，一个人所能做的事情也是有限的。他称赞这项研究发出的“警告枪”，它“遏止了对卒中患者不审慎地滥用搭桥手术”[⑥]。但他也建议仍应当开展进一步的研究，只有通过不断改进诊断技术和手术方式，才能真正揭示搭桥手术对预防卒中的价值。在这项搭桥研究的影响下，接下来几年内又出现了两项大规模的多中心临床试验，证实了颈动脉内膜剥脱术对卒中高危患者的疗效。

15 年后，圣路易斯华盛顿大学医学院的鲍勃·格拉布（Bob Grubb）团队发现，颈内动脉闭塞患者若在正电子发射断层扫描上呈高氧摄取指数（oxygen extraction fraction，OEF；即为了维持局部脑代谢而从循环血液中摄取的氧量），则在未来面临更高的卒中风险[⑦]。

基于这些新的研究成果，一项新的颅内外搭桥随机临床试验（Carotid Occlusion Study）启动了。该试验仅纳入有症状的颈内动脉闭塞患者，且这些患者受累半球的正电子发射断层扫描的氧摄取指数升高。研究结果发表于 2011 年，显示手术没有任何好处，而内科治疗则显著改善了依据 20 世纪 90 年代自然史数据预测的疾病转归[⑧]。

注　释

① Krayenbühl et al: *Schweiz Arch Neurol Neurochir Psychiatr*, 1964(94), 287–304.

② EC-IC Bypass Study group: *Stroke*, 1985(16), 397–406.

③ EC-IC Bypass Study Group: *New Engl J Med*, 1985 (313), 1191–1200.

④ Sundt et al: *Mayo Clin Proc*, 1976(51), 677–692.

⑤ 在颅内外搭桥研究的结果公布后，笔者仅对 1 名患者进行了颞浅动脉（STA）-大脑中动脉搭桥术。这是 1 名患有大脑中动脉闭塞的 68 岁女性，尽管血压控制良好，并且严格抗凝，但她在近 3 周内都无法下床，偏瘫症状在躺下后立即消失。手术后，她每天起床，没有神经系统症状或体征。大概为了逃避支付账单，她 6 天后便自行出院了，笔者再也没有见过她。由于律师们开始积极寻找接受过颅内外搭桥手术的患者，这是笔者为闭塞性血管疾病进行的最后一次此类手术。

⑥ Yasargil: *Neurosurg*, 1999(45), 1075–1076.

⑦ Grubb et al: JAMA, 1998(280), 1055–1060.

⑧ Powers et al.: JAMA 2011(306), 1983–1992.

Later In Zurich

第 26 章　日暮苏黎世

在整个 20 世纪 80 年代，亚萨吉尔对多伦斯的工作表现出越来越大的兴趣。他多次提出："我能为你做点什么？"频频邀请多伦斯重返苏黎世，且要驻留的时间也越来越长。但多伦斯在卢布尔雅那正如日中天，与之俱来的是更大的责任。一次失败的动脉瘤手术促使他到实验室里去钻研打开海绵窦壁的方法。这个"窦"被认为是由引流各侧眼球的静脉湖组成，颈内动脉和 4 根脑神经走行其中，这是可以想象到的最复杂的神经血管结构。100 年来，神经外科医生对其望而却步，没有人会梦到将来有任何外科医生可以在这里手术。海绵窦动脉瘤或肿瘤，要么不可治，要么只能尝试效果不佳的治疗方法。为此，多伦斯一生在海绵窦解剖和手术耗费了最大的心血。1986 年，他接任卢布尔雅那神经外科主任，工作量基本翻了一番。

他于 1983 年报道了首批海绵窦手术的病例①，但结果是如此令人难以置信，以至于没有引起人们的重视。他在不使用低血压、低温或心脏停搏的情况下治疗了 3 例颈内动脉海绵窦段动脉瘤和 4 例颈内动脉海绵窦瘘。运用海绵窦解剖的新理念，他单纯依靠显微技术即治愈了所有病例，且每例患者的颈内动脉都保护完好。杂志编辑在发表之前将这篇论文压了 6 个月，一直坚持要求补充额外的证明材料。

20 世纪 60 年代，德怀特·帕金森（Dwight Parkinson）曾成功地在海绵窦内开展手术，但采用了降低体温、停搏心脏（需要体外循环）和阻断大脑血供等措施②。许多外科医生认为，相比如此高风险的手术，海绵窦病变患者保守治疗可能反而会获得更好的预后。

但多伦斯身负学自亚萨吉尔的显微外科绝技，决心挑战极限。通过

多年浸淫于显微尸体解剖，他发现海绵窦并非1858年出版的《格雷解剖学》（*Gray's Anatomy*）所描述的由菲薄隔膜分隔的静脉湖，而更像一个由错综复杂的网络构成的三维“空间”，其中静脉结构相互连通[3]。在打开包裹海绵窦的硬脑膜后，可以根据需要依次将小块止血材料填塞入静脉结构，从而获得无血术野。有些腔隙本身就已被肿瘤填充，使得该步骤进一步简化。此外，多伦斯还开发了通过选择性磨除颅底骨质增加操作空间的方法，继而可以更从容地处理窦内病变。

他无视外界的质疑，在曲折的道路上踽踽独行，逐渐积累了一系列起源于海绵窦的肿瘤、动脉瘤和血管瘘的病例，并留下了令人叹服的手术照片，最终将海绵窦手术的要点提炼为解剖三角系统。1988年，他开始将海绵窦手术方法和经验撰写成书。

次年年初，他携手稿赴苏黎世，面呈亚萨吉尔审阅，希望他答应写一篇序言。若有亚萨吉尔背书，其他人将会以更开放的心态接受他的工作。“当然，当然，”亚萨吉尔答道，“我很乐意的。”他翻着书页，随处读一段，偶尔在一幅插图停留，并询问有关照片的问题。“我今晚好好读一下。”

而第二天早上，亚萨吉尔却晴转多云。“为什么不是自己做的呢？”他怒气冲冲，两眼冒火：“我本来可以做到的！为什么没做呢？我这个混蛋！”

多伦斯笑道：“但是，教授，您没有时间！您每天从早到晚都在手术，世界各地的患者都慕名来找您！”

“但我本可以的，我应该要做这项工作。”他对自己非常失望。在海绵窦内进行手术的技能本可以挽救他的许多患者。那天晚上，他们的面容在他的脑海中掠过，尤其是22年那个名叫怀什的壮汉（见第15章）。他的海绵窦内有一个巨大动脉瘤，亚萨吉尔他不敢直接处理，而是采取了非常复杂的搭桥手术，连通双侧大脑前动脉。术后数天，怀什首先出现了浅表感染，继而发展为骨髓炎，最后演变为脑膜炎并导致死亡。真不知道亚萨吉尔会在多少个深夜再次想起他？

“不管这些技术将意味着什么，”多伦斯继续说，“如果没有您教我的东西，我是不可能做到的。”

“我本可以做到的。”亚萨吉尔仍然抱怨着。没有祝贺，没有赞美，只有他自己沉重的挫败感，就好像他期望自己做出和多伦斯一样的工作。

然后他拿出了当天凌晨写就的三页序言，文笔优雅，从历史的角度评价了多伦斯这本书的价值，肯定了这项工作的开创性和重要性[4]。

“你必须回来，给那些被我拒绝的海绵窦病变患者手术。”他还保留着这些患者的名单，记有地址和电话号码等联系方式。他眼里闪烁着兴奋的光芒：“我告诉他们不可能手术，而你证明我错了。”

多伦斯惊呆了，他做梦也想不到会有这样的机会。亚萨吉尔难道是在以谦逊的姿态伪饰自己？他怎么会让别人来碰自己的患者？这怎么可能？但细想之后，多伦斯意识到，亚萨吉尔的慷慨其实源自他对患者和真理的至高尊崇。他没有考虑亲自学习并实践多伦斯的技术，多伦斯在这方面的经验赢得了他的信任。亚萨吉尔决定不让患者为自己的学习曲线付出代价。诚然，一开始他可能有点嫉妒，但最终他愿意给予多伦斯应得的尊敬和机会。

后来多伦斯的确重返苏黎世，在为期 3 个月的时间内，他每天（每周有 4 天）为 1 名患有海绵状病变的患者手术。亚萨吉尔向每个患者坦承自己无法完成这类手术，劝说他们允许他的学生来多伦斯做。

最初的几台手术，多伦斯非常紧张，站在身后的亚萨吉尔带来了巨大的压力。亚萨吉尔不会放过每一个细节，并发出连珠炮般的提问。没有一台手术可以在 7 小时内完成，也没有任何一个步骤是简单轻松的。多伦斯不禁担心会犯错，他害怕亚萨吉尔，这位天才怪人施加的压力比手术本身更大。他正在亚萨吉尔的手术室工作，正在为亚萨吉尔的患者手术，而亚萨吉尔正监视着他的一举一动！他知道亚萨吉尔尊重他所取得的成就，但也知道他在场意味着什么。他对细节有敏锐的洞察力，最轻微的错误都激惹他。多伦斯明白，任何一台手术都可能是他在苏黎世的谢幕表演。亚萨吉尔对错误零容忍。

有一次，多伦斯全神贯注应对一个极端困难的海绵窦内动脉瘤，没有注意到牵开器勒进了患者的脑实质。“哟，很好，很好，”亚萨吉尔讽刺地尖叫道，“继续做下去！别管我患者的脑子！把它撕成碎片！做

你珍奇的手术吧。忘掉我可怜的患者！她的脑子对你来说显然一文不值！”句句如利刃，插向多伦斯。

好在每个患者术后都恢复得很好，这使多伦斯或多或少地舒坦了一些，至少在某些时候。而且亚萨吉尔看起来也很满意。

在此期间，多伦斯主要针对海绵窦病变进行手术，但同时也处理了一些颅内其他部位的肿瘤和动脉瘤，依然不能忽略任何细节。苏黎世的工作环境对多伦斯来说非常理想，虽然他与亚萨吉尔性格迥异，但手术哲学却如出一辙。“我就好像完全生活在工作中，”他对在苏黎世的这段时间如此描述，“患者的疾病和个人需求至上。你可能手握晚上音乐会的门票或者计划拜访某人，但一旦科室告急，术后患者病情进展或新入院患者需要紧急手术，其他所有的一切将不复存在。没有例外，从来没有！每个病例都要经过团队的充分讨论才能做出诊疗决定和分配详细职责。如果有人因任何原因未能践行他的职责，包括所有外科医生、护士、麻醉人员，那么第二天早晨就会被辞退！如此简单粗暴。”这也正是多伦斯在卢布尔雅那的工作方式。亚萨吉尔从不妥协，对患者无微不至，多伦斯也心有戚戚焉。临床工作不能让步于任何东西，家庭、社交或个人舒适，这就是亚萨吉尔最大的原则。

多伦斯认为亚萨吉尔倾注于患者的情感要强于家人，他的患者固然得到了很好的照料，但他的妻子呢？儿子呢？女儿呢？如果意识到对这些深爱自己的亲人的亏欠，他的心里会泛起一丝涟漪吗？

从个人角度看，同事们都承认他的外科天才，尤其是他对患者的无私奉献。但他们也畏惧他，有些甚至恨他。他们在亚萨吉尔那里的存在感很弱，因此彼此之间也形成了一种奇怪的关系，多伦斯将其描述为“强烈的钦佩与恐惧共存”。最细枝末节的事情都可能让他火冒三丈，进而陷入没完没了的宣泄。但在多伦斯看来，这类爆发从来都不是无名怒火，总是有一个明确的原因。

亚萨吉尔对于自己无法掌控的事情会有持续的焦虑。每当在走廊里被问到前一两天做过手术的患者怎么样时，他的回答几乎总是一样的：“哦，她现在很好，但魔鬼可能就在附近游荡。有时躲在角落里偷窥、等待。我希望它溜得远远的。”

一天下午，一位基底动脉瘤破裂的患者收入院。动脉瘤巨大，位于基底动脉分叉处，意味着顶级技术挑战和风险。转诊医生是多伦斯的朋友，故请求多伦斯收治患者并手术。但多伦斯解释自己并没有这个权力，每个患者要直接收给亚萨吉尔，再由他单独决定谁来手术及何时手术。他从未允许其他人沾手真正难治的动脉瘤。“收给亚萨吉尔的患者必须由他主刀，”多伦斯总是说。

这名患者到达时，多伦斯和亚萨吉尔正在手术室忙活。转诊医生也一同前来，看到他俩终于走进了走廊，就向多伦斯点头致意。亚萨吉尔意识到他俩之前就已相识，于是开始用怀疑的眼神打量多伦斯。

“教授，我的朋友刚给我们送来一个基底动脉分叉处动脉瘤，”多伦斯解释道，“因为刚才在工作，我还没来得及告诉您。”

“好的，没问题，患者在哪里？”

“在重症监护室里。”一名护士答道。

“X 线片有吗？”

亚萨吉尔在就近的阅片灯箱上查看了血管造影片子，最终认为这个动脉瘤极端困难，根本不适合手术。瘤体太大，没有足够的空间可以分离。他确信手术只能导致这个患者死亡。

“好的。”多伦斯回答。他并不惊讶，这的确是一个难治性动脉瘤：“教授，您介意和患者家属谈谈吗？”他们非常清楚亚萨吉尔的权威性，亲耳听到他的判决将有助于他们接受现实，放弃进一步的积极治疗。

就像对待每一个患者的家属一样，亚萨吉尔充满温情地接待了这个男人的家属。他与每个人握手、鞠躬、对视。“手术太危险了，”他轻声说，“根本无法去做。”突然，他瞥到了身后的多伦斯，语气一变：“当然，这只是我的看法，这位医生可能会有不同的看法。他可能想尝试一下。不过如果这么做了，他就是个傻瓜。”

多伦斯被这句突如其来的评语吓了一跳，他犹豫了一下，随后深吸一口气，缓缓而认真地回答道：“教授，或许我们可以采用海绵窦入路，磨除部分颅底骨质或许会获得更充裕的空间。我们俩可以一起来做。”

“来吧！不可能有安全办法的。这个人下不了手术台的。”

“但你们还能做什么呢？”患者的妻子问道：“你不能不做任何事情眼睁睁看着他死掉吧。哦，请尝试一下，至少给他一个机会。”

亚萨吉尔阴沉地看了多伦斯一眼。的确，他们没有其他方案可以提供了。“好吧，好吧，”他粗暴地说，“我们会试试的，但我仍认为这是不可能的。”多伦斯感到亚萨吉尔如炬的目光快要在他身上烧出一个洞了。

当天下午晚些时候他们进行了手术。亚萨吉尔站在他身后，多伦斯慢慢地依次磨除右侧前床突、后床突、相邻鞍背的一半，最终达到动脉瘤下方的解剖空间。他自己曾多次使用该技术，但仍无法说服其他人尝试。处理颅底骨质是一项乏味的工作，许多人认为这会带来严重的风险，但没有明显的好处。大多数外科医生凭直觉直达动脉瘤，几乎没有人愿意花费宝贵的时间和精力磨掉看似与病变本身没有直接关系的颅骨。

最后，海绵窦已经打开，动脉瘤隐约可见，在转播屏幕上呼之欲出，多伦斯说：“教授，请您刷手吧。我觉得您可以接手了。”

亚萨吉尔几乎是一路小跑冲到隔壁房间的刷手水槽，没几分钟就回来了，只见他举着双手，肥皂水从肘部滴落。过去不知道有多少次，他把刷手不满 10 分钟的助手赶出去。对他来说，9 分钟的刷手也和没刷一样。而今天，他好像已管不了这么多。

短短几分钟后，他便将动脉瘤的瘤颈完全暴露，附近的脑干穿支血管也逐根分离清楚。他调整了 2 次动脉瘤夹的位置，最终确定夹闭完全，遂结束手术。

“我不敢相信竟然这么容易，”亚萨吉尔言语中透露着失望说，“磨除骨质提供了更多的操作空间。我过去认为这是不可能的。”

多伦斯只是微笑着开始缝合硬脑膜、逐层关颅。尽管天纵奇才，亚萨吉尔也乐于肯定他人的工作，哪怕是以前的学生。

多伦斯回到卢布尔雅那后，没想到机缘巧合，他又将和亚萨吉尔再次合作，治疗一位重要人物。以色列社会事务部长奥拉·纳米尔（Ora Namir，后任环境部长及驻华大使）被查出巨大海绵窦脑膜瘤，且位于优势半球下方。当地医生独具慧眼，认为多伦斯是全世界最擅长开展这

类手术的外科医生。但去斯洛文尼亚接受治疗违背了纳米尔女士一贯的政治主张，她长期以来呼吁以色列人在国内接受医疗服务，因此，她不能离开以色列赴国外做手术。除非……

诚然，多伦斯的国际影响力在不断提高，但当时世界上最著名的脑外科医生仍是亚萨吉尔。所有人都知道，他可以开展其他人无法完成的手术，这几乎已是常识。纳米尔若在国外接受治疗，他是唯一不会引起以色列国内争议的医生。经过一番讨论，亚萨吉尔同意作为多伦斯的助手亲临纳米尔的手术，以便她接受所需的治疗。由于师徒两人都不想去以色列进行手术，所以手术将在卢塞恩进行，这是一个让各方都满意的地点。亚萨吉尔坚持不收取一分钱。手术之前，纳米尔女士对多伦斯尊崇备至，但只有在亚萨吉尔面前，她才倾吐了心声。手术前夜，她的焦虑达到了顶峰，亚萨吉尔向她承诺，在整个手术过程中，他一秒钟都不会离开。亚萨吉尔曾向她保证多伦斯将担任主刀医生，但他也承诺会尊重她的要求。那天晚上，他们之间建立了坚实的信任关系。

亚萨吉尔恪守诺言，这台手术耗时 11 小时，他坚持在下午晚些时候临时暂停，以便喝点儿水并去趟洗手间。而且，他要求多伦斯与他一起离开！其实这和亚萨吉尔在苏黎世对自己患者所做的并无不同，兑现庄严的承诺对他来说是最重要的，但拒绝在手术进行时离开 5 分钟也反映了他的固执。虽然对护士和其他医生很严格，但他对自己更严格。他并没有实际参与纳米尔的手术，但却仔细地观察着多伦斯的一举一动，比在苏黎世时更甚。他让多伦斯证明每一个手术步骤都是合理的，且要对术中可能遇到的每一个问题都有详细预案。也许除了库雷因布尔之外，多伦斯是唯一亚萨吉尔全程旁观手术的神经外科医生。他自始至终都在与心中的不安做斗争，时不时地来回踱步，一直评论着手术的进程。

手术后几个月，亚萨吉尔和黛安前往以色列看望纳米尔，表面上看是为了评估术后的恢复情况，实际不止于此。亚萨吉尔和她共处了几小时，发现彼此有很多共同点，不仅是对历史、艺术和政治的兴趣，甚至他们的性格都非常类似：自信满满，而又反复无常。他们成为挚友。

到 1989 年的时候，亚萨吉尔接替库雷因布尔担任科主任已经 17 年了，沧海桑田，今非昔比。他没有什么需要去证明的了，依然掌控着神

经外科的发展潮流，经受住了无数的争议、诋毁和嫉妒，在风暴中屹立不倒。他在手术室里仍然有焦虑时刻，但来自疾病本身的似乎越来越少，无论疾病多么复杂、手术多么困难。相比对术后不良结果的担心，反而是细枝末节，比如在手术过程的早期损伤一根无关紧要的小静脉，或者有时不得不像其他医生那样牵开大脑，更让他心烦意乱。他就像一个扑克高手，被抽到的牌扰乱心神，因为深知这幅牌面到底有多小，以及在这种情况下究竟有多少概率获胜。在他手中，颅内动脉瘤手术已经简单到只不过是一场优雅点儿的猫捉老鼠游戏。这种娴熟程度，恐怕只有查理·德雷克可以媲美。

他甚至已经可以心平气和面对自己引发的一些争议。事实上，他现在很少关注那些自封的神经外科权威的批评，他称他们为“打着领结的医生”。他们质疑他神话般治疗效果的真实性，这其实后来被大多数人视为无能者的嫉妒。

尽管无数神经外科医生已经认识到采用显微外科技术的必要性，但亚萨吉尔认为他们做得还远远不够。他发现许多人无意在实验室投入必要的训练时间从而充分磨炼技能，因此一有机会就要重申这个观点：必须先在实验室潜心训练数月，方可在临床开展真正的显微外科手术。他担心急功近利会适得其反，由此导致的不良手术效果会玷污显微外科的声誉。

64 岁时，他开始谈到终有一天要放慢脚步。周围的许多人都怀疑这只是空谈，但他们却惊奇地发现，他好像真的在考虑这一点。毕竟，他在临床神经外科领域还能取得什么成就呢？还有很多其他的方式可以利用他的时间。他终于可以全身心地投入到严肃、不间断的阅读和思考中。也许他会将自己的哲学整理构建为一个正式的系统：写一本或几本关于哲学的书。多年来，他一直在探讨民族向国家的演变，以及在这个过程中科学技术、艺术、宗教乃至闲暇时间的消磨方式所扮演的双重角色，时而推动，时而阻挠。文明源于民族的迁徙和转变。亚萨吉尔的土耳其民族就从中亚迁徙而来，作为奥斯曼帝国统治了地中海世界 5 个世纪。在讲座中，他喜欢以神经元做类比，这种细胞在整个胚胎发育中都在迁移，最终发展成具有难以置信的复杂性和灵活性的人类中枢神经系

统。除了依托在科学、解剖和手术方面积累的丰富经验，他在世界各地旅行时常做笔记，并收集当地书籍、地图和照片。他在私下谈话中提及一种从历史角度阐释政治的独到方式。若真正投身于这样一项事业，他还需要造访一些尚未去过的地方，当然也需要重游不少故地，毕竟有些艺术和建筑，还缘悭一面。黛安可以陪他共赴这趟旅程。德雷克期待着退休后去混迹高尔夫球场，而对于亚萨吉尔来说，这些书、笔记、照片就是他的“高尔夫”。

60 多岁的时候，他开始对指导年轻一代神经外科医生表现出特别的兴趣。他已经积累了足够的经验，并且擅长教学培训。多年来，他不在意年龄的差距，尽力融入前来苏黎世访学的年轻人中，他们每个人都满怀抱负和梦想，渴望提升自己，直面挑战，有些也的确才华横溢。亚萨吉尔感觉肩上的责任越来越重，他要帮助这些年轻人尽可能避开陷阱、少走弯路。他深知诸位导师在自己职业生涯中所扮演的重要角色。当然，也不是每个年轻的神经外科医生都有足够的精力和天赋来配得上亚萨吉尔的提携。但对于那些佼佼者，他会毫无保留地给予帮助。

蒂姆·亚当森（Tim Adamson）就是其中之一。他是萨姆森在达拉斯的住院医师，于 1988 年 12 月抵达苏黎世，开始为期一年的访学。新婚两月的妻子是一名手术室护士，也陪他一同前往。萨姆森事先提醒亚当森，亚萨吉尔非常严厉，要求苛刻。但同时也向他保证，在这种重压下工作是值得的，因为他将亲眼看见超乎想象的神经外科顶尖手术。萨姆森建议亚当森带上一大堆笔记本，记录下看到的一切细节。即使当时不完全明白的东西，终有一天也会理解。

亚当森在刚来的几个月几乎没有引起亚萨吉尔的注意。教授只关注到另一位亚当森，即他那担任洗手护士的妻子——莉萨（Lisa）。她不仅聪明、有趣，而且美丽动人，具备了这三个特征，几乎肯定会和亚萨吉尔合拍。但亚当森医生尽职尽责地每天早上赶去手术室，下午奔赴实验室，在当时的实验室负责人罗斯玛丽·弗里克的眼皮下训练。弗里克本人拥有相当高超的技术，严格地监督着年轻神经外科医生的操作。

他完成了一系列显微技术培训，很快从 10-0 缝线端－端吻合大鼠颈内动脉进行到以下腔静脉为桥静脉完成颈内动脉－颈内静脉搭桥。在

逐渐熟习了颈内动脉 – 颈内静脉搭桥后，他开始挑战模拟深部手术，却体会到巨大的挫败感。由于大多数脑部手术都是在重要解剖结构之间或深部进行的，因此，这项练习尤为重要。

为了模拟深部操作，一个底部方形开口的木盒倒置于实验大鼠的颈部。通过这个开口进行操作给人一种经锁孔开颅实施手术的感觉。随着亚当森技能的提高，弗里克使用胶带逐渐缩小开口，从而使原本简单的任务也变得富有挑战。几个月之后，亚当森终于经 12 毫米 ×12 毫米的开口成功完成了颈内动脉 – 颈内静脉搭桥术。

这一壮举是否证明他在那天下午已经达到了超一流水平还不得而知，但在一周之内，亚萨吉尔突然亲临实验室，表面上是要在这里消磨午后时光。亚当森和同伴们——3 位来自日本和 2 位来自意大利的神经外科医生，以及全日制实验室学生，非常期待这个特别的下午。

亚萨吉尔看着亚当森操作了一会儿，然后让他停下来，指出一些细节问题，然后传授 1～2 个实用技巧。接下来，他让亚当森进行颈内动脉 – 颈内静脉吻合术。搭桥完成，取下夹子，只见通畅的血流由动脉流向静脉。结果亚萨吉尔接过手来，重新临时阻断吻合口的远近端。然后，他把缝线一根根拆掉，仔细检查血管的管腔表面是否有微小血凝块以及进针位置是否最佳。最后他将动脉外翻直至夹子的水平，进一步扩大检查范围。随后再将动脉翻回，亲自上手重建吻合口，一边聊天一边在 17～18 分钟完成了更完美的血管重建。

亚萨吉尔开始在下午晚些时候邀请亚当森到他的私人办公室喝茶并长谈。他们有时讨论神经外科，但更多的时候亚萨吉尔在谈论历史、哲学、艺术，乃至自己对生活的感悟。有时话题非常私人化，他对自己第一次婚姻的失败以及没有花费足够的时间陪伴孩子深感遗憾，在这方面他有强烈的倾诉欲望。但每论及此，他又会很快躲进自我保护的“铠甲”，感叹说即使重来一次，仍然别无他途。职业生涯需要他倾注所有，欲戴其冠，必承其重，他没有机会成为自己理想中的那种父亲。

尽管如此，他的孩子们当时已过而立之年，在他看来都生活富足而快乐。女儿莱拉尤其让他高兴，她成为一名手术室护士，父亲欣赏和钦佩的职业。儿子坎（Can）取名自亚萨吉尔儿时好友也即土耳其的国宝

级诗人，已成长为一名才华横溢的艺术家。他擅长设计漂亮的椅子，将实用性与美观完美融合，他与妻子和 3 个孩子住在德国。亚萨吉尔和他们相聚的机会不多，每次都会送孙辈礼物并非常宠溺他们。

亚萨吉尔称赞多莉在养育孩子方面做得非常出色，他曾向其他人袒露心声，说多莉对孩子的照料比对他要好。这听起来着实奇怪，一位领袖群伦的外科巨匠竟然提及自己需要别人的照料。

晚上和周末下午，亚当森夫妇经常受邀到亚萨吉尔家欢聚。他家坐落于 Stafa 村的美丽湖滨，沿着蜿蜒的苏黎世湖畔向南行驶 20 分钟即可抵达。这座房屋建在湖面上方约 200 英尺的悬崖之上，推开二楼的窗户便可一睹叹为观止的美景。四周葡萄园环绕，供当地人酿制佳肴，尤其盛产上好的雷司令。

房间宽敞，陈设简单，唯独摆满了艺术品，其中很多是来自富裕或有才华的患者的馈赠，包括雕塑和靠墙堆叠 5～6 层的硬版画。亚萨吉尔对每一件作品都了如指掌，会侃侃而谈它的历史、技术、艺术家，以及作者的手术经过。他尤其珍爱以前的患者创作的作品，特别术后阶段。他来回踱步，从堆叠的作品里挑选一些依次挂在墙上，娓娓而谈，滔滔不绝。

餐桌很大，可容纳 8 人。然而，在就餐之前，必须先将其上的书籍、杂志、草稿和地图清理干净。他所研究的任何东西看不到一丝神经外科或医学的迹象，而是涉及历史、艺术、考古学等主题，乃至最晦涩的东西方现代哲学家的作品。他每到访一地，就会带回当地的书籍、小册子和艺术品（并不总是昂贵或精致的，有时更偏重机械之美）。

在 20 世纪 80 年代末和 90 年代初，越来越多的动静脉畸形患者转诊到苏黎世，尤其是额极和颞极以外的复杂动静脉畸形。一般的神经外科医生可以胜任额颞极的动静脉畸形，因为这里脑功能相对不重要，分离肿瘤血供和正常血管时引起的损伤有限。相比之下，侧裂或顶叶的动静脉畸形的供血动脉和引流静脉往往与“过路血管”混杂，后者穿过或围绕病灶供应脑功能区，必须要不惜一切代价保护这些血管。亚萨吉尔正是这方面的大师，他可以根据血管的分布、流动方向、管径、颜色和管壁的性质来决定哪些可以牺牲、哪些需要保留。他手术中的绝大部分

时间都服务于此目的，经常从病灶的外周开始分离，逐渐包绕。在此基础上，切除病灶变得相对简单，逐根处理病变动脉和静脉，最终从脑实质中将整个畸形团完整挖出。通常，他切除病灶的速度快得惊人，因此整个手术的失血量也几乎可以忽略不计。更令人惊讶的是，他从不使用临时夹闭、诱发电位或任何其他形式的电生理监测手段。

整个 1989 年，他都在编写《显微神经外科学》ⅣB 卷的关键内容，主要涉及脑实质肿瘤的手术。他准备写作的方式堪称独一无二。以“岛叶肿瘤”这章为例，在动笔写作前，他会从大量的转诊患者中筛选出这类罕见疾病，在接下来的一周只安排岛叶肿瘤手术。通过每天的专注单病种手术，他会重温该疾病特征和解剖结构，并加深认识。周五下午，在切除了 5 天内的第六个岛叶肿瘤之后，他对各种相关技巧和手术策略的记忆强化到极点，此时便会宣布：“明天我们开始写关于岛叶肿瘤的内容。”仅仅周末 2 天，初稿便一气呵成。

他独自一个人撰写每篇期刊文章和书籍章节的初稿，从来不使用英语，然后他会在随后的众多英文修改稿中核对每一处改动。定稿的时候，他会再逐字逐句修改，并总是咨询他信任的英语母语者。他非常看重英语表述的细微差别，无论他的英语有多好，似乎都始终达不到自己的苛刻要求。

他的不少合著者平素都是讲英语的，反复地斟酌每个段落，却几乎找不到一个短语或者单词需要修改。亚萨吉尔对英式英语和美式英语的风格差别非常敏锐，力图每个短语都精确表达。对他来说，阐释清楚手术理念与描述手术细节一样重要。有些论文甚至需要反复修改十五六遍。

每当完成一个章节或一篇文章，他会将稿件搁置 6 个月乃至 1 年，然后再重新修订并再次咨询同事的建议。到此为止，方才考虑提交出版。即使已经功成名就，他也从不会草草写篇文章便投递出去。毫无疑问，这样做的结果便是，有些手稿从未离开过他的办公室。

他对期刊投稿的极端细致也反映了完美主义的天性。十多年前的一次小波折还在他心头留下了挥之不去的痛。当时给《神经外科杂志》（*Journal of Neurosurgery*）的一篇投稿被拒，他仔细钻研、冥思苦想，

重写了论文并再次投稿。结果，又被拒稿。然后他将这件事告诉了库雷因布尔，后者建议将自己的名字加入作者列表，然后亚萨吉尔第三次投稿，没有再做其他任何更改。文章竟然就被接收了！

曾经有一段时间，美国的神经外科精英阶层试图忽略亚萨吉尔的贡献。他决定永不再向这本杂志投稿，此后他的大多数论文都发表于一本较新、不太知名的期刊《外科神经病学》（*Surgical Neurology*）。所以他的那些重磅论文比如翼点入路夹闭基底动脉瘤以及颈眼动脉瘤的治疗等均未投稿至《神经外科杂志》。他认为这本杂志充满偏见，完全丧失了科学准则。学术评价的客观性被私人恩怨所蒙蔽：杂志编委看不起他，认为他在某些方面低人一等。实际上，他非常尊重杂志主编亨利·施瓦茨，但却生不出一丝好感。

施瓦茨，这位美国神经外科界数十载的真正领袖，却持有不同的观点。他和很多同道都是神经外科过去备受尊崇的风云人物，他们自1968年以来质疑亚萨吉尔和他的方法。更何况，身为巴恩斯医院神经外科前任主任的施瓦茨怎么可能忘掉1965年亚萨吉尔在舍勒电视节目中的言行以及在圣路易斯遭受的伦理指控。

到1990年，亚萨吉尔与多伦斯有过倾心长谈，希望他能接过苏黎世神经外科主任的交椅。亚萨吉尔将在7月份年满65周岁，即科室主任的建议退休年龄（现在瑞士法律已规定67岁退休）。对多伦斯来说，他永远都不敢想象自己有一天会成为全世界最显赫的神经外科的掌门人。这个职位并非完全由亚萨吉尔钦定，但他深知自己的偏好将有着举足轻重的影响。

亚萨吉尔建议多伦斯在苏黎世的部门接受一席职位，从而为胜选增加筹码。但多伦斯却无法迈出这一步，他不愿放弃在卢布尔雅那取得的一切——庞大的患者资源和白手起家的研究机构。而且，如果他最终没有被选上呢？或许，他能够得到一个永久职位，但如果发生冲突和嫉妒，这在任何学术或医疗机构都司空见惯，他将如履薄冰甚至举步维艰。最后，他得出结论：“宁为鸡头，不为凤尾。”决定不离开卢布尔雅那。

多年前的一幕又重演了，亚萨吉尔勃然大怒：“我不喜欢你！我不会再和你讲话了！忘恩负义的家伙！”好几天怒火方才渐渐平息。几周

后，他的态度缓和了一些。“你想想看，”他说，“我知道招聘委员会会倾向你的。他们有什么理由否决你呢？你肯定会选上的。为什么不至少试一试呢？提出正式申请吧，你当之无愧。”

当最终在10名申请者的名单里看到多伦斯的名字时，亚萨吉尔很欣慰。用多伦斯的话来说，“他非常支持，甚至又变得很友好”。

但他们的关系仍然起伏不定。亚萨吉尔劝说多伦斯在苏黎世工作更长时间，对定期往返卢布尔雅那不甚满意。通常多伦斯每周大部分时间都待在苏黎世，然后周末返回卢布尔雅那，有时要到下一周的周二才能回来。为什么他不能彻底放弃斯洛文尼亚的事务呢？在苏黎世，他将与世界顶尖的神经科学家一起工作，包括神经生理专家、神经内科专家以及神经放射学权威瓦莱瓦尼（Valevanis）。但那并非多伦斯所愿。诚然，苏黎世可能是世界神经外科之都，但卢布尔雅那才是真正的故乡。

1992年冬天，多伦斯在布达佩斯召开的欧洲神经外科学会会议上展示了一系列海绵窦手术的工作。观众中仍有不少质疑者。德国汉诺威的马吉德·萨米（Madjid Samii）教授甚至在讲台上当众抨击他，质问中还透露着嘲讽。多伦斯感到自己血脉贲张，但仍克制住争辩的冲动。他望着会议厅里的亚萨吉尔，问道：“教授，可以请您来回答这些问题吗？”

亚萨吉尔从座位上一跃而起，迅速走上前来。他熟稔这种外科学界在国际交流中的政治纠葛，早已有所预见并做足了准备。他展示了自己的幻灯片，有条不紊地总结了多伦斯3年来在苏黎世所开展的工作。一共有48名患者，他严谨而详实地描述了每个病例，就好像是自己做的手术一样。他指出哪些肿瘤不能完全切除，哪些患者在手术后残留神经功能障碍以及康复所需的时长。当他演讲结束时，房间里再也没有一个质疑者。

亚萨吉尔卸任苏黎世神经外科主任后将会何去何从，其实取决于土耳其的局势变化。他始终渴望回到祖国创建一所医学中心。接近他的人都知道，这是他的头等大事。

他跟进来自土耳其的所有最新消息，看到实业家和政界人士正在将祖国一天天发展为一个国际强国。他和政府的最高领导人图尔古特·厄

扎尔（Turgut Özal）和苏莱曼·德米雷尔都有私交。

厄扎尔于 20 世纪 80 年代初上台，是自阿塔图尔克以来土耳其最具影响力的政治人物。他的自由市场政策引发了一场经济革命，随之掀起了整个国家繁荣的浪潮。亚萨吉尔先是通过厄扎尔的妻子接触到他，此后则是通过一位高级政要的救治而熟识。

塞姆拉·厄扎尔（Semra Özal）曾在安卡拉发生车祸，其间经历了短暂的意识丧失。当地的神经外科医生接诊后建议她再去苏黎世复查，并陪同她一起前往。

亚萨吉尔对这位总理夫人进行了检查，没有发现持续的神经功能障碍，也没有找到任何提示永久性脑损伤的证据。除了面部和头皮的撕裂伤和挫伤外，她的伤情仅限于四肢，基本上是软组织创伤。亚萨吉尔发现厄扎尔夫人充满魅力。她讲述了自己出身寒门的经历，也很感激亚萨吉尔耐心的诊治，他们立即建立了友谊。但亚萨吉尔对她与那位安卡拉医生的关系却感到困惑，她本人有点像政治家，而医生似乎是她的一位经纪人。

后来亚萨吉尔为一位土耳其政府部长做了急诊手术，他因动脉瘤破裂被转运至苏黎世，术后恢复很好并重返政坛。他对亚萨吉尔感激不已，慷慨表示终有一天要报答救命之恩。

亚萨吉尔第一次见到厄扎尔时，提到希望有一天能重返土耳其，创建并经营一家大型医院。厄扎尔对此非常赞许，承诺会促成此事。厄扎尔的个人魅力和对土耳其现代化进程的看法也给亚萨吉尔留下深刻印象。那真是一个充满希望的时代。

厄扎尔因将资本主义引入土耳其而备受赞誉。他在 1980 年军事政变之前担任德米雷尔总理的副手，并在对政变前政治领导人重涉政坛的禁令取消之后成立了祖国党（Motherland Party）⑤。1983 年，祖国党并未被军方控制的傀儡党派视为威胁，结果却赢得了 400 个议会席位中的 211 个，厄扎尔也因此就任总理。凭借自由市场和私有化政策，厄扎尔又在 1986 年击败了德米雷尔新成立的正确道路党（True Path Party）。然而，厄扎尔并未坚持推行彻底的经济体制改革，而决定即时行使政治权力以巩固统治。他身兼经济部长，手握国库操控大权。对他来说，仓

盈廪实不见得有实际好处，反而还要冒着 1987 年大选输给德米雷尔的风险，何况更没必要给后任的竞争对手留这份大礼。于是，厄扎尔开始放松财政控制，公共资金流入了最具选民影响力的传统领域，这里以农民和国家工作人员为主。

他周围的朋友和家人几乎没人把国家利益放在心上。在 1987 年赢得议会 2/3 的席位后，他觉得是时候对政府投资踩刹车了，从而恢复当年为他带来政治声誉的自由市场经济秩序，但紧缩政策扭转了他在大选前两年持续注入资金所刺激的经济增长。政府投资的减少直接导致工资下降，民众的怨恨随之而来。为了维系政治生涯的稳定，厄扎尔不得不面临艰苦的斗争，而个人情况也陷入困境。1987 年 2 月，他在得克萨斯州休斯敦接受了 3 支病变冠状动脉搭桥手术。在接下来的 6 月，他遭遇致命袭击，所幸成功逃脱，只是拇指受了轻伤。

但他的政治命运仍在继续恶化。1989 年发生干旱，伊斯坦布尔居民甚至昼夜不停地排起了长队，等待在古老的奥斯曼喷泉接水，住院患者也都被提前赶出医院。此外，干旱还增加了 10 亿美元的小麦进口费用，一年后的海湾战争进一步给土耳其的贸易模式带来严重压力。随后发生了短暂的工会总罢工，利率飙升。而在这种内忧外患的境况下，厄扎尔的朋友和家人似乎都一夜暴富，之前的贪腐传闻一时间甚嚣尘上。

1989 年厄扎尔当选总统后，便遭受了关于裙带关系的公开指控。他的儿子建立了土耳其第一家私人电视台，利用土耳其电信法的漏洞，通过欧洲的卫星进行广播。塞姆拉则依靠部长们的支持，谋取了祖国党重要的伊斯坦布尔分支的主席职位。公众对于腐败的呼声终于爆发，指责厄扎尔对公立医疗保健系统的衰落负有全部责任。他甚至在出席公共场合时不得不在侧臂配备一把手枪以防不测。

1991 年，为了重振医疗保健系统，厄扎尔告诉亚萨吉尔，是时候建立他们之前讨论过的医疗中心了。他正在为此铺路。亚萨吉尔被安卡拉大学和伊斯坦布尔大学授予名誉博士学位，在土耳其的公众形象一时无两，他在 1961 年因未能返回土耳其接受军事训练而被剥夺了土耳其公民身份，如今也被厄扎尔恢复。总统决心采取一切必需措施促成亚萨吉尔回国。

“你需要多少钱？”厄扎尔问道，“两亿？”

亚萨吉尔惊呆了，从未估算到这笔天文数字。他很清楚厄扎尔目前的政治窘境，突然就感到不安起来。他的想法是改造一家已经投入运营的医院，可以肯定的是，这几乎只需花费那一半的费用。

但厄扎尔根本不考虑这些，他需要一个戏剧性的姿态来应对眼下的政治形势。他坚持要建设一家一流水准的新医院，鼓舞亚萨吉尔把目光放远、干出一番伟业。

厄扎尔表示，将为该项目提供2.2亿美元预算，而所有医疗细节都交由亚萨吉尔全权把控。他可以根据自己的需求招聘人员、配置设备、管理医院运营，从事他感兴趣的任何研究和临床业务。资金不是问题。

但这笔天文数字着实引起了亚萨吉尔的忧虑，他认为厄扎尔的规划过于宏伟。

不久之后，在一次国际神经外科会议上，亚萨吉尔遇到了之前陪厄扎尔夫人来苏黎世的那位医生。他告诉亚萨吉尔，那位患动脉瘤的部长最近在与厄扎尔的交谈中提到，还未能报答亚萨吉尔的救命之恩。据称，厄扎尔未给出直接答复，而是询问正在建设的医院的状况。亚萨吉尔深感震惊，厄扎尔竟然已经将这个项目给了别人，甚至可能就是他面前的这位医生。显然，总统对亚萨吉尔撒了谎，只是在利用他。

“嗯，”他竭力掩饰自己的愤怒说，“那么医院的进展如何？”

“哦，很顺利，”土耳其医生回答道，“临床设备也开始进场了。上周刚来了一台神经外科显微镜，您会很高兴吧。”

在那一刻，亚萨吉尔明白了，眼前的这位同道也在撒谎。他们所有人都在撒谎。他不知道安卡拉到底在发生什么，不过有一点可以确信，就是整个政府已经烂到了骨子里。那实在是一个悲伤的时刻。亚萨吉尔决心忘掉厄扎尔和他的政府，一直以来，他都期盼着有朝一日重返故土再不离开，如今看来不过是黄粱一梦。在国家的前进过程中，政治欺诈固然不可避免，但亚萨吉尔可不想牵扯其中，他不愿成为任何人的棋子。他回忆起父亲在阿塔图尔克当政早期的焦虑时光。当时年纪尚幼的他即被教导要在自己力所能及的范围内生活，越界可能会带来持久的

痛苦。

1993 年 4 月，也就是亚萨吉尔在苏黎世退休 3 个月后，厄扎尔死于突发心脏病，将德米雷尔推上了总统宝座。在过去的 28 年中，德米雷尔曾 7 次担任总理，历经政坛的波云诡谲，却能屹立不倒，可以说是自阿塔图尔克以来土耳其最杰出和最坚韧的领导人。亚萨吉尔从 18 岁就和他相识，或许德米雷尔与厄扎尔并不相同。

亚萨吉尔联系到德米雷尔，向他概述了之前厄扎尔的承诺。

德米雷尔只是笑了笑。“算了，忘了这件事吧，”他说，“这笔资金根本就没有着落，至少目前是这样。我的政府还正在水深火热中呢。”

这个回绝听起来合情合理，反而给亚萨吉尔带来了一线希望。他忍不住要为自己梦想中的医院再积极争取一下：“但其实不需要 2 亿美元！远远没有这么多。”他认真考虑过这个问题，还咨询了业内专家。

“哦？那么需要多少呢？”

他解释说，把现有医院改造成他理想的样子应该用不到 1 亿美元。

德米雷尔停顿了一下，然后回答道：“好的，让我来想想办法吧。现在时机还不对，但可能会有转机。”他建议亚萨吉尔在几个月后再给他打电话：“不要告诉其他任何人，直接联系我就好。”

这个答复不禁让人联想到德米雷尔每天要面临的明枪暗箭。不管怎样，亚萨吉尔对他抱有极大的希望和信任。他把这次谈话记录归档，但吃一堑长一智，他对此也保留了一丝怀疑。

注　释

① Dolenc: *J. Neurosurg*, 1983(58), 824–831.

② Parkinson: *J Neurosurg*, 1965(23), 474–483.

③ Dolenc: *Microsurgical Anatomy and Surgery of the Central Skull Base*, Introduction.

④ Yasargil: In Dolenc: *Anatomy and Surgery of the Cavernous*, Foreword.

⑤ Pope and Pope: *Turkey Unveiled—A History of Modern Turkey*, 157–217.

退休后的日子

Little Rock

第 27 章　小石城

1993 年 1 月，亚萨吉尔卸任苏黎世神经外科主任，开始集中精力完成六卷本教科书《显微神经外科学》(*Microneurosurgery*)。前四卷已经出版了 5 年多，如今只剩下脑肿瘤部分。ⅣA 卷和ⅣB 卷的撰写分别始于 1985 年和 1987 年，其间亚萨吉尔的接班人延川康弘教授慷慨地提供工作人员协助，最终这两卷在 1995 年秋季定稿。

只吃水果和蔬菜，从不停止工作，这两项长期奉行的习惯使得 68 岁的亚萨吉尔依然保持着良好的健康状况，瘦削，结实，精力充沛。唯一的身体问题是 1987 年的视网膜脱落，为此他接受了急诊巩膜扣带术，那是一段可怕的时期。失去一侧的视力将宣告他外科生涯的结束。好在恢复顺利，没有出现任何永久的视觉后遗症。

他不想放慢脚步。要求科主任在 67 岁退休也许对瑞士的医疗机构来说是个好政策，但对亚萨吉尔来说却不是。他认为自己有着职业生涯迄今为止最丰富的经验和知识，况且，还身体健康，精力充沛。他的临床手术效果在世界上无与伦比，他本人也誉满全球。虽然有些人认为他 40 岁时那种令人叹为观止的精细触觉可能已经衰退，但实际的手术效果证明他没有失去任何重要的东西。事实上，他在手术室里比以往任何时候都更松弛，没有理由现在就放弃手术。临近 40 岁的运动员和 60 岁出头的飞行员可能都开始期待退休生活，但亚萨吉尔却渴望着工作到古稀之年。没有了扰人心神的行政杂务，他看到黄金时代就在眼前。

1993 年冬天，因为重返土耳其领导一家医学中心的计划搁浅，亚萨吉尔开始考虑其他选择。他对去卢塞恩抱有希望。弗里德里希 · 西格尔（Friedrich Sgier）在那里工作，他曾在苏黎世跟随亚萨吉尔学习，也

是《显微神经外科学》ⅣB 卷 20 余位合著者之一。西格尔在苏黎世学习 10 年，其间亚萨吉尔曾暗示可能会选他作为接班候选人。此次亚萨吉尔躬身前往，与西格尔亲切会面。但考虑到老师独断专行的风格，西格尔和同事最终得出结论：卢塞恩不适合一位退休的神经外科医生继续工作。

瑞士还有其他机会，意大利也有，但亚萨吉尔最终否决了在私立医院工作的选项。他仍想有一个学术职位，于是开始转向自己在美国的关系。美国的几个主要中心的负责人很快就抛出了橄榄枝，包括纽约的卡尔蒙·波斯特（Kalmon Post）和帕特里克·凯利（Patrick Kelly），夏洛茨维尔的拉迪斯劳·斯坦纳（Ladislau Steiner）和尼尔·卡塞尔（Neal Kassel），以及底特律的费尔南多·迪亚兹（Fernando Diaz）①。在达拉斯访问时亚萨吉尔也向萨姆森表露了意愿，并得到了口头许诺，但亚萨吉尔未再回应。此外，柏林的马里奥·布罗克（Mario Brock）也发出了邀请。

4 月，他在波士顿举行的美国神经外科医师协会会议上与奥萨马·阿尔梅提（Ossama Al-Mefty）共进早餐②。阿尔梅提是一位享誉国际的颅底外科医生，刚就任阿肯色大学神经外科主任一年，邀请亚萨吉尔加盟小石城（Little Rock）将提升阿尔梅提执掌的年轻科室的知名度，同时也可以为亚萨吉尔提供他想要的学术资源。阿尔梅提立即着手办理申请亚萨吉尔的在美行医执照。亚萨吉尔固然对阿尔梅提和阿肯色州感到满意，但最终促成此行的却是行医执照。他对申请各类政府公文的繁文缛节和不确定性深恶痛绝，30 年前那场护照引起的纷争还历历在目。不到 6 个月之后，亚萨吉尔和黛安便迁居小石城。

他们购置了一套美丽的两层住宅，高高地坐落于一座小山上，有一个宽阔的前露台，可以俯瞰广袤的默里湖，其水源来自 1000 英里外科罗拉多州落基山脉的阿肯色河。在后露台上可以看到一英里外的美国 430 号公路，从西南向东北横穿。目光所及，静谧安宁，让人不由想起他们在苏黎世郊外的家。他钟情于这类景观，坦承自己可能就像一个将军，总是偏爱高地，从而可以对远处的一切尽收眼底。

这座小石城新居的贷款是由他在苏黎世的银行家操办，主要是抵押了他们在苏黎世湖畔的家，那里仍有家具，但无人居住。在离开苏黎世

之前的几年里，他的年薪大约 100 万美元。在小石城的年薪从 125 000 美元起步。钱对他没有太大的吸引力。2 个月前，在弗吉尼亚州夏洛茨维尔的拉迪斯劳·斯坦纳（Ladislau Steiner）的雅致新家里，他与老朋友查理·德雷克和斯坦纳饭后闲聊了这个话题。“我要很多钱做什么呢？”他说，“一个人能吃多少？能穿多少？”说罢还不好意思地瞥了一眼自己新的浅蓝绿色西装的袖子。德雷克和斯坦纳都只见过他穿着守旧的深蓝色或灰色西装，他还喜欢在舒适的运动夹克下穿开领的衬衫。最了解他的人都知道，他对厨房里准备的丰盛食物会很谨慎，一生都坚持吃得简单，远离调味品，尤其是大蒜。

他没有奢侈的爱好或欲望。在诊治患者和写作之外，书占据了他绝大多数的时间。这些书主要涉及历史和艺术，还有一些兼容并蓄的哲学作品。平装书居多，没有皮革装订或藏品级别的书供展示。直到 1997 年，最后一批个人文件、书籍、照片、幻灯片、录像带和手术视频由苏黎世运达小石城，他的工作图书馆才堪称火力全开。他徜徉在自己的想法、幻灯片、照片中，无比幸福，当然还有置身的自然环境，处处是鸟儿和松鼠，它们悠闲地享受着种子、坚果和水果的美味。

他钦佩那些擅长积蓄财富的人，但认为他们的思维模式和时间利用方式与自己完全不同。他从动脉瘤夹中可获得一定的发明使用费，但从设计的其他器械中获益甚少。毫无疑问，如果他想将收益最大化，早就可以将收入翻 3 倍甚至更多。但他选择了将精力用在别处。

他保留着苏黎世的家，没有放弃有朝一日返回欧洲的想法，但他仍然深爱土耳其。还在蹒跚学步时，母亲就向他灌输要为土耳其人民做贡献的殷殷期望。过去 20 多年来，他于业界登顶，在世界各地备极尊崇，但还没有完全实现儿时的目标。土耳其的上流人士已经表现出对这位心爱的游子的欢迎，他多年以来也梦想打造一个伟大的土耳其医学中心。尽管父亲关于远离政坛腐败的告诫仍然时时警醒着他，但内心深处依旧不愿轻言放弃。

到 20 世纪 90 年代中叶，厄扎尔 10 年前播下的经济种子已经全面开花③。土耳其设计师和工程师创作力喷薄而发，政府也加大了工厂和企业的投资；皮革制品和纺织品成为高利润的出口产品；伊斯坦布尔股

票市场跻身欧洲六大交易所。土耳其人民开始迅速积累个人财富。

随着德米雷尔政府的统治越来越牢固，他对公共支出的看法发生了变化。他韧性极强，一直在努力适应各种变化。他曾 2 次因军事干预而被赶下台，但每次都重新振作起来，归来时比以往任何时候都更受欢迎。现在他正处于职业生涯的巅峰。“昨天已过去，今天是新的。”他常挂在嘴边。

亚萨吉尔不打算直接打电话给德米雷尔，而是通过卫生部长联系了他。他想得到一个确定的答复，返回土耳其到底是否可行。德米雷尔回复了一封私人信件，指点亚萨吉尔开始推进关于新医院的规划。

不久，德米雷尔的嫡系、土耳其首位女总理坦苏·奇莱尔（Tansu Çiller）联系了亚萨吉尔，邀请他前往安卡拉。奇莱尔之前曾担任经济部长，也是媒体通，以个人魅力风靡全国④。作为富庶之家的独女，她在美国获得经济学学位，凭借标志性的笑容和可人的外貌塑造了充满活力的形象，而政治手腕强硬、风格凌厉，是土耳其女性的偶像。

亚萨吉尔发现奇莱尔虽然和蔼可亲，但在他介绍规划时却似乎心不在焉。让他惊讶的是，奇莱尔竟对一些细枝末节表现出浓厚的兴趣。她坚持认为新医院应配备“层流”技术。“未来的所有医院都必须有层流，”她反复强调。这到底在表达什么？

奇莱尔甚至都想好了一个特定的供应商，得知这种设备将耗资 2500 万美元，并预留了相关的预算。最后，她并未给出明确的承诺，只留给亚萨吉尔一个灿烂的笑容，便匆匆赶赴一场电视新闻发布会。

亚萨吉尔困惑不解，2500 万美元用于层流？这对于一项他一无所知的技术来说堪称巨款，而且他根本不相信这是必要的。回到小石城后，他找到了医院设计方面的专家，发现这项创新技术确实可行，而且在某些领域有潜在的好处，例如骨科在关节置换手术中预防感染。但当时最好的层流系统也应该花费不到 50 万美元！

这一次亚萨吉尔彻彻底底明白了，他只是土耳其政客手中的棋子。德米雷尔或奇莱尔背后的财团想从中获利 2450 万美元！政客们对贪婪和腐败的嗜好是永无止境的。那一刻他意识到，他在土耳其的医院将永存梦中了。他再也不想参与其中，又回忆起父亲为了保持自己作为政府

雇员的初心而艰苦挣扎。父亲最宝贵的财富就是正直，而这也遗传给了亚萨吉尔。他放弃了重返土耳其的毕生梦想。

他抵达小石城不到2周，便开展了第一台手术。此后的1年，共做了120多台手术，其中还有一位故人。

埃明·居罗的妻子在术后20年开始出现一侧视力问题，安卡拉的血管造影显示有3个不同的动脉瘤。库雷因布尔当时处理的动脉瘤也没有被完全夹闭。土耳其外科医生表示无能为力，手术没法暴露其中任何一个。居罗一家也确信世界上没有外科医生能解决这个问题。

居罗的儿子住在得克萨斯州，安排母亲去看了休斯敦的神经外科医生，他们的意见与安卡拉的医生一致：颈内动脉的动脉瘤可能会影响寿命，但是瘤体太大了，手术相对禁忌。动脉瘤压迫了右侧视神经，手术可能导致视力恶化甚至失明，还可能引起眼睑下垂。此外，眼球运动也存在风险，或许会残留永久复视，此后只能戴上眼罩。当然，也有一定的致死概率。“加兹·亚萨吉尔是世界上唯一有希望成功完成这类动脉瘤手术的外科医生。”其中一位资深医生告诉她。

“原来是这样？”居罗答道：“我认识他，我们是朋友，从小一起长大。那么我们去苏黎世吧，那里是我们最后的希望。”

“但那不现实，他已经退休了，再也不开刀了，更何况这种高难度手术。”

“不管怎样，我们还是去一趟苏黎世，至少他会告诉我们该怎么做。”

“他不在苏黎世了，退休后居住在小石城。”

“阿肯色州？”那就太近了。

居罗大吃一惊，他已许久未联络亚萨吉尔，没想到他就住在美国。他马上找到了亚萨吉尔的地址，并将妻子的血管造影资料邮寄过去。

“到小石城来吧，”2天后亚萨吉尔打来电话，“我要亲自给她检查看一看。”

一个动脉瘤位于颅底，阿尔梅提坚决认为不需手术处理。这个不仅很小，而且不在蛛网膜下腔，即使活到90岁也不太可能造成麻烦，勉

强去处理只会带来不必要的危险。第二个看起来像动脉瘤的东西应该是伪影，非常小，而且只能在一个造影角度上看到，更不会引起什么后果。

但亚萨吉尔确信第三个，即那个非常大的动脉瘤至关重要。若不手术处理，可能会导致灾难性的后果。他建议居罗先带妻子回休斯敦过感恩节假期，下周再回来。他准备在周二手术。

“但是，你能搞定它吗？其他神经外科医生都说——”

“他们说的不对。”亚萨吉尔厉声道，非常坚决。

1 周后，在这台 7 小时的手术中，亚萨吉尔用 3 个夹子从不同的角度彻底夹闭了动脉瘤。居罗的妻子术后恢复顺利，没有任何并发症，她又可以好好生活很多年了。

1996 年 3 月，年近 71 岁的亚萨吉尔返回苏黎世，接受第二次眼科手术，这次是双眼白内障的择期切除术。他试图对结果充满信心，但即使任何一只眼睛视力受损都可能影响景深感受能力，从而使职业生涯报废。当主诊的年轻外科医生（据说是瑞士顶级眼科医生之一）坚持要在麻醉师还未开放静脉通路时就开始手术时，他的焦虑更加剧了。主刀医生相信即使没有常规的静脉镇静，亚萨吉尔在局部麻醉下也没问题。他当天排了 10 台手术，这已经是第 7 台，必须争分夺秒。亚萨吉尔努力压抑住自己的疑虑，最终手术非常顺利。很快他就回到小石城，视力已明显改善了。

然而，在 5 月 18 日，他出现了急性眼痛，马上就意识到，1987 年那次的视网膜脱落重演了。当天下午，他接受了当地眼科医生的手术，主刀医生曾受训于亚萨吉尔在旧金山的老友、享誉世界的比尔·霍伊特。这次手术在全身麻醉下进行，术前计划可能需要进行玻璃体切除术，但最终通过创伤更小的“扣带”手术再次修复了脱落的视网膜，和 9 年前一样。3 个月后他几乎完全康复，只是不时需用眼药水缓解不适。视力很好，他又逃脱了一次潜在的灾难，很快便重返手术室。

1 年后，笔者目睹了他的一次手术—— 一个巨大大脑中动脉瘤，需要上多个夹子，无疑非常困难。他以 72 岁高龄，仍然在挑战这类可以让比他年轻 20—30 岁的外科医生都心惊胆战的手术。在接下来的 7 年

里，他又对 71 名癫痫患者开展了选择性海马杏仁核切除术，此外还有一些边缘和旁边缘系统肿瘤[⑤]。

1996 年圣诞节后的 3 天，阿尔梅提给亚萨吉尔和黛安带来了一份迟到的礼物—— 一台宽屏电视机。亚萨吉尔和阿尔梅提开箱后，阿尔梅提年仅 10 岁的早慧儿子在地下室的大房间里监督安装。一场美国国家橄榄球联盟季后赛正在进行，小男孩显然是其中一支球队的粉丝。他非常兴奋地解释他的球队正面临的风险，亚萨吉尔逐字逐句地认真听着，饶有兴致，就像在听一位同事讨论一种新的手术技术。他还向孩子提了一连串关于职业橄榄球和这场比赛对冠军归属影响的问题，阿尔梅提和黛安都在旁边惊奇地看着。

几年后，亚萨吉尔将会在美国最受欢迎的体育周刊《体育画报》（*Sports Illustrated*）中读到关于他自己的故事[⑥]。5 个月前，他为阿肯色野猪队（University of Arkansas Razorbacks）的跑卫教练丹尼·纳特（Danny Nutt）做了延髓海绵状血管瘤手术，这是脑干中控制呼吸的部分，直接和维系生命相关。其他看到纳特的 MRI 的神经外科医生都坚称无法手术，在这里动刀过于愚蠢和鲁莽。但亚萨吉尔没有犹豫，如果所有人都退缩，那这个活力四射的中年人将走投无路。下一个赛季，纳特又回到了场边，好像从未生病。

之后，身着自己的野猪队运动衫，亚萨吉尔成了阿肯色州足球比赛的座上宾。如果阿肯色人喜爱野猪队球员和教练，那他们也会喜欢面对风险毫不退缩的天才外科医生。亚萨吉尔喜欢这项运动的刺激和色彩，并痴迷于它的战术策略。1999 年 11 月 20 日晚上，在全美转播的野猪队和密苏里大学比赛中场休息时，阿肯色大学的球迷认出了亚萨吉尔。当晚，世界上最著名的神经外科医生又荣膺一顶桂冠——阿肯色州最受欢迎的神经外科医生。

搬到小石城后，亚萨吉尔的行程只增不减，应邀到全球各地演讲。1997 年，获得世界神经外科联盟（World Federation of Neurosurgical Societies）金质奖章。次年，他在南美访问时被巴西神经外科学会评为“神经外科世纪人物”（Neurosurgeon of the Century），几个月后又入选土耳其科学院。他多次前往日本和欧洲各大城市，此后还前往澳洲，这

也是他受邀担任嘉宾的第五大洲。1999 年 8 月，布宜诺斯艾利斯神经外科学会的费尔南多·克内泽维奇（Fernando Knezevich）和西尔维亚·伯纳（Silvia Berner）医生也邀请亚萨吉尔夫妇前往。那年秋天，他在秘鲁、纽约、洛杉矶和纽黑文都发表了演讲。

但阿根廷之行却与众不同，他的邀约不限主题、不限时间。作为一名教师，他历来讨厌限制，尤其是时间限制。这次连续 4 天的授课，他每天开讲 12 小时，只在中间花 1 小时吃午餐。晚上，费尔南多·克内泽维奇和西尔维亚·伯纳准备了丰盛的美食和探戈表演。亚萨吉尔痴迷于所有舞蹈形式，数周以来一直期待着欣赏到专业的探戈。期间他没有一次早早上床，在午夜之前从未沾过枕头。

亚萨吉尔以一场关于神经外科历史的讲座开场，从公元前 5000 年的埃及人讲起，每讲四五张幻灯片就会发散到一些关于艺术、哲学和技术的评论，从而为演讲增添趣味。如同 1990 年 10 月在安卡拉[7]、1993 年 6 月在夏洛茨维尔[8]、1998 年 4 月在夏洛特一样，他并没有就此展开冗长的题外话，但考虑到他整周的演讲时长，这些内容加起来可能也相当于 4 小时。在 4 天内，借助幻灯片、视频和手术录像，他对神经外科的各个领域做了详尽的讲解和讨论，包括动脉瘤、血管畸形、每种脑脊髓肿瘤、儿童病变、脑积水甚至颅脑创伤。在上午和下午的中场休息时他会喝杯咖啡，在报告厅外走廊来回快走。他在演讲中从未坐下，也不需要参看讲稿或笔记。毫无疑问，他和黛安的行李里装着衣服和盥洗用品，但他们的手提箱里肯定塞满了幻灯片、16 毫米的手术录像带。

这堪称一次体力和脑力的双重壮举，任何年龄的任何人都会筋疲力尽。对于一个 74 岁的老人来说，实在令人叹服。他从来都不给自己一丝喘气的机会，他在会议开始的前一天抵达。那是个周日，当天下午，他在城市街道上来回穿梭，陪同的人都很难跟上他的步伐。他会拦住行人询问各种草木的名称和当地的名胜，还去逛一逛公园、艺术博物馆和咖啡店。直到天色渐暗，他才会放慢脚步，和黛安去寻找一家超市，购买新鲜面包、水果、奶酪和瓶装水。通常，他们在旅行的夜晚喜欢独享二人世界，吃晚餐、阅读、睡前看看电视新闻。亚萨吉尔以不参加各式各样的宴会而闻名，但在职业生涯后期，他往往是受邀的贵宾，越来越

难以拒绝。内泽维奇和伯纳都是老朋友了，为他精心准备了晚上的活动。他也盛情难却，而且很期待和他们相聚。

在布宜诺斯艾利斯，就像之前到访的每个城市一样，他都特别注意研究这座城市及其周边地区，寻觅它的特别之处。早些时候，他还请东道主送他一件礼物，即介绍当地风土人情、重要工业和地标的书。几年后，他将当时的这位东道主介绍给其他同事时，绘声绘色地讲起他的家乡，惊人地展示出他对当地习俗和历史的细微了解和深刻洞见。不同地域、民族及其差异对他来说非常重要，尤其是可以反映在当地艺术和社会习俗中时。他对这方面细枝末节的嗜好一如研究脑部疾病，探寻它们的主要特征，以及缘何而来。

那个周末，亚萨吉尔短途飞行前往内陆美丽的罗萨里奥市，参加阿根廷神经外科协会的年会。没想到和布宜诺斯艾利斯不同，这将会是一次不愉快的经历。

在会议上发表关于颅内血管病变显微外科治疗的演讲时，亚萨吉尔意识到听众里有一大群血管介入外科医生和放射科医生，他们并不直接开颅暴露动脉瘤和动静脉畸形，而是在透视下通过患者腹股沟的小切口置入导管，从而开展治疗。会议的组织者阿尔曼多·巴索（Armando Basso）推崇血管介入手术，于是将这项新加入神经外科武器库的技术安排在会议日程的显要位置。亚萨吉尔不得不怀疑，自己作为主流神经外科的代表，只是被诱骗过来遭受伏击。

他赞成将血管介入技术作为显微神经外科手术的辅助手段，但厌恶不精于解剖和分离技术的人自诩神经外科医生。他向与会人员明确传达了自己的观点，并进一步抨击了世界范围的神经外科医生培训模式。一如既往，他建议协会的成员们努力提高自己的技能，尤其要重视实验室训练。

听到他的长篇大论，在德国汉诺威工作的伊朗神经外科医生马吉德·萨米跳了起来。作为世界神经外科联盟主席，他大力捍卫目前国际上神经外科医生的培训和能力。他对亚萨吉尔毫不客气，就像7年前在布达佩斯质疑多伦斯一样。他甚至暗示，亚萨吉尔是在担心新一代医生已经认识到显微外科技术的优势只是昙花一现。

亚萨吉尔沉默不语，其他人站起来赞同萨米的言论，暗示像亚萨

吉尔这样的老派人物不应该挫伤年轻人的锐气，这会阻碍他们的职业发展。真是讽刺，他感觉自己经历了一个轮回！

亚萨吉尔又惊又怒，他的本能是站起来战斗，他讨厌被污蔑成守旧派，但瞄了一眼手表，时间紧张，只剩不到 1 小时的时间可以赶往机场。他和黛安返回小石城的航班还要很长。

亚萨吉尔对 20 世纪末神经外科的发展方向持保留意见。他很少讨论它，并且在公开场合拒绝回答相关问题，通常只有在其他人提出同样的批评时才会加入这个话题。尽管对 20 世纪 90 年代出现的计算机辅助神经导航技术及其在神经外科中的辅助作用很感兴趣，但他担心未来的神经外科医生可能会滥用该方法，沿着计算机测算的路径直达手术病灶，必然会牺牲一部分脑实质组织。虽然额叶和颞叶某些部分的特定功能尚未阐明，并不能因此假设它们不重要，乃至随意切除。尤其是神经心理学，仍处于萌芽阶段。对他来说，所有的脑组织都是“功能区”。即使有一天计算机能够识别并保护蛛网膜界面和其下的腔隙，它也不可能胜过博学、有经验、全力以赴的外科医生。在亚萨吉尔看来，最理想的状况是压根儿不要碰触到不像病灶的脑组织。通过打开蛛网膜下腔的脑池和腔隙、轻柔移位脑组织、充分释放脑脊液，他可以显露绝大多数病灶。只有当病灶本身的位置和生长特性要求必须如此时，他才会侵犯脑实质。在蛛网膜下腔的导航需借助一定的技术帮助，但仍主要依赖人力。医生对神经解剖的理解始终是最重要的。外科医生要对患者可能发生的一切负责，也只有集想象力、灵性和爱于一体的外科医生才能担起这种责任。他在这个问题上的观点坚定不移。

在卸任科室主任并搬到小石城后，亚萨吉尔仍然极度依赖黛安，只是方式不同而已。如今没有了一堆秘书和下属，黛安要负责管理他的生活，整理各种琐事，当他沮丧不安时给予安慰，并在必要时向其他人解释他的古怪脾性。除了为他做饭和打理温馨的小家，黛安还充当了他的私人银行家、司机、旅行代谢和社会助理等角色，负责引导他完成必要的社交活动，还要操办游览博物馆、书店和其他他喜欢的活动，将他从携带现金、支票簿、信用卡和旅行指南等日常琐屑中解放出来，甚至外出就餐时，黛安都要替他去监督食物是什么以及如何烹饪的。

与大多数妻子不同，黛安作为纽带，不仅维系了丈夫与社会的联络，还有他的许多同事，其中一些对他至关重要。黛安永远笑容灿烂、寒暄热切，洞悉人性的复杂，对处理潜在的误会游刃有余。她也是偶尔在 Overlook Drive 的家中举办晚宴的完美女主人，着装品位一流，懂得如何展示自己、装点家庭，精心的幕后筹备每每看似轻松，甚至富有生趣。而且，当然，她还做得一手好饭！

在大多数情况下，亚萨吉尔都会以他那种较为自我的方式表达对黛安所做的一切的感激。但有时，他也会忽略黛安不断积攒起的情绪，甚至到了挑战她耐心极限的地步。很多男人，显贵与否，都会有类似的粗心大意。但一般来说，当亚萨吉尔意识到自己的言行正在如履薄冰时，会及时退缩，避免深陷对妻子亏欠的泥潭。每当此时，他会转而表露出对黛安的深爱与尊重。

发生在 1999 年美国神经外科年会的一次小插曲正可以说明他们之间的这种关系。那是 10 月份的一个周日下午，天气灰蒙蒙的，在返回宾馆的路上，他们在波士顿郊区拥堵的车流中蜿蜒缓行，已经多年没有开车的亚萨吉尔不禁开始抱怨黛安选择的路线，直到黛安从紧咬的牙关中蹦出一句几乎不可闻的“够了，亚萨吉尔”，他才沉默了大概 20 分钟。而且为防尴尬，他会机智地避开其他 2 位在场的同伴投来的目光！

尽管有如此罕见的时刻，但往往也源于压力和疲惫。很明显，亚萨吉尔夫妇毫无保留地爱着彼此，以他们各自的方式。在过去 20 年的大部分时间里，他们的婚姻一直稳固而富有成效。他完全离不开黛安，彼此都深知这一点。“我的第一任妻子对孩子们很好，”他曾经说过，“但黛安知道如何照顾我。”虽然有时亚萨吉尔很难相处，黛安仍然为“亚萨吉尔夫人”的身份而感到非常自豪和幸福。

尽管他们在 20 世纪 90 年代经常到访世界各地，但尚不清楚亚萨吉尔是否曾专门带黛安度过一个真正的闲适而放松的假期。在各大神经外科会议上，他即使不是贵宾或特邀讲者，也总会是全场关注的焦点，而黛安常陪伴左右。或许，相比于在他远离舞台中心时和他相处，黛安更偏爱这种场合，她在社交上引导他，放纵他的奇思妙想和不安全感。不管有多少艰难时刻，她始终忠诚于他，温文尔雅地称赞他的朋友和其他

对他重要的人，而同时也不去关注他所忽视的人。周围的每个人都明白，黛安·亚萨吉尔和她的丈夫一样，非同寻常。

亚萨吉尔是一位公认的人本主义者，但具有讽刺意味的是，他在与特定的外国人和少数民族打交道时表现出明显的怪癖。有一次，在小石城为纪念他而举行的会议上，他演讲完毕，一位绅士向他打招呼，问了一个看似无关紧要的问题，他却捕捉到一丝批评的意思。“你是谁？”他厉声说道，身体前倾，眯起眼睛。在得知对方是亚美尼亚人后，他开始毫不留情地长篇大骂。几个月前在布宜诺斯艾利斯也发生过另一件事，当时一名叙利亚神经外科医生驾车接待他，“你在干什么？”他大声问道，不赞成司机在下午早些时候走的路线。在确认了这位紧张的同道的国籍后，他更无缘无故地向他开火，疯狂地谴责，甚至到了要求下车的地步。如果当时司机停车、拔钥匙走人，车上的这位乘客都不会有异议。而同样是他，却曾在一个小范围的讲座上指责美国人所犯的错误，即未能始终如一地尊重他们当中非裔同胞的价值。

从到达小石城的那一天起，亚萨吉尔就一直致力于为土耳其人民服务，来弥补不能为祖国做出贡献的遗憾。他决定，既然不能回土耳其，那就把土耳其人带到阿肯色州来。于是，促成年轻有为的土耳其医生来小石城接受神经外科培训，成为他的当务之急。他言传身教，倾心栽培，似乎在每个人身上，他都多多少少能看到 50 年前的自己。此后的 10 年，他目睹着他们成才，尽其所能提出建议，参与他们的研究项目，并帮助他们修改论文。

居罗夫人并不是唯一前往美国接受脑部手术的患者。在亚萨吉尔抵达小石城的几个月内，土耳其的神经外科患者源源不断地到来。他直到 80 多岁还在继续为他们做手术，甚至都察觉不到放慢节奏的迹象。

亚萨吉尔在小石城的患者和同事中很受欢迎，那时他有名的暴脾气已经被岁月磨平了不少。世界各地的许多神经外科朋友和崇拜者都邀请他到访。虽然随着年岁的增长，旅途已并不轻松，但和老友相聚总是能给他带来放松和快乐。尽管如此，他真正的朋友还是土耳其人，尤其是那些与他一起长大的。

坎·宇杰尔，他近 70 年来最好的朋友（本书的引言即摘自他的诗），

于 1999 年 8 月去世，就在他和黛安前往布宜诺斯艾利斯的前几天。亚萨吉尔悲痛欲绝，这位毕生挚友在过去数月中一直在和喉癌斗争。

第二次世界大战后，宇杰尔在安卡拉大学研习拉丁语和古希腊语，随后在剑桥求学。20 世纪 50 年代，他在多个外国大使馆担任翻译，此后在伦敦英国广播公司的土耳其语部门工作了 5 年。他在 24 岁时出版了第一本诗集，直到去世，他都被视为 20 世纪土耳其最杰出和最受喜爱的诗人之一。他的诗歌充满抒情性，带有温和的讽刺，有时甚至尖锐地针砭时弊而被不少人斥为粗鲁，却吸引了数以百万的读者。宇杰尔对社会和政治有清醒的认识，不止一次因诗歌中的社会批评入狱。他将莎士比亚、T. S. 艾略特和狄兰・托马斯的作品翻译成土耳其语,《仲夏夜之梦》和《暴风雨》的译作在伊斯坦布尔成功上演，不仅是土耳其剧院发展的转折点，也唤醒了群众的社会意识。宇杰尔和亚萨吉尔一生相交，时常联络，黛安还能回忆起他们越洋电话交谈的热烈程度。宇杰尔去世之后的几周，亚萨吉尔都沉浸在对他的缅怀中。

亚萨吉尔职业生涯中获奖无数，包括 1975 年瑞士联邦政府的马塞尔・贝努瓦奖、1988 年那不勒斯大学的荣誉勋章、1992 年土耳其共和国的医学奖以及 1997 年世界神经外科联盟的金质奖章。

1999 年 3 月 18 日，阿肯色大学医学院授予亚萨吉尔杰出学者奖。次年 2 月下旬，在被《神经病学》(*Neurosurgery*) 授予“1950—1999 世纪人物”(Man of the Century 1950—1999) 称号后 3 个月，阿肯色大学在小石城举办了一场盛大的周末庆典，向亚萨吉尔致敬。来自世界各地的同事、朋友、家人、门生和患者参加了活动。在丰富的庆祝节目中，没有比当地非裔教堂合唱团的表演更受欢迎的了，这也是亚萨吉尔特意请求安排的。他的一位手术室助手还在其中演唱了女高音部分。迈克尔・阿普佐 (Michael Apuzzo) 和马利斯在正式宴会上发表致辞，土耳其总理比伦特・埃杰维特(Bülent Ecevit)和美国总统乔治・沃克・布什都发来贺信。

亚萨吉尔仅仅把自己视为实验室工作的开拓者。他认为自己只是首先在实验动物的脑血管上尝试显微外科手术。他坦承，在他之前，其他人已经出于临床目的将显微镜应用于神经外科。而在手术显微镜面世之

前几年，就已经有人开展了最早的脑血管手术。

除了他本人惊艳的手术结果之外，他的同事和学生所取得的临床疗效的改进，最有力地证明了显微外科技术应用于脑脊髓手术的价值。源于他设计或直接灵感的革命性的手术器械也使得不同资质的神经外科医生都更容易上手显微技术，这不仅包括显微镜本身，还有允许连续和精确控制显微镜空间移动的支持体系（Contraves 底座）、Leyla 牵开器、一系列动脉瘤夹以及无数的手持工具和符合人体工程学的设备。如今对神经外科医生唯一的要求就是通过实践积累耐心和经验了。亚萨吉尔不需要自我宣传，他的成就不容忽视或争议。20 多年来，他已然确立了颅内动脉瘤、动静脉畸形和许多脑脊髓肿瘤的治疗标准。

注　释

① Yasargil: *Neurosurg*, 1999(45), 1043.
② Yasargil: *Neurosurg*, 1999(45), 1043.
③ Pope and Pope: *Turkey Unveiled—A History of Modern Turkey*, 176–177.
④ Pope and Pope: *Turkey Unveiled—A History of Modern Turkey*, 302–315.
⑤ Yasargil: *J Neurosurg*, 2004(101), 734.
⑥ Maisel, Ivan: *Sports Illustrated*, 1999(June 7).
⑦ 当时他被安卡拉大学授予荣誉博士学位。1991 年 12 月，还获得了伊斯坦布尔大学的荣誉博士学位。
⑧ 当时在弗吉尼亚大学举行的神经外科研讨会上出席第一届“查尔斯·德雷克讲座”。

Legacy of the Man and His Art

第 28 章　巨人的遗产

对亚萨吉尔而言，20 世纪 60 年代既有取得成绩的欣喜，又有不断试错的沮丧。他凭借着过人的天赋和努力，在动物实验室练就了臻于化境的显微外科技术，进而应用于一系列临床难题。尽管完全有理由期待来自神经外科界的广泛支持，但事实上他却遭到怀疑和批评，不得不为此黯然神伤。值得庆幸的是，无论神经外科的名宿们对他如何非议甚至刻意打压，他的工作仍激发了年轻一代的想象力和热情。他们涌向苏黎世，学习显微神经外科技术的一招一式。这带来了一个悖论。如果新手们在激情的驱使下绕过了必需的长时间实验室训练，而直接用刚学到皮毛的技术医治患者，那么显微神经外科作为一个崭新领域的形象就会被玷污。为了最大程度发挥其潜能，必须要先彻底掌握这项新技术。否则，显微神经外科将经受不住时间的考验。更糟糕的是，新技术的滥用可能会削弱预期的疗效，就像为卒中患者重建脑血供的应用一样。但他能做的也只是警告，很多时候事情的发展已超出他的控制范围。

随着时间的推移，一些潜在的问题会自行解决。到 20 世纪 80 年代中期，显微神经外科掀起的变革基本完成，仍然质疑显微外科价值的神经外科医生已是极少数，且无人应和。

亚萨吉尔并非对批评之声充耳不闻，但却毫不怀疑自己的远见。他坚守信念，并努力向任何愿意投以关注的人释疑解惑。这条路上离不开充沛的精力和全身心的奉献。他厌恶各种形式的懒惰，坚信任何不满怀激情追求完美的神经外科医生都是巨大的危害，必须深思熟虑地对待患者，他们就是手足无措的可怜之人，对他们的任何关注、尊重和慈悲，都不为过。亚萨吉尔以身作则，传达这一理念：患者的利益始终高于外

科医生及他的助手、同事、家人和朋友，无一例外。在他看来，一途一心，虽然代价高昂，但真正的外科医生不应望而却步。

亚萨吉尔对师长和值得信赖的同事非常忠诚，他始终视库雷因布尔为引领自己神经外科之路的父亲，在所有关于显微神经外科的讲座上，他都会首先表达对皮尔顿·多纳吉的感激，是多纳吉在佛蒙特州的实验室中教会了他如何巧妙地处理组织、驾驭缝合材料。也正是多纳吉的榜样作用，激励亚萨吉尔致力于钻研显微外科技术的诸多细节。因此，多纳吉与马利斯双星闪耀，被尊奉为显微神经外科发展的主要推手。

马利斯性情温和、天赋异禀，即一位公认的伟大先驱，他曾以惯有的谦逊做出一个非同寻常的判断，极富先见之明。在临终时被问到如何看待亚萨吉尔的贡献时，他回答说："他是显微神经外科的创始人和开拓者，将像如今的库欣一样被人们铭记。"

亚萨吉尔的智识生活也引起了幸运的同时代人的兴趣，这说明了享受消遣和培养业余爱好的重要性。即使在玩乐中，他也为同事们设定了标准。他经常开玩笑说，他的幻灯片、书稿、素描和潦草的笔记就相当于消遣。他的思考随着年龄、旅行和经验的积累而扩展，但也变得更加敏锐。他的非正式谈话，很少有人如此健谈，甚至一些正式演讲也反映了他的思想体系的蛛丝马迹。这些话题主要集中在科学，但却经常辅以他最喜欢的非医学领域的段子来印证，比如艺术、建筑、考古学、历史和社会学。他对事物的过去和未来有着坚定的想法，不管是政治、教育，还是信仰问题，乃至体育。

亚萨吉尔的思想植根于他的巴尔干传统。生于土耳其，幼年长于后奥斯曼帝国，催生了以考古和历史为基础而又受到生物学和神经科学经历调和的思想。作为人类文明摇篮的后裔，他痴迷于埃及、中国、印度、中南美洲和非洲出现的文明，酷爱钻研人类思想与社会之间的相互作用，乃至从各种文化和整个文明的角度来看大脑的作用——其结构、功能及各部分的演变。他从艺术、诗歌、建筑、历史、宗教、技术、哲学和心理学的角度了解各个文化，所有这些都让他兴致盎然。他认为大脑不是一个单一的器官，而是许多器官的产物：血管器官、免疫器官、内分泌器官等。

他乐于思索艺术、建筑和诗歌中的象征主义，从而找寻自然和人类处境之间的相似之处。他通过如何对待爱和嫉妒而评价个人生活是否幸福。针对一幅画、一张照片、一件雕刻乃至一段诗句，他可以侃侃而谈几小时，触及历史、技术、社会学和心理学的方方面面，甚至宗教、艺术以及闲情逸致的效用。

尽管他关于艺术和哲学的演讲和非正式评论通常很长，有时看似杂乱无章，但其主题从来都清晰可见，显是经过深思熟虑的。他会由一段偶然提起的历史、技术或哲学文本发散开去，凭借对特定名称、地点和日期的惊人记忆补充相关细节，即使在最晦涩难懂的历史和地理情景中，也从未迷失。通过将不同的主题相互修饰，如艺术的技术和技术的艺术，一些观察结果和结论喷涌而出，给他带来莫大的快感和满足。

应国际知名期刊《神经病学》主编迈克尔·阿普佐的要求，亚萨吉尔于 1999 年春夏之际撰写了一篇 40 000 字的文章，回顾自己的生活、背景、培训以及各种想法和经历，配以各式列表和漫无边际的评论①。这篇文章之后，该期杂志还收录了其他人试图就亚萨吉尔遗产的各个方面表达具体观点的文章。

吉恩·弗莱姆（Gene Flamm，纽约阿尔伯特爱因斯坦医学院）指出，亚萨吉尔的创新和贡献甚至超过了库欣，因为他不仅传授于门生故吏，而是直接影响了同时代的所有神经外科医生②。毕竟相较于 20 世纪早期，时代已发生了巨大变化，尤其是通信等技术方面。约翰·图（辛辛那提大学医学院）讨论了亚萨吉尔在 20 世纪 70—80 年代对神经外科手术器械的彻底革新设计，以及仍影响至今的解剖学和外科理念③。皮尔顿·多纳吉列举了亚萨吉尔充沛的精力、对自己和他人持续的驱动、永远将患者放在首位等特点，认为值得传递给一代又一代后来者④。在亚萨吉尔的诸多标签中，奥萨马·阿尔梅提着重强调了其广泛的人文兴趣，涉及哲学、艺术、历史、文学和政治，提倡效仿和珍惜⑤。

长期担任 Barrow 神经医学中心（凤凰城）主任的斯佩茨勒本身也是著名的显微神经外科开拓者，盛赞亚萨吉尔为“20 世纪最优秀的技术型神经外科医生”，指出他的手术技艺为一代神经外科医生树立了绝对标准，至今全世界尚无人超越。他认为“设立如此高的标准也可视

为亚萨吉尔持久的遗产，那一代神经外科医生为此不懈努力，以至于无数从未见过或听说过他的患者取得了满意的治疗效果，实际都受益于他。”

杜克·萨姆森几十年来一直担任得克萨斯大学西南医学中心神经外科主任，曾通过显微手术治疗 4000 多例颅内动脉瘤，他指出：“亚萨吉尔的工作所掀起的变革并不局限于一个亚专科或单纯提升了外科医生的技能。”他解释说，亚萨吉尔不仅修改并重新设计了神经外科手术器械，甚至也影响了神经外科手术室的功能布局。他在苏黎世的手术室开启了以显微镜为中心的布局模式，而且手术视频实时转播不仅提高了护士和手术助手的工作效率，也彻底改观了年轻外科医生的培训方式。

在萨姆森看来，亚萨吉尔对神经外科最重要的贡献是凭借显微镜和个人天赋重新定义了手术解剖学。“从此，外科医生对蛛网膜下腔、脑室系统、脑血管结构和大脑本身之间的相互关系有了崭新的看法。”这使得外科医生在实际应用中更有能力享受同时期神经影像技术飞速发展的红利。萨姆森强调，亚萨吉尔引领的变革在极短的时间内席卷了整个神经外科。他并不否认其他人的重要作用，但仍将亚萨吉尔在苏黎世的开创性工作描述为引爆这次学科巨大飞跃的导火索。

在前抗生素时代，库欣认识到，尽力控制出血和近乎敬畏地轻柔处理脑组织，从而最大限度地减少对神经组织的伤害和血凝块的积聚，可以降低致命感染的发生率。通过最大限度地减少脑损伤，库欣在史上第一次让脑肿瘤患者术后仅残留轻微功能残障，这也是他的终极遗产。而亚萨吉尔的显微神经外科手术予以继承并发扬，放大操作提供的即时反馈赋予了神经外科医生更高效的技艺。在显微镜下手术提高了外科医生轻柔、准确处理组织的能力，这在手术史上是前所未有的。

1999 年 10 月 31 日，距离在波士顿召开的神经外科大会将“世纪人物”授予亚萨吉尔还有 3 天，那是一个周日的下午，他在缅因州奥甘奎特的海滩上漫步，天色稍蒙，和煦的微风从海面吹来。随着一双便鞋在潮湿的沙子上留下清晰的印记，他表达了对自己遗产的清晰认知，包括和传奇先辈们的比较。

他认为“显微技术”给资质平平的神经外科医生创造了机遇，他们

得以用超出自身天生能力的技巧和精准造福于患者。完美地看到解剖结构，不仅是放大的图像，而且是持续光纤照明下的三维视野，带来了巨大的优势。任何一名外科医生都获得了识别解剖结构并解决疾病问题的更佳视角，而且还可以借助前所未有的细节研究自己的错误，这些都永久记录在录像带上。如果他坚持不懈，对自己完全诚实，并致力于追求卓越，则有望比以往任何时代的神经外科医生更快地提高手术技能。

他坦承过去最伟大的神经外科医生——库欣、沃尔特·丹迪、查尔斯·德雷克，可能还包括库雷因布尔及其他一些人，即使没有手术显微镜的帮助，也创造了属于他们的奇迹。这源自天生的能够识别问题症结并找到破解之法的本能，再加上勇往直前的意志和勇气。亚萨吉尔确信，如果他们曾有机会接触显微外科手术，并切实应用于日常工作，也会取得更好的治疗效果。他预测，显微神经外科手术以及由此衍生的方法和技术，将促成未来的外科医生完成他自己当年都难以想象的壮举。

亚萨吉尔的“显微神经外科技术”所提供的，通过更窄的暴露范围、更有效的止血和更准确轻柔的分离来减少脑组织操作，只是一个开端。接下来会发生什么样的改良和优化，将取决于致力于此的后来者们的想象力和决心。

在亚萨吉尔看来，库欣的前辈——维克多·霍斯利和威廉·麦克文（William Macewen）等，证明了在颅内开展手术是可能的并有望取得效果，库欣的功劳则在于进入硬膜下空间开辟新的手术战场。只有通过打开硬脑膜、改良止血技术、轻柔精准地处理脑组织，才有可能准确、安全地切除邻近脑表面的肿瘤。

亚萨吉尔将“显微外科技术”视为打开蛛网膜下腔的利器，它提供了蛛网膜下腔的导航，包括那些脑组织间隙的自然通道，打通各种宽窄不一的脑裂和脑池，为神经外科医生提供了几乎到达所有病灶的路径，不管位于脑表面还是脑实质内，且对脑组织的损伤降到最低。亚萨吉尔对自己遗产的评价反映了一定程度的虚荣心，甚至流露出一丝傲慢，对于一个以脾气暴躁和难以相处著称的人来说一点也不奇怪，但也很难挑出毛病。

非神经外科背景的读者可以通过想象人脑解剖和橘子之间的相似性来理解亚萨吉尔那天下午在缅因州所讲的内容的精髓，这无须事先了解任何颅内解剖学知识。橘子多汁的果肉被纤维膜包裹分隔，就像大脑的脑回和脑叶被蛛网膜覆盖一样。想象一个橘子在果皮下面长出一个如同脑瘤的异物。在不干扰或破坏橘子多汁的果肉（类比于正常脑组织）的情况下切除这样的异物，与哈维·库欣切除脑表面的肿瘤的方式大致相同。

通过用大功率的光源照亮橘子邻近部分之间的潜在空间，显微外科“橘子医生”得以在保持果肉完整的情况下抵达橘子最深处。这种“橘子手术”便模拟了在蛛网膜下腔及脑组织周围空间的显微外科分离操作。

致命的血管病变（动脉瘤和血管畸形）和起源于或影响脑神经的肿瘤主要位于蛛网膜下腔，随着体积增大，这些病变压缩相邻的脑组织甚至突破蛛网膜下腔。在 20 世纪 70 年代，神经外科医生开始辨识并保护此前被忽视的动脉瘤附近的微小动脉，治疗结果显著改善。与采用 20 世纪 60 年代中期的经典技术相比，颅内动脉瘤显微手术治疗的死亡率下降了 6 倍，即使在致力于此的资质平平的神经外科医生手中也是如此。到 1980 年，颅内动脉瘤患者的术后恢复情况已媲美普通阑尾炎患者。动脉瘤发病率高，一旦破裂马上危及生命，因此获得了各地神经外科医生的关注，也吸引大批医生采用“显微外科技术”来治疗。这些医生也同样见证了动静脉畸形手术效果的改善。血管病上取得的成功进一步推动了显微外科技术向其他领域的广泛应用，涵盖了从几乎所有神经系统肿瘤到腰椎间盘破裂的各个病种。多伦斯在脑神经和血管病方面的成就更开辟了一个全新的外科前沿领地。海绵窦近 100 年来都被认为是外科医生的颅内“禁区”，如今其病变甚至有望通过手术治愈。到 21 世纪初期，显微外科手术已发展成为处理各类神经外科疾病的标准方式。

尽管亚萨吉尔在一生中的大部分时间都被整个故乡尊崇、赞赏，但 20 世纪 90 年代及以后未能在土耳其医疗卫生系统中发挥直接作用，仍给他带来了沉重的打击。报效祖国的梦想根植于儿时，毕生未灭。饶是如此，他作为显微神经外科之父，指导了许多初出茅庐的土耳其神经外

科医生，依然在土耳其和中东的医学史册上享有盛誉。20 世纪早期土耳其的内科和外科医生通常是希腊人和犹太人，目前情况已并非如此，这很大程度上要归功于亚萨吉尔的榜样作用和影响力。今天土耳其的许多神经外科医生都是在亚萨吉尔职业生涯的后期到小石城亲承謦欬。亚萨吉尔传授给他们关于手术和术后处理的一切细节，几乎凭一己之力使一代土耳其神经外科医生得以跻身世界一流梯队。亚萨吉尔没有在土耳其医学史上留下自己的印记吗？不，事实恰恰相反。

亚萨吉尔堪称由 1923 年阿塔图尔克革命催生的医学拓荒者和领路人。诚然，今天的土耳其仍然在阿塔图尔克深恶痛绝的原教旨主义和许诺社会进步的世俗主义之间找寻自己的定位，这一代土耳其神经外科医生的贡献也尚无定论。但毫无疑问，一名心爱的游子激励了一代后辈，去挽救无数罹患脑疾的生命，这份赤子之情正是构筑土耳其未来美丽新世界的脊梁。

注　释

① Yasargil: *Neurosurg*, 1999(45), 1026.
② Flamm: *Neurosurg*, 1999(45), 1015–1018.
③ Tew,: *Neurosurg*, 1999(45), 1010–1014.
④ Donaghy: In Bucy(ed.): *Modern Neurosurgical Giants*, 487–493.
⑤ Al-Mefty: *Neurosurg*, 1999(45), 1019–1024.

Selected Bibliography

拓展阅读

书目

[1] Baedeker *Germany, 3rd Edition*. Macmillan (USA).

[2] Barrow, Daniel L.; Kondziolka, Douglas; Laws, Edward E.; Traynelis, Vincent C. (Eds.): *Fifty Years of Neurosurgery*. 2000: Lippincott Williams & Wilkins (Philadelphia).

[3] Bliss, Michael: *Harvey Cushing: A Life in Surgery*. 2005: Oxford University Press (New York).

[4] Bucy PC (ed): *Neurosurgical Giants: Feet of Clay and Iron*. 1985: Elsevier (New York).

[5] Bucy PC (ed): *Modern Neurosurgical Giants*. 1986: Elsevier (New York).

[6] Churchill, Winston S. *The Second World War*, *Vol 5*, 1951: Houghton Mifflen (Boston).

[7] Clark, Ronald W: *Einstein: the Life and Times*. 1965: World Publishing (New York).

[8] Coons, Nancy: *Fedor's 99 Switzerland*. 1998: Fedor's Travel Publications (New York).

[9] Crowley, Roger: *1453—the Holy War for Constantinople and the Clash of Islam and the West*. 2005: Hyperion (New York).

[10] Dandy, Walter E: *The Brain* (a reprint). 1969: Harper & Row (New York).

[11] De Bernières, Louis: *Birds without Wings—a Novel*. 2004: Alfred A. Knopf (New York).

[12] Dolenc, Vinko V: *Anatomy and Surgery of the Cavernous Sinus*. 1989: Springer (New York).

[13] Dolenc VV: *Microsurgical Anatomy and Surgery of the Central Skull Base*. 2003: Springer (New York).

[14] Donaghy RMP, Yasargil MG: *Micro-Vascular Surgery—Report of First Conference, October 6-7, 1966, Mary Fletcher Hospital, Burlington, Vermont*, 1967: CV Mosby (St. Louis).

[15] Durant, Will: *The Story of Philosophy*. 1926: Simon and Schuster (New York).

[16] Durant, Will: *The Story of Civilization, Vol II*, 1939: Simon and Schuster (New York).

[17] Fromkin, David: *A Peace to End All Peace—The Fall of the Ottoman Empire and the Creation of the Modern Middle East.* 1989: Avon Books (New York).

[18] Fulton, John: *Harvey Cushing—A Biography*. 1946: Blackwell (Oxford).

[19] Grousset, René *The Empire of the Steppes: A History of Central Asia* (Translated by Naomi Walford). 1994: Rutgers University Press (New Brunswick).

[20] Hamby WB: *Intracranial Aneurysms.* 1952: Charles C. Thomas (Springfield).

[21] Honderich, Ted (Editor): *The Philosophers: Introducing Great Western Thinkers*. 1999: Oxford University Press (Oxford).

[22] Hösch, Edgar. *The Balkans: A Short History from Greek Times to the Present Day.* (Translated by Tania Alexander). 1972: Crane, Russak & Company (New York).

[23] Kinross, Lord. *Atatürk: A Biography of Mustafa Kemal, Father of Modern Turkey*. 1964: William Morrow and Company (New York).

[24] Kinross, Lord. *The Ottoman Centuries: The Rise and Fall of the Turkish Empire*. 1977: Morrow Quill Paperbacks (New York).

[25] Kinzer, Stephen. *Crescent & Star: Turkey Between Two Worlds*. 2001: Farrar, Straus and Giroux (New York).

[26] Krayenbühl H, Yasargil MG: *Das Hirnaneurysma*. Docum Geigy (Chir) No. 4, 1958.

[27] Krayenbühl H. Yasargil MG: *L'anéurysme de l'artère communicante antérieure*. 1959: Masson (Paris).

[28] Krayenbühl H, Yasargil MG: *Cerebral Angiography*. 1968: Butterworth (London).

[29] Levine, Alan J: *The Strategic Bombing of Germany, 1940-1945*. 1992: Praeger (Westport).

[30] Lewis, Barnard. *The Emergence of Modern Turkey, Second Edition*. 1961: Oxford University Press (London).

[31] Mango, Andrew: *Atatürk: The Biography of the Founder of Modern Turkey.* 1999: Overlook Press (New York).

[32] McWilliams, Bill: *On Hallowed Ground: The Last Battle for Pork Chop Hill,* 2003: Naval Institute Press (Annapolis).

[33] Mitchell, Stephen: *Gilgamesh: A New English Version.* 2004: Free Press (New York).

[34] Moorehead, Alan: *The Russian Revolution*. 1958: Harper & Brothers (New York).

[35] Pope, Nicole and Pope, Hugh. *Turkey Unveiled: A History of Modern Turkey.* 1997: The Overlook Press (New York).

[36] Rand RW (ed): *Microneurosurgery*. C V Mosby (Saint Louis), 1969.

[37] Shirer William L: *The Rise and Fall of the Third Reich—A History of Nazi Germany*. 1960: Simon and Schuster (New York).

[38] Solzhenitsyn, Aleksandr I: *The Gulag Archipelago, Vol I*. 1973: Harper and

Row (New York).

[39] Stewart, Desmond. *Life World Library—Turkey.* 1965: Time Incorporated (New York).

[40] Sundt, TM Jr.: *Occlusive Cerebrovascular Disease: Diagnosis and Surgical Management.* 1987: W. B. Saunders (Philadelphia).

[41] Yasargil, M Gazi: *Die Aufgabe des Westerns: Aufbauende Entwicklungschilfe.* 1962: Eugen Rentsch Verslag (ErlenbachZurich).

[42] Yasargil MG. *Microsurgery Applied to Neurosurgery.* 1969: Georg Thieme Versag (Stuttgart).

[43] Yasargil MG, Collaborators: Smith RD, Young PH, Teddy PJ, Illustrator: Roth P. *Microneurosurgery (In 4 Volumes) I: Microsurgical Anatomy of the Basal Cisterns and Vessels of the Brain, Diagnostic Studies, General Operative Techniques and Pathological Considerations of the Intracranial Aneurysms.* 1984: Georg Thieme Verlag (New York).

[44] Yasargil MG, Collaborators: Smith RD, Young PH, Teddy PJ, Illustrator: Roth P. *Microneurosurgery (In 4 Volumes) II: Clinical Considerations, Surgery of the Intracranial Aneurysms and Results.* 1984: Georg Thieme Verlag (New York).

[45] Yasargil MG, Collaborators: Teddy PJ, Valavanis *A*, Contributors: Duvernoy HM, Keller HM, Kubik St., Marin-Padilla M Illustrator: Roth P: *Microneurosurgery (In 4 Volumes) III A: AVM of the Brain, History, Embryology, Pathological Considerations, Hemodynamics, Diagnostic Studies, Microsurgical Anatomy.* 1987: Georg Thieme Verlag (New York).

[46] Yasargil MG, Collaborators: Curcic M, Kis M, Teddy PJ, Valavanis A, Illustrator: Roth P: *Microneurosurgery (In 4 Volumes) III B: AVM of the Brain, Clinical Considerations, General and Special Operative Techniques, Surgical Results, Nonoperated Cases, Cavernous and Venous Angiomas, Neuroanesthesia.* 1988: Georg Thieme Verlag (New York).

[47] Yasargil, M Gazi. *Beyin ve Evrim Hakkinda Düşünceler.* 1990: Ankara Üniversitesi Basimevi (Ankara).

[48] Yasargil MG, Collaborators: Adamson TE, Cravens GF, Johnson RJ, Reeves JD, Teddy PJ, Valevanis A, Wichmann W, Wild AM, Young PH. Anatomical Preparations: Lang A, Türe U, Illustrator: Roth P: *Microneurosurgery (In 4 Volumes) IV A: CNS Tumors: Surgical Anatomy, Neuropathology, Neuroradiology, Neurophysiology, Clinical Considerations, Operability, Treatment Options.* 1994: Georg Theime Verlag (New York).

[49] Yasargil MG, Contributors: Curcic M, Valavanis A, Yasargil Diane CH, Collaborators: Abernathey Ch D, Adamson TE, AlMefty O, Boop Fr A, Cavazos Elisamaria, Cravens GF, Fontenot HJ, Frick Rosmarie, Imhof HG, Jent Madeleine, Kleihues P, Kiss Mirjana, Krisht AF, Magnin M, Marugg TG, Pait TG, Sarioglu AÇ, Sgier F, Teddy PJ, von Ammon K, Wild AM, Young PH, Anatomical preparations: Erdem A, Türe U, Illustrator: Roth P: *Microneurosurgery (In 4 Volumes) IV B: Microneurosurgery of CNS Tumors. 1996: Georg Thieme Verlag (New York).*

[50] Zola, Émile: *Truth.* (Translation by Ernest Alfred Vizetelly). 1994: Sutton Publishing Ltd (Phoenix Mill).

文献

[1] Adams JE, Witt J: The use of the otologic microscope in the surgery of aneurysms. Presented at the annual meeting of the Neurological Society of America on Jan 25, 1964.

[2] Alksne JF: Stereotactic thrombosis of intracranial aneurysms. *New Engl J Med* 284:171–174, 1971.

[3] Alksne, JF, Fingerhut, AG, Rand, RW: Magnetically controlled focal intravascular thrombosis in dogs, *J Neurosurg* 25:516–525, 1966.

[4] Alksne JF, Fingerhut, AG, Rand, RW: A magnetic probe for the stereotactic thrombosis of intracranial aneurysms. *J Neurol, Neurosurg*, Psychiat 30:159, 1967.

[5] Alksne, JF, Smith, RW: Iron acrylic compound for stereotaxic aneurysm thrombosis. *J Neurosurg* 47:137–141, 1977.

[6] Al-Mefty O: M. Gazi Yasargil: The time in Little Rock. *Neurosurg* 45:1019–1024, 1999.

[7] Apuzzo, ML: "Editor's letter." *Neurosurg* 45: 975, 1999.

[8] Baez S, Kochen JA: Laser-induced microagglutination in isolated vascular model systems. *Ann NY Acad Sci* 122:738–746, 1965.

[9] Bahnson HT: Definitive treatment of saccular aneurysms of the aorta with excision of sac and aortic sutures. *Surg Gynecol Obstet* 96:382, 1953.

[10] Bard P: A diencephalic mechanism for the expression of rage with special reference to the sympathetic nervous system. *Am J Physiol* 84:490, 1928.

[11] Berman AJ: Leonard I. Malis. *Surg Neurol* 23:464–467, 1985.

[12] Blakeslee, Sandra: "Mental Health and Behavior," *New York Times*, Feb 6, 2007.

[13] Carrel A: La technique opératoire des anastomoses vasculaires et las transplantation des viscéres. *Lyon Med* 98:859, 1902.

[14] Carrel A: Suture of blood vessels and transplantation of organs. Nobel Lecture, 1912. In *Nobel Lectures in Physiology Medicine*. Vol 1. 1967: American Elsevier (New York).

[15] Carton CA, Kessler LA, Seidenberg B, Hurwitt ES: Experimental studies in the surgery of small blood vessels. IV. Nonsuture anastomoses of arteries and veins, using a flanged ring prosthesis and plastic adhesive. *Surg Forum* 11:238, 1960.

[16] Carton CA, Kessler LA, Seidenberg B, Hurwitt ES: Experimental studies in surgery of small blood vessels. II. Patching of arteriotomy using a plastic adhesive. J Neurosurg 18:188–194, 1961.

[17] Cooper IS: Chemopallidectomy: An investigative technique in parkinsonism. *Surg Gynecol Obstet* 99:207–219, 1954.

[18] Cooper IS: Intracerebral injection of procaine into the globus pallidus in hyperkinetic disorders. *Science* 119:417–418, 1954.

[19] Cushing H, Eisenhardt L: "Notes on the first reasonably successful removal of an intracranial tumor." *Bull Los Angeles Neurol Soc 3*:95–98, 1938.

[20] Dandy WE: Intracranial aneurysm of the internal carotid artery: cured by operation. *Ann Surg* 107:654–659, 1938.

[21] DeBakey ME, Cooley DA: Successful resection of aneurysm of thoracic aorta and replacement by graft. *JAMA* 152:673, 1953.

[22] DeBakey ME, Crawford ES, Cooley DA, Morris GC: Surgical considerations of occlusive disease of innominate, carotid, subclavian, and vertebral arteries. *Ann Surg* 149:690–710, 1959.

[23] Dillion WP: 2002 Presidential address. *Am J Neuroradiol* 23:1433–1435, 2002.

[24] Dolenc V: Direct microsurgical repair of intracavernous vascular lesions. *J. Neurosurg* 58:824–831, 1983.

[25] Donaghy RMP, Jacobson JH, Wallman LJ, Flanagan ME, Mackay AG: Microsurgery: A neurological aid. Second Int Congress of Neurological Surgeons (Washington, DC). No. 36, *Exerpta Medica International Congress Series*, 1961, E 175–176.

[26] Donaghy RMP: A history of microsurgery. In Yasargil MG: *Microneurosurgery Applied to Neurosurgery*. 1969: Academic Press (London).

[27] Donaghy RMP: Mahmut Gazi Yasargil, *Surgical Neurology* 13:1–3, 1980.

[28] Donaghy, R. M. Peardon: Mahmut Gazi Yasargil. In Paul C. Bucy, M. D., editor, *Modern Neurosurgical Giants*. 1986: Elsevier (New York), pp 487–493.

[29] Dott, NM: Intracranial aneurysms: Cerebral, arterio Radiography: Surgical treatment. *Edinburgh Med J* 40:219–234, 1933.

[30] Drake, CG: Discussing the paper of Hunt WE and Hess RM: Surgical Risk as Related to Time of Intervention in the Repair of Intracranial Aneurysms. *J Neurosurg* 28:14–20, 1968.

[31] Dubost C, Allary M, Oeconomos N: Resection of an aneurysm of the abdominal aorta: Reestablishment of the continuity by a preserved human arterial graft, with results after five months. *Arch Surg* 64:405, 1952.

[32] Eastcott HHG, Pickering GW, Rob CG: Reconstruction of internal carotid artery in a patient with intermittent attacks of hemiplegia. *Lancet* 267 (vol II):994–996, 1954.

[33] Elsberg CA, Beer E: The operability of intramedullary tumors of the spinal cord. A report of two operations with remarks upon the extension of intraspinal tumors. *Amer J Med Sci* 142:636, 1911.

[34] Falconer M: Discussion on the surgery of temporal lobe epilepsy: surgical and pathological aspects. *Proc of the Royal Soc of Med* 46:971–974 (1953).

[35] Feindel W: Brain science in epilepsy surgery. *McGill J Med* 1:160–174, 1995.

[36] Flamm, Eugene S: Professor M. Gazi Yasargil: An Appreciation by a Former Apprentice, *Neurosurg* 45:1015–1018, 1999.

[37] French LA, Chou SN, Long DM: The direct approach to intracranial aneurysms. *Clin Neurosurg 15:117-132, 1968.*

[38] Goyanes DJ: Substitution plastica de las arterias por las venas ó arterioplastia venosa, aplicada, coma nuevo metodo, al tratamiento de los aneurismas. *El Seglo*

Medico. Sept 1, 1906, p 346; Sept 8, 1906, p 561.

[39] Gross CE, Wallman LJ: History of Neurosurgery in Vermont. Fletcher Allen Health Care, 2007.

[40] Grubb RL Jr, Derdeyn CP, Fritsch SM, Carpenter DA, Yundt KD, Videen TO, Spitznagel EL, Powers WJ: Importance of hemodynamic factors in the prognosis of symptomatic carotid occlusion. *JAMA* 280:1055–1060, 1998.

[41] Gurdjian ES, Webster JE: Thromboendarterectomy of the carotid bifurcation and the internal carotid artery. *Surg Gynecol Obstet* 106:421–426, 1958.

[42] Hess WR, Brügger M: Das subkortikale Zentrum der affektiven Abwehrreaktion. *Helvet physiol et pharmacol. acta* 1:33, 1943.

[43] House WF: Surgical exposure of the internal auditory canal and its contents through the middle cranial fossa. *Laryngoscope* (St. Louis) 71:1363, 1961.

[44] House WF: Middle cranial fossa approach to the petrous pyramid. *Arch Otolaryng* 78:460, 1963.

[45] House H, House W: Historical review and problem of acoustic neuroma. *Arch Otolaryng* 80:601, 1964.

[46] Hunsperger RW, Wyss OAM: Quantitative Ausschaltung von Nervengewebe durch Hochfrequenzkoagulation. *Helv Physiol pharmacol Acta* 11:283–304, 1953.

[47] Hunt WE, Hess RM: Surgical Risk as Related to Time of Intervention in the Repair of Intracranial Aneurysms. *J Neurosurg* 28:14–20, 1968.

[48] Jacobson JH: The early days of microsurgery in Vermont. *Mount Sinai J Med* 64:160–163, 1997.

[49] Jacobson JH, Suarez EL: Microsurgery in anastomosis of small vessels. *Surg Forum* 2:243–247, 1960.

[50] Jassinowsky A: Die Arteriennaht. *Med. Diss. Mattiesen*, Dorpat, 1889.

[51] Khodadad G, Lougheed WM: Repair of small arteries with contact cement and Teflon graft. *J Neurosurg* 21:552, 1964.

[52] Khodadad G, Lougheed WM: Repair and replacement of small arteries. Microsuture technique. *J Neurosurg* 25:61, 1966.

[53] Krayenbühl HA: Unilateral Exophthalmos. *Clinical Neurosurg* 14:45–71, 1966.

[54] Krayenbühl H. Siegfried J, Yasargil MG: Résultats tardifs des opérations stéréotaxiques dans le traitement de las maladie de Parkinson. *Rev Neurol* 108:485–494, 1963.

[55] Krayenbühl H, Wyss OAM, Yasargil MG: Bilateral thalamotomy and pallidotomy as treatment for bilateral parkinsonism. *J Neurosurg* 18:429–444, 1961.

[56] Krayenbühl H, Yasargil MG: Bilateral thalamotomy in parkinsonism. *J Nerv Ment Dis* 130:538–541, 1960.

[57] Krayenbühl H, Yasargil MG, Bilateral operations on the thalamus and pallidum for parkinsonism. J Neurol Psyhchiatr 23:349–350, 1960.

[58] Krayenbühl H, Yasargil MG: Le traitement chirurgical du parkinsonism. Riv

Romagna Med 12:1–12, 1960.

[59] Krayenbühl H, Yasargil MG: Ergebniss der stereotaktischen Operationen beim Parkinsonismus, inbesondere der deppelseitigen Eingriffe. *Dtsch Z Nervenheilkd* 182:530–541, 1961.

[60] Krayenbühl H, Yasargil MG: Die Varicosis spinalis und ihre Behandlung. *Schweiz Arch Psychiat* 92:74–92, 1963.

[61] Krayenbühl H, Yasargil MG: Verschluss der A. cerebralis media: Ergebnisse der Kinischen und Katamnestischen Untersuchungen. Schweiz Arch Neurol Neurochir Psychiatr 94:287–304, 1964.

[62] Krayenbühl H, Yasargil MG: Klinik und Behandlung des Torticollis spasticus. *Schweiz Arch Neurol Neurochir Psychiatr* 96:356–365, 1965.

[63] Krayenbühl H, Yasargil MG, McClintock HG: "Treatment of spinal cord malformations by surgical excision." *J Neurosurg* 30:427–435, 1969.

[64] Krayenbühl H, Yasargil MG, Flamm ES, Tew JM Jr: Microsurgical treatment of intracranial saccular aneurysms. *J Neurosurg* 37:678–686, 1972.

[65] Kruger L, Berman AJ: Leonard I. Malis: An Appreciation. *The Mount Sinai J Med* 64:166–171, 1997.

[66] Kurze T, Doyle JB Jr: Extradural intracranial (middle fossa) approach to the internal auditory canal. *J Neurosurg* 19:1033, 1962.

[67] Locksley HB: Natural history of subarachnoid hemorrhage. *J Neurosurg* 25:321–368, 1966.

[68] Loman, J., and Meyerson: Visualization of cerebral vessels by direct intracarotid injection of thorium dioxide (Thoratrast). *Am. J Roentgenol* 35:188, 1936.

[69] Lougheed WM, Gunton RW, Barnett HJM: Embolectomy of internal carotid, middle and anterior cerebral arteries. *J Neurosurg* 22:607, 1965.

[70] Lougheed WM, Tom M: A method of introducing blood into the subarachnoid space in the region of the Circle of Willis in dogs. *Can J Surg* 4:329, 1961.

[71] Maisel I: *Sports Illustrated*, June 7, 1999.

[72] Malis JL: Technical Contributions of Leonard I. Malis. *The Mount Sinai J Med* 64:172–181, 1997.

[73] Maspes PE, Marini G: Surgical Experience and Results on 159 Consecutive Cases of Intracranial Direct Attack to Saccular Aneurysms of the Internal Carotid and its Branches. *Prog In Brain Research* 30:317–321, 1968.

[74] Matas R: An operation for the radical cure of aneurysm based upon arteriography. *Ann Surg* 37:161, 1903.

[75] McKissock W, Paine K, Walsh L: Further observations on subarachnoid hemorrhage. *J Neurol, Neurosurg, Psychiat* 21:239, 1958.

[76] Meyers R: Surgical procedure for postencephalitic tremor, with notes on the physiology of premotor fibers. *Arch Neurol Psychiatry* 44:455–459, 1940.

[77] Meyers R: Surgical interruption of the pallidofugal fibers: Its effect on the syndrome of paralysis agitans and technical considerations in its application. *N Y State J Med* 42:317–325, 1942.

[78] Moniz E: L'encéphalographie artérielle, son importance dans la localisation des tumeurs cérébrales. *Rev neurol* 2:72–89, 1927.

[79] Müller C, Yasargil MG: Zur Psychiatrie der stereotaktischen Hirnoperationen bei extrapyramidaler Erkrankungen. *Schweiz Arch Neurol Neurochir Psychiatr* 84: 136–154, 1959.

[80] Murphey F, Miller JH: Carotid insufficiency—diagnosis and treatment. *J Neurosurg* 16:1–23, 1959.

[81] Parkinson D: A surgical approach to the cavernous portion of the internal carotid artery. Anatomical studies and case report. *J Neurosurg* 23:474–483, 1965.

[82] Penfield W, Flanigin H: Surgical therapy of temporal lobe seizures. *Arch Neurol Psychiat* 64:491–500 (1950).

[83] Pennybacker J: Sir Hugh William Bell Cairns 1896–1952, In Bucy PC (ed): *Neurosurgical Giants: Feet of Clay and Iron*. 1985: Elsevier (New York), p 256.

[84] Pool JL, Colton RP: The dissecting microscope for intracranial vascular surgery. *J Neurosurg* 23:315–318, 1965.

[85] Pool JL, Potts DG: *Aneurysms and Arteriovenous Malformations of the Brain*. 1965: Hoeber (New York).

[86] Pool JL: Excision of cerebral arteriovenous malformations. *J Neurosurg* 29:312, 1968.

[87] Powers, WJ, Clark, WR, Grubb, RL, Jr, Videen, TO, Adams, HP, Jr, Derdeyn, CP for the COSS investigators: Extracranial intracranial bypass surgery for stroke prevention in hemodynamic ischemia: The Carotid Occlusion Surgery Study: A randomized trial. JAMA 306:1983–1992, 2011.

[88] Rainer WG: An interview with Dr. Åke Senning. *The Cardiothoracic Surgery Network*. November 14, 1979.

[89] Rand RW, Kurze TL. Facial nerve preservation by posterior fossa transmeatal microdissection in total removal of acoustic tumors. *J Neurol Neurosurg Psychiatry* 28:311–316, 1965.

[90] Rosomoff, HL: Discussion of magnetically controlled intravascular thrombosis. *J Neurosurg* 25:524, 1966.

[91] Scheibert CD: Middle cerebral artery surgery for obstructive lesions. Presented at the Meeting of the Harvey Cushing Society, New Orleans, LA, 2 May 1962.

[92] Senning A, Weber G, Yasargil MG: Zur operativen Behandlung von Tumoren der Wirbelsaeule. *Swiss Med J* 92:1574–1576, 1962.

[93] Shillito, Jr, J: Intracranial arteriotomy in three children and three adults. In. Donaghy RMP, Yasargil MG (Eds): *Micro Vascular Surgery*, 1967: Mosby (St. Louis), pp 138–142.

[94] Shimidzu, K: Beiträge zur Arteriograhie des gehirnseinfache percutane Methode. Arch. Klin. Chir. 188:295, 1937.

[95] Silva D: Esoftalmos postural. *Archiivios de las Aseciacion para las Sequera en Mexico*. 5:109–127 (1947).

[96] Smith RW, Alksne, JF: Stereotaxic thrombosis of inaccessible intracranial aneurysms. *J Neurosurg* 47:833–839, 1977.

[97] Spencer FC: Deductive reasoning in the lifelong continuing education of a cardiovascular surgeon. *Arch Surg* 111:1177, 1976.

[98] Tew, JM: M. Gazi Yasargil: Neurosurgery's Man of the Century. *Neurosurg* 45:1010–1014, 1999.

[99] *Time*. August 9, 1943.

[100] *Time* 83:72, June 19, 1964.

[101] *Time* 88:36, December 30, 1966.

[102] Ture U, Yasargil MG, Friedman AH, Al-Mefty O: Fiber dissection technique: Lateral aspect of the brain. Surgical anatomy and technique. *Neurosurgery* 47:417–427 (Aug, 2000).

[103] United States Bombing Survey, Summary Report (European War).

[104] Walsh MN, Love TG: Intracranial carotid aneurysm: successful surgical treatment. *Proc Staff Meet Mayo Clinic* 12:81–88, 1937.

[105] Welch K: Excision of occlusive lesions of the middle cerebral artery. *J Neurosurg* 13:73 1956.

[106] Woringer E, Kunlin J: Anastomose entre la carotide primitive et la carotide intracranienne de las sylvienne par greffon selon las technique de las suture suspendue. *Neurochir (Paris)* 9:181–188, 1963.

[107] Yasargil MG: Zur Pathogenese und Therapie des Delirium tremens und des pathologischen Rauschzustandes. Dissertation. Basel, Orell Füssli Verlag, 1950.

[108] Yasargil MG: Erfahrungen über die Behandlung des chronischen Alkoholismus mit den Methoden des sogenannten bedingten Reflexes. In: *Beihefte zur Alkoholfrage in der Schweiz*, Heft 23. Basel, Benno Schwabe Verlag, 1952.

[109] Yasargil MG: Zur Pathogenese und Therapie des Delirium tremens und des pathologischen Rauschzustandes. *Schweiz Arch Neurol Neurochir Psychiatr* 68:342–370, 1952.

[110] Yasargil MG: Vertebralisangiographie. Schweiz Arch Neurol Neurochir Psychiatr 76:398–9, 1954.

[111] Yasargil MG: Die Röntgendiagnostik des Exophthalmos unilateralis: eine Studie anhard von 110 Fällen. Ophthalmologica 133:212–214, 1957.

[112] Yasargil MG: Stereotaktische Hirnoperation. *Panorama*, Sept 1960.

[113] Yasargil MG: "Die Musiktherapie im Orient und Okzident." *Schweiz Arch Neurol Neurochir Psychiatr* 90:301–326, 1962.

[114] Yasargil MG: "A Legacy of Microneurosurgery: Memoirs, Lessons, and Axioms," *Neurosurg* 45:1025–1091,1999.

[115] Yasargil, M. Gazi: "The History of Optical Instruments and Microneurosurgery," In *Fifty Years of Neurosurgery* (Daniel L. Barrow, Douglas Kondziolka, Edward R. Laws, Vincent C Traynelis, eds.) 2000: Lippincott Williams & Wilkins (Philadelphia).

[116] Yasargil MG: Impact of temporal lobe surgery (editorial). *J Neurosurg* 101:725–738, 2004.

[117] Yasargil MG, Carter LP: Saccular aneurysms of the distal anterior cerebral artery. *J Neurosurg* 40:218–223, 1974.

[118] Yasargil MG, Krayenbühl H: Le traitement chirurgical de la maladie de Parkinson. *Med Hyg* 17:147–149, 1959.

[119] Yasargil MG, Krayenbühl, Jacobson J: Microsurgical arterial reconstruction. *Surgery* 67:221–228, 1970.

[120] Yasargil MG, Reeves JD: Tumors of the limbic and paralimbic system. *Acta Neurochir (Wien), 116:147-149, 1992.*

[121] Yasargil MG, von Ammon K, Cavazos E, Doczi T, Reeves JD, Roth P: Tumours of the limbic and paralimbic systems. *Acta Neurochir (Wien)* 118:40–52, 1992.

[122] Yasargil MG,Wieser HG, Valavanis A, von Ammon K, Roth P: Surgery and results of selective amygdala-hippocampectomy in one hundred patients with nonlesional epilepsy. *Neurosurg Clin N Am* 2:243–261, April 4, 1993.

[123] Zander E: Hugo Krayenbühl. *Surg Neurol* 7:1–2, 1977.

[124] Zubrin. Robert: Remembering Ploesti. *National Review*(Online), August 3, 2013.

网站

[1] www.anesi.com/ussbs02.htm. (United States Strategic Bombing Survey, September 30, 1945.

[2] www.uni-jena.de (Friedrich-Shiller University, Jena).

[3] www.unibas.ch/index.cfm?5B5B41A8CE21586DE695748EFAE10E77 (Adolph Portman, University of Basel).

[4] http://www.cpmc.org/professionals/research/currents/microsurg.html. Research Currents: Pioneering Microsurgery, California Pacific Medical Center, 1999.

Photographs

相关图片

任何观摩过亚萨吉尔手术的人都会对这幅全神贯注、高度紧张的表情印象深刻。他会在手术的大部分时间里保持出奇的静默，只在进展受阻时发出掺杂着瑞士语、德语的嘀咕。有时他会爆发出愤怒，绝大多数情况是对自己的失望，仿佛意识到犯了错误或错失良机。他坚持在手术室里应完全保持安静，似乎要聆听血液流经动脉抑或在瘤体内涡旋的声音。

伦纳德·马利斯是一位温和可亲、才华横溢的外科医生和电气工程师。他发明了双极电凝器，即显微神经外科得以实现的必备器械。马利斯是亚萨吉尔最信任的美国知己，也是“显微外科技术”大师。在晚年，有人请他评价亚萨吉尔的贡献，他说：“加兹在未来会像今天的库欣一样被人们铭记。”

6 岁的亚萨吉尔，擅长弹玻璃球，并作为中场球员在沙地足球场上崭露头角。他和兄弟姐妹成长于阿塔图尔克总统的时代，那时土耳其共和国正蜕变为一个美丽新世界，建成了世界一流的公共教育体系，举办了大量彰显五千年历史的知识和文物展览。

20 岁的亚萨吉尔，当时是巴塞尔大学的一名医学生。这台老式光学显微镜与他在 20 年后研发的引领神经外科医生进入新纪元的仪器完全不同，但或许也曾激发他强大的灵感。

苏克鲁·尤瑟夫·萨里巴斯教授，亚萨吉尔在安卡拉的邻居，也是他儿时的榜样。作为土耳其第一位神经病学教授，萨里巴斯教授经常带着年轻的亚萨吉尔到医院查房，并曾医治他罹患的神经系统疾病。

黄云鹏，曾被纽约同行公认为西奈山医院有史以来最好的神经外科住院医师，在 20 世纪 70—90 年代作为神经放射医生开辟了一条独特的道路。亚萨吉尔认为他是一位无与伦比的解剖学家，每每最珍视他的观点。

查尔斯·德雷克，20 世纪 70 年代基底动脉瘤手术的开拓者。虽然当时他临近退休，从未致力于尝试学习曲线陡峭的显微外科手术，但仍将这视为神经外科的未来。果敢、自律、正直，这些个人品质也使他成为一代神经外科医生的教父。

杜克·萨姆森，1973 年跟随亚萨吉尔学习 9 个月，后来成为显微神经外科的领军人物，在达拉斯开展了 4000 余例颅内动脉瘤手术，并向整整一代住院医师传授“显微外科技术”的优点和技巧。

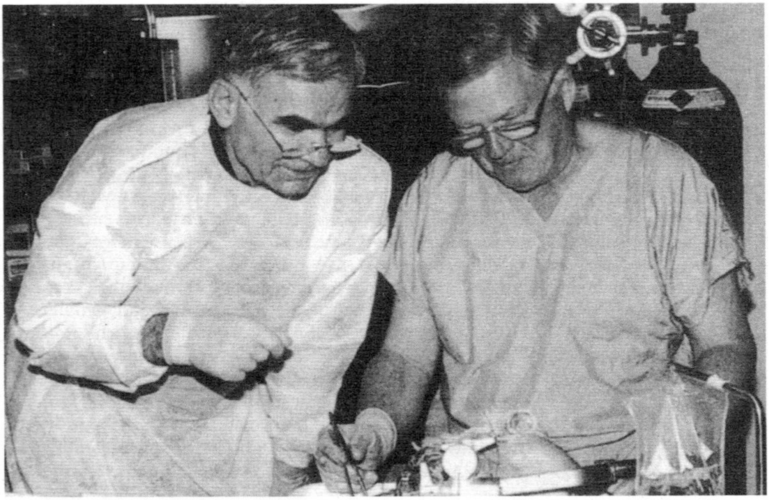

工作中的两位大师：亚萨吉尔和德雷克在芝加哥开展实验室培训（1988年6月）

温科·多伦斯，亚萨吉尔第一个真正意义上的弟子。在住院医师阶段，他无数次从斯洛文尼亚前往苏黎世学习显微外科技术。后来，多伦斯首创了治疗复杂海绵窦病变的显微外科方法，这里几十年来一直被视为外科医生的禁区，尤其是在缺乏停循环的条件下。亚萨吉尔召唤他到苏黎世开展海绵窦手术，都是他自己未曾尝试治疗的患者。亚萨吉尔希望培养他为接班人，继任苏黎世神经外科主任。然而事与愿违，多伦斯最终决定留在故乡——美丽的历史名城卢布尔雅那。

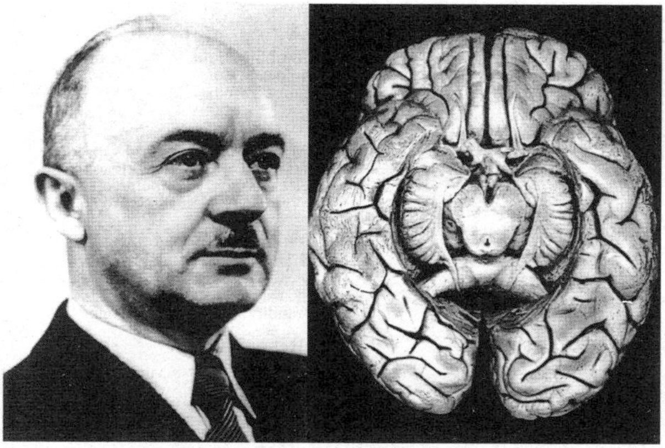

约瑟夫·克林格，巴塞尔大学神经解剖学家，亚萨吉尔认为他在该领域的造诣无人可匹。克林格（这幅照片里没有他标志性的单片眼镜）的研究重点是深部白质系统，从而激励了他的弟子日夜辛勤地解剖视放射、听觉传导束乃至边缘系统。亚萨吉尔采用克林格独特的组织制备方法，开始认识到海马深邃的美丽和神秘。若没有这段扎实的研究经历，很难想象他后来在癫痫显微外科领域能取得惊人的成就。

亚萨吉尔、黛安与笔者在阿肯色州小石城（1997 年 1 月）

Bad Blood: Turks and Armenians

附录 A　土耳其与亚美尼亚的民族恩怨

2000 年来，亚美尼亚基督徒生活在安纳托利亚（亚萨吉尔出生地）东部乡村，保有独特的民族认同感。公元 5 世纪，他们脱离了讲希腊语的东正教教会。亚美尼亚人与穆斯林土耳其人一直相对和平共处，产生了不少重要的商人和工匠（陶瓷、纺织品和建筑），直到 19 世纪 90 年代苏丹阿卜杜勒・哈米德二世（Sultan Abdülhamit）在民族主义的煽动下对亚美尼亚人采取恐怖屠杀[1, 2]。奥斯曼帝国宣称有 5000 名穆斯林和 13 000 名亚美尼亚人死亡，但亚美尼亚和欧洲都估计亚美尼亚人的死亡数为 40 000～300 000。阿卜杜勒・哈米德二世因此臭名昭著，被称为红色苏丹或血腥苏丹。

1915 年春天战争再次爆发，这次亚美尼亚人和俄罗斯东正教联手，希图将安纳托利亚东部变成一个俄罗斯 – 亚美尼亚的省份[3]。警觉的奥斯曼政府立即下令驱逐涉嫌叛国的亚美尼亚人，导致奥斯曼士兵和库尔克部落成员冲进亚美尼亚城镇，迫使大批公民流亡并杀死数十万人。难民被剥光衣服，饥寒交迫而死。土耳其政府宣称有 30 万亚美尼亚人死亡，但实际数字可能要翻几番。第一次世界大战结束时盟军设立的奥斯曼战犯法庭判定这一数字为 800 000，包括了因饥饿、寒冷和疾病而致死的人。此后亚美尼亚历史学家声称确切数字几乎是其 2 倍，基本上等同于安纳托利亚的所有亚美尼亚人口。

即使到今天，土耳其人仍坚定地捍卫他们的主权，尽量弱化一个世纪前亚美尼亚大屠杀的规模及自己在其中的作用。他们指出土耳其人也有伤亡。毫无疑问，亚萨吉尔在孩提时代就被告知亚美尼亚人是落后且危险的，而库尔德人才是 1915 年大屠杀的元凶。1915 年后，少数幸存

的亚美尼亚人组成抵抗组织，致力于建国的终极目标。第一次世界大战后，盟军在色佛尔条约（Treaty of Sèvres，实际从未实施）中承认亚美尼亚共和国的合法性。签署该协议的奥斯曼政府在 1923 年被阿塔图尔克领导的革命运动推翻[4]。

独立战争导致的种族清洗从根本上削弱了土耳其社会。随着希腊基督徒（多为店主和商人）和亚美尼亚基督徒（多为手工匠人）的流离失所，土耳其人失掉了他们的父母和祖父母所依赖的这些社会阶层。乡村的土耳其人都是农民，而受过教育的土耳其人要么是士兵、要么是恪尽职守的公务员。

参考文献

[1] Pope and Pope: *Turkey Unveiled*, 40.
[2] Mango: *Atatürk, 13-19*.
[3] Kinser: *Crescent & Star*, 88–94.
[4] Pope and Pope: *Turkey Unveiled*, 36–49.

Intracranial Aneurysm Surgery, 1931–1958

附录 B　1931—1958 年的颅内动脉瘤手术

1931 年，苏格兰爱丁堡的诺曼·多特（Norman Dott）可能在历史上首次直接显露并治疗了颅内动脉瘤[1]。在对一位颅内出血患者行开颅探查时，他发现颈内动脉分叉处有一颗正在出血的动脉瘤，直径大约 3 毫米。由于当时没有其他方法，他只好从患者大腿上取下一块肌肉来包裹动脉瘤，并局部施压 12 分钟。患者幸存下来，在 2 年后多特报道时尚未残留任何神经功能障碍。

20 世纪 50 年代，随着血管造影在各个神经外科中心普及，全世界都开始诊断出导致颅内出血的动脉瘤。埃加斯·莫尼兹（Egas Moniz）因提出治疗精神分裂症的白质切断术而获得诺贝尔奖，日后沦为医学史上最大的讽刺之一。相比之下，他发明的脑血管造影术对人类产生了更大和更持久的影响，真正改变了医学实践[2]。

到 20 世纪 50 年代后期，广泛应用的血管造影使人们对颅内破裂动脉瘤的自然病程有了初步了解[3, 4]。普遍认为，动脉瘤首次出血后的死亡率接近 50%，许多患者都没有机会达到医院。而大约 50% 的入院患者可能会在 6 个月内再次出血，致死率也超过 50%，因此采取积极措施预防再出血至关重要。当时最佳的医疗方案——卧床休息、镇静和控制血压，似乎只是稍微降低了再出血的发生率，即便基础身体状况很好的患者也是如此。接受药物治疗的患者通常会出现病情恶化，虽然很多时候无法确认是否由再出血所致。

外科医生迫切希望提高患有这类凶险疾病的患者的生存率。据说在

临近 19—20 世纪之交时，维克多·霍斯利（Victor Horsley）通过经验性结扎一侧颈动脉成功治疗了一名未破裂颅内动脉瘤患者[5]。其他人于是跃跃欲试地将颈动脉结扎作为防治再出血的一种手段，理论上它可以降低动脉瘤瘤内压力，从而促使自发血栓的形成[6]。此后外科医生发现的确有一些患者的动脉瘤在这种疗法下缩小乃至消失，据此估计再出血率可能会降低。但很多患者却在颈动脉结扎后出现了脑肿胀和卒中，于是颈动脉结扎改良为在不同的时间段逐步实施，有时长达数日。通过逐渐降低颈动脉血流，脑血液循环代偿性调整，侧支通路形成，从而预防脑缺血，至少理想状态如此。但结果仍然喜忧参半：颈动脉结扎后的存活率在一定程度上有所提高，但患者仍会死于再出血。

鉴于大多数动脉瘤壁的脆弱性，直接结扎瘤颈被证明是极其困难的。沃尔特·丹迪首先报道了采用一枚库欣设计的扁平银夹成功夹闭颅内动脉瘤[7]，此后外科医生开始摸索设计治疗动脉瘤的各类夹子。到 1965 年，辛辛那提的弗兰克·梅菲尔德和圣路易斯的亨利·施瓦茨开发出了弹簧夹和用于释放夹子的可靠器械。

新夹子面世以后，多家中心的外科医生开始零星报道成功的动脉瘤手术，但前提是患者在术前严格卧床 2～3 周。出血当天或早期的手术结果仍旧令人沮丧，而许多患者在等待手术期间死于再出血。基于严格筛选的最适于手术的患者的病例报道提示，外科医生可能找到了对付破裂动脉瘤的方法，但这其实只是一种错觉。

参考文献

[1] Dott: *Edinburgh Med J,* 1933 (40), 219–234.
[2] Moniz: *Rev neurol,* 1927 (2), 72–89.
[3] McKissock et al: *J Neurol, Neurosurg, Psychiat,* 1958 (21), 239.
[4] Locksley: *J Neurosurg,* 1966 (25), 321–368.
[5] Hamby: *Intracranial Aneurysms,* 45–49.
[6] Walsh and Love: *Proc Staff Meet Mayo Clinic,* 1937 (12), 81–88.
[7] Dandy: *Ann Surg,* 1938 (107), 654–659.

Alksne and Percutaneous Thrombosis of Intracranial Aneurysms

附录 C　阿尔克斯内和经皮颅内动脉瘤栓塞术

阿尔克斯内（Alksne）团队在实验室中于动脉外部体表放置一块磁铁吸引血管内铁颗粒，最终成功诱导血管内凝块的形成[1]。他们通过一系列实验优化磁铁，确定磁铁和动脉接触的最佳时长，检验血凝块的存留时间，并证实注射的铁化合物对动物组织无毒[2]。

1971 年，阿尔克斯内发表了一篇具有里程碑意义的论文，报道了对 39 名完全清醒的患者成功实施动脉瘤栓塞[3]。他们经额部骨孔置入细针穿刺动脉瘤顶部，然后直接注入铁颗粒。但问题仍然存在，并非每个动脉瘤都彻底栓塞，12 名患者在手术后的不同时间死亡或出现严重的神经功能障碍。一些人的大脑中动脉出现了铁颗粒栓子，另一些人动脉瘤内的血凝块会播散至其他部位形成栓子。但没有人因向瘤体注射铁剂而出血，14 名患者重返工作，堪称痊愈。但阿尔克斯内本人认为仅仅依据这些结果，尚不足以推荐该技术广泛应用。

在接下来的 6 年里，阿尔克斯内和罗索莫夫团队继续合作，力图规避上述问题。他们发现将一种速效单体——甲基丙烯酸甲酯，和铁颗粒相结合，似乎可以预防动脉瘤内血凝块的播散[4, 5]。

颅内动脉瘤的经皮栓塞从未成为主流疗法，但其背后的理念无疑是巧妙的，而将其应用于临床的尝试，更富有英雄主义精神。

参考文献

[1] Alksne et al: *J Neurosurg,* 1966 (25), 516–525.

[2] Alksne, et al: *J Neurol, Neurosurg, Psychiat*, 1967 (30), 159.

[3] Alksne: *New Engl J Med,* 1971 (284), 171–174.

[4] Alksne and Smith: *J Neurosurg,* 1977 (47), 137–141.

[5] Smith and Alksne: *J Neurosurg,* 1977 (47), 833–839.

Advances in Vascular Surgery from Carrel to Jacobson

附录 D　血管外科的进步——从卡雷尔到雅各布森

1889 年，亚历山大·贾西诺夫斯克（Alexander Jassinowsk）首次证明缝合血管是可行的，针线能够安全地闭合血管切口，而不会漏血或损坏血管壁[1]，但真正开拓了现代血管外科手术的当属亚历克西·卡雷尔（Alexis Carrel，1873—1944）。卡雷尔出生于法国里昂，他那充满试验性的外科生涯大部分都在纽约洛克菲勒医学研究所度过。1902 年，他报道了一项血管端端吻合技术[2]。6 年后，发明了在实验动物身上移植整个器官的方法[3]。1910 年，又证明血管可以在移植前长期冷藏保存。他于 1912 年荣膺诺贝尔医学奖。每次讨论脑血管外科的历史时，亚萨吉尔都会提及卡雷尔的惊人成就。

其他先驱也将各式新想法应用于临床手术，尤其是治疗外周动脉瘤。1902 年，鲁道夫·马塔斯（Rudolph Matas）在切除一个外周动脉瘤后将其载体血管缝合[4]。1906 年，戈亚内斯（Goyanes）采用自体静脉移植替换腘窝病变血管[5]。到 20 世纪中叶，惨绝人寰的世界大战带来的创伤为外科手术的进步提供了大量机会。在韩国战地医院工作的外科医生采用自体静脉移植来恢复下肢动脉的连续性，从而避免因气性坏疽所致的截肢[6]。顷刻之间，血管手术仿佛插上了翅膀。迪博斯特（Dubost）于 1951 年首创同种动脉移植治疗腹主动脉瘤[7]，此后不到 2 年，德贝基（DeBakey）[8] 和巴恩森（Bahnson）[9] 报道了成功治疗胸动脉瘤。在接下来的 10 年，数以千计的颈动脉内膜剥脱术被用于治疗动脉粥样硬化。几乎一夜之间，任何主要动脉的创伤或病变似乎都找到了

治愈之道。

但直径小于5毫米的动脉仍然无解，内膜剥脱术、血管修补乃至吻合都举步维艰，根本不能建立持久的血流。到20世纪50年代后期，这已成为血管外科手术的前沿难题。

朱利叶斯·雅各布森在伯灵顿创立并发展了血管外科研究实验室，并将显微外科技术引入佛蒙特大学[10]。第二次世界大战期间他在美国海军服役，此后完成大学学业并获得细胞生理学硕士学位。在进行生理学实验时，他逐渐熟悉了低功率解剖显微镜。在纽约长老会医院完成外科住院医师培训后，雅各布森于1960年移居伯灵顿，担任普外科副教授和外科研究主任。他的第一个项目与药学系合作，需要对狗的颈动脉施行去神经支配的研究。经过一番思索，他归纳出唯一能确保建模成功的方法是切断血管再重新吻合断端。考虑到血管的直径，这并非轻而易举，需要精细的缝合、完美的对位。雅各布森尝试了一系列放大镜和放大眼镜，均以失败告终，后来灵机一动，想到借用耳鼻喉科使用的显微镜。1946年，芝加哥的贡纳·霍尔姆格伦（Gunnar Holmgren）和乔治·沙姆博（George Shambaugh Jr. Perritt）[11]开创性地将显微镜应用于眼科手术，此后耳科医生也借鉴于临床，已有20年的历史[12]。

尽管显微镜为雅各布森提供了足够的照明和放大倍率，但可用的手术器械仍然很粗糙，缝线和缝针也太大，无法避免对血管壁的损伤。雅各布森造访了一位曼哈顿的珠宝商，求得了钟表匠的镊子，又从眼科和耳科同事那里借来了一些弹簧手柄器械，最后还采购了一个车床加工的搁手架，从而消除显微镜下可见的细微震颤。在放大视野下操作微小血管带来了完全不同的挑战。血管外科医生操纵持针器的手腕旋转技术在此毫无用武之地，取而代之的是精细的手指运动。毋庸置疑，显微外科医生必须将小拇指或手腕支撑在稳定的表面上，从而稳定双手。

由于当时没有比6–0更细的缝线，雅各布森说服Ethicon公司（译者注：原文为Ethacon Company，疑有误）的工程师尽最大努力生产了直径为1/1000英寸的缝线，并将其连接至5/1000英寸的针上。1960年小型化奖励委员会（Miniaturization Awards Committee）授予该成果二等奖，仅次于宝路华手表公司（Bulova Watch Company）开发的一种

360 齿微型齿轮——用于其著名的 Accutron 手表[13]。

他还试图说服 American Optical 和 Bausch & Lomb 公司生产一种可以使主刀医生和助手以相同或不同的放大倍率同时观察手术区域的显微镜，但无功而返。最终，刚刚在美国政府协助下从耶拿搬到上科亨的德国卡尔·蔡司公司（因为根据第二次世界大战后的政治安排，耶拿被划归到苏联控制区）同意开发这种仪器的原型机，公司创始人卡尔·蔡司和恩斯特·阿贝（Ernst Abbe）制订了将所有利润的一半用于研发的政策。不久，他们便按照雅各布森的要求制造了一台双人手术显微镜，即库雷因布尔 1963 年在苏黎世购买的那台机器的雏形。虽然鉴于各种因素，这台显微镜仍然很笨重，但已经是一个重大进步。1997 年，这台原型机被捐赠给华盛顿的史密森尼博物馆（Smithsonian Museum）。

1960 年秋天，雅各布森发表了一篇在实验动物中实施小血管吻合的文章[14]，并于次年接连发表了 18 篇涵盖实验显微外科手术方方面面的论文。他尝试对各类动物进行手术，几乎涉足所有细小脉管状结构，尤其是冠状动脉，但也包括静脉、淋巴管、神经、输尿管、输精管和输卵管。他完成四肢和手指再植，并构建了用于心脏和肾脏移植的大鼠模型。一台双目显微镜（配备单目助手镜）开始在医院的手术室服役，而此前的双人手术显微镜则转移至实验室。

雅各布森的助手、来自阿根廷的埃内斯托·苏亚雷斯（Ernesto Suarez）后来加入了唐纳德·埃夫勒（Donald Effler）的团队，埃夫勒时任克利夫兰诊所胸外科主任，梅森·索尼斯（Mason Sones）刚刚在那里开创了一种冠状动脉造影的方法。不久之后，冠状动脉搭桥手术便应运而生。

参考文献

[1] Jassinowsky A: Die Arteriennaht. *Med. Diss. Mattiesen*, Dorpat, 1889.

[2] Carrel A: La technique opératoire des anastomoses vasculaires et las transplantation des viscéres. *Lyon Med* 98:859, 1902.

[3] Carrel A: Suture of blood vessels and transplantation of organs. Nobel Lecture, 1912. In *Nobel Lectures in Physiology-Medicine*. Volume 1. 1967: American Elsevier (New York), p 442.

[4] Matas R: An operation for the radical cure of aneurysm based upon arteriorrhaphy. *Ann Surg* 37:161, 1903.

[5] Goyanes DJ: Substitution plastica de las arterias por las venas ó arterioplastia venosa, aplicada, coma nuevo metodo, al tratamiento de los aneurismas. *El Seglo Medico*. Sept 1, 1906, p 346; Sept 8, 1906, p 561.

[6] Spencer FC: Deductive reasoning in the lifelong continuing education of a cardiovascular surgeon. *Arch Surg* 111:1177, 1976.

[7] Dubost C, Allary M, Oeconomos N: Resection of an aneurysm of the abdominal aorta: Reestablishment of the continuity by a preserved human arterial graft, with results after five months. *Arch Surg* 64:405, 1952.

[8] DeBakey ME, Cooley DA: Successful resection of aneurysm of thoracic aorta and replacement by graft. *JAMA* 152:673, 1953.

[9] Bahnson HT: Definitive treatment of saccular aneurysms of the aorta with excision of sac and aortic sutures. *Surg Gynecol Obstet* 96:382, 1953.

[10] Jacobson JH: The early days of microsurgery in Vermont. *Mount Sinai J Med* 64:160–163, 1997.

[11] House H, House W: Historical review and problem of acoustic neuroma. *Arch Otolaryng* 80:601, 1964.

[12] Donaghy RMP: A history of microsurgery. In Yasargil MG: *Microneurosurgery Applied to Neurosurgery*. 1969: Academic Press (London), p 5.

[13] Ibid. Jacobson.

[14] Jacobson JH, Suarez EL: Microsurgery in anastomosis of small vessels. *Surg Forum* 2:243–247, 1960.

Leonard Malis (1919–2005)

附录 E　伦纳德 · 马利斯（1919—2005）

很难想象一个人在拥有了伦纳德 · 马利斯这样的天赋、背景和基础科学底蕴后，还能成为世界级的临床神经外科医生。更为罕见的是，他还温和、慷慨、谦逊。马利斯对本书的故事很重要，不仅因为他开发了真正的双极电凝器，在显微神经外科手术的止血操作中无可替代，还因为他是美国最杰出的显微神经外科先驱。此外，他还成为亚萨吉尔的终生挚友。

马利斯 1919 年出生于费城，在新泽西州大西洋城长大。12 岁时，他已经是全美最年轻的业余无线电操作员之一。到 15 岁时，他搭建了一个 1000 瓦的无线电发射机，在业余玩家的收藏中罕有其匹，此外还有几台汽车和轮船发动机。在商业电视问世之前，他便制造了自己的第一台电视机 [1]。16 岁时，他接受了为木板路赌场修理老虎机的工作，尽管此前从未见过这种装置的内部结构。整个晚上，他被锁在一个装满破老虎机的大房间里，而到了次日早上，他已经掌握了它们的机械原理，并让所有机器重新运转。为此他获得了 200 美元的酬金，这在 1935 年堪称一笔巨款 [2]。他的雇主——泽西黑手党每周都会要求他按时来工作，直到上大学为止。尽管每年逃学 89 次（州法律要求任何缺席 90 次的学生都要复读一年），他仍然被选为高中毕业的致辞代表。

马利斯仅用 3 年便在弗吉尼亚大学取得了化学学位，并利用优等生的特殊待遇——最大程度削减化学课程，修完了医学院入学所须的生物学课程！

出于极大的信心，他只申请了一所大学、一所医学院（也是弗吉尼亚大学）、一个住院医师培训项目（西奈山医院）和一个专科培训项目［神经生理学的圣地耶鲁大学，约翰·富尔顿（John Fulton）的实验室］。

马利斯发明的双极电凝器由 Codman & Shurtleff（后来成为强生公司的一个部门）生产和分销，直到 1978 年由他弟弟经营的 Valley Forge Scientific Corporation 接管。1950 年马利斯搭建了一个用于脑血管造影的连续换片机，在其整个服役期间为西奈山医院产生了超过 250 000 份高质量的 X 线片[2]。他在位于皇后区的住所的地下室中设计和装配了大多数新型技术设备，包括光纤头灯、立体定向装置、可充电手术凳、用于神经外科手术的电生理监测系统、滴水双极镊，还有其他一些实用的手术器械和光学、摄影和电子设备。

在 20 世纪 50 年代和 60 年代初期，他专注于实验室研究，日常均使用解剖显微镜。此后，他转而致力于临床显微神经外科，同时为了平衡职业生涯的发展，也开始发明显微外科器械。

他在诸多领域均提出了重要见解，包括退行性脊柱疾病和颅底肿瘤（尤其是颅后窝、鞍旁区域和脊髓）。他的脑膜瘤术后复发率接近于零，对超过 600 例听神经瘤实现全部切除，且使 50% 的术前残存听力的患者保留了有效听力。

马利斯在临近 80 岁时退休，此后在晴朗的日子里，经常会看到他驾驶着香烟摩托艇以接近每小时 100 英里的速度环游曼哈顿。

参考文献

[1] Kruger L, Berman AJ: Leonard I. Malis: An Appreciation. *The Mount Sinai J Med* 64:166–171, 1997.

[2] Malis JL: Technical Contributions of Leonard I. Malis. *The Mount Sinai J Med* 64:172–181, 1997.

Glossary Of Medical Terms

附录 F　医学术语释义

空气研究（airstudy）：一个非正式术语，指气脑造影或脑室造影。

杏仁核（amygdala）：由颞叶深部的大量神经细胞组成，被认为是神经冲动的交流中心，有时会导致特定类型的癫痫。

蛛网膜（arachnoid）：位于硬脑膜下方、大脑表面的菲薄的蜘蛛网状膜性结构。有时也称为 arachnoid mater。典型的破裂动脉瘤和动静脉畸形的出血被蛛网膜包裹局限，故称为“蛛网膜下腔出血”（subarachnoid hemorrhage）。

动静脉畸形（arteriovenous malformation，AVM）：因胚胎发育过程中局部毛细血管床的缺失而形成的复杂脑血管病变，导致血液从动脉直接流入静脉，而无法将氧气输送到该区域的脑组织中并接收二氧化碳返回心脏，从而经肺脏呼出。由于没有毛细血管的缓冲作用，在浪费血氧的同时给相对较薄的静脉管壁带来过度压力，导致潜在的高危出血风险。

吻合术（anastomosis）：本书中主要指在两根血管之间人工建立连接，通常通过缝合来完成。

动脉瘤（aneurysm）：颅内动脉的囊状凸起，好发于血管分叉处。由于动脉瘤的瘤壁比载瘤动脉薄，因此容易发生破裂，导致神经功能障碍甚至死亡。

小脑前下动脉（anterior inferior cerebellar artery）：由颅内椎动脉发出的小动脉，为脑干和部分小脑供血。

动脉（artery）：一种管壁相对较厚的血管，将含氧血液从心脏输送到身体的其他器官。

动脉造影（arteriogram）：通过一系列的颅脑 X 线片，显示对比剂（染料）流经大脑动脉、静脉和毛细血管的过程，可直接对动脉瘤和动静脉畸形显影。通过反映正常血管的移位，也可间接判别脑肿瘤和其他占位。与“血管造影”（angiogram）同义。

分叉（bifurcation）：动脉的分支点，在这里分成两根动脉。

双极电凝镊（bipolar coagulator）：一种手术设备，可以通过在镊子的两个尖端之间的极短距离传递电流来凝固血管。这种凝固（或烧灼）方式在防止电流向邻近组织扩散的情况下发挥止血作用，在颅脑手术中尤为重要，可以保护脑组织免受医源性损伤。否则，即使是小部分脑组织的灼伤也可能导致严重的神经功能障碍。

单极高频电刀（Bovie）：一种单极电凝器，可以凝固出血血管，但只能通过减小电流来防止其向邻近组织扩散，而脑中足够安全的微弱电流又难以产生止血作用。通常用于胸腹部手术，不同于中枢神经系统，这些器官往往不易受到电流损伤。

搭桥（bypass）：指在动脉闭塞区域周围重建血流的手术。

颅盖（calvarium）：指包裹脑组织的颅骨，或称为“脑壳”（braincase）。

海绵状血管瘤（cavernoma）：一种界限清楚的非肿瘤性病变，以海绵状畸形血管团为特征。

海绵窦（cavernous sinus）：颅底位于每侧眼球后方的静脉结构，引流眼部血流至心脏。在这个“窦”内（更准确地说，是一个包绕复杂多变的静脉网络的“空间”），有一段颈内动脉走行，向各侧大脑半球输送氧合血。此外，三根重要神经（第Ⅲ、第Ⅳ和第Ⅵ对脑神经）和第Ⅴ对脑神经的两根分支也穿过这个狭窄腔隙。

苍白球化学毁损术（chemopallidectomy）：苍白球属于基底节，被认为可以导致帕金森病的运动障碍，这是一种采用电流或化学物质（通常是强烈的组织刺激物如纯酒精）破坏苍白球的手术。

脊索瘤（chordoma）：一种罕见的脑肿瘤。

斜坡（clivus）：将基底动脉、脑干与构成咽喉后部的软组织和黏膜分开的重要骨性结构。

计算机断层扫描（computed tomography，CT）：指计算机化的 X 线技术，可以显示除骨骼之外的体内软组织和结构。通常称为“CT 扫描”或“CAT 扫描”。

桥小脑角（cerebellopontine angle）：指小脑和脑桥（脑干的重要组成部分）之间的空间，某些肿瘤好发于此。

脑池（cistern）：充满脑脊液的大小不一的空间，由蛛网膜分隔。

颅咽管瘤（craniopharyngioma）：一种起源于视神经（传导视觉冲动）和下丘脑（负责控制体温、食欲和其他诸多重要功能）周围区域的肿瘤。好发于儿童和青少年，公认的切除困难，追求全切往往导致灾难性的神经系统并发症。

开颅术（craniotomy）：为了暴露颅内容物（包括脑组织）而暂时取下一块颅骨的操作。

运动障碍（dyskinesia）：指随意运动困难。

硬脑膜（dura）：脑组织的质硬、纤维状外层覆盖膜，也称为“dura mater”。

皮层脑电图（electrocorticogram，ECG）：一种分析“脑电波”的检查。在手术室里，电极可以直接放置在脑表面的关键部位。

颅内外搭桥术（extracranial-intracranial，EC-IC）：通常指将颅外的动脉转移至颅内并连接到因阻塞而致血供受损的动脉的“旁路”手术，新的血流来源可有效“绕过”受损区域。

颈外动脉（external carotid artery，ECA）：颈总动脉在颈部的主要分支，向头皮、肌肉和颅外其他结构供血。

异位松果体瘤（ectopic pinealoma）—— 一种在显微镜下类似松果体瘤但发生于其他部位的肿瘤，最常见于垂体区域。

脑电图（electroencephalogram，EEG）：一种分析“脑电波”的检查，电极放置于头皮。

栓子（embolus）：动脉内流动的颗粒物、血栓或血凝块，可能阻塞一支或多支小动脉。（复数是 emboli）

耳鼻喉（ear，nose，and throat，ENT）：耳鼻喉科的缩写。

颅外（extracranial）：指位于颅骨外的各类结构。

面神经（facial nerve）：第Ⅶ对脑神经，支配一侧面部肌肉，从而使面部运动。

脑裂（fissure）：从颅脑解剖的角度，指两部分脑组织，通常是脑叶之间的裂隙或狭窄间隙（例如，外侧裂将额叶和颞叶分开）。

瘘（fistula）：血管瘘指动脉血在高压下直接注入一根或一丛静脉，而绕过毛细血管系统及相应器官的生理性气体交换。由于静脉壁比动脉壁更薄，瘘的形成会导致相当高的静脉端出血风险。

胶质母细胞瘤（glioblastoma multiforme）：一种侵袭性强、恶性程度高的胶质瘤，也被称为四级星形细胞瘤。

神经胶质瘤（glioma）：一种常见的由神经胶质细胞，即神经元细胞的主要支撑细胞形成的恶性脑肿瘤，包括所有星形细胞瘤和某些其他类型细胞起源的肿瘤。

脑回（gyrus）：脑组织狭长、膨隆的凸起。

血友病（hemophilia）：一种凝血障碍疾病，主要表现为软组织或四肢关节出血。

止血（hemostasis）：阻止或控制出血的过程。

海马（hippocampus）：由颞叶深部的大量神经细胞组成，被认为是神经冲动的交流中心，会导致特定类型的癫痫。

组织学的（histological）：表述细胞微观结构的形容词。

低血糖症（hypoglycemia）：血糖低于正常。

垂体切除术（hypophysectomy）：手术切除部分或全部垂体。

下丘脑（hypothalamus）：在脑干上方的一个非常复杂的结构，与垂体激素调控、水和电解质平衡等有关。

颈内动脉（internal carotid artery，ICA）：颈总动脉发出的巨大分支，进入颅内，供应至少一侧大脑半球。

梗死（infarct）：由于血液供应不足导致的组织细胞坏死。

半球间（interhemispheric）：表述双侧大脑半球之间的空间的形容词。

岛叶（insula）：即赖耳氏岛（Island of Reil），是大脑半球深部与外侧裂接壤的部分。据说与社会情绪有关，如欲望、骄傲、内疚、屈辱和赎罪，也被认为在道德直觉、同理心和对音乐做出情感反应的能力中至关重要。（根据新墨西哥州圣达菲科普作家 Sandra Blakeslee）

颅内（intracranial）：表述颅骨内部的形容词。

病变（lesion）：由损伤或疾病引起的明显的身体异常变化。

脑白质切断术（leukotomy）：即切开大脑白质。前额脑白质切断术是额叶切除术的一种变体，这种破坏性手术此前主要用于治疗精神分裂症和其他精神病患者，从而使他们更容易接受家人或护理人员的照料。

边缘系统（limbic system）：简单来说，指的是一圈皮质和皮质下结构，包括杏仁核、海马、扣带回、穹窿、下丘脑、丘脑和前额叶。具有多种功能，包括情绪、记忆和自主活动如调节心率、血压、饥饿、口渴、性冲动、睡眠 / 觉醒周期等。

脑 / 脊膜瘤（meningioma）：一种通常为良性的肿瘤，起源于构成脑脊髓覆盖膜的细胞。一般向内生长、压迫神经组织，但很少真正侵袭脑或脊髓。

大脑中动脉（middle cerebral artery，MCA）：起源于颅内颈内动脉（额叶和颞叶之间），供应一侧大脑半球的大部分区域。

磁共振成像（magnetic resonance imaging，MRI）：指由磁能而非 X 射线产生的头部或脊髓的诊断图像，对于内部软组织的精准分析尤其重要。

新生物（neoplasm）：由细胞病理性复制产生的肿块。通常与"肿瘤"（tumor）互换使用，但更特指细胞团块。

神经瘤（neurinoma）：起源于脑神经或脊神经的良性肿瘤，也称为神经鞘瘤（schwannoma）。

视交叉（optic chiasm）：眼球后方、靠近下丘脑的神经结构，包含从双眼穿向对侧大脑的交叉神经纤维。

苍白球毁损术（pallidotomy）：苍白球的破坏性手术，用于缓解不自主运动或僵直。

海马旁回杏仁核切除术（parahippocampoamygdalectomy）：一种破坏或切除海马旁回和杏仁核的手术，从而试图缓解惊厥性癫痫。

病理（pathology）：研究疾病或损伤对组织的影响。也指发生病变或受损的组织。

穿支动脉（perforating arteries）：深埋在脑实质内的一类血管，尤其指那些进入和供应深部结构（如基底节、脑干、丘脑和内囊）的血管。如果在术中受损，通常会导致灾难性后果。这些血管直径不足 1 毫米，因而在多数血管造影上不可见，肉眼直接探查时也容易忽视。

垂体（pituitary）：大脑底部一个小而复杂的腺体，分泌生长激素和调控肾上腺、甲状腺等腺体的激素，受下丘脑的调节。

血小板（platelet）：血液中的圆盘状小块组分，对凝血至关重要。

气脑造影（pneumoencephalogram）：将气体注入脊髓蛛网膜下腔，同时行一系列 X 线片显示脑室内积气，依据其位移或形变判断肿瘤或其他病灶的存在。在 20 世纪 70 年代 MRI 和 CT 出现后便很少使用。

后颅窝（posterior fossa）：颈部肌肉附着的后方颅骨包被的空间，容纳小脑、脑干以及中后组脑神经。

本体感觉（Proprioception）：本书中指具有对肢体（如四肢和手指）位置的意识并可对刺激做出反应。

翼点（pterion）：颅骨标志，即蝶骨大翼、颞骨鳞部和额骨的交界处。

紫癜（purpura）：一种以皮肤出血为特征的疾病。

大隐静脉（saphenous vein）：一种下肢静脉，通常被切取作为桥接血管用于心脏或脑血管搭桥术。

神经鞘瘤（schwannoma）：起源于脑神经或脊神经的良性肿瘤，也称为神经瘤（neurinoma）。

颞浅动脉（superficial temporal artery，STA）：起源于颈外动脉，经耳前向头皮供血。通常用于颞浅动脉 – 大脑中动脉吻合术，将其缝合至大脑中动脉，形成颅内外搭桥术颅内外旁路。

蛛网膜下腔出血（subarachnoid hemorrhage）：出血局限于蛛网膜（即覆盖脑组织的菲薄、蜘蛛状中层脑膜）下方，通常是动脉瘤或动静脉畸形

出血的表现。

脑沟（sulcus）：大脑表面的沟，通常分隔脑回（复数是 sulci）。

上矢状窦（superior sagittal sinus）：重要的静脉结构，引流双侧大脑半球的静脉血，位于颅骨中线下方。

上腔静脉（superior vena cava）：汇入右心房的大静脉，引流上身和上肢的血液以进行再氧合。

小脑幕（tentorium cerebelli）：薄而坚韧、形似帐篷的覆盖小脑上表面的膜性结构。

丘脑（thalamus）：下丘脑上方和周围的大块灰质，将神经元投射到感觉皮层、小脑和脑干的各个部分。

丘脑苍白球（thalamopallidum）：指毗邻苍白球的丘脑。（译者注：并未查到如此表述，可能为作者自创。）

血小板减少症（thrombocytopenia）：一种以血液中血小板数量减少为特征的疾病，可能导致凝血功能异常。

血栓（thrombus）：由动脉粥样硬化斑块产生的血管内质块，可能从血管壁脱离并流向下游，使小血管阻塞（复数是 thrombi）。

短暂性脑缺血发作（Transient ischemic attack，TIA）：由于动脉血供不稳定而导致短暂发作的神经功能障碍。

经迷路（translabyrinthine）：指经过内耳进行手术的入路。

肿瘤（tumor）：通常与 neoplasm 同义，指身体任何部位的异常肿块。

经蝶入路（transsphenoidal approach）：一种抵达垂体的手术路径，由上唇和上齿之间进入，穿经蝶窦。（不同于经颅入路，后者采用开颅术并经过额叶下方。）

血管收缩（vasoconstriction）：指动脉直径突然减小，通常是对各种刺激作出的反应。

血管的（vascular）：指血管的形容词。

血管痉挛（vasospasm）：蛛网膜下腔出血患者手术或保守治疗数天后出现的难以解释的脑血管狭窄，通常持续 2 周左右。许多神经外科医生仍

然坚信该现象是导致动脉瘤手术患者严重残障乃至死亡的主要原因。亚萨吉尔承认血管造影证实了该现象的存在，但并不认为它在大多数情况下都是罪魁祸首。

静脉（vein）：将含氧量低、二氧化碳含量高的血液输送回心脏的血管。

脑室造影（ventriculogram）：通过颅骨的一个小口将空气注入脑室系统并行 X 线成像的方法。在 MRI 和 CT 出现之前，用于判定是否存在肿瘤或其他占位。

椎动脉（vertebral artery）：供应大脑的两套动脉系统之一，经由颈椎的骨孔穿过颈部。典型的椎动脉的直径通常明显小于颈内动脉。

前庭（vestibular）：指脑干的特定部位或第Ⅷ对脑神经，负责空间位置觉。

Interviews And Final Acknowledgments

附录 G　访谈和致谢

1972 年 12 月至 1973 年 1 月，我到苏黎世大学医院接受了为期 5 周的博士后训练，师从亚萨吉尔教授，每天观摩他手术并在他的指导下练习显微外科实验室操作。其中 4 周，我在手术室担任他的助手。1988 年 10 月，我回到苏黎世，在手术室及与亚萨吉尔教授的私下交谈中度过了 3 天。1993 年 6 月，我们又在弗吉尼亚州夏洛茨维尔会面，共度了类似的时光。

本书的正式工作始于 1996 年 12 月 27 日阿肯色州小石城，此后到 2000 年 2 月 28 日，我花了至少 100 个小时，通过私人谈话的方式专门采访亚萨吉尔教授，另外又花了 60 个小时与他和其他人一起讨论相关问题。在大多数的私人会谈和几乎所有的组群采访中，黛安・亚萨吉尔都在场。主要访谈地点位于阿肯色州小石城、北卡罗来纳州夏洛特、阿根廷布宜诺斯艾利斯、马萨诸塞州波士顿和缅因州奥甘奎特。

此外，针对本项目，我通过面对面、电话（有两次）或书面通信的方式，采访了以下诸位医生：蒂姆・E. 亚当森（Tim E. Adamson）、沃尔特・M. 博纳（Walter M. Boehm）、西尔维娅・贝纳（Silvia Berner）、斯蒂芬・布恩（Stephen Boone）、温科・V. 多伦斯（Vinko V. Dolenc）、小罗伯特・L. 格鲁布（Robert L. Grubb Jr.）、理查德・霍多什（Richard Hodosh）、费尔南多・克内泽维奇（Fernando Knezevich）、马丁・拉扎尔（Martin Lazar）、伦纳德・I. 马利斯（Leonard I. Malis）、大卫・G. 皮格拉斯（David G. Piepgras）、杜克・萨姆森（Duke Samson）、拉利根・N. 谢卡尔（Laligam N. Sekhar）、弗雷德里克・西格尔（Frederic Sgier）、约翰・斯莱特（John Slater）、罗伯特・F. 斯佩茨勒（Robert F. Spetzler）、查尔斯・斯坦伯格（Charles Sternbergh）和保罗・杨（Paul

Young）。我还采访了埃明·居罗（Emìn Gürol）先生、多萝西·卡明斯基（Dorothy Kaminski）女士、埃丝特（杰姬）罗伯茨［Esther（Jackie）Roberts］女士和黛安·亚萨吉尔女士。

感谢萨穆尔·高森（Sumru Gokcen）女士的土耳其语翻译和玛格丽塔·哈马提（Margaritha Harmaty）女士的德语翻译，两位都是北卡罗来纳州夏洛特的杰出教育家。

感谢亚瑟·L. 罗杰斯（Arthur L. Rogers Ⅱ）博士对全书终稿的严谨审阅。

致读者

“研究扎实、文笔中肯，这本传记也堪称一部现代神经外科的发展史。我们感佩亚萨吉尔医生为挽救生命做出的诸多创新，也感谢罗杰斯医生如此精彩的记录。”

——Robert Morgan
《西部雄狮》（*Lions of the West*）作者

M.Gazi Yasargil: Father of Modern Neurosurgery 讲述了亚萨吉尔教授通过开创新方法将最致命脑部疾病的死亡率从 20 世纪 60 年代中期的 30% 降至 2% 以下的故事。这其中离不开重新设计的显微镜、一系列新的手术器械，甚至一种全新的思维方式。

1967 年见证了来自世界各地的神经外科医生涌向苏黎世求取真经。亚萨吉尔固然拥有令人惊叹的手术天赋，但在他搭建的显微神经外科体系下，即使外科医生资质平庸，只要通过一定时长的实验室训练掌握相关技术，也可取得优异的手术效果。

一如显微神经外科如今的重要性，亚萨吉尔的生活和时代也充满戏剧性和挑战性。他出生于土耳其东部农村的一个山洞里，父母当时正受困于决心挑战安卡拉新政府的不法分子的枪口下。18 岁，他告别提心吊胆的家人，奔赴维也纳学习医学，却被纳粹警察疑为犹太人，而无法注册课程。但他没有回到土耳其，而是辗转德国，历经周折终于作为一年级医科学生入学。1943—1945 年，希特勒的警察将他视为潜在间谍，从未停止骚扰。而固执、自信的性格又往往使他陷于更糟的困境，一些同班同学就在英美的空袭中遇难。

由于本书还包含了与上述历史、冒险同样丰富的医学进步，因此书末提供了一个简短的医学术语词汇表，从而方便广大读者理解。

拉里·罗杰斯医生正是在本书传主加兹·亚萨吉尔教授的指导下学习了显微神经外科的基本知识，他当时还是得克萨斯大学西南医学院的四年级住院医师，到访瑞士 5 周。他本科求学于戴维森学院，后来毕业于杜克医学院。在北卡罗来纳州夏洛特开展显微神经外科手术近 30 年。他还撰写或合著了另外 4 本书籍，其中 3 本有关显微神经外科，其中包括一部以 20 世纪 80 年代为背景的小说。

420